飞跃考试辅导中心 / 编

2024
国家统一法律职业资格考试

大纲对照·考点详解
法规精读·强化测试

中国法制出版社
CHINA LEGAL PUBLISHING HOUSE

出版说明

本书自首次出版以来，承蒙广大读者的厚爱和支持，连续出版十余年，见证了我国法律职业资格考试的变迁，伴随多届考生一起走过数载司考（法考）征程，成为市面上历久弥新的新大纲品种。

为方便广大考生复习备考，飞跃考试辅导中心虚心听取并采纳众多热心考生的反馈意见，全新推出《2024国家统一法律职业资格考试大纲对照·考点详解·法规精读·强化测试》一书。"新增必考抢先机"，本书精准聚焦"**考点变化**"及"**法规变化**"两大核心元素，服务广大考生朋友将有限的时间投入到得分转化率极高的大纲新增知识点中，获得超值复习备考性价比。

本书的编写思路、特点及板块设置说明如下：

◎**总分结合，详略得当**

本书分为导学篇及详解篇。导学篇以总括形式，展示2024年法考新增/修订考点总表及法规变化对照总表，帮助考生宏观把握法考变化趋势。详解篇对法考18个学科逐一解析，单科突破，设置"大纲对照"及"法规对照"板块，对新增/修订内容予以详解，贴合备考规律。

◎**内容精读，重点突出**

考点详解部分运用可视化图表等形式，将庞杂内容系统化、可视化，重点突出，提高阅读转换率及知识吸收率。法规精读部分打破传统法规枯燥学习模式，通过"**难点注释**""**真题演练**""**强化自测**"等多种学习板块设计，帮助考生建立法规立体学习图谱。

◎**新增必考，学练结合**

紧跟法考"新增必考"命题趋势，在"**考点详解**"及"**法规精读**"部分设置"**强化自测**"。题目设置难度适中，紧扣命题点，广大考生可随学随练，以练促学强记忆。

免费获取飞跃法考最新电子增补，读者可进入中国法制出版社官方网站（https：//www.zgfzs.com/）"出版服务"—"资源下载"频道。

因为用心，所以卓越。真诚希望本书能助您达成夙愿，早日敲开法律专业人执业的大门！

飞跃考试辅导中心

目　　录

导学篇

新增/修订考点总表 ·· (3)
法规变化对照总表 ·· (6)

详解篇

刑　法

一、大纲对照 ··· (11)
　◎ 考点变化 ··· (11)
　◎ 考点详解 ··· (12)
　　新增考点　破坏生产经营罪 ·· (12)
　　修订考点1　非法经营同类营业罪 ····································· (12)
　　修订考点2　为亲友非法牟利罪 ·· (13)
　　修订考点3　徇私舞弊低价折股、出售公司、企业资产罪 ·········· (13)
　　修订考点4　单位受贿罪 ·· (14)
二、法规对照 ··· (14)
　◎ 法规变化 ··· (14)
　◎ 法规精读 ··· (14)
　　中华人民共和国刑法修正案（十二） ································· (14)
　　　（2023年12月29日）
　　最高人民法院、最高人民检察院关于办理环境污染刑事案件适用法律若干问题
　　　的解释 ·· (15)
　　　（2023年8月8日）

刑事诉讼法

一、大纲对照 ··· (19)
　◎ 考点变化 ··· (19)
二、法规对照 ··· (20)

· 1 ·

- ◎ 法规变化 ··· (20)
- ◎ 法规精读 ··· (20)
  - 人民检察院、公安机关羁押必要性审查、评估工作规定 ···························· (20)
    （2023 年 11 月 30 日）

行政法与行政诉讼法

- 一、大纲对照 ··· (24)
  - ◎ 考点变化 ··· (24)
  - ◎ 考点详解 ··· (26)
    - 修订考点 1　国务院机构的种类 ·· (26)
    - 修订考点 2　行政复议 ·· (27)
    - 修订考点 3　司法赔偿处理程序的步骤之司法赔偿请求的受理 ···················· (36)
- 二、法规对照 ··· (37)
  - ◎ 法规变化 ··· (37)
  - ◎ 法规精读 ··· (37)
    - 最高人民法院关于审理司法赔偿案件适用请求时效制度若干问题的解释 ········ (37)
      （2023 年 5 月 23 日）
    - 中华人民共和国行政复议法 ·· (38)
      （2023 年 9 月 1 日）

民　法

- 一、大纲对照 ··· (47)
  - ◎ 考点变化 ··· (47)
  - ◎ 考点详解 ··· (49)
    - 新增考点 1　职务代理人超越代理权限且相对人未尽到合理审查义务所成立的
      民事法律行为 ·· (49)
    - 新增考点 2　法定代表人越权代表且相对人未尽到合理审查义务所实施的民事
      法律行为 ·· (49)
    - 新增考点 3　法定代表人、负责人或者代理人与相对人恶意串通行为 ············ (50)
    - 新增考点 4　未生效的民事法律行为 ·· (50)
    - 新增考点 5　民事法律行为被确认无效、被撤销或确定不发生效力的后果 ······ (51)
    - 新增考点 6　合同的解释 ·· (51)
    - 新增考点 7　侵权之债的抵销 ·· (52)
    - 修订考点 1　虚假的民事法律行为 ·· (53)
    - 修订考点 2　合同效力的特殊规则 ·· (53)
    - 修订考点 3　先履行抗辩权 ·· (54)
- 二、法规对照 ··· (55)
  - ◎ 法规变化 ··· (55)

- ◎ 法规精读 ·· (55)
  - 最高人民法院关于适用《中华人民共和国民法典》合同编通则若干问题的解释 ······ (55)
    - （2023 年 12 月 4 日）

民事诉讼法与仲裁制度

- 一、大纲对照 ·· (65)
  - ◎ 考点变化 ·· (65)
  - ◎ 考点详解 ·· (67)
    - 新增考点 1　涉外民事诉讼管辖权的冲突及其解决 ································· (67)
    - 新增考点 2　涉外民事诉讼中的调查取证 ·· (68)
    - 新增考点 3　特殊司法协助 ·· (69)
    - 新增考点 4　指定遗产管理人案件的审理 ·· (69)
    - 新增考点 5　责令执行与变更执行 ··· (69)
    - 新增考点 6　执行竞合 ·· (70)
    - 新增考点 7　保全执行 ·· (70)
    - 新增考点 8　终结本次执行 ·· (71)
    - 修订考点 1　上诉的撤回与起诉的撤回 ··· (71)
    - 修订考点 2　涉外民事诉讼程序的概念和特征 ······································ (72)
    - 修订考点 3　涉外民事诉讼程序的一般原则之司法豁免原则 ····················· (72)
    - 修订考点 4　涉外民事诉讼管辖的原则 ··· (73)
    - 修订考点 5　涉外民事诉讼管辖 ·· (73)
    - 修订考点 6　涉外民事诉讼中的送达 ·· (75)
    - 修订考点 7　一般司法协助 ·· (75)
    - 修订考点 8　我国法院判决、裁定以及仲裁裁决在国外的承认和执行 ········· (76)
    - 修订考点 9　外国法院判决、裁定以及仲裁裁决在我国的承认和执行 ········· (76)
    - 修订考点 10　协助执行 ·· (77)
- 二、法规对照 ·· (77)
  - ◎ 法规变化 ·· (77)
  - ◎ 法规精读 ·· (78)
    - 中华人民共和国民事诉讼法 ·· (78)
      - （2023 年 9 月 1 日）

知识产权法

- 一、大纲对照 ·· (106)
  - ◎ 考点变化 ·· (106)
- 二、法规对照 ·· (106)
  - ◎ 法规变化 ·· (106)
  - ◎ 法规精读 ·· (106)

· 3 ·

　　　　中华人民共和国专利法实施细则 ………………………………………………………… (106)
　　　　　　(2023 年 12 月 11 日)

商　　法

一、大纲对照 ……………………………………………………………………………………… (121)
　　◎ 考点变化 ………………………………………………………………………………… (121)
　　　　修订考点　公司法 ……………………………………………………………………… (125)
二、法规对照 ……………………………………………………………………………………… (157)
　　◎ 法规变化 ………………………………………………………………………………… (157)
　　◎ 法规精读 ………………………………………………………………………………… (158)
　　　　中华人民共和国公司法 ………………………………………………………………… (158)
　　　　　　(2023 年 12 月 29 日)

经济法

一、大纲对照 ……………………………………………………………………………………… (178)
　　◎ 考点变化 ………………………………………………………………………………… (178)
　　◎ 考点详解 ………………………………………………………………………………… (178)
　　　　修订考点 1　经营者的义务 …………………………………………………………… (178)
　　　　修订考点 2　违反消费者权益保护的法律责任之民事责任 ………………………… (180)
二、法规对照 ……………………………………………………………………………………… (180)
　　◎ 法规变化 ………………………………………………………………………………… (180)
　　◎ 法规精读 ………………………………………………………………………………… (181)
　　　　中华人民共和国消费者权益保护法实施条例 ………………………………………… (181)
　　　　　　(2024 年 3 月 15 日)

环境资源法

一、大纲对照 ……………………………………………………………………………………… (185)
　　◎ 考点变化 ………………………………………………………………………………… (185)
　　◎ 考点详解 ………………………………………………………………………………… (185)
　　　　修订考点 1　我国参加的国际法中的环境保护规范 ………………………………… (185)
　　　　修订考点 2　环境民事责任之第三人过错的处理规则、环境服务机构的连带责
　　　　　　　　　任、诉讼时效 ……………………………………………………………… (185)
二、法规对照 ……………………………………………………………………………………… (186)

劳动与社会保障法

一、大纲对照 ……………………………………………………………………………………… (187)
　　◎ 考点变化 ………………………………………………………………………………… (187)
二、法规对照 ……………………………………………………………………………………… (187)

国际法

一、大纲对照
- ◎ 考点变化 ……………………………………………………………………… (188)

二、法规对照
- ◎ 法规变化 ……………………………………………………………………… (188)
- ◎ 法规精读 ……………………………………………………………………… (188)
  - 中华人民共和国对外关系法 …………………………………………………… (188)
    （2023 年 6 月 28 日）
  - 中华人民共和国外国国家豁免法 ……………………………………………… (191)
    （2023 年 9 月 1 日）

国际私法

一、大纲对照 ……………………………………………………………………… (194)
- ◎ 考点变化 ……………………………………………………………………… (194)

二、法规对照 ……………………………………………………………………… (194)
- ◎ 法规变化 ……………………………………………………………………… (194)
- ◎ 法规精读 ……………………………………………………………………… (195)
  - 最高人民法院关于适用《中华人民共和国涉外民事关系法律适用法》若干问题的解释（二） …………………………………………………………………… (195)
    （2023 年 11 月 30 日）
  - 最高人民法院关于审理涉外民商事案件适用国际条约和国际惯例若干问题的解释 …… (196)
    （2023 年 12 月 28 日）
  - 最高人民法院关于内地与香港特别行政区法院相互认可和执行民商事案件判决的安排 ………………………………………………………………………… (196)
    （2024 年 1 月 25 日）
  - 最高人民法院关于设立国际商事法庭若干问题的规定 ……………………… (199)
    （2023 年 12 月 18 日）

国际经济法

一、大纲对照 ……………………………………………………………………… (201)
- ◎ 考点变化 ……………………………………………………………………… (201)
- ◎ 考点详解 ……………………………………………………………………… (201)
  - 新增考点　国际经济法领域的新发展 ………………………………………… (201)

二、法规对照 ……………………………………………………………………… (202)

习近平法治思想

一、大纲对照 ……………………………………………………………………… (203)
- ◎ 考点变化 ……………………………………………………………………… (203)

二、参考文献 ……………………………………………………………………… (203)

法理学

大纲对照 ··· (204)
    ◎ 考点变化 ··· (204)
    ◎ 考点详解 ··· (204)
        新增考点　守法义务 ··· (204)

宪　法

一、大纲对照 ··· (205)
    ◎ 考点变化 ··· (205)
    ◎ 考点详解 ··· (205)
        修订考点　国务院所属机构 ··· (205)
二、法规对照 ··· (206)
    ◎ 法规变化 ··· (206)
    ◎ 法规精读 ··· (206)
        中华人民共和国国务院组织法 ·· (206)
        （2024年3月11日）

中国法律史

大纲对照 ··· (208)
    ◎ 考点变化 ··· (208)
    ◎ 考点详解 ··· (208)
        新增考点1　陕甘宁边区高等法院 ···································· (208)
        新增考点2　废除《六法全书》 ······································· (208)

司法制度和法律职业道德

一、大纲对照 ··· (209)
    ◎ 考点变化 ··· (209)
二、法规对照 ··· (209)
    ◎ 法规变化 ··· (209)
    ◎ 法规精读 ··· (209)
        法律援助法实施工作办法 ··· (209)
        （2023年11月20日）

导学篇

新增/修订考点总表[①]

刑　法			
1	非法经营同类营业罪		
2	为亲友非法牟利罪		
3	徇私舞弊低价折股、出售公司、企业资产罪		
4	新增	破坏生产经营罪	
5	单位受贿罪		
行政法与行政诉讼法			
1	国务院机构的种类		
2	行政复议的概念		
3	行政复议的基本原则		
4	可申请行政复议的事项（基本范围　可申请行政复议的具体事项　对行政规范性文件的附带审查）		
5	行政复议的排除事项（国家行为　抽象行政行为对行政机关工作人员的奖惩、任免等决定　对民事纠纷作出的调解）		
6	行政复议申请人		
7	行政复议被申请人		
8	行政复议第三人		
9	行政复议机关		
10	行政复议的申请时间和方式		
11	对行政复议申请的审查和处理		
12	行政复议与行政诉讼的关系		
13	行政行为在行政复议期间的执行力		
14	行政复议决定的执行		
15	行政复议的审理（一般规定　证据制度　审理程序　简易程序　行政复议附带审查）		
16	行政复议决定（各类行政复议决定及其适用）		
17	司法赔偿处理程序的步骤之司法赔偿请求的受理		
民　法			
1	新增	职务代理人超越代理权限且相对人未尽到合理审查义务所成立的民事法律行为	

[①] 本表所列考点，包括新增考点及实质修订考点。

续表

2	新增	法定代表人越权代表且相对人未尽到合理审查义务所实施的民事法律行为
3	新增	法定代表人、负责人或者代理人与相对人恶意串通行为
4	新增	未生效民事法律行为的概念
5	新增	违反未生效民事法律行为的责任（判决一方履行报批义务前的责任　判决一方履行报批义务后的责任　不予批准应当承担迟延报批的责任）
6	新增	民事法律行为被确认无效、被撤销或者确定不发生效力的具体法律后果（返还财产　折价补偿　赔偿损失）
7	新增	民事法律行为被确认无效、被撤销或者确定不发生效力情形下的第三人责任
8	新增	民事法律行为被确认无效、被撤销或者确定不发生效力不影响争议解决条款的效力
9		虚假的民事法律行为
10	新增	合同的解释（合同解释的概念　合同解释的基本规则）
11		合同效力的特殊规则
12		先履行抗辩权
13	新增	侵权之债的抵销
民事诉讼法与仲裁制度		
1	新增	共同管辖的管辖法院的确定
2		上诉的撤回与起诉的撤回（二审撤回上诉与撤回起诉的条件　二审撤回上诉与撤回起诉的法律效果）
3		涉外民事诉讼程序的概念和特征
4		涉外民事诉讼程序的一般原则
5		涉外民事诉讼管辖的原则
6		涉外民事诉讼管辖
7	新增	涉外民事诉讼管辖权的冲突及其解决（排他性管辖协议　先受理法院规则　不方便法院原则）
8		涉外民事诉讼中的送达
9	新增	涉外民事诉讼中的调查取证
10		一般司法协助（条件　内容）
11	新增	特殊司法协助
12		我国法院判决、裁定以及仲裁裁决在国外的承认和执行
13		外国法院判决、裁定以及仲裁裁决在我国的承认和执行
14	新增	第五节　指定遗产管理人案件的审理 指定遗产管理人案件的申请（申请条件　管辖法院）　审理与判决　遗产管理人的变更
15		委托执行与协助执行
16	新增	执行竞合
17	新增	责令执行与变更执行

· 4 ·

续表

18	新增	保全执行
19		执行回转
20	新增	终结本次执行
商　法		
1		公司法
经济法		
1		经营者的义务
2		违反消费者权益保护的法律责任之民事责任
环境资源法		
1		我国参加的国际法中的环境保护规范
2		环境民事责任之第三人过错的处理规则、环境服务机构的连带责任、诉讼时效
国际经济法		
1	新增	国际经济法领域的新发展（区域经济合作　网络安全与数据跨境流动）
法理学		
1	新增	守法义务
宪　法		
1		国务院所属机构（国务院所属机构的性质和地位　国务院组成部门的领导体制　国务院组成部门的职权）
中国法律史		
1	新增	陕甘宁边区高等法院
2	新增	废除《六法全书》

法规变化对照总表

	刑　法
新增	中华人民共和国刑法修正案（十二）（2023.12.29）
修订	最高人民法院、最高人民检察院关于办理环境污染刑事案件适用法律若干问题的解释（2023.8.8）
	刑事诉讼法
新增	人民检察院、公安机关羁押必要性审查、评估工作规定（2023.11.30）
	行政法与行政诉讼法
新增	最高人民法院关于审理司法赔偿案件适用请求时效制度若干问题的解释（2023.5.23）
修订	中华人民共和国行政复议法（2023.9.1）
	民　法
新增	最高人民法院关于适用《中华人民共和国民法典》合同编通则若干问题的解释（2023.12.4）
	民事诉讼法与仲裁制度
修订	中华人民共和国民事诉讼法（2023.9.1）
	知识产权法
修订	中华人民共和国专利法实施细则（2023.12.11）
	商　法
修订	中华人民共和国公司法（2023.12.29）
	经济法
新增	中华人民共和国消费者权益保护法实施条例（2024.3.15）
	国际法
新增	1. 中华人民共和国对外关系法（2023.6.28） 2. 中华人民共和国外国国家豁免法（2023.9.1）
	国际私法
新增	1. 中华人民共和国对外关系法（2023.6.28） 2. 中华人民共和国外国国家豁免法（2023.9.1） 3. 最高人民法院关于适用《中华人民共和国涉外民事关系法律适用法》若干问题的解释（二）（2023.11.30） 4. 最高人民法院关于审理涉外民商事案件适用国际条约和国际惯例若干问题的解释（2023.12.28） 5. 最高人民法院关于内地与香港特别行政区法院相互认可和执行民商事案件判决的安排（2024.1.25）
修订	最高人民法院关于设立国际商事法庭若干问题的规定（2023.12.18）

	宪 法
修订	中华人民共和国国务院组织法（2024.3.11）
	司法制度和法律职业道德
新增	法律援助法实施工作办法（2023.11.20）
删除	1. 人民法院工作人员处分条例（2009.12.31） 2. 最高人民法院、最高人民检察院、公安部、司法部关于刑事诉讼法律援助工作的规定（2013.2.4）

详 解 篇

刑 法

一、大纲对照

◎ 考点变化

章名	章标题	内容变化	
上编　总论			
第1章	刑法概说	无实质变化	
第2章	犯罪概说	无实质变化	
第3章	犯罪构成	无实质变化	
第4章	犯罪排除事由	无实质变化	
第5章	犯罪未完成形态	无实质变化	
第6章	共同犯罪	无实质变化	
第7章	单位犯罪	无实质变化	
第8章	罪数形态	无实质变化	
第9章	刑罚概说	无实质变化	
第10章	刑罚种类	无实质变化	
第11章	刑罚裁量	无实质变化	
第12章	刑罚执行	无实质变化	
第13章	刑罚消灭	无实质变化	
下编　分论			
第14章	罪刑各论概说	无实质变化	
第15章	危害国家安全罪	无实质变化	
第16章	危害公共安全罪	无实质变化	
第17章	破坏社会主义市场经济秩序罪	1. 非法经营同类营业罪[1] 2. 为亲友非法牟利罪	
^	^	修订	2023年大纲	2024年大纲
^	^	^	徇私舞弊低价折股、出售国有资产罪	徇私舞弊低价折股、出售公司、企业资产罪[2]
第18章	侵犯公民人身权利、民主权利罪	无实质变化	
第19章	侵犯财产罪	新增	破坏生产经营罪

---

[1] 没有2024年大纲与2023年大纲对照的表格的，表示考点名称没有修订，但考点具体内容有修订，下同。
[2] 有2024年大纲与2023年大纲对照的表格的，表示考点名称和考点具体内容都有修订，下同。

续表

章名	章标题	内容变化	
第20章	妨害社会管理秩序罪	无实质变化	
第21章	危害国防利益罪	无实质变化	
第22章	贪污贿赂罪	修订	单位受贿罪
第23章	渎职罪	无实质变化	
第24章	军人违反职责罪	无实质变化	

◎ 考点详解

新增考点 破坏生产经营罪

本罪是指由于泄愤报复或者其他个人目的，毁坏机器设备、残害耕畜或者以其他方法破坏生产经营的行为。

这里的"生产经营"，包括一切经济形式的生产经营。破坏生产经营的方法包括毁坏机器设备、残害耕畜或者其他方法。"其他方法"是指与毁坏机器设备、残害耕畜具有相当性的方法，即能够导致生产经营的某个环节难以正常进行的破坏性方法。破坏的对象是进行正常生产经营活动所需的物质条件。破坏不属于正常生产经营所需的物质条件，如破坏已经报废的机器设备的，不构成本罪。成立本罪要求行为人主观上具有泄愤报复或者其他个人目的。只要破坏生产经营行为无正当理由，就可以认定行为人存在"其他个人目的"。

认定本罪需要注意以下两点：（1）对本罪客观要件的把握应与网络时代的社会现实相适应。例如，行为人通过在网络交易平台恶意大量购买他人商品或服务，导致商家被网络交易平台认定为虚假交易进而被采取商品搜索降权的管控措施，造成商家损失严重的，该行为属于以其他方法破坏生产经营，构成本罪。（2）以放火、爆炸等方法破坏厂矿、企业的机器设备、生产设施和耕畜、农具以及其他生产资料等，足以危害公共安全的，成立放火罪、爆炸罪等犯罪与破坏生产经营罪的想象竞合犯，从一重罪处断，对行为人应以放火罪、爆炸罪等犯罪论处。

[强化自测] 关于破坏生产经营罪，下列哪一说法是正确的？①
A. 生产经营是指一切经济形式的生产经营，不问其所有制形式
B. 破坏生产经营的方式只包括毁坏机器设备、残害耕畜两种
C. 破坏已经报废的机器设备也构成破坏生产经营罪
D. 采用放火方法破坏生产经营，足以危害公共安全的，应以放火罪和破坏生产经营罪数罪并罚

修订考点1 非法经营同类营业罪

2023年12月29日《刑法修正案（十二）》对本罪进行了修订。根据《刑法》第165条的规定，本罪是指国有公司、企业的董事、监事、高级管理人员，利用职务便利，自己经营或者为他人经营与其所任职公司、企业同类的营业，获取非法利益，数额巨大，或者其他公司、企业的董事、监事、高级管理人员违反法律、行政法规规定，利用职务便利，自己经营或者为他人经营与其所任职公司、企业同类的营业，致使公司、企业利益遭受重大损失的行为。

本罪客观上要求行为人利用职务便利，自己经营或者为他人经营与其所任职公司、企业同类的营业。"利用职务便利"是指行为人利用自己在所任职公司、企业担任董事、监事、高级管理人员所获得的权限、地位以及掌握的人脉、信息等便利条件。"经营与其所任职公司、企业同类的营业"是指行为人从事与其所任职公司、企业相同或者近似的业务。无论是自己经营还是为他人经营与其所任职公司、企业同类的营业，都能构成本罪。

本罪是身份犯，犯罪主体包括两类：（1）国有公司、企业的董事、监事、高级管理人员。国有公司、企业的其他职员，只要不属于董事、监事或者高级管理人员，即使属于国家工作人员，也不能单独构成本罪。该类主体构成本罪，要求行为人获取非法利益，数额巨大。（2）其他公司、企业的董事、监事、高级管理人员。该类主体构成犯罪，要求行为人违反法律、行政法规规定，致使公司、企业利益遭受重大损失。

---

① 答案：A。

[强化自测] 关于非法经营同类营业罪，下列哪些说法是错误的？①
A. 其他公司、企业的董事、监事、高级管理人员实施非法经营同类营业行为的，必须致使公司、企业利益遭受巨大损失才构成非法经营同类营业罪
B. 非法经营同类营业罪的主体仅限于国有公司、企业的董事和监事
C. 高级管理人员是指公司的经理、副经理、财务负责人，上市公司董事会秘书和公司章程规定的其他人员
D. 其他公司、企业的董事、监事、高级管理人员经营同类营业行为不违反法律、行政法规规定，不构成非法经营同类营业罪

修订考点2　为亲友非法牟利罪

2023年12月29日《刑法修正案（十二）》对本罪进行了修订。根据《刑法》第166条的规定，本罪是指国有公司、企业、事业单位的工作人员，利用职务便利，为亲友非法牟利，致使国家利益遭受重大损失，或者其他公司、企业的工作人员违反法律、行政法规规定，利用职务便利，为亲友非法牟利，致使公司、企业利益遭受重大损失的行为。

本罪的成立要求行为人利用职务便利，即利用自己主管、管理、经营、经手公司、企业业务的便利，实施下列行为之一：（1）将本单位的盈利业务交由自己的亲友进行经营；（2）以明显高于市场的价格从自己的亲友经营管理的单位采购商品、接受服务或者以明显低于市场的价格向自己的亲友经营管理的单位销售商品、提供服务；（3）从自己的亲友经营管理的单位采购、接受不合格商品、服务。对于这里的"亲友"应以与行为人是否存在利益关系进行实质把握。

本罪的主体包括以下两类：（1）国有公司、企业、事业单位的工作人员。（2）其他公司、企业的工作人员。需要注意的是，《刑法修正案（十二）》并未将本罪主体扩大到"其他事业单位"。

需要注意的是，《公司法》第183条规定，董事、监事、高级管理人员，不得利用职务便利为自己或者他人谋取属于公司的商业机会。但是，有下列情形之一的除外：（1）向董事会或者股东会报告，并按照公司章程的规定经董事会或者股东会决议通过；（2）根据法律、行政法规或者公司章程的规定，公司不能利用该商业机会。据此，向董事会或者股东会报告并获得同意，或者公司不能利用该商业机会，行为人将该盈利业务交由自己的亲友进行经营，即使亲友从中获利，也不构成本罪。

[强化自测] 关于为亲友非法牟利罪，下列哪些说法是正确的？②
A. 《刑法修正案（十二）》施行之前发生的其他公司、企业的工作人员为亲友非法牟利的行为，不能以为亲友非法牟利罪论处
B. 行为人以正常的市场价格从自己的亲友经营管理的单位采购商品、接受服务，不构成亲友非法牟利罪
C. 国有公司、企业、事业单位的工作人员成立为亲友非法牟利罪，要求行为人利用职务便利，为亲友非法牟利行为致使国家利益遭受重大损失
D. 民办学校、民办医院中的工作人员为亲友非法牟利的，不构成为亲友非法牟利罪

修订考点3　徇私舞弊低价折股、出售公司、企业资产罪

2023年12月29日《刑法修正案（十二）》对本罪进行了修订。根据《刑法》第169条的规定，本罪是指国有公司、企业或者其上级主管部门直接负责的主管人员，徇私舞弊，将国有资产低价折股或者低价出售，致使国家利益遭受重大损失，或者其他公司、企业直接负责的主管人员，徇私舞弊，将公司、企业资产低价折股或者低价出售，致使公司、企业利益遭受重大损失的行为。

本罪的成立要求行为人徇私舞弊，将公司、企业资产低价折股或者低价出售。这意味着本罪为故意犯罪，过失不构成本罪。如在公司、企业资产重组、收购过程中，行为人由于经验不足、决策失误或者市场行情变化，致使公司、企业资产在折股、出售过程中价格偏低的，不构成本罪。国有公司、企业或者其上级主管部门直接负责的主管人员，与他人串通，私自将国有资产低价折股或者低价出售给他人，同时触犯本罪与贪污罪的，对行为人应以贪污罪论处。

---

① 答案：AB。
② 答案：ABCD。

[强化自测] 关于徇私舞弊低价折股、出售公司、企业资产罪，下列哪一说法是正确的？①
A. 徇私舞弊低价折股、出售公司、企业资产罪是过失犯罪
B. 构成徇私舞弊低价折股、出售公司、企业资产罪，处5年以上10年以下有期徒刑
C. 徇私舞弊低价折股、出售公司、企业资产罪的主体仅限于国有公司、企业或者其上级主管部门直接负责的主管人员
D. 构成徇私舞弊低价折股、出售公司、企业资产罪，处3年以下有期徒刑或者拘役

修订考点4　单位受贿罪

2023年12月29日《刑法修正案（十二）》对本罪进行了修订。根据《刑法》第387条的规定，本罪是指国家机关、国有公司、企业、事业单位、人民团体，索取、非法收受他人财物，为他人谋取利益，情节严重的行为。

本罪主体为国家机关、国有公司、企业、事业单位与人民团体。

本罪在客观方面表现为索取、非法收受他人财物，为他人谋取利益，情节严重。国家机关、国有公司、企业、事业单位、人民团体，在经济往来中，在账外暗中收受各种名义的回扣、手续费的，以受贿论，以本罪论处。

[强化自测] 关于单位受贿罪，下列哪些说法是正确的？②
A. 对于单位受贿罪的基本犯，处5年以下有期徒刑或者拘役
B. 情节特别严重的，处5年以上10年以下有期徒刑
C. 对于单位受贿罪的基本犯，处3年以下有期徒刑或者拘役
D. 情节特别严重的，处3年以上10年以下有期徒刑

二、法规对照

◎ 法规变化

新增	中华人民共和国刑法修正案（十二）（2023.12.29）
修订	最高人民法院、最高人民检察院关于办理环境污染刑事案件适用法律若干问题的解释（2023.8.8）

◎ 法规精读

中华人民共和国刑法修正案（十二）

（2023年12月29日第十四届全国人民代表大会常务委员会第七次会议通过　2023年12月29日中华人民共和国主席令第18号公布　自2024年3月1日起施行）

★ 一、在刑法第一百六十五条中增加一款作为第二款，将该条修改为："国有公司、企业的董事、高级管理人员，利用职务便利，自己经营或者为他人经营与其所任职公司、企业同类的营业，获取非法利益，数额巨大的，处三年以下有期徒刑或者拘役，并处或者单处罚金；数额特别巨大的，处三年以上七年以下有期徒刑，并处罚金。

"其他公司、企业的董事、监事、高级管理人员违反法律、行政法规规定，实施前款行为，致使公司、企业利益遭受重大损失的，依照前款的规定处罚。"

★ 二、在刑法第一百六十六条中增加一款作为第二款，将该条修改为："国有公司、企业、事业单位的工作人员，利用职务便利，有下列情形之一，致使国家利益遭受重大损失的，处三年以下有期徒刑或者拘役，并处或者单处罚金；致使国家利益遭受特别重大损失的，处三年以上七年以下有期徒刑，并处罚金：

"（一）将本单位的盈利业务交由自己的亲友进行经营的；

"（二）以明显高于市场的价格从自己的亲友经营管理的单位采购商品、接受服务或者以明显低于市场的价

---

① 答案：D。
② 答案：CD。

格向自己的亲友经营管理的单位销售商品、提供服务的；

"（三）从自己的亲友经营管理的单位采购、接受不合格商品、服务的。

"其他公司、企业的工作人员违反法律、行政法规规定，实施前款行为，致使公司、企业利益遭受重大损失的，依照前款的规定处罚。"

★ 三、在刑法第一百六十九条中增加一款作为第二款，将该条修改为："国有公司、企业或者其上级主管部门直接负责的主管人员，徇私舞弊，将国有资产低价折股或者低价出售，致使国家利益遭受重大损失的，处三年以下有期徒刑或者拘役；致使国家利益遭受特别重大损失的，处三年以上七年以下有期徒刑。

"其他公司、企业直接负责的主管人员，徇私舞弊，将公司、企业资产低价折股或者低价出售，致使企业利益遭受重大损失的，依照前款的规定处罚。"

★ 四、将刑法第三百八十七条第一款修改为："国家机关、国有公司、企业、事业单位、人民团体，索取、非法收受他人财物，为他人谋取利益，情节严重的，对单位判处罚金，并对其直接负责的主管人员和其他直接责任人员，处三年以下有期徒刑或者拘役；情节特别严重的，处三年以上十年以下有期徒刑。"

★ 五、将刑法第三百九十条修改为："对犯行贿罪的，处三年以下有期徒刑或者拘役，并处罚金；因行贿谋取不正当利益，情节严重的，或者使国家利益遭受重大损失的，处三年以上十年以下有期徒刑，并处罚金；情节特别严重的，或者使国家利益遭受特别重大损失的，处十年以上有期徒刑或者无期徒刑，并处罚金或者没收财产。

"有下列情形之一的，从重处罚：

"（一）多次行贿或者向多人行贿的；

"（二）国家工作人员行贿的；

"（三）在国家重点工程、重大项目中行贿的；

"（四）为谋取职务、职级晋升、调整行贿的；

"（五）对监察、行政执法、司法工作人员行贿的；

"（六）在生态环境、财政金融、安全生产、食品药品、防灾救灾、社会保障、教育、医疗等领域行贿，实施违法犯罪活动的；

"（七）将违法所得用于行贿的。

"行贿人在被追诉前主动交待行贿行为的，可以从轻或者减轻处罚。其中，犯罪较轻的，对调查突破、侦破重大案件起关键作用的，或者有重大立功表现的，可以减轻或者免除处罚。"

六、将刑法第三百九十一条第一款修改为："为谋取不正当利益，给予国家机关、国有公司、企业、事业单位、人民团体以财物的，或者在经济往来中，违反国家规定，给予各种名义的回扣、手续费的，处三年以下有期徒刑或者拘役，并处罚金；情节严重的，处三年以上七年以下有期徒刑，并处罚金。"

七、将刑法第三百九十三条修改为："单位为谋取不正当利益而行贿，或者违反国家规定，给予国家工作人员以回扣、手续费，情节严重的，对单位判处罚金，并对其直接负责的主管人员和其他直接责任人员，处三年以下有期徒刑或者拘役，并处罚金；情节特别严重的，处三年以上十年以下有期徒刑，并处罚金。因行贿取得的违法所得归个人所有的，依照本法第三百八十九条、第三百九十条的规定定罪处罚。"

八、本修正案自 2024 年 3 月 1 日起施行。

最高人民法院、最高人民检察院关于办理环境污染刑事案件适用法律若干问题的解释

（2023 年 8 月 8 日　法释〔2023〕7 号）

为依法惩治环境污染犯罪，根据《中华人民共和国刑法》、《中华人民共和国刑事诉讼法》、《中华人民共和国环境保护法》等法律的有关规定，现就办理此类刑事案件适用法律的若干问题解释如下：

★ **第一条** 实施刑法第三百三十八条规定的行为，具有下列情形之一的，应当认定为"严重污染环境"：

（一）在饮用水水源保护区、自然保护地核心保护区等依法确定的重点保护区域排放、倾倒、处置有放射性的废物、含传染病病原体的废物、有毒物质的；

（二）非法排放、倾倒、处置危险废物三吨以上的；

（三）排放、倾倒、处置含铅、汞、镉、铬、砷、铊、锑的污染物，超过国家或者地方污染物排放标准三倍以上的；

（四）排放、倾倒、处置含镍、铜、锌、银、钒、锰、钴的污染物，超过国家或者地方污染物排放标准十倍以上的；

（五）通过暗管、渗井、渗坑、裂隙、溶洞、灌注、非紧急情况下开启大气应急排放通道等逃避监管的方式排放、倾倒、处置有放射性的废物、含传染病病原体的废物、有毒物质的；

（六）二年内曾因在重污染天气预警期间，违反国家规定，超标排放二氧化硫、氮氧化物等实行排放总量控制的大气污染物受过二次以上行政处罚，又实施此类行为的；

（七）重点排污单位、实行排污许可重点管理的单位篡改、伪造自动监测数据或者干扰自动监测设施，排放化学需氧量、氨氮、二氧化硫、氮氧化物等污染物的；

（八）二年内曾因违反国家规定，排放、倾倒、处置有放射性的废物、含传染病病原体的废物、有毒物质受过二次以上行政处罚，又实施此类行为的；

（九）违法所得或者致使公私财产损失三十万元以上的；

（十）致使乡镇集中式饮用水水源取水中断十二小时以上的；

（十一）其他严重污染环境的情形。

[强化自测] 关于污染环境罪，下列哪些说法是正确的？①
　　A. 污染环境罪只能由自然人构成
　　B. 非法排放、倾倒、处置危险废物50吨的，属于《刑法》第338条中规定的"情节严重"
　　C. 违法所得或者致使公私财产损失100万元以上的，属于《刑法》第338条中规定的"情节严重"
　　D. 行为人认罪认罚，积极修复生态环境，有效合规整改的，可以从宽处罚

★ **第二条** 实施刑法第三百三十八条规定的行为，具有下列情形之一的，应当认定为"情节严重"：

（一）在饮用水水源保护区、自然保护地核心保护区等依法确定的重点保护区域排放、倾倒、处置有放射性的废物、含传染病病原体的废物、有毒物质，造成相关区域的生态功能退化或者野生生物资源严重破坏的；

（二）向国家确定的重要江河、湖泊水域排放、倾倒、处置有放射性的废物、含传染病病原体的废物、有毒物质，造成相关水域的生态功能退化或者水生生物资源严重破坏的；

（三）非法排放、倾倒、处置危险废物一百吨以上的；

（四）违法所得或者致使公私财产损失一百万元以上的；

（五）致使县级城区集中式饮用水水源取水中断十二小时以上的；

（六）致使永久基本农田、公益林地十亩以上，其他农用地二十亩以上，其他土地五十亩以上基本功能丧失或者遭受永久性破坏的；

（七）致使森林或者其他林木死亡五十立方米以上，或者幼树死亡二千五百株以上的；

（八）致使疏散、转移群众五千人以上的；

（九）致使三十人以上中毒的；

（十）致使一人以上重伤、严重疾病或者三人以上轻伤的；

（十一）其他情节严重的情形。

第三条 实施刑法第三百三十八条规定的行为，具有下列情形之一的，应当处七年以上有期徒刑，并处罚金：

（一）在饮用水水源保护区、自然保护地核心保护区等依法确定的重点保护区域排放、倾倒、处置有放射性的废物、含传染病病原体的废物、有毒物质，具有下列情形之一的：

1. 致使设区的市级城区集中式饮用水水源取水中断十二小时以上的；

2. 造成自然保护地主要保护的生态系统严重退化，或者主要保护的自然景观损毁的；

3. 造成国家重点保护的野生动植物资源或者国家重点保护物种栖息地、生长环境严重破坏的；

4. 其他情节特别严重的情形。

（二）向国家确定的重要江河、湖泊水域排放、倾倒、处置有放射性的废物、含传染病病原体的废物、有毒物质，具有下列情形之一的：

1. 造成国家确定的重要江河、湖泊水域生态系统严重退化的；

2. 造成国家重点保护的野生动植物资源严重破坏的；

3. 其他情节特别严重的情形。

（三）致使永久基本农田五十亩以上基本功能丧失或者遭受永久性破坏的；

（四）致使三人以上重伤、严重疾病，或者一人以上严重残疾、死亡的。

★★ **第四条** 实施刑法第三百三十九条第一款规定的行为，具有下列情形之一的，应当认定为"致使公私财产遭受重大损失或者严重危害人体健康"：

（一）致使公私财产损失一百万元以上的；

（二）具有本解释第二条第五项至第十项规定情形之一的；

（三）其他致使公私财产遭受重大损失或者严重危害人体健康的情形。

★ **第五条** 实施刑法第三百三十八条、第三百三十九条规定的犯罪行为，具有下列情形之一的，应当从重处罚：

（一）阻挠环境监督检查或者突发环境事件调查，尚不构成妨害公务等犯罪的；

（二）在医院、学校、居民区等人口集中地区及其附近，违反国家规定排放、倾倒、处置有放射性的废物、含传染病病原体的废物、有毒物质或者其他有害物质的；

（三）在突发环境事件处置期间或者被责令限期整改期间，违反国家规定排放、倾倒、处置有放射性的废物、含传染病病原体的废物、有毒物质或者其他有害物质的；

（四）具有危险废物经营许可证的企业违反国家规定排放、倾倒、处置有放射性的废物、含传染病病原体的废物、有毒物质或者其他有害物质的；

（五）实行排污许可重点管理的企业事业单位和其他生产经营者未依法取得排污许可证，排放、倾倒、处置有放射性的废物、含传染病病原体的废物、有毒物质或者其他有害物质的。

★★ **第六条** 实施刑法第三百三十八条规定的行为，行

---

① 答案：CD。

为人认罪认罚，积极修复生态环境，有效合规整改的，可以从宽处罚；犯罪情节轻微的，可以不起诉或者免予刑事处罚；情节显著轻微危害不大的，不作为犯罪处理。

★ 第七条 无危险废物经营许可证从事收集、贮存、利用、处置危险废物经营活动，严重污染环境的，按照污染环境罪定罪处罚；同时构成非法经营罪的，依照处罚较重的规定定罪处罚。

实施前款规定的行为，不具有超标排放污染物、非法倾倒污染物或者其他违法造成环境污染的情形的，可以认定为非法经营情节显著轻微危害不大，不认为是犯罪；构成生产、销售伪劣产品等其他犯罪的，以其他犯罪论处。

★ 第八条 明知他人无危险废物经营许可证，向其提供或者委托其收集、贮存、利用、处置危险废物，严重污染环境的，以共同犯罪论处。

第九条 违反国家规定，排放、倾倒、处置含有毒害性、放射性、传染病病原体等物质的污染物，同时构成污染环境罪、非法处置进口的固体废物罪、投放危险物质罪等犯罪的，依照处罚较重的规定定罪处罚。

第十条 承担环境影响评价、环境监测、温室气体排放检验检测、排放报告编制或者核查等职责的中介组织的人员故意提供虚假证明文件，具有下列情形之一的，应当认定为刑法第二百二十九条第一款规定的"情节严重"：

（一）违法所得三十万元以上的；

（二）二年内曾因提供虚假证明文件受过二次以上行政处罚，又提供虚假证明文件的；

（三）其他情节严重的情形。

实施前款规定的行为，在涉及公共安全的重大工程、项目中提供虚假的环境影响评价等证明文件，致使公共财产、国家和人民利益遭受特别重大损失的，应当依照刑法第二百二十九条第一款的规定，处五年以上十年以下有期徒刑，并处罚金。

实施前两款规定的行为，同时索取他人财物或者非法收受他人财物构成犯罪的，依照处罚较重的规定定罪处罚。

★ 第十一条 违反国家规定，针对环境质量监测系统实施下列行为，或者强令、指使、授意他人实施下列行为，后果严重的，应当依照刑法第二百八十六条的规定，以破坏计算机信息系统罪定罪处罚：

（一）修改系统参数或者系统中存储、处理、传输的监测数据的；

（二）干扰系统采样，致使监测数据因系统不能正常运行而严重失真的；

（三）其他破坏环境质量监测系统的行为。

重点排污单位、实行排污许可重点管理的单位篡改、伪造自动监测数据或者干扰自动监测设施，排放化学需氧量、氨氮、二氧化硫、氮氧化物等污染物，同时构成污染环境罪和破坏计算机信息系统罪的，依照处罚较重的规定定罪处罚。

从事环境监测设施维护、运营的人员实施或者参与实施篡改、伪造自动监测数据、干扰自动监测设施、破坏环境质量监测系统等行为的，依法从重处罚。

第十二条 对于实施本解释规定的相关行为被不起诉或者免予刑事处罚的行为人，需要给予行政处罚、政务处分或者其他处分的，依法移送有关主管机关处理。有关主管机关应当将处理结果及时通知人民检察院、人民法院。

★ 第十三条 单位实施本解释规定的犯罪的，依照本解释规定的定罪量刑标准，对直接负责的主管人员和其他直接责任人员定罪处罚，并对单位判处罚金。

第十四条 环境保护主管部门及其所属监测机构在行政执法过程中收集的监测数据，在刑事诉讼中可以作为证据使用。

公安机关单独或者会同环境保护主管部门，提取污染物样品进行检测获取的数据，在刑事诉讼中可以作为证据使用。

第十五条 对国家危险废物名录所列的废物，可以依据涉案物质的来源、产生过程、被告人供述、证人证言以及经批准或者备案的环境影响评价文件、排污许可证、排污登记表等证据，结合环境保护主管部门、公安机关等出具的书面意见作出认定。

对于危险废物的数量，依据案件事实，综合被告人供述、涉案企业的生产工艺、物耗、能耗情况，以及经批准或者备案的环境影响评价文件等证据作出认定。

第十六条 对案件所涉的环境污染专门性问题难以确定的，依据鉴定机构出具的鉴定意见，或者国务院环境保护主管部门、公安部门指定的机构出具的报告，结合其他证据作出认定。

第十七条 下列物质应当认定为刑法第三百三十八条规定的"有毒物质"：

（一）危险废物，是指列入国家危险废物名录，或者根据国家规定的危险废物鉴别标准和鉴别方法认定的，具有危险特性的固体废物；

（二）《关于持久性有机污染物的斯德哥尔摩公约》附件所列物质；

（三）重金属含量超过国家或者地方污染物排放标准的污染物；

（四）其他具有毒性，可能污染环境的物质。

第十八条 无危险废物经营许可证，以营利为目的，从危险废物中提取物质作为原材料或者燃料，并具有超标排放污染物、非法倾倒污染物或者其他违法造成环境污染的情形的行为，应当认定为"非法处置危险废物"。

第十九条 本解释所称"二年内"，以第一次违法行为受到行政处罚的生效之日与又实施相应行为之日的时间间隔计算确定。

本解释所称"重点排污单位",是指设区的市级以上人民政府环境保护主管部门依法确定的应当安装、使用污染物排放自动监测设备的重点监控企业及其他单位。

本解释所称"违法所得",是指实施刑法第二百二十九条、第三百三十八条、第三百三十九条规定的行为所得和可得的全部违法收入。

本解释所称"公私财产损失",包括实施刑法第三百三十八条、第三百三十九条规定的行为直接造成财产损毁、减少的实际价值,为防止污染扩大、消除污染而采取必要合理措施所产生的费用,以及处置突发环境事件的应急监测费用。

本解释所称"无危险废物经营许可证",是指未取得危险废物经营许可证,或者超出危险废物经营许可证的经营范围。

第二十条 本解释自 2023 年 8 月 15 日起施行。本解释施行后,《最高人民法院、最高人民检察院关于办理环境污染刑事案件适用法律若干问题的解释》(法释〔2016〕29 号)同时废止;之前发布的司法解释与本解释不一致的,以本解释为准。

刑事诉讼法

一、大纲对照

◎ 考点变化

章名	章标题	内容变化
第1编 总论		
第1章	刑事诉讼法概述	无实质变化
第2章	刑事诉讼法的基本原则	无实质变化
第3章	刑事诉讼中的专门机关和诉讼参与人	无实质变化
第4章	管辖	无实质变化
第5章	回避	无实质变化
第6章	辩护与代理	无实质变化
第7章	刑事证据	无实质变化
第8章	强制措施	无实质变化
第9章	附带民事诉讼	无实质变化
第10章	期间、送达	无实质变化
第2编 分论		
第11章	立案	无实质变化
第12章	侦查	无实质变化
第13章	起诉	无实质变化
第14章	刑事审判概述	无实质变化
第15章	第一审程序	无实质变化
第16章	第二审程序	无实质变化
第17章	死刑复核程序	无实质变化
第18章	审判监督程序	无实质变化
第19章	涉外刑事诉讼程序与司法协助制度	无实质变化
第20章	执行	无实质变化
第3编 特别程序		
第21章	未成年人刑事案件诉讼程序	无实质变化
第22章	当事人和解的公诉案件诉讼程序	无实质变化
第23章	缺席审判程序	无实质变化

续表

章名	章标题	内容变化
第24章	犯罪嫌疑人、被告人逃匿、死亡案件违法所得的没收程序	无实质变化
第25章	依法不负刑事责任的精神病人的强制医疗程序	无实质变化

二、法规对照

◎ 法规变化

| 新增 | 人民检察院、公安机关羁押必要性审查、评估工作规定（2023.11.30） |

◎ 法规精读

人民检察院、公安机关羁押必要性审查、评估工作规定

（2023年11月30日　高检发〔2023〕12号）

为加强对犯罪嫌疑人、被告人被逮捕后羁押必要性的审查、评估工作，规范羁押强制措施适用，依法保障犯罪嫌疑人、被告人合法权益，保障刑事诉讼活动顺利进行，根据《中华人民共和国刑事诉讼法》《人民检察院刑事诉讼规则》《公安机关办理刑事案件程序规定》等，制定本规定。

★　第一条　犯罪嫌疑人、被告人被逮捕后，人民检察院应当依法对羁押的必要性进行审查。不需要继续羁押的，应当建议公安机关、人民法院予以释放或者变更强制措施。对于审查起诉阶段的案件，应当及时决定释放或者变更强制措施。

公安机关在移送审查起诉前，发现采取逮捕措施不当或者犯罪嫌疑人及其法定代理人、近亲属或者辩护人、值班律师申请变更羁押强制措施的，应当对羁押的必要性进行评估。不需要继续羁押的，应当及时决定释放或者变更强制措施。

第二条　人民检察院、公安机关开展羁押必要性审查、评估工作，应当分工负责、互相配合、互相制约，以保证准确有效地执行法律。

第三条　人民检察院、公安机关应当依法、及时、规范开展羁押必要性审查、评估工作，全面贯彻宽严相济刑事政策，准确把握羁押措施适用条件，严格保守办案秘密和国家秘密、商业秘密、个人隐私。

羁押必要性审查、评估工作不得影响刑事诉讼依法进行。

第四条　人民检察院依法开展羁押必要性审查，由捕诉部门负责。负责刑事执行检察、控告申诉检察、案件管理、检察技术的部门应当予以配合。

公安机关对羁押的必要性进行评估，由办案部门负责，法制部门统一审核。

犯罪嫌疑人、被告人在异地羁押的，羁押地人民检察院、公安机关应当予以配合。

第五条　人民检察院、公安机关应当充分保障犯罪嫌疑人、被告人的诉讼权利，保障被害人合法权益。

公安机关执行逮捕决定时，应当告知被逮捕人有权向办案机关申请变更强制措施，有权向人民检察院申请羁押必要性审查。

★　第六条　人民检察院在刑事诉讼过程中可以对被逮捕的犯罪嫌疑人、被告人依职权主动进行羁押必要性审查。

人民检察院对审查起诉阶段未经羁押必要性审查、可能判处三年有期徒刑以下刑罚的在押犯罪嫌疑人，在提起公诉前应当依职权开展一次羁押必要性审查。

公安机关根据案件侦查情况，可以对被逮捕的犯罪嫌疑人继续采取羁押强制措施是否适当进行评估。

★★　第七条　人民检察院、公安机关发现犯罪嫌疑人、被告人可能存在下列情形之一的，应当立即开展羁押必要性审查、评估并及时作出审查、评估决定：

（一）因患有严重疾病、生活不能自理等原因不适宜继续羁押的；

（二）怀孕或者正在哺乳自己婴儿的妇女；

（三）系未成年人的唯一抚养人；

（四）系生活不能自理的人的唯一扶养人；

（五）继续羁押犯罪嫌疑人、被告人，羁押期限将超过依法可能判处的刑期的；

（六）案件事实、情节或者法律、司法解释发生变化，可能导致犯罪嫌疑人、被告人被判处拘役、管制

独立适用附加刑、免予刑事处罚或者判决无罪的；

（七）案件证据发生重大变化，可能导致没有证据证明有犯罪事实或者犯罪行为系犯罪嫌疑人、被告人所为的；

（八）存在其他对犯罪嫌疑人、被告人采取羁押强制措施不当情形，应当及时撤销或者变更的。

未成年犯罪嫌疑人、被告人被逮捕后，人民检察院、公安机关应当做好跟踪帮教、感化挽救工作，发现对未成年在押人员不予羁押不致发生社会危险性的，应当及时启动羁押必要性审查、评估工作，依法作出释放或者变更决定。

第八条 犯罪嫌疑人、被告人及其法定代理人、近亲属或者辩护人、值班律师可以向人民检察院申请开展羁押必要性审查。申请人提出申请时，应当说明不需要继续羁押的理由，有相关证据或者其他材料的，应当予以提供。

申请人依据刑事诉讼法第九十七条规定，向人民检察院、公安机关提出变更羁押强制措施申请的，人民检察院、公安机关应当按照本规定对羁押的必要性进行审查、评估。

第九条 经人民检察院、公安机关依法审查、评估后认为有继续羁押的必要，不予释放或者变更的，犯罪嫌疑人、被告人及其法定代理人、近亲属或者辩护人、值班律师未提供新的证明材料或者没有新的理由而再次申请的，人民检察院、公安机关可以不再开展羁押必要性审查、评估工作，并告知申请人。

经依法批准延长侦查羁押期限、重新计算侦查羁押期限、退回补充侦查重新计算审查起诉期限，导致在押人员被羁押期限延长的，变更申请不受前款限制。

第十条 办案机关对应的同级人民检察院负责控告申诉或者案件管理的部门收到羁押必要性审查申请的，应当在当日将相关申请、线索和证据材料移送本院负责捕诉的部门。负责刑事执行检察的部门收到有关材料或者发现不需要继续羁押的，应当及时将有关材料和意见移送负责捕诉的部门。

负责案件办理的公安机关的其他相关部门收到变更申请的，应当在当日移送办案部门。

其他人民检察院、公安机关收到申请的，应当告知申请人向负责案件办理的人民检察院、公安机关提出申请，或者在二日以内将申请材料移送负责案件办理的人民检察院、公安机关，并告知申请人。

第十一条 看守所在工作中发现在押人员不适宜继续羁押的，应当及时提请办案机关依法变更强制措施。

看守所建议人民检察院开展羁押必要性审查的，应当以书面形式提出，并附证明在押人员身体状况的证据材料。

人民检察院收到看守所建议后，应当立即开展羁押必要性审查，依法及时作出审查决定。

第十二条 开展羁押必要性审查、评估工作，应当全面审查、评估犯罪嫌疑人、被告人涉嫌犯罪事实、主观恶性、悔罪表现、案件进展情况、可能判处的刑罚、身体状况、有无社会危险性和继续羁押必要等因素，具体包括以下内容：

（一）犯罪嫌疑人、被告人基本情况、涉嫌罪名、犯罪性质、情节，可能判处的刑罚；

（二）案件所处诉讼阶段，侦查取证进展情况，犯罪事实是否基本查清，证据是否收集固定，犯罪嫌疑人、被告人认罪情况，供述是否稳定；

（三）犯罪嫌疑人、被告人是否有前科劣迹、累犯等从严处理情节；

（四）犯罪嫌疑人、被告人到案方式，是否被通缉到案，或者是否因违反取保候审、监视居住规定而被逮捕；

（五）是否有不在案的共犯，是否存在串供可能；

（六）犯罪嫌疑人、被告人是否有认罪认罚、自首、坦白、立功、积极退赃、获得谅解、与被害方达成和解协议、积极履行赔偿义务或者提供担保等从宽处理情节；

（七）犯罪嫌疑人、被告人身体健康状况；

（八）犯罪嫌疑人、被告人在押期间的表现情况；

（九）犯罪嫌疑人、被告人是否具备采取保候审、监视居住措施的条件；

（十）对犯罪嫌疑人、被告人的羁押是否符合法律规定，是否即将超过依法可能判处的刑期；

（十一）犯罪嫌疑人、被告人是否存在可能作撤销案件、不起诉处理、被判处拘役、管制、独立适用附加刑、宣告缓刑、免予刑事处罚或者判决无罪的情形；

（十二）与羁押必要性审查、评估有关的其他内容。

犯罪嫌疑人、被告人系未成年人的，应当重点审查其成长经历、犯罪原因以及有无监护或者社会帮教条件。

★第十三条 开展羁押必要性审查、评估工作，可以采取以下方式：

（一）审查犯罪嫌疑人、被告人不需要继续羁押的理由和证明材料；

（二）听取犯罪嫌疑人、被告人及其法定代理人、近亲属或者辩护人、值班律师意见；

（三）听取被害人及其法定代理人、诉讼代理人、近亲属或者其他有关人员的意见，了解和解、谅解、赔偿情况；

（四）听取公安机关、人民法院意见，必要时查阅、复制原案卷宗中有关证据材料；

（五）调查核实犯罪嫌疑人、被告人身体健康状况；

（六）向看守所调取有关犯罪嫌疑人、被告人羁押期间表现的材料；

（七）进行羁押必要性审查、评估需要采取的其他方式。

听取意见情况应当制作笔录，与书面意见、调查核实获取的其他证据材料等一并附卷。

　　第十四条　审查、评估犯罪嫌疑人、被告人是否有继续羁押的必要性，可以采取自行或者委托社会调查、开展量化评估等方式，调查评估情况作为作出审查、评估决定的参考。

　　犯罪嫌疑人、被告人是未成年人的，经本人及其法定代理人同意，可以对未成年犯罪嫌疑人、被告人进行心理测评。

　　公安机关应当主动或者按照人民检察院要求收集、固定犯罪嫌疑人、被告人是否具有社会危险性的证据。

　　★**第十五条**　人民检察院开展羁押必要性审查，可以按照《人民检察院羁押听证办法》组织听证。

　　★**第十六条**　人民检察院审查后发现犯罪嫌疑人、被告人具有下列情形之一的，应当向公安机关、人民法院提出释放或者变更强制措施建议；审查起诉阶段的，应当及时决定释放或者变更强制措施。

　　（一）案件证据发生重大变化，没有证据证明有犯罪事实或者犯罪行为系犯罪嫌疑人、被告人所为的；

　　（二）案件事实、情节或者法律、司法解释发生变化，犯罪嫌疑人、被告人可能被判处拘役、管制、独立适用附加刑、免予刑事处罚或者判决无罪的；

　　（三）继续羁押犯罪嫌疑人、被告人，羁押期限将超过依法可能判处的刑期的；

　　（四）案件事实基本查清，证据已经收集固定，符合取保候审或者监视居住条件的；

　　（五）其他对犯罪嫌疑人、被告人采取羁押强制措施不当，应当及时释放或者变更的。

　　公安机关评估后发现符合上述情形的，应当及时决定释放或者变更强制措施。

　　[强化自测]　关于人民检察院、公安机关羁押必要性审查、评估工作，下列哪些说法是正确的？①

　　A. 继续羁押犯罪嫌疑人、被告人，羁押期限将超过依法可能判处的刑期的，人民检察院应当向公安机关、人民法院提出释放或者变更强制措施建议

　　B. 人民检察院审查后发现犯罪嫌疑人、被告人为预备犯，且具有悔罪表现，不予羁押不致发生社会危险性的，可以向公安机关、人民法院提出释放或者变更强制措施建议

　　C. 经审查、评估，发现犯罪嫌疑人、被告人可能被判处10年有期徒刑以上刑罚的，一般不予释放或者变更强制措施

　　D. 公安机关、人民法院在收到人民检察院的羁押必要性审查建议书后，应当在10日以内将处理情况通知人民检察院

　　★★**第十七条**　人民检察院审查后发现犯罪嫌疑人、被告人具有下列情形之一的，且具有悔罪表现，不予羁押不致发生社会危险性的，可以向公安机关、人民法院提出释放或者变更强制措施建议；审查起诉阶段的，可以决定释放或者变更强制措施。

　　（一）预备犯或者中止犯；

　　（二）主观恶性较小的初犯；

　　（三）共同犯罪中的从犯或者胁从犯；

　　（四）过失犯罪的；

　　（五）防卫过当或者避险过当的；

　　（六）认罪认罚的；

　　（七）与被害方依法自愿达成和解协议或者获得被害方谅解的；

　　（八）已经或者部分履行赔偿义务或者提供担保的；

　　（九）患有严重疾病、生活不能自理的；

　　（十）怀孕或者正在哺乳自己婴儿的妇女；

　　（十一）系未成年人或者已满七十五周岁的人；

　　（十二）系未成年人的唯一抚养人；

　　（十三）系生活不能自理的人的唯一扶养人；

　　（十四）可能被判处一年以下有期徒刑的；

　　（十五）可能被宣告缓刑的；

　　（十六）其他不予羁押不致发生社会危险性的情形。

　　公安机关评估后发现符合上述情形的，可以决定释放或者变更强制措施。

　　★**第十八条**　经审查、评估，发现犯罪嫌疑人、被告人具有下列情形之一的，一般不予释放或者变更强制措施：

　　（一）涉嫌危害国家安全犯罪、恐怖活动犯罪、黑社会性质组织犯罪、重大毒品犯罪或者其他严重危害社会的犯罪；

　　（二）涉嫌故意杀人、故意伤害致人重伤或死亡、强奸、抢劫、绑架、放火、爆炸、投放危险物质等严重侵犯公民人身财产权利、危害公共安全的严重暴力犯罪；

　　（三）涉嫌性侵未成年人的犯罪；

　　（四）涉嫌重大贪污、贿赂犯罪，或者利用职权实施的严重侵犯公民人身权利的犯罪；

　　（五）可能判处十年有期徒刑以上刑罚的；

　　（六）因违反取保候审、监视居住规定而被逮捕的；

　　（七）可能毁灭、伪造证据，干扰证人作证或者串供的；

　　（八）可能对被害人、举报人、控告人实施打击报复的；

　　（九）企图自杀或者逃跑的；

　　（十）其他社会危险性较大，不宜释放或者变更强制措施的。

　　犯罪嫌疑人、被告人具有前款规定情形之一，但因患有严重疾病或者具有其他不适宜继续羁押的特殊情形，不予羁押不致发生社会危险性的，可以依法变更强

———————
①　答案：ABCD。

· 22 ·

制措施为监视居住、取保候审。

　　第十九条　人民检察院在侦查阶段、审判阶段收到羁押必要性审查申请或者建议的，应当在十日以内决定是否向公安机关、人民法院提出释放或者变更的建议。

　　人民检察院在审查起诉阶段、公安机关在侦查阶段收到变更申请的，应当在三日以内作出决定。

　　审查过程中涉及病情鉴定等专业知识，需要委托鉴定、指派、聘请有专门知识的人就案件的专门性问题出具报告，或者委托技术部门进行技术性证据审查，以及组织开展听证审查的期间，不计入羁押必要性审查期限。

　　第二十条　人民检察院开展羁押必要性审查，应当规范制作羁押必要性审查报告，写明犯罪嫌疑人、被告人基本情况、诉讼阶段、简要案情、审查情况和审查意见，并在检察业务应用系统相关捕诉案件中准确填录相关信息。

　　审查起诉阶段，人民检察院依职权启动羁押必要性审查后认为有继续羁押必要的，可以在审查起诉案件审查报告中载明羁押必要性审查相关内容，不再单独制作羁押必要性审查报告。

　　公安机关开展羁押必要性评估，应当由办案部门制作羁押必要性评估报告，提出是否具有羁押必要性的意见，送法制部门审核。

　　第二十一条　人民检察院经审查认为需要对犯罪嫌疑人、被告人予以释放或者变更强制措施的，在侦查和审判阶段，应当规范制作羁押必要性审查建议书，说明不需要继续羁押犯罪嫌疑人、被告人的理由和法律依据，及时送达公安机关或者人民法院。在审查起诉阶段的，应当制作决定释放通知书、取保候审决定书或者监视居住决定书，交由公安机关执行。

　　侦查阶段，公安机关认为需要对犯罪嫌疑人释放或者变更强制措施的，应当制作释放通知书、取保候审决定书或者监视居住决定书，同时将处理情况通知原批准逮捕的人民检察院。

　　第二十二条　人民检察院向公安机关、人民法院发出羁押必要性审查建议书后，应当跟踪公安机关、人民法院处理情况。

　　公安机关、人民法院应当在收到建议书十日以内将处理情况通知人民检察院。认为需要继续羁押的，应当说明理由。

　　公安机关、人民法院未在十日以内将处理情况通知人民检察院的，人民检察院应当依法提出监督纠正意见。

　　第二十三条　对于依申请或者看守所建议开展羁押必要性审查的，人民检察院办结后，应当制作羁押必要性审查结果通知书，将提出建议情况和公安机关、人民法院处理情况，或者有继续羁押必要的审查意见和理由及时书面告知申请人或者看守所。

　　公安机关依申请对继续羁押的必要性进行评估后，认为有继续羁押的必要，不同意变更强制措施的，应当书面告知申请人并说明理由。

　　第二十四条　经审查、评估后犯罪嫌疑人、被告人被变更强制措施的，公安机关应当加强对变更后被取保候审、监视居住人的监督管理；人民检察院应当加强对取保候审、监视居住执行情况的监督。

　　侦查阶段发现犯罪嫌疑人严重违反取保候审、监视居住规定，需要予以逮捕的，公安机关应当依照法定程序重新提请批准逮捕，人民检察院应当依法作出批准逮捕的决定。审查起诉阶段发现的，人民检察院应当依法决定逮捕。审判阶段发现的，人民检察院应当向人民法院提出决定逮捕的建议。

　　第二十五条　人民检察院直接受理侦查案件的羁押必要性审查参照本规定。

　　第二十六条　公安机关提请人民检察院审查批准延长侦查羁押期限，应当对继续羁押的必要性进行评估并作出说明。

　　人民检察院办理提请批准延长侦查羁押期限、重新计算侦查羁押期限备案审查案件，应当依法加强对犯罪嫌疑人羁押必要性的审查。

　　第二十七条　本规定自发布之日起施行。原《人民检察院办理羁押必要性审查案件规定（试行）》同时废止。

行政法与行政诉讼法

一、大纲对照

◎ 考点变化

章名	章标题	内容变化	
第1编 导论			
第1章	行政法概述	无实质变化	
第2章	行政法的基本原则	无实质变化	
第2编 行政组织法			
第3章	行政机关组织法	修订	国务院机构的种类
第4章	公务员法	无实质变化	
第3编 行政行为法			
第5章	抽象行政行为	无实质变化	
第6章	具体行政行为概述	无实质变化	
第7章	行政处罚	无实质变化	
第8章	行政强制	无实质变化	
第9章	行政许可	无实质变化	
第10章	其他行政行为	无实质变化	
第11章	行政程序与政府信息公开	无实质变化	
第4编 行政救济法			
第12章	行政复议	修订	1. 行政复议的概念 2. 行政复议的基本原则 3. 行政复议申请人 4. 行政复议被申请人 5. 行政复议第三人 6. 行政复议机关 7. 行政复议的申请时间和方式 8. 对行政复议申请的审查和处理 9. 行政复议与行政诉讼的关系 10. 行政行为在行政复议期间的执行力 11. 行政复议决定的执行

续表

章名	章标题	内容变化	
		2023年大纲	2024年大纲
第12章	行政复议	修订 第二节 行政复议范围 行政复议的受案范围（行政相关人的合法权益 侵权的具体行政行为 具体行政行为所依据的行政规定） 行政复议的排除事项（行政机关的人事处理 对民事纠纷的处理）	第二节 行政复议范围 可申请行政复议的事项（基本范围 可申请行政复议的具体事项 对行政规范性文件的附带审查） 行政复议的排除事项（国家行为 抽象行政行为 对行政机关工作人员的奖惩、任免等决定 对民事纠纷作出的调解）
		第五节 行政复议的审理、决定和执行 行政复议的审理（审查方式 举证责任 查阅材料 证据收集 撤回申请 原具体行政行为的改变、行政复议中的和解和调解） 行政复议的决定（对行政规定和行政依据争议的审查和处理 对具体行政行为的复议决定）	第五节 行政复议的审理、决定和执行 行政复议的审理（一般规定 证据制度 审理程序 简易程序 行政复议附带审查） 行政复议决定（各类行政复议决定及其适用）
第13章	行政诉讼概述	无实质变化	
第14章	行政诉讼的受案范围	无实质变化	
第15章	行政诉讼的管辖	无实质变化	
第16章	行政诉讼参加人	无实质变化	
第17章	行政诉讼程序	无实质变化	
第18章	行政诉讼的特殊制度与规则	无实质变化	
第19章	行政案件的裁判与执行	无实质变化	
第20章	国家赔偿概述	无实质变化	
第21章	行政赔偿	无实质变化	
第22章	司法赔偿	修订	司法赔偿处理程序的步骤之司法赔偿请求的受理
第23章	国家赔偿方式、标准和费用	无实质变化	

◎ 考点详解

>>> 修订考点1 国务院机构的种类

国务院办公厅	国务院办公厅，是指协助国务院领导处理国务院日常工作的机构。依据《国务院组织法》的规定，国务院设立办公厅，由国务院秘书长领导。
国务院组成部门	国务院组成部门，是指国务院领导下主管特定国家行政事务的行政机构，依法分别履行国务院的基本行政管理职能。它包括各部、各委员会、中国人民银行和审计署。国务院组成部门的设立、撤销或者合并，由国务院机构编制管理部门提出方案，经国务院常务会议讨论通过后，由国务院总理提请全国人民代表大会决定。在全国人民代表大会闭会期间，提请全国人民代表大会常务委员会决定。国务院组成部门设部长（主任、行长、审计长）1人，副部长（副主任、副行长、副审计长）2~4人；委员会可以设委员5~10人。国务院组成部门实行部长（主任、行长、审计长）负责制。部长（主任、行长、审计长）领导本部门的工作，召集和主持部务（委务、行务、署务）会议，讨论决定本部门工作的重大问题；签署上报国务院的重要请示、报告和发布的命令、指示。副部长（副主任、副行长、副审计长）协助部长（主任、行长、审计长）工作。国务院副秘书长、各部副部长、各委员会副主任、中国人民银行副行长、副审计长由国务院任免。
国务院直属机构和国务院办事机构	国务院可以根据工作需要和优化协同高效精简的原则，按照规定程序设立若干直属机构主管各项专门业务，设立若干办事机构协助总理办理专门事项。每个机构设负责人2~5人，由国务院任免。国务院直属机构，是指国务院主管某项专门业务的行政机构，具有独立的行政管理职能。该类机构的设立、撤销和合并，由国务院决定。国务院办事机构，是指协助国务院总理办理专门事项的行政机构，不具有独立的行政管理职能。它的设立、撤销和合并，由国务院机构编制管理部门提出方案，报国务院决定。
国务院组成部门管理的国家行政机构	由国务院组成部门管理，主管特定业务，行使行政管理职能的行政机构。它的设立、撤销和合并，由国务院机构编制管理部门提出方案，报国务院决定。
国务院议事协调机构	国务院议事协调机构，是指承担国务院行政机构重要业务工作组织协调任务的行政机构。它的设立、撤销和合并，由国务院机构编制管理部门提出方案，报国务院决定。
国务院直属特设机构	国务院国有资产监督管理委员会为国务院直属特设机构，承担多项与国有资产有关的职能。
国务院直属事业单位	国务院直属事业单位原则上不承担行政职能，但经法律授权可以承担相关的行政职能。

上述国务院行政机构设立后，需要对职能进行调整的，由国务院机构编制管理部门提出方案，报国务院决定。

国务院办公厅、国务院组成部门、国务院直属机构、国务院办事机构在职能分解的基础上设立司、处两级内设机构；国务院组成部门管理的国家行政机构根据工作需要可以设立司、处两级内设机构，也可以只设处级内设机构。

国务院行政机构的司级内设机构的增设、撤销或者合并，经国务院机构编制管理部门审核方案，报国务院批准。增设国务院行政机构的司级内设机构的方案，应当包括下列事项：（1）增设机构的必要性；（2）增设机构的名称和职能；（3）与业务相近的司级内设机构职能的划分。国务院行政管理机构的处级内设机构的设立、撤销或者合并，由国务院行政机构根据国家有关规定决定，按年度报国务院机构编制管理部门备案。

国务院行政机构编制的确定，在国务院行政机构设立时进行。编制方案的内容是：（1）机构人员定额和人员结构比例；（2）机构领导职数和司级内设机构领导职数。

国务院行政机构编制的增加和减少，由国务院机构编制管理部门审核方案，报国务院批准。

[强化自测] 下列部门属于国务院组成部门的有：①
A. 国家卫生健康委员会　　　　　　　　B. 中国人民银行
C. 中国证券监督管理委员会　　　　　　D. 国家民族事务委员会

---

① 答案：ABD。

修订考点 2　行政复议

一、行政复议概述

行政复议的概念	行政复议，是指行政机关根据上级行政机关对下级行政机关的监督权，在当事人的申请和参加下，按照行政复议程序对行政行为进行合法性和适当性审查，并作出裁决解决行政侵权争议的活动。行政复议是为公民、法人和其他组织提供法律救济的行政监督制度。
行政复议的基本原则	行政复议的基本原则具有基础性和概括性。基础性，是指基本原则构成其他具体规范的根据；概括性，是指它体现具体规则的共同性和关联性。行政复议法规定的基本原则总的来说是一种义务性规则，规定了行政机关复议活动必须履行的基本法律义务。
	合法　合法原则是处理复议活动与法律相互关系的基本准则，它要求复议活动对法律的服从，具有与法律的一致性。合法性是克服行政复议中可能的袒护和取得公众信任的根本保证，也是其他基本原则的基础。
	公正　公正原则是对行政复议活动过程和结果的基本要求，是评价行政复议正当性的重要准则。它要求禁止对任何一方当事人的偏私袒护，平等对待申请人和被申请人，无论是在程序权利上还是在对实体权利的处理上。
	公开　公开原则是对行政复议方式的基本规定，它从原则上否定了行政秘密。作为行政复议机关的基本义务，应当满足和保障当事人和公众的了解权、监督权。
	高效　高效原则是处理行政复议与行政效率相互关系的基本准则，其基本含义是指行政复议机关处理案件应当在保证公正的前提下尽量程序简单、时间短暂，高效使行政争议得到较快解决，行政关系得到较快确定，行政秩序得到较快恢复。
	便民　便民原则是指行政复议应当将减少当事人的讼累和支出作为基本活动准则。行政复议应当尽量使当事人在复议中以最少的付出获得最有效的权利救济。
	为民　为民原则是指行政复议应当坚持以人民为中心，通过行政复议维护人民群众的合法权益，努力让人民群众在每一个行政复议案件中感到公平正义。

二、行政复议范围

行政复议范围	可以申请行政复议的事项： （1）对行政机关作出的行政处罚决定不服； （2）对行政机关作出的行政强制措施、行政强制执行决定不服； （3）申请行政许可，行政机关拒绝或者在法定期限内不予答复，或者对行政机关作出的有关行政许可的其他决定不服； （4）对行政机关作出的确认自然资源的所有权或者使用权的决定不服； （5）对行政机关作出的征收征用决定及其补偿决定不服； （6）对行政机关作出的赔偿决定或者不予赔偿决定不服； （7）对行政机关作出的不予受理工伤认定申请的决定或者工伤认定结论不服； （8）认为行政机关侵犯其经营自主权或者农村土地承包经营权、农村土地经营权； （9）认为行政机关滥用行政权力排除或者限制竞争； （10）认为行政机关违法集资、摊派费用或者违法要求履行其他义务； （11）申请行政机关履行保护人身权利、财产权利、受教育权利等合法权益的法定职责，行政机关拒绝履行、未依法履行或者不予答复； （12）申请行政机关依法给付抚恤金、社会保险待遇或者最低生活保障等社会保障，行政机关没有依法给付； （13）认为行政机关不依法订立、不依法履行、未按照约定履行或者违法变更、解除政府特许经营协议、土地房屋征收补偿协议等行政协议； （14）认为行政机关在政府信息公开工作中侵犯其合法权益； （15）认为行政机关的其他行政行为侵犯其合法权益。

续表

行政复议范围		下列事项不属于行政复议范围： （1）国防、外交等国家行为。国家行为是指国务院、中央军事委员会、国防部、外交部等根据宪法和法律的授权，以国家的名义实施的有关国防和外交事务的行为，以及经宪法授权的国家机关决定进入紧急状态和实施总动员或者局部动员等行为。 （2）行政法规、规章或者行政机关制定、发布的具有普遍约束力的决定、命令等规范性文件。公民、法人或者其他组织可以对行政机关制定、发布的具有普遍约束力的决定、命令等规范性文件，即一般的行政规范性文件，附带提出审查请求。 （3）行政机关对行政机关工作人员的奖惩、任免等决定。这类决定是涉及公务员权利义务的决定，已由公务员法规定了救济渠道，不纳入行政复议范围和行政诉讼受案范围。除奖惩、任免决定之外，这类决定还包括行政机关对其工作人员作出的培训、考核、离退休、工资、休假等方面的决定。 （4）行政机关对民事纠纷作出的调解。行政机关对民事纠纷作出的调解，是行政机关居间对民事纠纷作出的不具有法律约束力的处理，能否调解成功以及通过调解达到的协议的履行，取决于民事纠纷的当事人。调解不成或对达成的协议当事人不履行，当事人可以依法申请仲裁或者向人民法院提起民事诉讼。 公民、法人或者其他组织认为行政机关的行政行为所依据的下列规范性文件不合法，在对行政行为申请行政复议时，可以一并向行政复议机关提出对该规范性文件的附带审查申请： （1）国务院部门的规范性文件； （2）县级以上地方各级人民政府及其工作部门的规范性文件； （3）乡、镇人民政府的规范性文件； （4）法律、法规、规章授权的组织的规范性文件。 前述所列规范性文件不含规章。

三、行政复议参加人和行政复议机关

行政复议申请人	一般规定	行政复议申请人是依法申请行政复议的公民、法人或者其他组织。第一，享有行政复议申请权的只能是公民、法人或者其他组织，行使国家权力的机关不能作为行政复议的申请人；第二，申请人必须是认为自身合法权益受到侵害，并依法提出复议申请的公民、法人或者其他组织。
	特别规定	1. 合伙企业申请行政复议的，应当以核准登记的企业为申请人，由执行合伙事务的合伙人代表该企业参加行政复议；其他合伙组织申请行政复议的，由合伙人共同申请行政复议。 2. 前述规定以外的不具备法人资格的其他组织申请行政复议的，由该组织的主要负责人代表该组织参加行政复议；没有主要负责人的，由共同推选的其他成员代表该组织参加行政复议。 3. 股份制企业的股东会、股东代表大会、董事会认为行政机关作出的具体行政行为侵犯企业合法权益的，可以以企业的名义申请行政复议。
	行政复议申请权的转移与承受	1. 公民死亡引起的申请权转移，由其近亲属承受； 2. 法人或者其他组织终止引起的申请权转移，由承受其权利的法人或者其他组织申请。
		1. 有权申请行政复议的公民为无民事行为能力人或者限制民事行为能力人的，由其法定代理人代为申请行政复议。申请人可以委托代理人代为参加行政复议。同一行政复议案件申请人人数众多的，可以由申请人推选代表人参加行政复议。 2. 申请人可以委托1至2名律师、基层法律服务工作者或者其他代理人代为参加行政复议。 3. 外国人、无国籍人、外国组织在中华人民共和国境内申请行政复议，应当享有与中国公民、法人或者其他组织相同的申请权。

续表

行政复议被申请人		行政复议被申请人，是作出被申请复议的行政行为的行政机关。 1. 公民、法人或者其他组织对行政行为不服申请行政复议的，作出行政行为的行政机关或者法律、法规、规章授权的组织是被申请人。 2. 两个以上行政机关以共同的名义作出同一行政行为的，共同作出行政行为的行政机关是被申请人。行政机关与法律、法规授权的组织以共同的名义作出具体行政行为的，行政机关和法律、法规授权的组织为共同被申请人。行政机关与其他组织以共同名义作出具体行政行为的，行政机关为被申请人。 3. 下级行政机关依照法律、法规、规章规定，经上级行政机关批准作出具体行政行为的，批准机关为被申请人。 4. 行政机关委托的组织作出行政行为的，委托的行政机关是被申请人。 5. 行政机关设立的派出机构、内设机构或者其他组织，未经法律、法规授权，对外以自己名义作出具体行政行为的，该行政机关为被申请人。 6. 作出行政行为的行政机关被撤销或者职权变更的，继续行使其职权的行政机关是被申请人。
行政复议第三人		行政复议第三人，是同被申请的行政行为有利害关系，参加行政复议的其他公民、法人或者其他组织。 申请人以外的同被申请行政复议的行政行为或者行政复议案件处理结果有利害关系的公民、法人或者其他组织，可以作为第三人申请参加行政复议，或者由行政复议机构通知其作为第三人参加行政复议。第三人可以委托1至2名代理人代为参加行政复议，委托的要求与申请人相同。第三人不参加行政复议，不影响行政复议案件的审理。
行政复议机关	一般情形	县级以上地方政府作为行政复议机关。 县级以上地方各级人民政府管辖下列行政复议案件： （1）对本级人民政府工作部门作出的行政行为不服的； （2）对下一级人民政府作出的行政行为不服的； （3）对本级人民政府依法设立的派出机关作出的行政行为不服的； （4）对本级人民政府或者其工作部门管理的法律、法规、规章授权的组织作出的行政行为不服的。 省、自治区人民政府依法设立的派出机关参照设区的市级人民政府的职责权限，管辖相关行政复议案件。 对县级以上地方各级人民政府工作部门依法设立的派出机构依照法律、法规、规章规定，以派出机构的名义作出的行政行为不服的行政复议案件，由本级人民政府管辖；其中，对直辖市、设区的市人民政府工作部门按照行政区划设立的派出机构作出的行政行为不服的，也可以由其所在地的人民政府管辖。
	例外情形	由主管部门管辖。 1. 国务院部门作为行政复议机关。 国务院部门管辖下列行政复议案件： （1）对本部门依法设立的派出机构依照法律、行政法规、部门规章规定，以派出机构的名义作出的行政行为不服的； （2）对本部门管理的法律、行政法规、部门规章授权的组织作出的行政行为不服的。 2. 由上一级主管部门作为行政复议机关。 （1）对海关、金融、外汇管理等实行垂直领导的行政机关、税务和国家安全机关的行政行为不服的，向上一级主管部门申请行政复议。 （2）对履行行政复议机构职责的地方人民政府司法行政部门的行政行为不服的，可以向本级人民政府申请行政复议，也可以向上一级司法行政部门申请行政复议。

续表

行政复议机关	特殊情形	1.《行政复议法》第24条第2款规定，省、自治区、直辖市政府同时管辖对本机关作出的行政行为不服的行政复议案件。 2.《行政复议法》第25条第1项规定，国务院部门管辖对本部门作出的行政行为不服提出的行政复议案件。
	提级管辖	1. 上级行政复议机关根据需要，可以审理下级行政复议机关管辖的行政复议案件。 2. 下级行政复议机关对其管辖的行政复议案件，认为需要由上级行政复议机关审理的，可以报请上级行政复议机关决定。

四、行政复议的申请与受理

行政复议的申请	申请时间	1. 申请期限。公民、法人或者其他组织认为行政行为侵犯其合法权益的，可以自知道或者应当知道该行政行为之日起60日内提出行政复议申请；但是法律规定的申请期限超过60日的除外。 2. 申请期限的起算。申请期限应当从申请人知道或者应当知道作出该具体行政行为之日起算。《行政复议法实施条例》对不同情况下"知道"的确定作出了具体规定。 一是当场作出决定。行政机关当场作出具体行政行为的，自具体行政行为作出之日起计算。 二是送达。行政机关作出的具体行政行为的书面决定事后送达的，自送达日期之日起计算。载明具体行政行为的法律文书直接送达的，自受送达人签收之日起计算；载明具体行政行为的法律文书邮寄送达的，自受送达人在邮件签收单上签收之日起计算。没有邮件签收单的，自受送达人在送达回执上签名之日起计算；具体行政行为依法通过公告形式告知受送达人的，自公告规定的期限届满之日起计算。 三是未制作、未送达决定书。行政机关作出具体行政行为，依法应当向有关公民、法人或者其他组织送达法律文书而未送达的，视为该公民、法人或者其他组织不知道该具体行政行为。被申请人能够证明公民、法人或者其他组织知道具体行政行为的，自证据材料证明其知道具体行政行为之日起计算。同时，行政机关作出具体行政行为时未告知公民、法人或者其他组织，事后补充告知的，自该公民、法人或者其他组织收到行政机关补充告知的通知之日起计算。 四是行政机关未履行法定职责。申请人申请行政机关履行法定职责，行政机关未履行的，行政复议申请期限计算分三种情形：第一，有履行期限规定的，自履行期限届满之日起计算；第二，没有履行期限规定的，自行政机关收到申请满60日起计算；第三，在紧急情况下请求行政机关履行保护人身权、财产权的法定职责，行政机关不履行的，行政复议申请期限不受前述规定的限制。 3. 最长保护期。行政机关作出行政行为时，未告知公民、法人或者其他组织申请行政复议的权利、行政复议机关和申请期限的，申请期限自公民、法人或者其他组织知道或者应当知道申请行政复议的权利、行政复议机关和申请期限之日起计算，但是自知道或者应当知道行政行为内容之日起最长不得超过1年。因不动产提出的行政复议申请自行政行为作出之日起超过20年，其他行政复议申请自行政行为作出之日起超过5年的，行政复议机关不予受理。 4. 法定期限的耽搁。法定期限的耽搁有两种情况：一种是不可抗力；另一种是其他正当理由。法定期限耽搁的继续方法，是从障碍消除之日起继续计算。

行政复议的申请	申请形式	1. 申请方式。申请人申请行政复议，可以书面申请；书面申请有困难的，也可以口头申请。 2. 递交申请机关。原则上，申请人提出复议申请，应当直接向行政复议机关递交申请。不过，为方便申请人，在特定情形下允许其通过被申请人提出。《行政复议法》第32条规定，对当场作出或者依据电子技术监控设备记录的违法事实作出的行政处罚决定不服申请行政复议的，可以通过作出行政处罚决定的行政机关提交行政复议申请。
对行政复议申请的受理	受理和受理的期限	1. 受理。行政复议机关收到行政复议申请后，应当在5日内进行审查。对符合下列规定的，行政复议机关应当予以受理： (1) 有明确的申请人和符合行政复议法规定的被申请人； (2) 申请人与被申请行政复议的行政行为有利害关系； (3) 有具体的行政复议请求和理由； (4) 在法定申请期限内提出； (5) 属于本法规定的行政复议范围； (6) 属于本机关的管辖范围； (7) 行政复议机关未受理过该申请人就同一行政行为提出的行政复议申请，并且人民法院未受理过该申请人就同一行政行为提起的行政诉讼。 2. 不予受理。对不符合前述规定的行政复议申请，行政复议机关应当在审查期限内决定不予受理并说明理由；不属于本机关管辖的，还应当在不予受理决定中告知申请人有管辖权的行政复议机关。 3. 通知补正。行政复议申请材料不齐全或者表述不清楚，无法判断行政复议申请是否符合《行政复议法》第30条第1款规定的，行政复议机关应当自收到申请之日起5日内书面通知申请人补正。补正通知应当一次性载明需要补正的事项。 申请人应当自收到补正通知之日起10日内提交补正材料。有正当理由不能按期补正的，行政复议机关可以延长合理的补正期限。无正当理由逾期不补正的，视为申请人放弃行政复议申请，并记录在案。行政复议机关收到补正材料后，依照规定进行处理，决定受理还是不受理。 4. 视为受理。行政复议申请的审查期限届满，行政复议机关未作出不予受理决定的，审查期限届满之日起视为受理。
	对无理不予受理、驳回申请等的处理	公民、法人或者其他组织依法提出行政复议申请，行政复议机关无正当理由不予受理、驳回申请或者受理后超过行政复议期限不作答复的，申请人有权向上级行政机关反映，上级行政机关应当责令其纠正；必要时，上级行政复议机关可以直接受理。
行政复议与行政诉讼的关系		除非法律规定由行政机关复议最终裁决和法律、法规规定必须先申请行政复议的，行政争议当事人可以自由选择申请行政复议还是提起行政诉讼，即确立了自由选择为原则、复议前置为例外、有限行政终局的制度安排。 1.《行政复议法》第10条规定，公民、法人或者其他组织对行政复议决定不服的，可以依照《行政诉讼法》的规定向人民法院提起行政诉讼，但是法律规定行政复议决定为最终裁决的除外。 2.《行政复议法》第23条规定，有下列情形之一的，申请人应当先向行政复议机关申请行政复议，对行政复议决定不服的，可以再依法向人民法院提起行政诉讼： (1) 对当场作出的行政处罚决定不服； (2) 对行政机关作出的侵犯其已经依法取得的自然资源的所有权或者使用权的决定不服； (3) 认为行政机关存在《行政复议法》第11条规定的未履行法定职责情形； (4) 申请政府信息公开，行政机关不予公开；

行政复议与 行政诉讼的关系	(5) 法律、行政法规规定应当先向行政复议机关申请行政复议的其他情形。 对前述规定的情形，行政机关在作出行政行为时应当告知公民、法人或者其他组织先向行政复议机关申请行政复议。 3.《行政复议法》第26条规定，对省、自治区、直辖市人民政府依照《行政复议法》第24条第2款的规定、国务院部门依照《行政复议法》第25条第1项的规定作出的行政复议决定不服的，可以向人民法院提起行政诉讼；也可以向国务院申请裁决，国务院依照《行政复议法》的规定作出最终裁决。 同时，在处理行政复议与行政诉讼关系时还需要注意，公民、法人或者其他组织可以自由选择行政复议与行政诉讼两种救济方式，不意味着公民、法人或者其他组织可以同时使用这两种方式。行政复议已经被依法受理的，公民、法人或者其他组织在法定复议期限以内不得提起诉讼；行政诉讼已经被依法受理的，则不得再申请行政复议。对于公民、法人或者其他组织既提起诉讼又申请行政复议的，由先立案的机关管辖；同时立案的，由公民、法人或者其他组织选择。
行政行为在行政 复议期间的执行力	原则上，在行政复议期间行政行为不停止执行。但是有下列情形之一的，应当停止执行： (1) 被申请人认为需要停止执行的； (2) 行政复议机关认为需要停止执行的； (3) 申请人、第三人申请停止执行，行政复议机关认为其要求合理，决定停止执行的； (4) 法律、法规、规章规定停止执行的其他情形。

五、行政复议的审理

审理程序	行政复议机关受理行政复议申请后，适用普通程序或者简易程序进行审理。行政复议机构应当指定行政复议人员负责办理行政复议案件。 1. 行政复议期间有下列情形之一的，行政复议中止： (1) 作为申请人的公民死亡，其近亲属尚未确定是否参加行政复议； (2) 作为申请人的公民丧失参加行政复议的行为能力，尚未确定法定代理人参加行政复议； (3) 作为申请人的公民下落不明； (4) 作为申请人的法人或者其他组织终止，尚未确定权利义务承受人； (5) 申请人、被申请人因不可抗力或者其他正当理由，不能参加行政复议； (6) 依照《行政复议法》规定进行调解、和解，申请人和被申请人同意中止； (7) 行政复议案件涉及的法律适用问题需要有权机关作出解释或者确认； (8) 行政复议案件审理需要以其他案件的审理结果为依据，而其他案件尚未审结； (9) 有《行政复议法》第56条或者第57条规定的情形，即涉及行政规范性文件附带审查转送情形； (10) 需要中止行政复议的其他情形。 行政复议中止的原因消除后，应当及时恢复行政复议案件的审理。行政复议机关中止、恢复行政复议案件的审理，应当书面告知当事人。 2. 行政复议期间有下列情形之一的，行政复议机关决定终止行政复议： (1) 申请人撤回行政复议申请，行政复议机构准予撤回； (2) 作为申请人的公民死亡，没有近亲属或者其近亲属放弃行政复议权利； (3) 作为申请人的法人或者其他组织终止，没有权利义务承受人或者其权利义务承受人放弃行政复议权利； (4) 申请人对行政拘留或者限制人身自由的行政强制措施不服申请行政复议后，因同一违法行为涉嫌犯罪，被采取刑事强制措施； (5) 前述行政复议中止情形第(1)(2)(4)项的规定中止行政复议满60日，行政复议中止的原因仍未消除。

续表

普通程序	审理准备	行政复议机构应当自行政复议申请受理之日起7日内,将行政复议申请书副本或者行政复议申请笔录复印件发送被申请人。被申请人应当自收到行政复议申请书副本或者行政复议申请笔录复印件之日起10日内,提出书面答复,并提交作出行政行为的证据、依据和其他有关材料。
	听取意见	1. 适用普通程序审理的行政复议案件,行政复议机构应当当面或者通过互联网、电话等方式听取当事人的意见,并将听取的意见记录在案。因当事人原因不能听取意见的,可以书面审理。 2. 审理重大、疑难、复杂的行政复议案件,行政复议机构应当组织听证。行政复议机构认为有必要听证,或者申请人请求听证的,行政复议机构可以组织听证。 3. 审理行政复议案件涉及下列情形之一的,行政复议机构应当提请行政复议委员会提出咨询意见: (1) 案情重大、疑难、复杂; (2) 专业性、技术性较强; (3)《行政复议法》第24条第2款规定的行政复议案件; (4) 行政复议机构认为有必要。 行政复议机构应当记录行政复议委员会的咨询意见。
简易程序	适用范围	行政复议机关审理下列行政复议案件,认为事实清楚、权利义务关系明确、争议不大的,可以适用简易程序: (1) 被申请行政复议的行政行为是当场作出的; (2) 被申请行政复议的行政行为是警告或者通报批评; (3) 案件涉及款额3000元以下; (4) 属于政府信息公开案件。 除前述规定以外的行政复议案件,当事人各方同意适用简易程序的,可以适用简易程序。
	适用要求	1. 适用简易程序审理的行政复议案件,行政复议机构应当自受理行政复议申请之日起3日内,将行政复议申请书副本或者行政复议申请笔录复印件发送被申请人。被申请人应当自收到行政复议申请书副本或者行政复议申请笔录复印件之日起5日内,提出书面答复,并提交作出行政行为的证据、依据和其他有关材料。 2. 适用简易程序审理的行政复议案件,可以书面审理。 3. 适用简易程序审理的行政复议案件,行政复议机构认为不宜适用简易程序的,经行政复议机构的负责人批准,可以转为普通程序审理。
证据制度	证据种类	根据《行政复议法》第43条规定,行政复议证据包括八类:书证;物证;视听资料;电子数据;证人证言;当事人的陈述;鉴定意见;勘验笔录、现场笔录。 以上证据经行政复议机构审查属实,才能作为认定行政复议案件事实的根据。
	举证责任	被申请人对其作出的行政行为的合法性、适当性负有举证责任。有下列情形之一的,申请人应当提供证据: (1) 认为被申请人不履行法定职责的,提供曾经要求被申请人履行法定职责的证据,但是被申请人应当依职权主动履行法定职责或者申请人因正当理由不能提供的除外; (2) 提出行政赔偿请求的,提供受行政行为侵害而造成损害的证据,但是因被申请人原因导致申请人无法举证的,由被申请人承担举证责任; (3) 法律、法规规定需要申请人提供证据的其他情形。

续表

证据制度	调查取证	行政复议机关有权向有关单位和个人调查取证，查阅、复制、调取有关文件和资料，向有关人员进行询问。调查取证时，行政复议人员不得少于2人，并应当出示行政复议工作证件。被调查取证的单位和个人应当积极配合行政复议人员的工作，不得拒绝或者阻挠。
	查阅材料	行政复议期间，申请人、第三人及其委托代理人可以按照规定查阅、复制被申请人提出的书面答复、作出行政行为的证据、依据和其他有关材料，除涉及国家秘密、商业秘密、个人隐私或者可能危及国家安全、公共安全、社会稳定的情形外，行政复议机构应当同意。
撤回申请		法律规定了申请人撤回行政复议申请的制度。 1. 撤回的条件，是提出撤回的申请。撤回必须出自申请人的意愿。如果发现撤回申请有强迫等违背申请人真实意愿的情形，行政复议机关可以不准许撤回申请。 2. 撤回的时间，是申请被受理以后和复议决定作出以前。 3. 撤回的效果，是终止正在进行的行政复议。行政复议机关可以采用制作裁决书或者记录在案的方法，予以同意并终结行政复议。申请人撤回行政复议申请的，不得再以同一事实和理由提出行政复议申请。但是，申请人能够证明撤回行政复议申请违背其真实意思表示的除外。
原行政行为的改变		为促使行政争议的尽快解决，在行政复议期间被申请人可以改变原行政行为。如果申请人接受改变原行政行为的后果，撤回行政复议申请并获得行政复议机关的同意，行政复议程序结束。但是，如果申请人不提出撤回复议申请或者虽提出申请而未获得准许，不影响行政复议案件的审理，行政复议机关应当继续就原行政行为进行审查，并根据不同情况依法作出决定。
行政复议中的调解		行政复议机关办理行政复议案件，可以进行调解。行政复议机关在行政复议期间进行调解的要求和程序为： (1) 调解应当遵循合法、自愿的原则，不得损害国家利益、社会公共利益和他人合法权益，不得违反法律、法规的强制性规定。 (2) 当事人经调解达成协议的，行政复议机关应当制作行政复议调解书，经各方当事人签字或者签章，并加盖行政复议机关印章，即具有法律效力。 (3) 调解未达成协议或者调解书生效前一方反悔的，行政复议机关应当依法审查或者及时作出行政复议决定。
行政复议中的和解		在行政复议中，当事人可以进行和解。和解的要求有： (1) 和解应当出于当事人自愿，不违背当事人的真实意愿； (2) 应当在行政复议决定作出前达成和解； (3) 和解内容不得损害国家利益、社会公共利益和他人合法权益，不得违反法律、法规的强制性规定； (4) 当事人达成和解后，由申请人向行政复议机构撤回行政复议申请。 行政复议机构准予撤回行政复议申请、行政复议机关决定终止行政复议的，申请人不得再以同一事实和理由提出行政复议申请。但是，申请人能够证明撤回行政复议申请违背其真实意愿的除外。
行政复议附带审查		1. 行政复议附带审查涉及的行政规范性文件和行政依据有两个方面： (1) 申请人依照《行政复议法》第13条的规定提出对有关规范性文件的附带审查申请，行政复议机关有权处理的，应当在30日内依法处理；无权处理的，应当在7日内转送有权处理的行政机关依法处理。 (2) 行政复议机关在对被申请人作出的行政行为进行审查时，认为其依据不合法，本机关有权处理的，应当在30日内依法处理；无权处理的，应当在7日内转送有权处理的国家机关依法处理。

行政复议附带审查	2. 行政复议机关有权处理行政规范性文件或者依据的审查和处理：对于行政复议机关有权处理行政规范性文件或者依据的，行政复议机构应当自行政复议中止之日起3日内，书面通知规范性文件或者依据的制定机关就相关条款的合法性提出书面答复。制定机关应当自收到书面通知之日起10日内提交书面答复及相关材料。行政复议机构认为必要时，可以要求规范性文件或者依据的制定机关当面说明理由，制定机关应当配合。经审查，认为相关条款合法的，在行政复议决定书中一并告知；认为相关条款超越权限或者违反上位法的，决定停止该条款的执行，并责令制定机关予以纠正。 3. 行政复议机关无权处理行政规范性文件或者依据的转送回复：对于行政复议机关无权处理行政规范性文件或者依据的情形，行政复议机关应转送相关行政机关或国家机关，接受转送的行政机关、国家机关应当自收到转送之日起60日内，将处理意见回复转送的行政复议机关。

六、行政复议决定种类

（一）变更决定

变更决定是行政复议机关全部或部分改变原行政行为的内容，用复议机关的决定替代原具体行政行为。根据《行政复议法》第63条规定，行政行为有下列情形之一的，行政复议机关决定变更该行政行为：（1）事实清楚，证据确凿，适用依据正确，程序合法，但是内容不适当；（2）事实清楚，证据确凿，程序合法，但是未正确适用依据；（3）事实不清、证据不足，经行政复议机关查清事实和证据。

行政复议机关不得作出对申请人更为不利的变更决定，但是第三人提出相反请求的除外。

（二）撤销决定

撤销决定是行政复议机关认为行政行为违法，使行政行为丧失或者不能取得法律效力的行政复议决定。根据《行政复议法》第64条规定，行政行为有下列情形之一的，行政复议机关决定撤销或者部分撤销该行政行为，并可以责令被申请人在一定期限内重新作出行政行为：（1）主要事实不清、证据不足；（2）违反法定程序；（3）适用的依据不合法；（4）超越职权或者滥用职权。

行政复议机关责令被申请人重新作出行政行为的，被申请人不得以同一事实和理由作出与被申请行政复议的行政行为相同或者基本相同的行政行为，但是行政复议机关以违反法定程序为由决定撤销或者部分撤销的除外。

（三）确认违法决定

确认违法决定是对具体行政行为违法性质和违法状态的确定或者认定。作出确认决定的情形，是原来的行政行为确实构成违法，但是由于客观情况变化使撤销或者变更已经没有实际意义。

行政行为有下列情形之一的，行政复议机关不撤销该行政行为，但是确认该行政行为违法：（1）依法应予撤销，但是撤销会给国家利益、社会公共利益造成重大损害；（2）程序轻微违法，但是对申请人权利不产生实际影响。

行政行为有下列情形之一，不需要撤销或者责令履行的，行政复议机关确认该行政行为违法：（1）行政行为违法，但是不具有可撤销内容；（2）被申请人改变原违法行政行为，申请人仍要求撤销或者确认该行政行为违法；（3）被申请人不履行或者拖延履行法定职责，责令履行没有意义。

（四）履行职责决定

履行职责决定是行政复议机关认为被申请人不履行法定职责的，行政复议机关决定被申请人在一定期限内履行。

行政复议机关首先要确定存在被申请人应当履行的法定职责，确认存在没有履行职责的事实以及这种不履行对申请人的合法权益构成了侵害和行政违法；其次要确定继续履行法定职责仍然有实际意义和法律意义，并规定履行的期限和履行的法定内容。因此，这种决定包括了确认不作为违法和履行法定义务两个方面的内容。

（五）确认无效决定

行政复议机关经审理，认为行政行为有实施主体不具有行政主体资格或者没有依据等重大且明显违法情形，申请人申请确认行政行为无效的，行政复议机关确认该行政行为无效。

（六）维持决定

维持决定是行政复议机关认为行政行为合法适当，从而维护和支持行政行为的决定。《行政复议法》第68条规定，行政行为认定事实清楚，证据确凿，适用依据正确，程序合法，内容适当的，行政复议机关决定维持该行政行为。

(七) 驳回复议请求决定

行政复议机关受理申请人认为被申请人不履行法定职责的行政复议申请后，发现被申请人没有相应法定职责或者在受理前已经履行法定职责的，决定驳回申请人的行政复议请求。

(八) 针对行政协议案件的复议决定

行政协议案件有一定的特殊性，行政复议机关应根据情况作出复议决定。《行政复议法》第71条规定，被申请人不依法订立、不依法履行、未按照约定履行或者违法变更、解除行政协议的，行政复议机关决定被申请人承担依法订立、继续履行、采取补救措施或者赔偿损失等责任。被申请人变更、解除行政协议合法，但是未依法给予补偿或者补偿不合理的，行政复议机关决定被申请人依法给予合理补偿。

(九) 针对行政赔偿的决定

行政复议机关作出行政复议决定，可以依法同时决定行政赔偿的问题。这里有两种情形：一种是申请人提出赔偿请求的；另一种是申请人没有提出赔偿请求的。

依申请作出的赔偿决定，是申请人在申请行政复议时一并提出了行政赔偿请求，行政复议机关对依照《国家赔偿法》的有关规定应当不予赔偿的，在作出行政复议决定时，应当同时决定驳回行政赔偿请求；对符合《国家赔偿法》的有关规定应当给予赔偿的，在决定撤销或者部分撤销、变更行政行为或者确认行政行为违法、无效时，应当同时决定被申请人依法给予赔偿；确认行政行为违法的，还可以同时责令被申请人采取补救措施。

依职权作出的赔偿决定，是申请人在申请行政复议时没有提出行政赔偿损失请求，但是行政复议机关可以在法定情形下直接作出有赔偿效果的决定。申请人在申请行政复议时没有提出行政赔偿请求的，行政复议机关在依法决定撤销或者部分撤销、变更罚款，撤销或者部分撤销违法集资、没收财物、征收征用、摊派费用以及对财产的查封、扣押、冻结等行政行为时，应当同时责令被申请人返还财产，解除对财产的查封、扣押、冻结措施，或者赔偿相应的价款。

七、行政复议的执行

行政复议的执行，是有关国家机关依法采取措施强制实现行政复议决定书、调解书和意见书规定内容的行为。

针对被申请人的执行	被申请人应当履行行政复议决定书、调解书、意见书。被申请人不履行或者无正当理由拖延履行行政复议决定书、调解书、意见书的，行政复议机关或者有关上级行政机关应当责令其限期履行，并可以约谈被申请人的有关负责人或者予以通报批评。
针对申请人、第三人的执行	针对申请人、第三人的执行分两种情形：一种情形是申请人、第三人逾期不起诉又不履行行政复议决定书、调解书；另一种情形是申请人、第三人不履行最终裁决的行政复议决定。

行政复议决定书和调解书的执行，按照下列情形分别处理：
(1) 维持行政行为的行政复议决定书，由作出行政行为的行政机关依法强制执行，或者申请人民法院强制执行；
(2) 变更行政行为的行政复议决定书，由行政复议机关依法强制执行，或者申请人民法院强制执行；
(3) 行政复议调解书，由行政复议机关依法强制执行，或者申请人民法院强制执行。

> [真题演练] 县食药局认定某公司用超保质期的食品原料生产食品，根据《食品安全法》没收违法生产的食品和违法所得，并处5万元罚款。公司不服申请行政复议。下列哪些说法是正确的？[17/2/84]①
> A. 公司可向市食药局申请行政复议，也可向县政府申请行政复议
> B. 公司可委托1至2名代理人参加行政复议
> C. 公司提出行政复议申请时错列被申请人的，行政复议机构应告知公司变更被申请人
> D. 对县食药局的决定，申请行政复议是向法院起诉的必经前置程序

▶▶▶ 修订考点3 司法赔偿处理程序的步骤之司法赔偿请求的受理

赔偿义务机关在收到赔偿请求人的赔偿申请书后，应及时予以审查，决定是否受理。审查的内容包括：
(1) 申请人是否合格，即申请人是否为违法司法行为的受害人或其法定代理人、继承人等，或是否为受害的法人或其他组织或承受其权利义务的法人或其他组织。

---

① 答案：ABC。

(2) 请求赔偿的事实和理由是否确实、充分。主要是有关的证据材料是否充分，包括损害事实的材料、因果关系的材料、侵权行为存在的材料等。

(3) 赔偿请求是否属于法定的司法赔偿范围，是否属于国家不承担责任的情况。

(4) 被请求的机关是否为适格的赔偿义务机关。

(5) 赔偿请求是否在法定时效期限内提出。赔偿请求人必须在其自其知道或者应当知道国家机关及其工作人员行使职权时的行为侵犯其人身权、财产权之日起2年内向赔偿义务机关提出。如果请求时效已超过2年，须进一步审查有无时效中止或者中断的情况。超过法定时效的，应认定司法赔偿请求人丧失赔偿请求权。对于请求时效起算日的确定，最高人民法院《关于审理司法赔偿案件适用请求时效制度若干问题的解释》作出了专门规定。该司法解释充分考虑赔偿请求人是否存在行使权利的事实障碍和法律障碍，避免过早起算请求时效对赔偿请求人的合法权益造成不当限制。该司法解释明确规定，除有特别规定外，赔偿请求人知道上述侵权行为时，相关诉讼程序或者执行程序尚未终结的，请求时效期间自该诉讼程序或者执行程序终结之日起计算。

[强化自测] 赔偿义务机关在收到赔偿请求人的赔偿申请书后，应及时予以审查，决定是否受理。审查的内容包括哪些？①

A. 申请人是否合格
B. 请求赔偿的事实和理由是否确实、充分
C. 被请求的机关是否为适格的赔偿义务机关
D. 赔偿请求是否在法定时效期限内提出

二、法规对照

◎ 法规变化

新增	最高人民法院关于审理司法赔偿案件适用请求时效制度若干问题的解释（2023.5.23）
修订	中华人民共和国行政复议法（2023.9.1）

◎ 法规精读

最高人民法院关于审理司法赔偿案件适用请求时效制度若干问题的解释

（2023年5月23日　法释〔2023〕2号）

为正确适用国家赔偿请求时效制度的规定，保障赔偿请求人的合法权益，依照《中华人民共和国国家赔偿法》的规定，结合司法赔偿审判实践，制定本解释。

第一条 赔偿请求人向赔偿义务机关提出赔偿请求的时效期间为两年，自其知道或者应当知道国家机关及其工作人员行使职权时的行为侵犯其人身权、财产权之日起计算。

赔偿请求人知道上述侵权行为时，相关诉讼程序或者执行程序尚未终结的，请求时效期间自该诉讼程序或者执行程序终结之日起计算，但是本解释有特别规定的除外。

第二条 赔偿请求人以人身权受到侵犯为由，依照国家赔偿法第十七条第一项、第二项、第三项规定申请赔偿的，请求时效期间自其收到决定撤销案件、终止侦查、不起诉或者判决宣告无罪等终止追究刑事责任或者再审改判无罪的法律文书之日起计算。

办案机关未作出终止追究刑事责任的法律文书，但是符合《最高人民法院、最高人民检察院关于办理刑事赔偿案件适用法律若干问题的解释》第二条规定情形，赔偿请求人申请赔偿的，依法应当受理。

第三条 赔偿请求人以人身权受到侵犯为由，依照国家赔偿法第十七条第四项、第五项规定申请赔偿的，请求时效期间自其知道或者应当知道损害结果之日起计算；损害结果当时不能确定的，自损害结果确定之日起

---

① 答案：ABCD。审查的内容除了选项四项之外，还包括赔偿请求是否属于法定的司法赔偿范围，是否属于国家不承担责任的情况。

计算。

第四条　赔偿请求人以财产权受到侵犯为由，依照国家赔偿法第十八条第一项规定申请赔偿的，请求时效期间自其收到刑事诉讼程序或者执行程序终结的法律文书之日起计算，但是刑事诉讼程序或者执行程序终结之后办案机关对涉案财物尚未处理完毕的，请求时效期间自赔偿请求人知道或者应当知道其财产权受到侵犯之日起计算。

办案机关未作出刑事诉讼程序或者执行程序终结的法律文书，但是符合《最高人民法院、最高人民检察院关于办理刑事赔偿案件适用法律若干问题的解释》第三条规定情形，赔偿请求人申请赔偿的，依法应当受理。

赔偿请求人以财产权受到侵犯为由，依照国家赔偿法第十八条第二项规定申请赔偿的，请求时效期间自赔偿请求人收到生效再审刑事裁判文书之日起计算。

第五条　赔偿请求人以人身权或者财产权受到侵犯为由，依照国家赔偿法第三十八条规定申请赔偿的，请求时效期间自赔偿请求人收到民事、行政诉讼程序或者执行程序终结的法律文书之日起计算，但是下列情形除外：

（一）罚款、拘留等强制措施已被依法撤销的，请求时效期间自赔偿请求人收到撤销决定之日起计算；

（二）在民事、行政诉讼过程中，有殴打、虐待或者唆使、放纵他人殴打、虐待等行为，以及违法使用武器、警械，造成公民人身损害的，请求时效期间的计算适用本解释第三条的规定。

人民法院未作出民事、行政诉讼程序或者执行程序终结的法律文书，请求时效期间自赔偿请求人知道或者应当知道其人身权或者财产权受到侵犯之日起计算。

第六条　依照国家赔偿法第三十九条第一款规定，赔偿请求人被羁押等限制人身自由的期间，不计算在请求时效期间内。

赔偿请求人依照法律法规规定的程序向相关机关申请确认职权行为违法或者寻求救济的期间，不计算在请求时效期间内，但是相关机关已经明确告知赔偿请求人应当依法申请国家赔偿的除外。

第七条　依照国家赔偿法第三十九条第二款规定，在请求时效期间的最后六个月内，赔偿请求人因下列障碍之一，不能行使请求权的，请求时效中止：

（一）不可抗力；

（二）无民事行为能力人或者限制民事行为能力人没有法定代理人，或者法定代理人死亡、丧失民事行为能力、丧失代理权；

（三）其他导致不能行使请求权的障碍。

自中止时效的原因消除之日起满六个月，请求时效期间届满。

第八条　请求时效期间届满的，赔偿义务机关可以提出不予赔偿的抗辩。

请求时效期间届满，赔偿义务机关同意赔偿或者予以赔偿后，又以请求时效期间届满为由提出抗辩或者要求赔偿请求人返还赔偿金的，人民法院赔偿委员会不予支持。

第九条　赔偿义务机关以请求时效期间届满为由抗辩，应当在人民法院赔偿委员会作出国家赔偿决定前提出。

赔偿义务机关未按前款规定提出抗辩，又以请求时效期间届满为由申诉的，人民法院赔偿委员会不予支持。

第十条　人民法院赔偿委员会审理国家赔偿案件，不得主动适用请求时效的规定。

第十一条　请求时效期间起算的当日不计入，自下一日开始计算。

请求时效期间按照年、月计算，到期月的对应日为期间的最后一日；没有对应日，月末日为期间的最后一日。

请求时效期间的最后一日是法定休假日的，以法定休假日结束的次日为期间的最后一日。

第十二条　本解释自2023年6月1日起施行。本解释施行后，案件尚在审理的，适用本解释；对本解释施行前已经作出生效赔偿决定的案件进行再审，不适用本解释。

第十三条　本院之前发布的司法解释与本解释不一致的，以本解释为准。

中华人民共和国行政复议法

（1999年4月29日第九届全国人民代表大会常务委员会第九次会议通过　根据2009年8月27日第十一届全国人民代表大会常务委员会第十次会议《关于修改部分法律的决定》第一次修正　根据2017年9月1日第十二届全国人民代表大会常务委员会第二十九次会议《关于修改〈中华人民共和国法官法〉等八部法律的决定》第二次修正　2023年9月1日第十四届全国人民代表大会常务委员会第五次会议修订　2023年9月1日中华人民共和国主席令第9号公布　自2024年1月1日起施行）

第一章　总　　则

第一条　为了防止和纠正违法的或者不当的行政行为，保护公民、法人和其他组织的合法权益，监督和保障行政机关依法行使职权，发挥行政复议化解行政争议的主渠道作用，推进法治政府建设，根据宪法，制定本法。

★　第二条　公民、法人或者其他组织认为行政机关的行政行为侵犯其合法权益，向行政复议机关提出行政复议申请，行政复议机关办理行政复议案件，适用本法。

前款所称行政行为,包括法律、法规、规章授权的组织的行政行为。

第三条 行政复议工作坚持中国共产党的领导。

行政复议机关履行行政复议职责,应当遵循合法、公正、公开、高效、便民、为民的原则,坚持有错必纠,保障法律、法规的正确实施。

第四条 县级以上各级人民政府以及其他依照本法履行行政复议职责的行政机关是行政复议机关。

行政复议机关办理行政复议事项的机构是行政复议机构。行政复议机构同时组织办理行政复议机关的行政应诉事项。

行政复议机关应当加强行政复议工作,支持和保障行政复议机构依法履行职责。上级行政复议机构对下级行政复议机构的行政复议工作进行指导、监督。

国务院行政复议机构可以发布行政复议指导性案例。

第五条 行政复议机关办理行政复议案件,可以进行调解。

调解应当遵循合法、自愿的原则,不得损害国家利益、社会公共利益和他人合法权益,不得违反法律、法规的强制性规定。

第六条 国家建立专业化、职业化行政复议人员队伍。

行政复议机构中初次从事行政复议工作的人员,应当通过国家统一法律职业资格考试取得法律职业资格,并参加统一职前培训。

国务院行政复议机构应当会同有关部门制定行政复议人员工作规范,加强对行政复议人员的业务考核和管理。

第七条 行政复议机关应当确保行政复议机构的人员配备与所承担的工作任务相适应,提高行政复议人员专业素质,根据工作需要保障办案场所、装备等设施。县级以上各级人民政府应当将行政复议工作经费列入本级预算。

第八条 行政复议机关应当加强信息化建设,运用现代信息技术,方便公民、法人或者其他组织申请、参加行政复议,提高工作质量和效率。

第九条 对在行政复议工作中做出显著成绩的单位和个人,按照国家有关规定给予表彰和奖励。

★ **第十条** 公民、法人或者其他组织对行政复议决定不服的,可以依照《中华人民共和国行政诉讼法》的规定向人民法院提起行政诉讼,但是法律规定行政复议决定为最终裁决的除外。

第二章 行政复议申请

第一节 行政复议范围

★★★ **第十一条** 有下列情形之一的,公民、法人或者其他组织可以依照本法申请行政复议:

(一)对行政机关作出的行政处罚决定不服;

(二)对行政机关作出的行政强制措施、行政强制执行决定不服;

(三)申请行政许可,行政机关拒绝或者在法定期限内不予答复,或者对行政机关作出的有关行政许可的其他决定不服;

(四)对行政机关作出的确认自然资源的所有权或者使用权的决定不服;

(五)对行政机关作出的征收征用决定及其补偿决定不服;

(六)对行政机关作出的赔偿决定或者不予赔偿决定不服;

(七)对行政机关作出的不予受理工伤认定申请的决定或者工伤认定结论不服;

(八)认为行政机关侵犯其经营自主权或者农村土地承包经营权、农村土地经营权;

(九)认为行政机关滥用行政权力排除或者限制竞争;

(十)认为行政机关违法集资、摊派费用或者违法要求履行其他义务;

(十一)申请行政机关履行保护人身权利、财产权利、受教育权利等合法权益的法定职责,行政机关拒绝履行、未依法履行或者不予答复;

(十二)申请行政机关依法给付抚恤金、社会保险待遇或者最低生活保障等社会保障,行政机关没有依法给付;

(十三)认为行政机关不依法订立、不依法履行、未按照约定履行或者违法变更、解除政府特许经营协议、土地房屋征收补偿协议等行政协议;

(十四)认为行政机关在政府信息公开工作中侵犯其合法权益;

(十五)认为行政机关的其他行政行为侵犯其合法权益。

【相关法条:行政诉讼法第12条、第13条】

★ **第十二条** 下列事项不属于行政复议范围:

(一)国防、外交等国家行为;

(二)行政法规、规章或者行政机关制定、发布的具有普遍约束力的决定、命令等规范性文件;

(三)行政机关对行政机关工作人员的奖惩、任免等决定;

(四)行政机关对民事纠纷作出的调解。

★ **第十三条** 公民、法人或者其他组织认为行政机关的行政行为所依据的下列规范性文件不合法,在对行政行为申请行政复议时,可以一并向行政复议机关提出对该规范性文件的附带审查申请:

(一)国务院部门的规范性文件;

(二)县级以上地方各级人民政府及其工作部门的规范性文件;

（三）乡、镇人民政府的规范性文件；
（四）法律、法规、规章授权的组织的规范性文件。
前款所列规范性文件不含规章。规章的审查依照法律、行政法规办理。

【相关法条：行政诉讼法第13条】

第二节 行政复议参加人

★★ **第十四条** 依照本法申请行政复议的公民、法人或者其他组织是申请人。

有权申请行政复议的公民死亡的，其近亲属可以申请行政复议。有权申请行政复议的法人或者其他组织终止的，其权利义务承受人可以申请行政复议。

有权申请行政复议的公民为无民事行为能力人或者限制民事行为能力人的，其法定代理人可以代为申请行政复议。

第十五条 同一行政复议案件申请人人数众多的，可以由申请人推选代表人参加行政复议。

代表人参加行政复议的行为对其所代表的申请人发生效力，但是代表人变更行政复议请求、撤回行政复议申请、承认第三人请求的，应当经被代表的申请人同意。

第十六条 申请人以外的同被申请行政复议的行政行为或者行政复议案件处理结果有利害关系的公民、法人或者其他组织，可以作为第三人申请参加行政复议，或者由行政复议机构通知其作为第三人参加行政复议。

第三人不参加行政复议，不影响行政复议案件的审理。

第十七条 申请人、第三人可以委托一至二名律师、基层法律服务工作者或者其他代理人代为参加行政复议。

申请人、第三人委托代理人的，应当向行政复议机构提交授权委托书、委托人及被委托人的身份证明文件。授权委托应当载明委托事项、权限和期限。申请人、第三人变更或者解除代理人权限的，应当书面告知行政复议机构。

第十八条 符合法律援助条件的行政复议申请人申请法律援助的，法律援助机构应当依法为其提供法律援助。

第十九条 公民、法人或者其他组织对行政行为不服申请行政复议的，作出行政行为的行政机关或者法律、法规、规章授权的组织是被申请人。

两个以上行政机关以共同的名义作出同一行政行为的，共同作出行政行为的行政机关是被申请人。

行政机关委托的组织作出行政行为的，委托的行政机关是被申请人。

作出行政行为的行政机关被撤销或者职权变更的，继续行使其职权的行政机关是被申请人。

第三节 申请的提出

★★ **第二十条** 公民、法人或者其他组织认为行政行为侵犯其合法权益的，可以自知道或者应当知道该行政行为之日起六十日内提出行政复议申请；但是法律规定的申请期限超过六十日的除外。

因不可抗力或者其他正当理由耽误法定申请期限的，申请期限自障碍消除之日起继续计算。

行政机关作出行政行为时，未告知公民、法人或者其他组织申请行政复议的权利、行政复议机关和申请期限的，申请期限自公民、法人或者其他组织知道或者应当知道申请行政复议的权利、行政复议机关和申请期限之日起计算，但是自知道或者应当知道行政行为内容之日起最长不得超过一年。

[真题演练] 某区食品药品监管局以某公司生产经营超过保质期的食品违反《食品安全法》为由，作出处罚决定。公司不服，申请行政复议。关于此案，下列哪一说法是正确的？[16/2/48]①

A. 申请复议期限为60日
B. 公司不得以电子邮件形式提出复议申请
C. 行政复议机关不能进行调解
D. 公司如在复议决定作出前撤回申请，行政复议中止

第二十一条 因不动产提出的行政复议申请自行政行为作出之日超过二十年，其他行政复议申请自行政行为作出之日超过五年的，行政复议机关不予受理。

第二十二条 申请人申请行政复议，可以书面申请；书面申请有困难的，也可以口头申请。

书面申请的，可以通过邮寄或者行政复议机关指定的互联网渠道等方式提交行政复议申请书，也可以当面提交行政复议申请书。行政机关通过互联网渠道送达行政行为决定书的，应当同时提供提交行政复议申请书的互联网渠道。

口头申请的，行政复议机关应当当场记录申请人的基本情况、行政复议请求、申请行政复议的主要事实、理由和时间。

申请人对两个以上行政行为不服的，应当分别申请行政复议。

★★ **第二十三条** 有下列情形之一的，申请人应当先向行政复议机关申请行政复议，对行政复议决定不服的，可以再依法向人民法院提起行政诉讼：

（一）对当场作出的行政处罚决定不服；
（二）对行政机关作出的侵犯其已经依法取得的自然资源的所有权或者使用权的决定不服；
（三）认为行政机关存在本法第十一条规定的未履

---

① 答案：A。

行法定职责情形；

（四）申请政府信息公开，行政机关不予公开；

（五）法律、行政法规规定应当先向行政复议机关申请行政复议的其他情形。

对前款规定的情形，行政机关在作出行政行为时应当告知公民、法人或者其他组织先向行政复议机关申请行政复议。

第四节　行政复议管辖

☆☆ **第二十四条**　县级以上地方各级人民政府管辖下列行政复议案件：

（一）对本级人民政府工作部门作出的行政行为不服的；

（二）对下一级人民政府作出的行政行为不服的；

（三）对本级人民政府依法设立的派出机关作出的行政行为不服的；

（四）对本级人民政府或者其工作部门管理的法律、法规、规章授权的组织作出的行政行为不服的。

除前款规定外，省、自治区、直辖市人民政府同时管辖对本机关作出的行政行为不服的行政复议案件。

省、自治区人民政府依法设立的派出机关参照设区的市级人民政府的职责权限，管辖相关行政复议案件。

对县级以上地方各级人民政府工作部门依法设立的派出机构依照法律、法规、规章规定，以派出机构的名义作出的行政行为不服的行政复议案件，由本级人民政府管辖；其中，对直辖市、设区的市人民政府工作部门按照行政区划设立的派出机构作出的行政行为不服的，也可以由其所在地的人民政府管辖。

★★ **第二十五条**　国务院部门管辖下列行政复议案件：

（一）对本部门作出的行政行为不服的；

（二）对本部门依法设立的派出机构依照法律、行政法规、部门规章规定，以派出机构的名义作出的行政行为不服的；

（三）对本部门管理的法律、行政法规、部门规章授权的组织作出的行政行为不服的。

第二十六条　对省、自治区、直辖市人民政府依照本法第二十四条第二款的规定、国务院部门依照本法第二十五条第一项的规定作出的行政复议决定不服的，可以向人民法院提起行政诉讼；也可以向国务院申请裁决，国务院依照本法的规定作出最终裁决。

★★ **第二十七条**　对海关、金融、外汇管理等实行垂直领导的行政机关、税务和国家安全机关的行政行为不服的，向上一级主管部门申请行政复议。

第二十八条　对履行行政复议机构职责的地方人民政府司法行政部门的行政行为不服的，可以向本级人民政府申请行政复议，也可以向上一级司法行政部门申请行政复议。

第二十九条　公民、法人或者其他组织申请行政复议，行政复议机关已经依法受理的，在行政复议期间不得向人民法院提起行政诉讼。

公民、法人或者其他组织向人民法院提起行政诉讼，人民法院已经依法受理的，不得申请行政复议。

第三章　行政复议受理

第三十条　行政复议机关收到行政复议申请后，应当在五日内进行审查。对符合下列规定的，行政复议机关应当予以受理：

（一）有明确的申请人和符合本法规定的被申请人；

（二）申请人与被申请行政复议的行政行为有利害关系；

（三）有具体的行政复议请求和理由；

（四）在法定申请期限内提出；

（五）属于本法规定的行政复议范围；

（六）属于本机关的管辖范围；

（七）行政复议机关未受理过该申请人就同一行政行为提出的行政复议申请，并且人民法院未受理过该申请人就同一行政行为提起的行政诉讼。

对不符合前款规定的行政复议申请，行政复议机关应当在审查期限内决定不予受理并说明理由；不属于本机关管辖的，还应当在不予受理决定中告知申请人有管辖权的行政复议机关。

行政复议申请的审查期限届满，行政复议机关未作出不予受理决定的，审查期限届满之日起视为受理。

第三十一条　行政复议申请材料不齐全或者表述不清楚，无法判断行政复议申请是否符合本法第三十条第一款规定的，行政复议机关应当自收到申请之日起五日内书面通知申请人补正。补正通知应当一次性载明需要补正的事项。

申请人应当自收到补正通知之日起十日内提交补正材料。有正当理由不能按期补正的，行政复议机关可以延长合理的补正期限。无正当理由逾期不补正的，视为申请人放弃行政复议申请，并记录在案。

行政复议机关收到补正材料后，依照本法第三十条的规定处理。

第三十二条　对当场作出或者依据电子技术监控设备记录的违法事实作出的行政处罚决定不服申请行政复议的，可以通过作出行政处罚决定的行政机关提交行政复议申请。

行政机关收到行政复议申请后，应当及时处理；认为需要维持行政处罚决定的，应当自收到行政复议申请之日起五日内转送行政复议机关。

第三十三条　行政复议机关受理行政复议申请后，发现该行政复议申请不符合本法第三十条第一款规定的，应当决定驳回申请并说明理由。

第三十四条　法律、行政法规规定应当先向行政复议机关申请行政复议、对行政复议决定不服再向人民法

· 41 ·

院提起行政诉讼的，行政复议机关决定不予受理、驳回申请或者受理后超过行政复议期限不作答复的，公民、法人或者其他组织可以自收到决定书之日起或者行政复议期限届满之日起十五日内，依法向人民法院提起行政诉讼。

第三十五条 公民、法人或者其他组织依法提出行政复议申请，行政复议机关无正当理由不予受理、驳回申请或者受理后超过行政复议期限不作答复的，申请人有权向上级行政机关反映，上级行政机关应当责令其纠正；必要时，上级行政复议机关可以直接受理。

第四章 行政复议审理

第一节 一般规定

第三十六条 行政复议机关受理行政复议申请后，依照本法适用普通程序或者简易程序进行审理。行政复议机构应当指定行政复议人员负责办理行政复议案件。

行政复议人员对办理行政复议案件过程中知悉的国家秘密、商业秘密和个人隐私，应当予以保密。

第三十七条 行政复议机关依照法律、法规、规章审理行政复议案件。

行政复议机关审理民族自治地方的行政复议案件，同时依照该民族自治地方的自治条例和单行条例。

第三十八条 上级行政复议机关根据需要，可以审理下级行政复议机关管辖的行政复议案件。

下级行政复议机关对其管辖的行政复议案件，认为需要由上级行政复议机关审理的，可以报请上级行政复议机关决定。

★★ 第三十九条 行政复议期间有下列情形之一的，行政复议中止：

（一）作为申请人的公民死亡，其近亲属尚未确定是否参加行政复议；

（二）作为申请人的公民丧失参加行政复议的行为能力，尚未确定法定代理人参加行政复议；

（三）作为申请人的公民下落不明；

（四）作为申请人的法人或者其他组织终止，尚未确定权利义务承受人；

（五）申请人、被申请人因不可抗力或者其他正当理由，不能参加行政复议；

（六）依照本法规定进行调解、和解，申请人和被申请人同意中止；

（七）行政复议案件涉及的法律适用问题需要有权机关作出解释或者确认；

（八）行政复议案件审理需要以其他案件的审理结果为依据，而其他案件尚未审结；

（九）有本法第五十六条或者第五十七条规定的情形；

（十）需要中止行政复议的其他情形。

行政复议中止的原因消除后，应当及时恢复行政复议案件的审理。

行政复议机关中止、恢复行政复议案件的审理，应当书面告知当事人。

第四十条 行政复议期间，行政复议机关无正当理由中止行政复议的，上级行政机关应当责令其恢复审理。

★★ 第四十一条 行政复议期间有下列情形之一的，行政复议机关决定终止行政复议：

（一）申请人撤回行政复议申请，行政复议机构准予撤回；

（二）作为申请人的公民死亡，没有近亲属或者其近亲属放弃行政复议权利；

（三）作为申请人的法人或者其他组织终止，没有权利义务承受人或者其权利义务承受人放弃行政复议权利；

（四）申请人对行政拘留或者限制人身自由的行政强制措施不服申请行政复议后，因同一违法行为涉嫌犯罪，被采取刑事强制措施；

（五）依照本法第三十九条第一款第一项、第二项、第四项的规定中止行政复议满六十日，行政复议中止的原因仍未消除。

第四十二条 行政复议期间行政行为不停止执行；但是有下列情形之一的，应当停止执行：

（一）被申请人认为需要停止执行；

（二）行政复议机关认为需要停止执行；

（三）申请人、第三人申请停止执行，行政复议机关认为其要求合理，决定停止执行；

（四）法律、法规、规章规定停止执行的其他情形。

第二节 行政复议证据

★★ 第四十三条 行政复议证据包括：

（一）书证；

（二）物证；

（三）视听资料；

（四）电子数据；

（五）证人证言；

（六）当事人的陈述；

（七）鉴定意见；

（八）勘验笔录、现场笔录。

以上证据经行政复议机构审查属实，才能作为认定行政复议案件事实的根据。

第四十四条 被申请人对其作出的行政行为的合法性、适当性负有举证责任。

有下列情形之一的，申请人应当提供证据：

（一）认为被申请人不履行法定职责的，提供曾经要求被申请人履行法定职责的证据，但是被申请人应当依职权主动履行法定职责或者申请人因正当理由不能提供的除外；

（二）提出行政赔偿请求的，提供受行政行为侵害而造成损害的证据，但是因被申请人原因导致申请人无法举证的，由被申请人承担举证责任；

（三）法律、法规规定需要申请人提供证据的其他情形。

第四十五条 行政复议机关有权向有关单位和个人调查取证、查阅、复制、调取有关文件和资料，向有关人员进行询问。

调查取证时，行政复议人员<u>不得少于两人</u>，并应当<u>出示行政复议工作证件</u>。

被调查取证的单位和个人应当积极配合行政复议人员的工作，不得拒绝或者阻挠。

第四十六条 行政复议期间，被申请人<u>不得自行向申请人和其他有关单位或者个人收集证据</u>；自行收集的证据不作为认定行政行为合法性、适当性的依据。

行政复议期间，申请人或者第三人提出被申请行政复议的行政行为作出时没有提出的理由或者证据的，经行政复议机构同意，被申请人可以补充证据。

[真题演练] 某区工商分局对一公司未取得出版物经营许可证销售电子出版物100套的行为，予以取缔，并罚款6000元。该公司向市工商局申请复议。下列哪些说法是正确的？[15/2/80]①

A. 公司可委托代理人代为参加行政复议
B. 在复议过程中区工商分局不得自行向申请人和其他有关组织或个人收集证据
C. 市工商局应采取开庭审理方式审查此案
D. 如区工商分局的决定明显不当，市工商局应予以撤销

第四十七条 行政复议期间，申请人、第三人及其委托代理人可以按照规定查阅、复制被申请人提出的书面答复、作出行政行为的证据、依据和其他有关材料，除涉及<u>国家秘密、商业秘密、个人隐私或者可能危及国家安全、公共安全、社会稳定的情形外</u>，行政复议机构应当同意。

第三节 普通程序

第四十八条 行政复议机构应当自行政复议申请受理之日起七日内，将行政复议申请书副本或者行政复议申请笔录复印件发送被申请人。被申请人应当自收到行政复议申请书副本或者行政复议申请笔录复印件之日起十日内，提出书面答复，并提交作出行政行为的证据、依据和其他有关材料。

第四十九条 适用普通程序审理的行政复议案件，行政复议机构应当当面或者通过互联网、电话等方式听取当事人的意见，并将听取的意见记录在案。因当事人原因不能听取意见的，可以书面审理。

第五十条 审理<u>重大、疑难、复杂</u>的行政复议案件，行政复议机构应当<u>组织听证</u>。

行政复议机构认为有必要听证，或者申请人请求听证的，行政复议机构可以组织听证。

听证由一名行政复议人员任主持人，两名以上行政复议人员任听证员，一名记录员制作听证笔录。

第五十一条 行政复议机构组织听证的，应当于举行听证的五日前将听证的时间、地点和拟听证事项书面通知当事人。

申请人无正当理由拒不参加听证的，视为放弃听证权利。

被申请人的负责人应当参加听证。不能参加的，应当说明理由并委托相应的工作人员参加听证。

★★ **第五十二条** 县级以上各级人民政府应当建立相关政府部门、专家、学者等参与的行政复议委员会，为办理行政复议案件提供咨询意见，并就行政复议工作中的重大事项和共性问题研究提出意见。行政复议委员会的组成和开展工作的具体办法，由国务院行政复议机构制定。

审理行政复议案件涉及下列情形之一的，行政复议机构应当提请行政复议委员会提出咨询意见：

（一）案情重大、疑难、复杂；
（二）专业性、技术性较强；
（三）本法第二十四条第二款规定的行政复议案件；
（四）行政复议机构认为有必要。

行政复议机构应当记录行政复议委员会的咨询意见。

第四节 简易程序

★★ **第五十三条** 行政复议机关审理下列行政复议案件，认为事实清楚、权利义务关系明确、争议不大的，可以适用简易程序：

（一）被申请行政复议的行政行为是当场作出；
（二）被申请行政复议的行政行为是警告或者通报批评；
（三）案件涉及款额三千元以下；
（四）属于政府信息公开案件。

除前款规定以外的行政复议案件，当事人各方同意适用简易程序的，可以适用简易程序。

第五十四条 适用简易程序审理的行政复议案件，行政复议机构应当自受理行政复议申请之日起三日内，将行政复议申请书副本或者行政复议申请笔录复印件发送被申请人。被申请人应当自收到行政复议申请书副本或者行政复议申请笔录复印件之日起五日内，提出书面答复，并提交作出行政行为的证据、依据和其他有关材料。

适用简易程序审理的行政复议案件，可以书面审理。

---

① 答案：AB。

第五十五条 适用简易程序审理的行政复议案件，行政复议机构认为不宜适用简易程序的，经行政复议机构的负责人批准，可以转为普通程序审理。

第五节 行政复议附带审查

第五十六条 申请人依照本法第十三条的规定提出对有关规范性文件的附带审查申请，行政复议机关有权处理的，应当在三十日内依法处理；无权处理的，应当在七日内转送有权处理的行政机关依法处理。

第五十七条 行政复议机关在对被申请人作出的行政行为进行审查时，认为其依据不合法，本机关有权处理的，应当在三十日内依法处理；无权处理的，应当在七日内转送有权处理的国家机关依法处理。

第五十八条 行政复议机关依照本法第五十六条、第五十七条的规定有权处理有关规范性文件或者依据的，行政复议机构应当自行政复议中止之日起三日内，书面通知规范性文件或者依据的制定机关就相关条款的合法性提出书面答复。制定机关应当自收到书面通知之日起十日内提交书面答复及相关材料。

行政复议机构认为必要时，可以要求规范性文件或者依据的制定机关当面说明理由，制定机关应当配合。

第五十九条 行政复议机关依照本法第五十六条、第五十七条的规定有权处理有关规范性文件或者依据，认为相关条款合法的，在行政复议决定书中一并告知；认为相关条款超越权限或者违反上位法的，决定停止该条款的执行，并责令制定机关予以纠正。

第六十条 依照本法第五十六条、第五十七条的规定接受转送的行政机关、国家机关应当自收到转送之日起六十日内，将处理意见回复转送的行政复议机关。

第五章 行政复议决定

第六十一条 行政复议机关依照本法审理行政复议案件，由行政复议机构对行政行为进行审查，提出意见，经行政复议机关的负责人同意或者集体讨论通过后，以行政复议机关的名义作出行政复议决定。

经过听证的行政复议案件，行政复议机关应当根据听证笔录、审查认定的事实和证据，依照本法作出行政复议决定。

提请行政复议委员会提出咨询意见的行政复议案件，行政复议机关应当将咨询意见作为作出行政复议决定的重要参考依据。

第六十二条 适用普通程序审理的行政复议案件，行政复议机关应当自受理申请之日起六十日内作出行政复议决定；但是法律规定的行政复议期限少于六十日的除外。情况复杂，不能在规定期限内作出行政复议决定的，经行政复议机构的负责人批准，可以适当延长，并书面告知当事人；但是延长期限最多不得超过三十日。

适用简易程序审理的行政复议案件，行政复议机关应当自受理申请之日起三十日内作出行政复议决定。

★★ 第六十三条 行政行为有下列情形之一的，行政复议机关决定变更该行政行为：

（一）事实清楚，证据确凿，适用依据正确，程序合法，但是内容不适当；

（二）事实清楚，证据确凿，程序合法，但是未正确适用依据；

（三）事实不清、证据不足，经行政复议机关查清事实和证据。

行政复议机关不得作出对申请人更为不利的变更决定，但是第三人提出相反请求的除外。

★★ 第六十四条 行政行为有下列情形之一的，行政复议机关决定撤销或者部分撤销该行政行为，并可以责令被申请人在一定期限内重新作出行政行为：

（一）主要事实不清、证据不足；
（二）违反法定程序；
（三）适用的依据不合法；
（四）超越职权或者滥用职权。

行政复议机关责令被申请人重新作出行政行为的，被申请人不得以同一事实和理由作出与被申请行政复议的行政行为相同或者基本相同的行政行为，但是行政复议机关以违反法定程序为由决定撤销或者部分撤销的除外。

★★ 第六十五条 行政行为有下列情形之一的，行政复议机关不撤销该行政行为，但是确认该行政行为违法：

（一）依法应予撤销，但是撤销会给国家利益、社会公共利益造成重大损害；

（二）程序轻微违法，但是对申请人权利不产生实际影响。

行政行为有下列情形之一，不需要撤销或者责令履行的，行政复议机关确认该行政行为违法：

（一）行政行为违法，但是不具有可撤销内容；
（二）被申请人改变原违法行政行为，申请人仍要求撤销或者确认行政行为违法；
（三）被申请人不履行或者拖延履行法定职责，责令履行没有意义。

第六十六条 被申请人不履行法定职责的，行政复议机关决定被申请人在一定期限内履行。

第六十七条 行政行为有实施主体不具有行政主体资格或者没有依据等重大且明显违法情形，申请人申请确认行政行为无效的，行政复议机关确认该行政行为无效。

第六十八条 行政行为认定事实清楚，证据确凿，适用依据正确，程序合法，内容适当的，行政复议机关决定维持该行政行为。

第六十九条 行政复议机关受理申请人认为被申请人不履行法定职责的行政复议申请后，发现被申请人没有相应法定职责或者在受理前已经履行法定职责的，决定驳回申请人的行政复议请求。

第七十条　被申请人不按照本法第四十八条、第五十四条的规定提出书面答复、提交作出行政行为的证据、依据和其他有关材料的，视为该行政行为没有证据、依据，行政复议机关决定撤销、部分撤销该行政行为，确认该行政行为违法、无效或者决定被申请人在一定期限内履行，但是行政行为涉及第三人合法权益，第三人提供证据的除外。

第七十一条　被申请人不依法订立、不依法履行、未按照约定履行或者违法变更、解除行政协议的，行政复议机关决定被申请人承担依法订立、继续履行、采取补救措施或者赔偿损失等责任。

被申请人变更、解除行政协议合法，但是未依法给予补偿或者补偿不合理的，行政复议机关决定被申请人依法给予合理补偿。

第七十二条　申请人在申请行政复议时一并提出行政赔偿请求，行政复议机关对依照《中华人民共和国国家赔偿法》的有关规定应当不予赔偿的，在作出行政复议决定时，应当同时决定驳回行政赔偿请求；对符合《中华人民共和国国家赔偿法》的有关规定应当给予赔偿的，在决定撤销或者部分撤销、变更行政行为或者确认行政行为违法、无效时，应当同时决定被申请人依法给予赔偿；确认行政行为违法的，还可以同时责令被申请人采取补救措施。

申请人在申请行政复议时没有提出行政赔偿请求的，行政复议机关在依法决定撤销或者部分撤销、变更罚款，撤销或者部分撤销违法集资、没收财物、征收征用、摊派费用以及对财产的查封、扣押、冻结等行政行为时，应当同时责令被申请人返还财产，解除对财产的查封、扣押、冻结措施，或者赔偿相应的价款。

第七十三条　当事人经调解达成协议的，行政复议机关应当制作行政复议调解书，经各方当事人签字或者签章，并加盖行政复议机关印章，即具有法律效力。

调解未达成协议或者调解书生效前一方反悔的，行政复议机关应当依法审查或者及时作出行政复议决定。

第七十四条　当事人在行政复议决定作出前可以自愿达成和解，和解内容不得损害国家利益、社会公共利益和他人合法权益，不得违反法律、法规的强制性规定。

当事人达成和解后，由申请人向行政复议机构撤回行政复议申请。行政复议机构准予撤回行政复议申请、行政复议机关决定终止行政复议的，申请人不得再以同一事实和理由提出行政复议申请。但是，申请人能够证明撤回行政复议申请违背其真实意愿的除外。

第七十五条　行政复议机关作出行政复议决定，应当制作行政复议决定书，并加盖行政复议机关印章。

行政复议决定书一经送达，即发生法律效力。

第七十六条　行政复议机关在办理行政复议案件过程中，发现被申请人或者其他下级行政机关的有关行为违法或者不当的，可以向其制发行政复议意见书。有关机关应当自收到行政复议意见书之日起六十日内，将纠正相关违法或者不当行为的情况报送行政复议机关。

第七十七条　被申请人应当履行行政复议决定书、调解书、意见书。

被申请人不履行或者无正当理由拖延履行行政复议决定书、调解书、意见书的，行政复议机关或者有关上级行政机关应当责令其限期履行，并可以约谈被申请人的有关负责人或者予以通报批评。

第七十八条　申请人、第三人逾期不起诉又不履行行政复议决定书、调解书的，或者不履行最终裁决的行政复议决定的，按照下列规定分别处理：

（一）维持行政行为的行政复议决定书，由作出行政行为的行政机关依法强制执行，或者申请人民法院强制执行；

（二）变更行政行为的行政复议决定书，由行政复议机关依法强制执行，或者申请人民法院强制执行；

（三）行政复议调解书，由行政复议机关依法强制执行，或者申请人民法院强制执行。

第七十九条　行政复议机关根据被申请行政复议的行政行为的公开情况，按照国家有关规定将行政复议决定书向社会公开。

县级以上地方各级人民政府办理以本级人民政府工作部门为被申请人的行政复议案件，应当将发生法律效力的行政复议决定书、意见书同时抄告被申请人的上一级主管部门。

第六章　法律责任

第八十条　行政复议机关不依照本法规定履行行政复议职责，对负有责任的领导人员和直接责任人员依法给予警告、记过、记大过的处分；经有权监督的机关督促仍不改正或者造成严重后果的，依法给予降级、撤职、开除的处分。

第八十一条　行政复议机关工作人员在行政复议活动中，徇私舞弊或者有其他渎职、失职行为的，依法给予警告、记过、记大过的处分；情节严重的，依法给予降级、撤职、开除的处分；构成犯罪的，依法追究刑事责任。

第八十二条　被申请人违反本法规定，不提出书面答复或者不提交作出行政行为的证据、依据和其他有关材料，或者阻挠、变相阻挠公民、法人或者其他组织依法申请行政复议的，对负有责任的领导人员和直接责任人员依法给予警告、记过、记大过的处分；进行报复陷害的，依法给予降级、撤职、开除的处分；构成犯罪的，依法追究刑事责任。

第八十三条　被申请人不履行或者无正当理由拖延履行行政复议决定书、调解书、意见书的，对负有责任的领导人员和直接责任人员依法给予警告、记过、记大过的处分；经责令履行仍拒不履行的，依法给予降级、撤职、开除的处分。

第八十四条 拒绝、阻挠行政复议人员调查取证、故意扰乱行政复议工作秩序的，依法给予处分、治安管理处罚；构成犯罪的，依法追究刑事责任。

第八十五条 行政机关及其工作人员违反本法规定的，行政复议机关可以向监察机关或者公职人员任免机关、单位移送有关人员违法的事实材料，接受移送的监察机关或者公职人员任免机关、单位应当依法处理。

第八十六条 行政复议机关在办理行政复议案件过程中，发现公职人员涉嫌贪污贿赂、失职渎职等职务违法或者职务犯罪的问题线索，应当依照有关规定移送监察机关，由监察机关依法调查处置。

第七章 附 则

第八十七条 行政复议机关受理行政复议申请，不得向申请人收取任何费用。

★ **第八十八条** 行政复议期间的计算和行政复议文书的送达，本法没有规定的，依照《中华人民共和国民事诉讼法》关于期间、送达的规定执行。

本法关于行政复议期间有关"三日"、"五日"、"七日"、"十日"的规定是指工作日，不含法定休假日。

第八十九条 外国人、无国籍人、外国组织在中华人民共和国境内申请行政复议，适用本法。

第九十条 本法自2024年1月1日起施行。

民 法

一、大纲对照

◎ 考点变化

章名	章标题	内容变化		
第1编 总则			
第1章	民法概述	无实质变化		
第2章	自然人	无实质变化		
第3章	法人和非法人组织	无实质变化		
第4章	民事法律行为	新增	1. 职务代理人超越代理权限且相对人未尽到合理审查义务所成立的民事法律行为 2. 法定代表人越权代表且相对人未尽到合理审查义务所实施的民事法律行为 3. 法定代表人、负责人或者代理人与相对人恶意串通行为 4. 第8节 未生效的民事法律行为 未生效民事法律行为的概念 违反未生效民事法律行为的责任（判决一方履行报批义务前的责任 判决一方履行报批义务后的责任 不予批准应当承担迟延报批的责任） 5. 第9节 民事法律行为被确认无效、被撤销或确定不发生效力的后果 民事法律行为被确认无效、被撤销或者确定不发生效力的具体法律后果（返还财产 折价补偿 赔偿损失） 民事法律行为被确认无效、被撤销或者确定不发生效力情形下的第三人责任 民事法律行为被确认无效、被撤销或者确定不发生效力不影响争议解决条款的效力	
^^	^^	修订	2023年大纲	2024年大纲
^^	^^	^^	虚假行为	虚假的民事法律行为
^^	^^	删除	民事法律行为宣告无效或者被撤销的效果	
第5章	代理	无实质变化		
第6章	诉讼时效与期间	无实质变化		
第2编 物权			
第7章	物权概述	无实质变化		
第8章	所有权	无实质变化		

续表

章名	章标题	内容变化		
第9章	用益物权	无实质变化		
第10章	担保物权	无实质变化		
第11章	占有	无实质变化		
第3编 合同				
第12章	债与合同概述	无实质变化		
第13章	合同的订立和效力	新增	合同的解释（合同解释的概念 合同解释的基本规则）	
		修订	2023年大纲	2024年大纲
			无权代理合同、越权订立合同、超越经营范围合同、免责条款、争议解决方法条款的特殊效力规则	合同效力的特殊规则
第14章	合同的履行	修订	2023年大纲	2024年大纲
			顺序履行抗辩权	先履行抗辩权
第15章	合同的保全和担保	无实质变化		
第16章	合同的变更、转让和权利义务终止	无实质变化		
第17章	违约责任	无实质变化		
第18章	移转财产权利合同	无实质变化		
第19章	完成工作交付成果合同	无实质变化		
第20章	提供劳务合同	无实质变化		
第21章	技术合同	无实质变化		
第22章	保证合同、合伙合同	无实质变化		
第23章	准合同	无实质变化		
第4编 人格权				
第24章	人格权概述	无实质变化		
第25章	具体人格权	无实质变化		
第5编 婚姻家庭				
第26章	婚姻家庭概述	无实质变化		
第27章	结婚和离婚	无实质变化		
第28章	家庭关系	无实质变化		
第29章	收养	无实质变化		
第6编 继承				
第30章	继承概述	无实质变化		
第31章	法定继承	无实质变化		
第32章	遗嘱继承和遗赠	无实质变化		

续表

章名	章标题	内容变化	
第33章	遗产的处理	无实质变化	
第7编 侵权责任			
第34章	侵权责任概述	新增	侵权之债的抵销
第35章	特殊侵权责任	无实质变化	

◎ 考点详解

▶▶▶ 新增考点1 职务代理人超越代理权限且相对人未尽到合理审查义务所成立的民事法律行为

　　法人、非法人组织的工作人员就超越其职权范围的事项以法人、非法人组织的名义订立合同，相对人主张该合同对法人、非法人组织发生效力并由其承担违约责任的，人民法院不予支持。但是，法人、非法人组织有过错的，人民法院可以参照《民法典》第157条的规定判决其承担相应的赔偿责任。法人和非法人组织承担民事责任后，有权向有故意或者重大过失的职务代理人追偿。

　　前述情形，构成表见代理的，人民法院应当依据《民法典》第172条的规定处理。

　　此外，由于职务代理人实施的越权代理行为可能给法人、非法人组织造成一定的损失，法人和非法人组织承担民事责任后，有权向有故意或者重大过失的职务代理人追偿。

　　[强化自测] 吴某是甲公司员工，持有甲公司授权委托书。吴某与温某签订了借款合同，该合同由温某签字、吴某用甲公司合同专用章盖章。后温某要求甲公司还款。下列哪些情形有助于甲公司否定吴某的行为构成表见代理？①
　　A. 温某明知借款合同上盖的章是甲公司合同专用章而非甲公司公章，未表示反对
　　B. 温某未与甲公司核实，即将借款交给吴某
　　C. 吴某出示的甲公司授权委托书载明甲公司仅授权吴某参加投标活动
　　D. 吴某出示的甲公司空白授权委托书已届期

▶▶▶ 新增考点2 法定代表人越权代表且相对人未尽到合理审查义务所实施的民事法律行为

　　在法定代表人越权代表的情形下，如果相对人未尽到合理审查义务，相对人构成恶意，该民事法律行为对被代表的法人不产生效力，相对人也无权对被代表的法人主张承担违约责任。但是，如果法人追认该民事法律行为，则该民事法律行为对法人发生效力，法人应当承担法定代表人行为的法律效果；如果拒绝追认，则民事法律行为对其不发生效力。

　　[强化自测] 2009年1月，甲、乙、丙、丁、戊共同投资设立鑫荣新材料有限公司，从事保温隔热高新建材的研发与生产。该公司召开股东会，乙、丙、丁、戊一致同意，限制甲可以对外签订合同的金额为100万元以下，如超出100万元，甲须事先取得股东会同意。2010年12月，甲认为产品研发要想取得实质进展，必须引进隆泰公司的一项新技术。甲未与其他股东商量，即以鑫荣公司法定代表人的身份，与隆泰公司签订了金额为200万元的技术转让合同。关于该合同的效力，下列说法正确的是：②
　　A. 有效　　　　　　　　　　　　B. 无效
　　C. 效力待定　　　　　　　　　　D. 可撤销

---

① 答案：CD。
② 答案：A。

新增考点 3　法定代表人、负责人或者代理人与相对人恶意串通行为

法定代表人、负责人或者代理人与相对人恶意串通，以法人、非法人组织的名义订立合同，损害法人、非法人组织的合法权益，法人、非法人组织有权主张不承担民事责任。法人、非法人组织有权请求法定代表人、负责人或者代理人与相对人对因此受到的损失承担连带赔偿责任。另外，法人、非法人组织如果追认该恶意串通行为，则该行为有效；如果拒绝追认，则该行为对法人、非法人组织不产生效力。

[强化自测] 甲公司采购负责人唐某受公司委托从乙公司订购一批空气净化机，甲公司对净化机的单价未作明确限定。唐某与乙公司私下商定将净化机单价约定为比正常售价高 200 元，乙公司给唐某每台 100 元的回扣。商定后，唐某以甲公司名义与乙公司签订了买卖合同。对此，下列哪一选项是正确的？①
　A. 该买卖合同以合法形式掩盖非法目的，因而无效
　B. 唐某的行为属无权代理，买卖合同效力待定
　C. 乙公司行为构成对甲公司的欺诈，买卖合同属可变更、可撤销合同
　D. 唐某与乙公司恶意串通损害甲公司的利益，应对甲公司承担连带责任

新增考点 4　未生效的民事法律行为

未生效的民事法律行为，是指法律规定了民事法律行为生效应当满足特别的批准要件，在这些要件未被满足时民事法律行为的状态。

未生效的民事法律行为的典型形态是依据法律、行政法规的规定应当办理批准才能生效，而当事人并未办理批准手续的合同。具体而言，《民法典》第 502 条第 2 款规定，依照法律、行政法规的规定，合同应当办理批准等手续的，依照其规定。未办理批准等手续影响合同生效的，不影响合同中履行报批等义务条款以及相关条款的效力。应当办理申请批准等手续的当事人未履行义务的，对方可以请求其承担违反该义务的责任。

一、判决一方履行报批义务前的责任

合同依法成立后，负有报批义务的当事人不履行报批义务或者履行报批义务不符合合同的约定或者法律、行政法规的规定，对方请求其继续履行报批义务的，人民法院应予支持；对方主张解除合同并请求其承担违反报批义务的赔偿责任的，人民法院应予支持。

二、判决一方履行报批义务后的责任

人民法院判决当事人一方履行报批义务后，其仍不履行，对方主张解除合同并参照违反合同的违约责任请求其承担赔偿责任的，人民法院应予支持。

三、不予批准应当承担迟延报批的责任

负有报批义务的当事人已经办理申请批准等手续或者已经履行生效判决确定的报批义务，批准机关决定不予批准，对方请求其承担赔偿责任的，人民法院不予支持。但是，因迟延履行报批义务等可归责于当事人的原因导致合同未获批准，对方请求赔偿因此受到的损失的，人民法院应当依据《民法典》第 157 条的规定处理。

[强化自测] 甲与乙村村委会签订《海域开发合同》，合同约定，由甲承建某海域防潮大坝工程，并由甲以乙村村委会的名义办理海域使用权审批手续，经上级主管部门批准后方可建设施工。随后乙村村委会积极与市海洋与渔业局沟通协调用海意向并获同意，但甲不仅没有按约定办理相关审批手续就擅自施工，而且在实际施工中擅自改变了原用海的界址点和用海属性。因上述施工行为不符合海域使用条件要求，相关行政主管部门责令案涉项目停止施工并责令拆除工程。关于本案，下列说法错误的是：②
　A. 甲与乙村村委会签订《海域开发合同》时未依法取得海域使用权，该合同因违反《海域使用管理法》的强制性规定而未成立
　B. 甲与乙村村委会签订《海域开发合同》时未依法取得海域使用权，该合同因违反《海域使用管理法》的强制性规定而无效
　C. 乙村村委会应先报批再招商，应由乙村村委会履行报批义务
　D. 因甲未按照约定履行合同，乙村村委会无须承担违约责任

---

① 答案：D。
② 答案：ABC。

▶▶▶ 新增考点 5　民事法律行为被确认无效、被撤销或确定不发生效力的后果

民事法律行为被确认无效、被撤销或确定不发生效力后将溯及既往，自民事法律行为成立之日起就是无效的，而不是从确认无效之时起无效。其法律后果如下。

一、返还财产

合同不成立、无效、被撤销或者确定不发生效力，当事人请求返还财产，经审查财产能够返还的，人民法院应当根据案件具体情况，单独或者合并适用返还占有的标的物、更正登记簿册记载等方式；经审查财产不能返还或者没有必要返还的，人民法院应当以认定合同不成立、无效、被撤销或者确定不发生效力之日该财产的市场价值或者以其他合理方式计算的价值为基准判决折价补偿。

双方互负返还义务，当事人主张同时履行的，人民法院应予支持；占有标的物的一方对标的物存在使用或者依法可以使用的情形，对方请求将其应支付的资金占用费与应收取的标的物使用费相互抵销的，人民法院应予支持，但是法律另有规定的除外。

二、折价补偿

合同不成立、无效、被撤销或者确定不发生效力，有权请求返还价款或者报酬的当事人一方请求对方支付资金占用费的，人民法院应当在当事人请求的范围内按照中国人民银行授权全国银行间同业拆借中心公布的一年期贷款市场报价利率（LPR）计算。但是，占用资金的当事人对于合同不成立、无效、被撤销或者确定不发生效力没有过错的，应当以中国人民银行公布的同期同类存款基准利率计算。

三、赔偿损失

合同不成立、无效、被撤销或者确定不发生效力，当事人还请求赔偿损失的，人民法院应当结合财产返还或者折价补偿的情况，综合考虑财产增值收益和贬值损失、交易成本的支出等事实，按照双方当事人的过错程度及原因力大小，根据诚信原则和公平原则，合理确定损失赔偿额。

四、第三人责任

第三人实施欺诈、胁迫行为，使当事人在违背真实意思的情况下订立合同，受到损失的当事人请求第三人承担赔偿责任的，人民法院依法予以支持；当事人亦有违背诚信原则的行为的，人民法院应当根据各自的过错确定相应的责任。但是，法律、司法解释对当事人与第三人的民事责任另有规定的，依照其规定。

> [强化自测] 甲公司将门面房出租给乙超市使用，因该门面房未取得产权证及建设工程规划许可证，租赁合同被认定为无效。对此，下列说法正确的是：①
> A. 甲公司非案涉房屋的所有权人，无权获得收益
> B. 乙超市有权要求甲公司承担赔偿责任
> C. 甲公司有权要求乙超市搬离
> D. 甲公司有权要求乙超市参照约定的租金标准支付至实际搬离之日止的占有使用费

▶▶▶ 新增考点 6　合同的解释

一、应当按照所使用的词句进行解释

法官在解释合同内容时，首先应当按照合理的、理性的人对文义的通常理解来解释合同内容。如果有证据证明当事人之间对合同条款有不同于词句的通常含义的其他共同理解，共同真实意思优先于词句的通常含义，在此情形下，不能以词句的通常含义理解合同条款。

二、结合相关条款、行为的性质和目的、习惯以及诚信原则，确定意思表示的含义

（一）体系解释

即"结合相关条款"解释。如果合同中的数个条款相互冲突，应当将这些条款综合在一起，根据合同的性质、订约目的等来考虑当事人的意图，尤其是当事人在合同中所使用的语言文字必须联系起来考察。

（二）目的解释

在运用目的解释方法时，要考虑当事人双方而不是当事人一方的目的进行解释；同时，在当事人使用的多个文

---

① 答案：CD。

本的含义不一致时,应当根据当事人订立合同的目的解释合同。

(三) 习惯解释

下列情形,不违反法律、行政法规的强制性规定且不违背公序良俗的,人民法院可以认定为《民法典》所称的"交易习惯":(1) 当事人之间在交易活动中的惯常做法;(2) 在交易行为当地或者某一领域、某一行业通常采用并为交易对方订立合同时所知道或者应当知道的做法。

(四) 依诚信原则进行解释

即将商业道德和公共道德运用到合同解释之中,以公平解释合同的内容,并填补合同的漏洞。

三、尽量做有效解释

对合同条款有两种以上解释,可能影响该条款效力的,应当选择有利于该条款有效的解释。

四、无偿合同中做有利于债务人的解释

对合同条款有两种以上解释,可能影响该条款效力的,属于无偿合同的,应当选择对债务人负担较轻的解释。

[强化自测] 乙公司将某专利技术转让给甲公司,甲公司与乙公司约定:"甲公司将通过销售佣金的方式向乙公司支付总额1150万元的转让费。甲公司每年支付的转让费总金额比例原则上不超过甲公司每年盈利总额的40%。"对该约定内容如何理解,乙公司与甲公司产生分歧,乙公司认为甲公司应按合同约定支付技术转让费,甲公司则认为转让费的支付应以甲公司盈利作为先决条件。对该条款的解释,下列说法正确的是:①

A. 仅从该条款本身文义理解,难以确定1150万元转让费的支付需以甲公司盈利为前提条件
B. 解释此条文时,应通过体系解释确定当事人的真实意思,并借助合同目的解释进行判断印证
C. 解释此条文时,应借助双方在交易洽谈、履行中所体现的合同目的进行判断印证
D. 解释此条文时,应通过交易习惯、诚实信用原则等进行价值衡量和利益平衡

▶▶▶ 新增考点7　侵权之债的抵销

法律依据	《民法典》第568条第1款规定,当事人互负债务,该债务的标的物种类、品质相同的,任何一方可以将自己的债务与对方的到期债务抵销;但是,根据债务性质、按照当事人约定或者依照法律规定不得抵销的除外。 《最高人民法院关于适用〈中华人民共和国民法典〉合同编通则若干问题的解释》第57条规定,因侵害自然人人身权益,或者故意、重大过失侵害他人财产权益产生的损害赔偿债务,侵权人主张抵销的,人民法院不予支持。
适用规则	1. 侵害自然人人身权益所产生的债务,一律不允许侵权人主张抵销。 人身权益包括生命权、健康权等物质性人格权,以及名誉权、隐私权等非物质性人格权。 2. 在故意或者重大过失的情形下,侵权人不得就侵害财产权益产生的侵权之债主张抵销。 (1) 财产权益包括法律规定的财产权利,如物权、知识产权等,还包括数据、网络虚拟财产等财产性利益。 (2) 抵销的情形限于故意或重大过失,限制范围与《民法典》第506条关于因故意或者重大过失造成对方财产损失的免责条款无效的规定一致。 3. 被侵权人可以主张抵销。

[强化自测] 医疗机构为救治患者产生了巨额的医疗费,患者死亡后,其近亲属起诉医疗机构,经鉴定医疗机构确实存在一定的医疗过错,需要承担相应的赔偿责任。此时,医疗机构的赔偿金额与患者欠医院的医疗费大致相等,关于医疗机构能否主张将患者欠医疗机构的医疗费和赔偿给患者近亲属的赔偿金进行抵销,下列说法正确的是:②

A. 医疗机构可以主张抵销

---

① 答案:ABCD。
② 答案:B。

B. 医疗机构不得主张抵销
C. 医疗机构主张须经患者近亲属同意
D. 医疗机构主张抵销的，患者近亲属不得拒绝

修订考点 1　虚假的民事法律行为

根据《民法典》第 146 条第 1 款的规定，双方实施的虚假的民事法律行为应当依法被认定为无效。但被隐藏的民事法律行为则应当依据具体情形判断其效力。

例如，当事人订了多份合同，但登记备案的是一份合同，实际履行的是另一份合同，此时就要根据实际履行情况判断当事人的真意。如果当事人为规避法律、行政法规的强制性规定，以虚假的意思表示隐藏真实的意思表示，由于被隐藏的民事法律行为违反了法律、行政法规的强制性规定，此时应依据《民法典》第 153 条第 1 款的规定认定该民事法律行为无效；如果当事人实施隐藏行为旨在规避法律、行政法规规定的批准等手续，则应当依据未生效合同的规则认定该行为的效力。

[强化自测] 下列情形中，属于无效合同的是：①
A. 甲医院以国产假肢冒充进口假肢，高价卖给乙
B. 甲乙双方为了在办理房屋过户登记时避税，将实际成交价为 100 万元的房屋买卖合同价格写为 60 万元
C. 有妇之夫甲委托未婚女乙代孕，约定事成后甲补偿乙 50 万元
D. 甲父患癌症急需用钱，乙趁机以低价收购甲收藏的 1 幅名画，甲无奈与乙签订了买卖合同

修订考点 2　合同效力的特殊规则

一、无权代理合同的默示追认

无权代理人以被代理人的名义订立合同，被代理人已经开始履行合同义务或者接受相对人履行的，视为对合同的追认。

二、法定代表人等越权订立合同的效力

法人的法定代表人或者非法人组织的负责人超越权限订立的合同，除相对人知道或者应当知道其超越权限外，该代表行为有效，订立的合同对法人或者非法人组织发生效力。

三、超越经营范围订立合同的效力

当事人超越经营范围订立的合同的效力，应当依照有关规定确定，不得仅以超越经营范围确认合同无效。

四、无效免责条款

合同中的下列免责条款无效：（1）造成对方人身损害的；（2）因故意或者重大过失造成对方财产损失的。

五、争议解决方法条款的效力

合同不生效、无效、被撤销或者终止的，不影响合同中有关解决争议方法的条款的效力。

六、多份合同的效力认定

1. 当事人之间就同一交易订立多份合同，人民法院应当认定其中以虚假意思表示订立的合同无效。当事人为规避法律、行政法规的强制性规定，以虚假意思表示隐藏真实意思表示的，人民法院应当依据《民法典》第 153 条第 1 款的规定认定被隐藏合同的效力；当事人为规避法律、行政法规关于合同应当办理批准等手续的规定，以虚假意思表示隐藏真实意思表示的，人民法院应当依据《民法典》第 502 条第 2 款的规定认定被隐藏合同的效力。

2. 依据上述规定认定被隐藏合同无效或者确定不发生效力的，人民法院应当以被隐藏合同为事实基础，依据《民法典》第 157 条的规定确定当事人的民事责任。但是，法律另有规定的除外。

3. 当事人就同一交易订立的多份合同均系真实意思表示，且不存在其他影响合同效力情形的，人民法院应当在查明各合同成立先后顺序和实际履行情况的基础上，认定合同内容是否发生变更。法律、行政法规禁止变更合同内容的，人民法院应当认定合同的相应变更无效。

---

① 答案：BC。

七、无权处分与合同效力

以转让或者设定财产权利为目的订立的合同，当事人或者真正权利人仅以让与人在订立合同时对标的物没有所有权或者处分权为由主张合同无效的，人民法院不予支持；因未取得真正权利人事后同意或者让与人事后未取得处分权导致合同不能履行，受让人主张解除合同并请求让与人承担违反合同的赔偿责任的，人民法院依法予以支持。

前述合同被认定有效，且让与人已经将财产交付或者移转登记至受让人，真正权利人请求认定财产权利未发生变动或者请求返还财产的，人民法院应予支持。但是，受让人依据《民法典》第311条等规定善意取得财产权利的除外。

八、印章与合同效力（"看人不看章"）

1. 法定代表人、负责人或者工作人员以法人、非法人组织的名义订立合同且未超越权限，法人、非法人组织仅以合同加盖的印章不是备案印章或者系伪造的印章为由主张该合同对其不发生效力的，人民法院不予支持。

2. 合同系以法人、非法人组织的名义订立，但是仅有法定代表人、负责人或者工作人员签名或者按指印而未加盖法人、非法人组织的印章，相对人能够证明法定代表人、负责人或者工作人员在订立合同时未超越权限的，人民法院应当认定合同对法人、非法人组织发生效力。但是，当事人约定以加盖印章作为合同成立条件的除外。

3. 合同仅加盖法人、非法人组织的印章而无人员签名或者按指印，相对人能够证明合同系法定代表人、负责人或者工作人员在其权限范围内订立的，人民法院应当认定该合同对法人、非法人组织发生效力。

4. 在前三种情形下，法定代表人、负责人或者工作人员在订立合同时虽然超越代表或者代理权限，但是依据《民法典》第504条的规定构成表见代表，或者依据《民法典》第172条的规定构成表见代理的，人民法院应当认定合同对法人、非法人组织发生效力。

> [强化自测] 顺风电器租赁公司将一台电脑出租给张某，租期为2年。在租赁期间内，张某谎称电脑是自己的，分别以市价与甲、乙、丙签订了三份电脑买卖合同并收取了三份价款，但张某把电脑实际交付给了乙。关于张某与甲、乙、丙的合同效力，下列选项正确的是：①
> A. 顺风电器租赁公司主张，张某非电脑所有权人，其出卖为无权处分，与甲、乙、丙签订的合同无效
> B. 张某是合法占有人，其与甲、乙、丙签订的合同有效
> C. 乙接受了张某的交付，取得电脑所有权
> D. 张某不能履行对甲、丙的合同义务，应分别承担违约责任

▶▶▶ **修订考点3** 先履行抗辩权

概念	先履行抗辩权也称顺序履行抗辩权，是指当事人互负债务，有先后履行顺序的，先履行一方履行之前，后履行一方得拒绝其履行请求，先履行一方履行债务不符合约定的，后履行一方得拒绝其相应的履行请求的权利。
成立要件	1. 双方当事人基于同一双务合同互负对待给付义务。 2. 双方债务（主给付义务）有先后履行顺序。 3. 双方债务均已到期。 4. 先履行一方未履行债务或其履行不符合约定。 5. 对方的债务可能履行。
效力	1. 后给付义务人有权拒绝先给付义务人的履行请求。 2. 先给付义务人履行债务后，后履行一方应恢复履行。 3. 先履行抗辩权的行使不影响后给付义务人向先给付义务人主张违约责任。

---

① 答案：BCD。

先履行判决	《最高人民法院关于适用〈中华人民共和国民法典〉合同编通则若干问题的解释》第31条第3款规定："当事人一方起诉请求对方履行债务，被告依据民法典第五百二十六条的规定主张原告应先履行的抗辩且抗辩成立的，人民法院应当驳回原告的诉讼请求，但是不影响原告履行债务后另行提起诉讼。" 先履行判决实际上是针对先履行抗辩权的一种确认，即在一方提出抗辩时，法院应当驳回对方当事人的诉讼请求。

[强化自测] 甲与乙公司签订的房屋买卖合同约定："乙公司收到首期房款后，向甲交付房屋和房屋使用说明书；收到二期房款后，将房屋过户给甲。"甲支付首期房款后，乙公司交付房屋但未立即交付房屋使用说明书。乙公司起诉甲要求其支付二期房款，甲以乙未立即交付房屋使用说明书为由行使先履行抗辩权而拒不支付。下列表述正确的是：①

A. 甲的做法正确，因乙公司未完全履行义务
B. 甲不应行使先履行抗辩权，而应行使不安抗辩权，因乙公司有不能交付房屋使用说明书的可能性
C. 甲主张行使先履行抗辩权的，法院应当驳回乙公司的诉讼请求
D. 甲不能行使先履行抗辩权，因甲的付款义务与乙公司交付房屋使用说明书不形成主给付义务对应关系

二、法规对照

◎ 法规变化

新增	最高人民法院关于适用《中华人民共和国民法典》合同编通则若干问题的解释（2023.12.4）

◎ 法规精读

最高人民法院关于适用《中华人民共和国民法典》合同编通则若干问题的解释

（2023年12月4日 法释〔2023〕13号）

为正确审理合同纠纷案件以及非因合同产生的债权债务关系纠纷案件，依法保护当事人的合法权益，根据《中华人民共和国民法典》、《中华人民共和国民事诉讼法》等相关法律规定，结合审判实践，制定本解释。

一、一般规定

第一条 人民法院依据民法典第一百四十二条第一款、第四百六十六条第一款的规定解释合同条款时，应当以词句的通常含义为基础，结合相关条款、合同的性质和目的、习惯以及诚信原则，参考缔约背景、磋商过程、履行行为等因素确定争议条款的含义。

有证据证明当事人之间对合同条款有不同于词句的通常含义的其他共同理解，一方主张按照词句的通常含义理解合同条款的，人民法院不予支持。

对合同条款有两种以上解释，可能影响该条款效力的，人民法院应当选择有利于该条款有效的解释；属于无偿合同的，应当选择对债务人负担较轻的解释。

第二条 下列情形，不违反法律、行政法规的强制性规定且不违背公序良俗的，人民法院可以认定为民法典所称的"交易习惯"：

（一）当事人之间在交易活动中的惯常做法；

（二）在交易行为当地或者某一领域、某一行业通常采用并为交易对方订立合同时所知道或者应当知道的做法。

对于交易习惯，由提出主张的当事人一方承担举证责任。

---

① 答案：D。

二、合同的订立

第三条 当事人对合同是否成立存在争议，人民法院能够确定当事人姓名或者名称、标的和数量的，一般应当认定合同成立。但是，法律另有规定或者当事人另有约定的除外。

根据前款规定能够认定合同已经成立的，对合同欠缺的内容，人民法院应当依据民法典第五百一十条、第五百一十一条等规定予以确定。

当事人主张合同无效或者请求撤销、解除合同等，人民法院认为合同不成立的，应当依据《最高人民法院关于民事诉讼证据的若干规定》第五十三条的规定将合同是否成立作为焦点问题进行审理，并可以根据案件的具体情况重新指定举证期限。

第四条 采取招标方式订立合同，当事人请求确认合同自中标通知书到达中标人时成立的，人民法院应予支持。合同成立后，当事人拒绝签订书面合同的，人民法院应当依据招标文件、投标文件和中标通知书等确定合同内容。

采取现场拍卖、网络拍卖等公开竞价方式订立合同，当事人请求确认合同自拍卖师落槌、电子交易系统确认成交时成立的，人民法院应予支持。合同成立后，当事人拒绝签订成交确认书的，人民法院应当依据拍卖公告、竞买人的报价等确定合同内容。

产权交易所等机构主持拍卖、挂牌交易，其公布的拍卖公告、交易规则等文件公开确定了合同成立需要具备的条件，当事人请求确认合同自该条件具备时成立的，人民法院应予支持。

[强化自测] 7月8日，甲公司委托乙招标公司就宿舍项目公开发出投标邀请。7月28日，丙物业公司向乙招标公司发出《投标文件》，表示对招标文件无任何异议，愿意提供招标文件要求的服务。8月1日，乙招标公司向丙物业公司送达中标通知书，确定丙物业公司为中标人。8月11日，甲公司向丙物业公司致函，要求解除与物业管理公司之间的中标关系，后续合同不再签订。关于本案，下列说法正确的是：①

A. 双方并未签订正式书面合同，仅成立预约合同关系

B. 经评标后乙招标公司向丙物业公司发送中标通知书的行为，应为要约邀请

C. 合同自中标通知书到达丙物业公司时成立

D. 甲公司应承担因违约给丙物业公司造成的损失

第五条 第三人实施欺诈、胁迫行为，使当事人在违背真实意思的情况下订立合同，受到损失的当事人请求第三人承担赔偿责任的，人民法院依法予以支持；当事人亦有违背诚信原则的行为的，人民法院应当根据各自的过错确定相应的责任。但是，法律、司法解释对当事人与第三人的民事责任另有规定的，依照其规定。

★ **第六条** 当事人以认购书、订购书、预订书等形式约定在将来一定期限内订立合同，或者为担保在将来一定期限内订立合同交付了定金，<u>能够确定将来所要订立合同的主体、标的等内容的，人民法院应当认定预约合同成立。</u>

当事人通过签订意向书或者备忘录等方式，<u>仅表达交易的意向，未约定在将来一定期限内订立合同，或者虽然有约定但是难以确定将来所要订立合同的主体、标的等内容，一方主张预约合同成立的，人民法院不予支持。</u>

当事人订立的认购书、订购书、预订书等已就合同标的、数量、价款或者报酬等主要内容达成合意，符合本解释第三条第一款规定的合同成立条件，未明确约定在将来一定期限内另行订立合同，或者虽然有约定但是当事人一方已实施履行行为且对方接受的，人民法院应当认定本约合同成立。

第七条 预约合同生效后，当事人一方拒绝订立本约合同或者在磋商订立本约合同时违背诚信原则导致未能订立本约合同的，人民法院应当认定该当事人不履行预约合同约定的义务。

人民法院认定当事人一方在磋商订立本约合同时是否违背诚信原则，应当综合考虑该当事人在磋商时提出的条件是否明显背离预约合同约定的内容以及是否已尽合理努力进行协商等因素。

第八条 预约合同生效后，当事人一方不履行订立本约合同的义务，对方请求其赔偿因此造成的损失的，人民法院依法予以支持。

前款规定的损失赔偿，当事人有约定的，按照约定；没有约定的，人民法院应当综合考虑预约合同在内容上的完备程度以及订立本约合同的条件的成就程度等因素酌定。

第九条 合同条款符合民法典第四百九十六条第一款规定的情形，当事人仅以合同系依据合同示范文本制作或者双方已经明确约定合同条款不属于格式条款为由主张该条款不是格式条款的，人民法院不予支持。

从事经营活动的当事人一方仅以未实际重复使用为由主张其预先拟定且未与对方协商的合同条款不是格式条款的，人民法院不予支持。但是，有证据证明该条款不是为了重复使用而预先拟定的除外。

★ **第十条** 提供格式条款的一方在合同订立时采用通常足以引起对方注意的文字、符号、字体等明显标识，提示对方注意免除或者减轻其责任、排除或者限制对方权利等与对方有重大利害关系的异常条款的，人民法院可以认定其已经履行民法典第四百九十六条第二款规定的提示义务。

---

① 答案：CD。

提供格式条款的一方按照对方的要求，就与对方有重大利害关系的异常条款的概念、内容及其法律后果以书面或者口头形式向对方作出通常能够理解的解释说明的，人民法院可以认定其已经履行民法典第四百九十六条第二款规定的说明义务。

提供格式条款的一方对其已经尽到提示义务或者说明义务承担举证责任。对于通过互联网等信息网络订立的电子合同，提供格式条款的一方仅以采取了设置勾选、弹窗等方式为由主张其已经履行提示义务或者说明义务的，人民法院不予支持，但是其举证符合前两款规定的除外。

三、合同的效力

第十一条 当事人一方是自然人，根据该当事人的年龄、智力、知识、经验并结合交易的复杂程度，能够认定其对合同的性质、合同订立的法律后果或者交易中存在的特定风险缺乏应有的认知能力的，人民法院可以认定该情形构成民法典第一百五十一条规定的"<u>缺乏判断能力</u>"。

★ **第十二条** 合同依法成立后，负有报批义务的当事人不履行报批义务或者履行报批义务不符合合同的约定或者法律、行政法规的规定，对方请求其继续履行报批义务的，人民法院应予支持；对方主张解除合同并请求其承担违反报批义务的赔偿责任的，人民法院应予支持。

人民法院判决当事人一方履行报批义务后，其仍不履行，对方主张解除合同并参照违反合同的违约责任请求其承担赔偿责任的，人民法院应予支持。

合同获得批准前，当事人一方起诉请求对方履行合同约定的主要义务，经释明后拒绝变更诉讼请求的，人民法院应当判决驳回其诉讼请求，但是不影响其另行提起诉讼。

负有报批义务的当事人已经办理申请批准等手续或者已经履行生效判决确定的报批义务，批准机关决定不予批准，对方请求其承担赔偿责任的，人民法院不予支持。但是，因迟延履行报批义务等可归责于当事人的原因导致合同未获批准，对方请求赔偿因此受到的损失的，人民法院应当依据民法典第一百五十七条的规定处理。

第十三条 合同存在无效或者可撤销的情形，当事人以该合同已在有关行政管理部门办理备案、已经批准机关批准或者已依据该合同办理财产权利的变更登记、移转登记等为由主张合同有效的，人民法院不予支持。

★ **第十四条** 当事人之间就同一交易订立多份合同，人民法院应当认定其中以<u>虚假意思表示订立的合同无效</u>。当事人为规避法律、行政法规的强制性规定，以虚假意思表示隐藏真实意思表示的，人民法院应当依据民法典第一百五十三条第一款的规定认定被隐藏合同效力；当事人为规避法律、行政法规关于合同应当办理批准等手续的规定，以虚假意思表示隐藏真实意思表示的，人民法院应当依据民法典第五百零二条第二款的规定认定被隐藏合同的效力。

依据前款规定认定被隐藏合同无效或者确定不发生效力的，人民法院应当以被隐藏合同为事实基础，依据民法典第一百五十七条的规定确定当事人的民事责任。但是，法律另有规定的除外。

当事人就同一交易订立的多份合同均系真实意思表示，且不存在其他影响合同效力情形的，人民法院应当在查明各合同成立先后顺序和实际履行情况的基础上，认定合同内容是否发生变更。法律、行政法规禁止变更合同内容的，人民法院应当认定合同的相应变更无效。

第十五条 人民法院认定当事人之间的权利义务关系，<u>不应当拘泥于合同使用的名称，而应当根据合同约定的内容</u>。当事人主张的权利义务关系与根据合同内容认定的权利义务关系不一致的，人民法院应当结合缔约背景、交易目的、交易结构、履行行为以及当事人是否存在虚构交易标的等事实认定当事人之间的实际民事法律关系。

第十六条 合同违反法律、行政法规的强制性规定，有下列情形之一，由行为人承担行政责任或者刑事责任能够实现强制性规定的立法目的，人民法院可以依据民法典第一百五十三条第一款关于"<u>该强制性规定不导致该民事法律行为无效的除外</u>"的规定认定该合同不因违反强制性规定无效：

（一）强制性规定虽然旨在维护社会公共秩序，但是合同的实际履行对社会公共秩序造成的影响显著轻微，认定合同无效将导致案件处理结果有失公平公正；

（二）强制性规定旨在维护政府的税收、土地出让金等国家利益或者其他民事主体的合法利益而非合同当事人的民事权益，认定合同有效不会影响该规范目的的实现；

（三）强制性规定旨在要求当事人一方加强风险控制、内部管理等，对方无能力或者无义务审查合同是否违反强制性规定，认定合同无效将使其承担不利后果；

（四）当事人一方虽然在订立合同时违反强制性规定，但是在合同订立后其已经具备补正违反强制性规定的条件却违背诚信原则不予补正；

（五）法律、司法解释规定的其他情形。

法律、行政法规的强制性规定旨在规制合同订立后的履行行为，当事人以合同违反强制性规定为由请求认定合同无效的，人民法院不予支持。但是，合同履行必然导致违反强制性规定或者法律、司法解释另有规定的除外。

依据前两款认定合同有效，但是当事人的违法行为未经处理的，人民法院应当向有关行政管理部门提出司法建议。当事人的行为涉嫌犯罪的，应当将案件线索移送刑事侦查机关；属于刑事自诉案件的，应当告知当事人可以向有管辖权的人民法院另行提起诉讼。

★ **第十七条** 合同虽然不违反法律、行政法规的强制性规定，但是有下列情形之一，人民法院应当依据民法典第一百五十三条第二款的规定认定合同无效：

（一）合同影响政治安全、经济安全、军事安全等国家安全的；

（二）合同影响社会稳定、公平竞争秩序或者损害社会公共利益等违背社会公共秩序的；

（三）合同背离社会公德、家庭伦理或者有损人格尊严等违背善良风俗的。

人民法院在认定合同是否违背公序良俗时，应当以社会主义核心价值观为导向，综合考虑当事人的主观动机和交易目的、政府部门的监管强度、一定期限内当事人从事类似交易的频次、行为的社会后果等因素，并在裁判文书中充分说理。当事人确因生活需要进行交易，未给社会公共秩序造成重大影响，且不影响国家安全，也不违背善良风俗的，人民法院不应当认定合同无效。

第十八条 法律、行政法规的规定虽然有"应当""必须"或者"不得"等表述，但是该规定旨在限制或者赋予民事权利，行为人违反该规定将构成无权处分、无权代理、越权代表等，或者导致合同相对人、第三人因此获得撤销权、解除权等民事权利的，人民法院应当依据法律、行政法规规定的关于违反该规定的民事法律后果认定合同效力。

第十九条 以转让或者设定财产权利为目的订立的合同，当事人或者真正权利人仅以让与人在订立合同时对标的物没有所有权或者处分权为由主张合同无效的，人民法院不予支持；因未取得真正权利人事后同意或者让与人事后未取得处分权导致合同不能履行，受让人主张解除合同并请求让与人承担违反合同的赔偿责任的，人民法院依法予以支持。

前款规定的合同被认定有效，且让与人已经将财产交付或者移转登记至受让人，真正权利人请求认定财产权利未发生变动或者请求返还财产的，人民法院应予支持。但是，受让人依据民法典第三百一十一条等规定善意取得财产权利的除外。

第二十条 法律、行政法规为限制法人的法定代表人或者非法人组织的负责人的代表权，规定合同所涉事项应当由法人、非法人组织的权力机构或者决策机构决议，或者应当由法人、非法人组织的执行机构决定，法定代表人、负责人未取得授权而以法人、非法人组织的名义订立合同，未尽到合理审查义务的相对人主张该合同对法人、非法人组织发生效力并由其承担违约责任的，人民法院不予支持，但是法人、非法人组织有过错的，可以参照民法典第一百五十七条的规定判决其承担相应的赔偿责任。相对人已尽到合理审查义务，构成表见代表的，人民法院应当依据民法典第五百零四条的规定处理。

合同所涉事项未超越法律、行政法规规定的法定代表人或者负责人的代表权限，但是超越法人、非法人组织的章程或者权力机构等对代表权的限制，相对人主张该合同对法人、非法人组织发生效力并由其承担违约责任的，人民法院依法予以支持。但是，法人、非法人组织举证证明相对人知道或者应当知道该限制的除外。

法人、非法人组织承担民事责任后，向有过错的法定代表人、负责人追偿因越权代表行为造成的损失的，人民法院依法予以支持。法律、司法解释对法定代表人、负责人的民事责任另有规定的，依照其规定。

★ **第二十一条** 法人、非法人组织的工作人员就超越其职权范围的事项以法人、非法人组织的名义订立合同，相对人主张该合同对法人、非法人组织发生效力并由其承担违约责任的，人民法院不予支持。但是，法人、非法人组织有过错的，人民法院可以参照民法典第一百五十七条的规定判决其承担相应的赔偿责任。前述情形，构成表见代理的，人民法院应当依据民法典第一百七十二条的规定处理。

合同所涉事项有下列情形之一的，人民法院应当认定法人、非法人组织的工作人员在订立合同时超越其职权范围：

（一）依法应当由法人、非法人组织的权力机构或者决策机构决议的事项；

（二）依法应当由法人、非法人组织的执行机构决定的事项；

（三）依法应当由法定代表人、负责人代表法人、非法人组织实施的事项；

（四）不属于通常情形下依其职权可以处理的事项。

合同所涉事项未超越依据前款确定的职权范围，但是超越法人、非法人组织对工作人员职权范围的限制，相对人主张该合同对法人、非法人组织发生效力并由其承担违约责任的，人民法院应予支持。但是，法人、非法人组织举证证明相对人知道或者应当知道该限制的除外。

法人、非法人组织承担民事责任后，向故意或者重大过失的工作人员追偿的，人民法院依法予以支持。

★ **第二十二条** 法定代表人、负责人或者工作人员以法人、非法人组织的名义订立合同且未超越权限，法人、非法人组织仅以合同加盖的印章不是备案印章或者系伪造的印章为由主张该合同对其不发生效力的，人民法院不予支持。

合同系以法人、非法人组织的名义订立，但是仅有法定代表人、负责人或者工作人员签名或者按指印而未加盖法人、非法人组织的印章，相对人能够证明法定代表人、负责人或者工作人员在订立合同时未超越权限的，人民法院应当认定合同对法人、非法人组织发生效力。但是，当事人约定以加盖印章作为合同成立条件的除外。

合同仅加盖法人、非法人组织的印章而无人员签名或者按指印，相对人能够证明合同系法定代表人、负责人或者工作人员在其权限范围内订立的,人民法院应当认定该合同对法人、非法人组织发生效力。

在前三款规定的情形下,法定代表人、负责人或者工作人员在订立合同时虽然超越代表或者代理权限,但是依据民法典第五百零四条的规定构成表见代表,或者依据民法典第一百七十二条的规定构成表见代理的,人民法院应当认定合同对法人、非法人组织发生效力。

第二十三条 法定代表人、负责人或者代理人与相对人恶意串通,以法人、非法人组织的名义订立合同,损害法人、非法人组织的合法权益,法人、非法人组织主张不承担民事责任的,人民法院应予支持。法人、非法人组织请求法定代表人、负责人或者代理人与相对人对因此受到的损失承担连带赔偿责任的,人民法院应予支持。

根据法人、非法人组织的举证,综合考虑当事人之间的交易习惯、合同在订立时是否显失公平、相关人员是否获取了不正当利益、合同的履行情况等因素,人民法院能够认定法定代表人、负责人或者代理人与相对人存在恶意串通的高度可能性的,可以要求前述人员就合同订立、履行的过程等相关事实作出陈述或者提供相应的证据。其无正当理由拒绝作出陈述,或者所作陈述不具合理性又不能提供相应证据的,人民法院可以认定恶意串通的事实成立。

★ 第二十四条 合同不成立、无效、被撤销或者确定不发生效力,当事人请求返还财产,经审查财产能够返还的,人民法院应当根据案件具体情况,单独或者合并适用返还占有的标的物、更正登记簿册记载等方式;经审查财产不能返还或者没有必要返还的,人民法院应当以认定合同不成立、无效、被撤销或者确定不发生效力之日该财产的市场价值或者以其他合理方式计算的价值为基准判决折价补偿。

除前款规定的情形外,当事人还请求赔偿损失的,人民法院应当结合财产返还或者折价补偿的情况,综合考虑财产增值收益和贬值损失、交易成本的支出等事实,按照双方当事人的过错程度及原因力大小,根据诚信原则和公平原则,合理确定损失赔偿额。

合同不成立、无效、被撤销或者确定不发生效力,当事人的行为涉嫌违法且未经处理,可能导致一方或者双方通过违法行为获得不当利益的,人民法院应当向有关行政管理部门提出司法建议。当事人的行为涉嫌犯罪的,应当将案件线索移送刑事侦查机关;属于刑事自诉案件的,应当告知当事人可以向有管辖权的人民法院另行提起诉讼。

第二十五条 合同不成立、无效、被撤销或者确定不发生效力,有权请求返还价款或者报酬的当事人一方请求对方支付资金占用费的,人民法院应当在当事人请求的范围内按照中国人民银行授权全国银行间同业拆借中心公布的一年期贷款市场报价利率(LPR)计算。但是,占用资金的当事人对于合同不成立、无效、被撤销或者确定不发生效力没有过错的,应当以中国人民银行公布的同期同类存款基准利率计算。

双方互负返还义务,当事人主张同时履行的,人民法院应予支持;占有标的物的一方对标的物存在使用或者依法可以使用的情形,对方请求将其应支付的资金占用费与应收取的标的物使用费相互抵销的,人民法院应予支持,但是法律另有规定的除外。

四、合同的履行

第二十六条 当事人一方未根据法律规定或者合同约定履行开具发票、提供证明文件等非主要债务,对方请求继续履行该债务并赔偿因怠于履行该债务造成的损失的,人民法院依法予以支持;对方请求解除合同的,人民法院不予支持,但是不履行该债务致使不能实现合同目的或者当事人另有约定的除外。

第二十七条 债务人或者第三人与债权人在债务履行期限届满后达成以物抵债协议,不存在影响合同效力情形的,人民法院应当认定该协议自当事人意思表示一致时生效。

债务人或者第三人履行以物抵债协议后,人民法院应当认定相应的原债务同时消灭;债务人或者第三人未按照约定履行以物抵债协议,经催告后在合理期限内仍不履行,债权人选择请求履行原债务或者以物抵债协议的,人民法院应予支持,但是法律另有规定或者当事人另有约定的除外。

前款规定的以物抵债协议经人民法院确认或者人民法院根据当事人达成的以物抵债协议制作成调解书,债权人主张财产权利自确认书、调解书生效时发生变动或者具有对抗善意第三人效力的,人民法院不予支持。

债务人或者第三人以自己不享有所有权或者处分权的财产权利订立以物抵债协议的,依据本解释第十九条的规定处理。

★ 第二十八条 债务人或者第三人与债权人在债务履行期限届满前达成以物抵债协议的,人民法院应当在审理债权债务关系的基础上认定该协议的效力。

当事人约定债务人到期没有清偿债务,债权人可以对抵债财产拍卖、变卖、折价以实现债权的,人民法院应当认定该约定有效。当事人约定债务人到期没有清偿债务,抵债财产归债权人所有的,人民法院应当认定该约定无效,但是不影响其他部分的效力;债权人请求对抵债财产拍卖、变卖、折价以实现债权的,人民法院应予支持。

当事人订立前款规定的以物抵债协议后,债务人或者第三人未将财产权利转移至债权人名下,债权人主张优先受偿的,人民法院不予支持;债务人或者第三人已将财产权利转移至债权人名下的,依据《最高人民法院关于适用〈中华人民共和国民法典〉有关担保制度的解释》第六十八条的规定处理。

第二十九条　民法典第五百二十二条第二款规定的第三人请求债务人向自己履行债务的，人民法院应予支持；请求行使撤销权、解除权等民事权利的，人民法院不予支持，但是法律另有规定的除外。

合同依法被撤销或者被解除，债务人请求债权人返还财产的，人民法院应予支持。

债务人按照约定向第三人履行债务，第三人拒绝受领，债权人请求债务人向自己履行债务的，人民法院应予支持，但是债务人已经采取提存等方式消灭债务的除外。第三人拒绝受领或者受领迟延，债务人请求债权人赔偿因此造成的损失的，人民法院依法予以支持。

第三十条　下列民事主体，人民法院可以认定为民法典第五百二十四条第一款规定的对履行债务具有合法利益的第三人：

（一）保证人或者提供物的担保的第三人；

（二）担保财产的受让人、用益物权人、合法占有人；

（三）担保财产上的后顺位担保权人；

（四）对债务人的财产享有合法权益且该权益将因财产被强制执行而丧失的第三人；

（五）债务人为法人或者非法人组织的，其出资人或者设立人；

（六）债务人为自然人的，其近亲属；

（七）其他对履行债务具有合法利益的第三人。

第三人在其已经代为履行的范围内取得对债务人的债权，但是不得损害债权人的利益。

担保人代为履行债务取得债权后，向其他担保人主张担保权利的，依据《最高人民法院关于适用〈中华人民共和国民法典〉有关担保制度的解释》第十三条、第十四条、第十八条第二款等规定处理。

第三十一条　当事人互负债务，一方以对方没有履行非主要债务为由拒绝履行自己的主要债务的，人民法院不予支持。但是，对方不履行非主要债务致使不能实现合同目的或者当事人另有约定的除外。

当事人一方起诉请求对方履行债务，被告依据民法典第五百二十五条的规定主张双方同时履行的抗辩且抗辩成立，被告未提起反诉，人民法院应当判决被告在原告履行债务的同时履行自己的债务，并在判项中明确原告申请强制执行的，人民法院应当在原告履行自己的债务后对被告采取执行行为；被告提起反诉，人民法院应当判决双方同时履行的债务，并在判项中明确任何一方申请强制执行的，人民法院应当在该当事人履行自己的债务后对对方采取执行行为。

当事人一方起诉请求对方履行债务，被告依据民法典第五百二十六条的规定主张原告应先履行的抗辩且抗辩成立的，人民法院应驳回原告的诉讼请求，但是不影响原告履行债务后另行提起诉讼。

第三十二条　合同成立后，因政策调整或者市场供求关系异常变动等原因导致价格发生当事人在订立合同时无法预见的、不属于商业风险的涨跌，继续履行合同对于当事人一方明显不公平的，人民法院应当认定合同的基础条件发生了民法典第五百三十三条第一款规定的"重大变化"。但是，合同涉及市场属性活跃、长期以来价格波动较大的大宗商品以及股票、期货等风险投资型金融产品的除外。

合同的基础条件发生了民法典第五百三十三条第一款规定的重大变化，当事人请求变更合同的，人民法院不得解除合同；当事人一方请求变更合同，对方请求解除合同的，或者当事人一方请求解除合同，对方请求变更合同的，人民法院应当结合案件的实际情况，根据公平原则判决变更或者解除合同。

人民法院依据民法典第五百三十三条的规定判决变更或者解除合同的，应当综合考虑合同基础条件发生重大变化的时间、当事人重新协商的情况以及因合同变更或者解除给当事人造成的损失等因素，在判项中明确合同变更或者解除的时间。

当事人事先约定排除民法典第五百三十三条适用的，人民法院应当认定该约定无效。

五、合同的保全

第三十三条　债务人不履行其对债权人的到期债务，又不以诉讼或者仲裁方式向相对人主张其享有的债权或者与该债权有关的从权利，致使债权人的到期债权未能实现的，人民法院可以认定为民法典第五百三十五条规定的"债务人怠于行使其债权或者与该债权有关的从权利，影响债权人的到期债权实现"。

第三十四条　下列权利，人民法院可以认定为民法典第五百三十五条第一款规定的专属于债务人自身的权利：

（一）抚养费、赡养费或者扶养费请求权；

（二）人身损害赔偿请求权；

（三）劳动报酬请求权，但是超过债务人及其所扶养家属的生活必需费用的部分除外；

（四）请求支付基本养老保险金、失业保险金、最低生活保障金等保障当事人基本生活的权利；

（五）其他专属于债务人自身的权利。

第三十五条　债权人依据民法典第五百三十五条的规定对债务人的相对人提起代位权诉讼的，由被告住所地人民法院管辖，但是依法应当适用专属管辖规定的除外。

债务人或者相对人以双方之间的债权债务关系订有管辖协议为由提出异议的，人民法院不予支持。

第三十六条　债权人提起代位权诉讼后，债务人或者相对人以双方之间的债权债务关系订有仲裁协议为由对法院主管提出异议的，人民法院不予支持。但是，债务人或者相对人在首次开庭前就债务人与相对人之间的债权债务关系申请仲裁的，人民法院可以依法中止代位权诉讼。

第三十七条 债权人以债务人的相对人为被告向人民法院提起代位权诉讼,未将债务人列为第三人的,人民法院应当追加债务人为第三人。

两个以上债权人以债务人的同一相对人为被告提起代位权诉讼的,人民法院可以合并审理。债务人对相对人享有的债权不足以清偿其对两个以上债权人负担的债务的,人民法院应当按照债权人享有的债权比例确定相对人的履行份额,但是法律另有规定的除外。

第三十八条 债权人向人民法院起诉债务人后,又向同一人民法院对债务人的相对人提起代位权诉讼,属于该人民法院管辖的,可以合并审理。不属于该人民法院管辖的,应当告知其向有管辖权的人民法院另行起诉;在起诉债务人的诉讼终结前,代位权诉讼应当中止。

第三十九条 在代位权诉讼中,<u>债务人对超过债权人代位请求数额的债权部分起诉相对人,属于同一人民法院管辖的,可以合并审理</u>。不属于同一人民法院管辖的,应当告知其向有管辖权的人民法院另行起诉;在代位权诉讼终结前,债务人对相对人的诉讼应当中止。

第四十条 代位权诉讼中,人民法院经审理认为债权人的主张不符合代位权行使条件的,应当驳回诉讼请求,但是不影响债权人根据新的事实再次起诉。

债务人的相对人仅以债权人提起代位权诉讼时债权人与债务人之间的债权债务关系未经生效法律文书确认为由,主张债权人提起的诉讼不符合代位权行使条件的,人民法院不予支持。

第四十一条 <u>债权人提起代位权诉讼后,债务人无正当理由减免相对人的债务或者延长相对人的履行期限,相对人以此向债权人抗辩的,人民法院不予支持</u>。

★★**第四十二条** 对于民法典第五百三十九条规定的"明显不合理"的低价或者高价,人民法院应当按照交易当地一般经营者的判断,并参考交易时交易地的市场交易价或者物价部门指导价予以认定。

转让价格未达到交易时交易地的市场交易价或者指导价百分之七十的,一般可以认定为"明显不合理的低价";受让价格高于交易时交易地的市场交易价或者指导价百分之三十的,一般可以认定为"明显不合理的高价"。

债务人与相对人存在亲属关系、关联关系的,不受前款规定的百分之七十、百分之三十的限制。

第四十三条 <u>债务人以明显不合理的价格,实施互易财产、以物抵债、出租或者承租财产、知识产权许可使用等行为,影响债权人的债权实现,债务人的相对人知道或者应当知道该情形,债权人请求撤销债务人的行为的,人民法院应当依据民法典第五百三十九条的规定予以支持</u>。

第四十四条 债权人依据民法典第五百三十八条、第五百三十九条的规定提起撤销权诉讼的,应当以债务

人和债务人的相对人为共同被告,由债务人或者相对人的住所地人民法院管辖,但是依法应当适用专属管辖规定的除外。

两个以上债权人就债务人的同一行为提起撤销权诉讼的,人民法院可以合并审理。

第四十五条 在债权人撤销权诉讼中,被撤销行为的标的可分,当事人主张在受影响的债权范围内撤销债务人的行为的,人民法院应予支持;被撤销行为的标的不可分,债权人主张将债务人的行为全部撤销的,人民法院应予支持。

债权人行使撤销权所支付的合理的律师代理费、差旅费等费用,可以认定为民法典第五百四十条规定的"必要费用"。

第四十六条 债权人在撤销权诉讼中同时请求债务人的相对人向债务人承担返还财产、折价补偿、履行到期债务等法律后果的,人民法院依法予以支持。

债权人请求受理撤销权诉讼的人民法院一并审理其与债务人之间的债权债务关系,属于该人民法院管辖的,可以合并审理。不属于该人民法院管辖的,应当告知其向有管辖权的人民法院另行起诉。

债权人依据其与债务人的诉讼、撤销权诉讼产生的生效法律文书申请强制执行的,人民法院可以就债务人对相对人享有的权利采取强制执行措施以实现债权人的债权。债权人在撤销权诉讼中,申请对相对人的财产采取保全措施的,人民法院依法予以准许。

[强化自测] 甲因乙未能履行双方订立的加油卡买卖合同,于8月向法院提起诉讼,请求解除买卖合同并由乙返还相关款项。生效判决对甲的诉讼请求予以支持,但未能执行到位。执行中,甲发现乙于6月至7月间向其母亲丙转账87万余元,遂提起债权人撤销权诉讼,请求撤销乙无偿转让财产的行为并同时主张丙向乙返还相关款项。关于本案,下列说法正确的是:①

A. 甲在法定期限内提起撤销权诉讼,符合法律规定

B. 甲仅得主张撤销乙向丙的转账行为,不得主张丙向乙返还财产

C. 乙的行为被撤销后,丙丧失占有案涉款项的合法依据

D. 乙的行为被撤销后,丙负有返还义务

六、合同的变更和转让

第四十七条 债权转让后,债务人向受让人主张其对让与人的抗辩的,人民法院可以追加让与人为第三人。

---

① 答案:ACD。

债务转移后，新债务人主张原债务人对债权人的抗辩的，人民法院可以追加原债务人为第三人。

当事人一方将合同权利义务一并转让后，对方就合同权利义务向受让人主张抗辩或者受让人就合同权利义务向对方主张抗辩的，人民法院可以追加让与人为第三人。

第四十八条 债务人在接到债权转让通知前已经向让与人履行，受让人请求债务人履行的，人民法院不予支持；债务人接到债权转让通知后仍然向让与人履行，受让人请求债务人履行的，人民法院应予支持。

让与人未通知债务人，受让人直接起诉债务人请求履行债务，人民法院经审理确认债权转让事实的，应当认定债权转让自起诉状副本送达时对债务人发生效力。债务人主张因未通知而给其增加的费用或者造成的损失从认定的债权数额中扣除的，人民法院依法予以支持。

第四十九条 债务人接到债权转让通知后，让与人以债权转让合同不成立、无效、被撤销或者确定不发生效力为由请求债务人向其履行的，人民法院不予支持。但是，该债权转让通知被依法撤销的除外。

受让人基于债务人对债权真实存在的确认受让债权后，债务人又以该债权不存在为由拒绝向受让人履行的，人民法院不予支持。但是，受让人知道或者应当知道该债权不存在的除外。

★ **第五十条** 让与人将同一债权转让给两个以上受让人，债务人以已经向最先通知的受让人履行为由主张其不再履行债务的，人民法院应予支持。债务人明知接受履行的受让人不是最先通知的受让人，最先通知的受让人请求债务人继续履行债务或者依据债权转让协议请求让与人承担违约责任的，人民法院应予支持；最先通知的受让人请求接受履行的受让人返还其接受的财产的，人民法院不予支持，但是接受履行的受让人明知该债权在其受让前已经转让给其他受让人的除外。

前款所称最先通知的受让人，是指最先到达债务人的转让通知中载明的受让人。当事人之间对通知到达时间有争议的，人民法院应当结合通知的方式等因素综合判断，而不能仅根据债务人认可的通知时间或者通知记载的时间予以认定。当事人采用邮寄、通讯电子系统等方式发出通知的，人民法院应当以邮戳时间或者通讯电子系统记载的时间等作为认定通知到达时间的依据。

第五十一条 第三人加入债务并与债务人约定了追偿权，其履行债务后主张向债务人追偿的，人民法院应予支持；没有约定追偿权，第三人依照民法典关于不当得利等的规定，在其已经向债权人履行债务的范围内请求债务人向其履行的，人民法院应予支持，但是第三人知道或者应当知道加入债务会损害债务人利益的除外。

债务人就其对债权人享有的抗辩向加入债务的第三人主张的，人民法院应予支持。

七、合同的权利义务终止

第五十二条 当事人就解除合同协商一致时未对合同解除后的违约责任、结算和清理等问题作出处理，一方主张合同已经解除的，人民法院应予支持。但是，当事人另有约定的除外。

有下列情形之一的，除当事人一方另有意思表示外，人民法院可以认定合同解除：

（一）当事人一方主张行使法律规定或者合同约定的解除权，经审理认为不符合解除权行使条件但是对方同意解除；

（二）双方当事人均不符合解除权行使的条件但是均主张解除合同。

前两款情形下的违约责任、结算和清理等问题，人民法院应当依据民法典第五百六十六条、第五百六十七条和有关违约责任的规定处理。

第五十三条 当事人一方以通知方式解除合同，并以对方未在约定的异议期限或者其他合理期限内提出异议为由主张合同已经解除的，人民法院应当对其是否享有法律规定或者合同约定的解除权进行审查。经审查，享有解除权的，合同自通知到达对方时解除；不享有解除权的，不发生合同解除的效力。

第五十四条 当事人一方未通知对方，直接以提起诉讼的方式主张解除合同，撤诉后再次起诉主张解除合同，人民法院经审理支持该主张的，合同自再次起诉的起诉状副本送达对方时解除。但是，当事人一方撤诉后又通知对方解除合同且该通知已经到达对方的除外。

第五十五条 当事人一方依据民法典第五百六十八条的规定主张抵销，人民法院经审理认为抵销权成立的，应当认定通知到达对方时双方互负的主债务、利息、违约金或者损害赔偿金等债务在同等数额内消灭。

第五十六条 行使抵销权的一方负担的数项债务种类相同，但是享有的债权不足以抵销全部债务，当事人因抵销的顺序发生争议的，人民法院可以参照民法典第五百六十条的规定处理。

行使抵销权的一方享有的债权不足以抵销其负担的包括主债务、利息、实现债权的有关费用在内的全部债务，当事人因抵销的顺序发生争议的，人民法院可以参照民法典第五百六十一条的规定处理。

★ **第五十七条** 因侵害自然人人身权益，或者故意、重大过失侵害他人财产权益产生的损害赔偿债务，侵权人主张抵销的，人民法院不予支持。

第五十八条 当事人互负债务，一方以其诉讼时效期间已经届满的债权通知对方主张抵销，对方提出诉讼时效抗辩的，人民法院对该抗辩应予支持。一方的债权诉讼时效期间已经届满，对方主张抵销的，人民法院应予支持。

八、违约责任

第五十九条 当事人一方依据民法典第五百八十条第二款的规定请求终止合同权利义务关系的，人民法院一般应当以起诉状副本送达对方的时间作为合同权利义务关系终止的时间。根据案件的具体情况，以其他时间作为合同权利义务关系终止的时间更加符合公平原则和诚信原则的，人民法院可以以该时间作为合同权利义务关系终止的时间，但是应当在裁判文书中充分说明理由。

★ **第六十条** 人民法院依据民法典第五百八十四条的规定确定合同履行后可以获得的利益时，可以在扣除非违约方为订立、履行合同支出的费用等合理成本后，按照非违约方能够获得的生产利润、经营利润或者转售利润等计算。

非违约方依法行使合同解除权并实施了替代交易，主张按照替代交易价格与合同价格的差额确定合同履行后可以获得的利益的，人民法院依法予以支持；替代交易价格明显偏离替代交易发生时当地的市场价格，违约方主张按照市场价格与合同价格的差额确定合同履行后可以获得的利益的，人民法院应予支持。

非违约方依法行使合同解除权但是未实施替代交易，主张按照违约行为发生后合理期间内合同履行地的市场价格与合同价格的差额确定合同履行后可以获得的利益的，人民法院应予支持。

第六十一条 在以持续履行的债务为内容的定期合同中，一方不履行支付价款、租金等金钱债务，对方请求解除合同，人民法院经审理认为合同应当依法解除的，可以根据当事人的主张，参考合同主体、交易类型、市场价格变化、剩余履行期限等因素确定非违约方寻找替代交易的合理期限，并按照该期限对应的价款、租金等扣除非违约方应当支付的相应履约成本确定合同履行后可以获得的利益。

非违约方主张按照合同解除后剩余履行期限相应的价款、租金等扣除履约成本确定合同履行后可以获得的利益的，人民法院不予支持。但是，剩余履行期限少于寻找替代交易的合理期限的除外。

第六十二条 非违约方在合同履行后可以获得的利益难以根据本解释第六十条、第六十一条的规定予以确定的，人民法院可以综合考虑违约方因违约获得的利益、违约方的过错程度、其他违约情节等因素，遵循公平原则和诚信原则确定。

第六十三条 在认定民法典第五百八十四条规定的"违约一方订立合同时预见到或者应当预见到的因违约可能造成的损失"时，人民法院应当根据当事人订立合同的目的，综合考虑合同主体、合同内容、交易类型、交易习惯、磋商过程等因素，按照违约方处于相同或者类似情况的民事主体在订立合同时预见到或者应当预见到的损失予以确定。

除合同履行后可以获得的利益外，非违约方主张还有其向第三人承担违约责任应当支出的额外费用等其他因违约所造成的损失，并请求违约方赔偿，经审理认为该损失系违约一方订立合同时预见到或者应当预见到的，人民法院应予支持。

在确定违约损失赔偿额时，违约方主张扣除非违约方未采取适当措施导致的扩大损失、非违约方也有过错造成的相应损失、非违约方因违约获得的额外利益或者减少的必要支出的，人民法院依法予以支持。

> [强化自测] 2018年7月21日，甲与乙公司签订《资产管理服务合同》，约定：甲委托乙公司管理运营涉案房屋，用于居住；管理期限自2018年7月24日起至2021年10月16日止。合同签订后，甲依约向乙公司交付了房屋。乙公司向甲支付了服务质量保证金，以及至2020年10月16日的租金。后乙公司与甲协商合同解除事宜，但未能达成一致，乙公司向甲邮寄解约通知函及该公司单方签章的结算协议，通知甲该公司决定于2020年11月3日解除《资产管理服务合同》。甲对乙公司的单方解除行为不予认可，一直拒绝接收房屋，造成涉案房屋的长期空置。2020年12月29日，乙公司向甲签约时留存并认可的手机号码发送解约完成通知及房屋密码锁的密码。2021年10月8日，法院判决终止双方之间的合同权利义务关系。关于本案，下列说法正确的是：①
>
> A. 2020年11月3日《资产管理服务合同》解除
> B. 2020年12月29日《资产管理服务合同》解除
> C. 合同终止前，乙公司应当依约向甲支付租金
> D. 甲拒绝接收房屋，应当对其扩大损失的行为承担相应责任

第六十四条 当事人一方通过反诉或者抗辩的方式，请求调整违约金的，人民法院依法予以支持。

违约方主张约定的违约金过分高于违约造成的损失，请求予以适当减少的，应当承担举证责任。非违约方主张约定的违约金合理的，也应当提供相应的证据。

当事人仅以合同约定不得对违约金进行调整为由主张不予调整违约金的，人民法院不予支持。

★★ **第六十五条** 当事人主张约定的违约金过分高于违约造成的损失，请求予以适当减少的，人民法院应当以民法典第五百八十四条规定的损失为基础，兼顾合同主体、交易类型、合同的履行情况、当事人的过错程度、履约背景等因素，遵循公平原则和诚信原则进行衡量，并作出裁判。

约定的违约金超过造成损失的百分之三十的，人民

---

① 答案：CD。

法院一般可以认定为过分高于造成的损失。

恶意违约的当事人一方请求减少违约金的，人民法院一般不予支持。

第六十六条 当事人一方请求对方支付违约金，对方以合同不成立、无效、被撤销、确定不发生效力、不构成违约或者非违约方不存在损失等为由抗辩，未主张调整过高的违约金的，人民法院应当就若不支持该抗辩，当事人是否请求调整违约金进行释明。第一审人民法院认为抗辩成立且未予释明，第二审人民法院认为应当判决支付违约金的，可以直接释明，并根据当事人的请求，在当事人就是否应当调整违约金充分举证、质证、辩论后，依法判决适当减少违约金。

被告因客观原因在第一审程序中未到庭参加诉讼，但是在第二审程序中到庭参加诉讼并请求减少违约金的，第二审人民法院可以在当事人就是否应当调整违约金充分举证、质证、辩论后，依法判决适当减少违约金。

第六十七条 当事人交付留置金、担保金、保证金、订约金、押金或者订金等，但是没有约定定金性质，一方主张适用民法典第五百八十七条规定的定金罚则的，人民法院不予支持。当事人约定了定金性质，但是未约定定金类型或者约定不明，一方主张为违约定金的，人民法院应予支持。

当事人约定以交付定金作为订立合同的担保，一方拒绝订立合同或者在磋商订立合同时违背诚信原则导致未能订立合同，对方主张适用民法典第五百八十七条规定的定金罚则的，人民法院应予支持。

当事人约定以交付定金作为合同成立或者生效条件，应当交付定金的一方未交付定金，但是合同主要义务已经履行完毕并为对方所接受的，人民法院应当认定合同在对方接受履行时已经成立或者生效。

当事人约定定金性质为解约定金，交付定金的一方主张以丧失定金为代价解除合同的，或者收受定金的一方主张以双倍返还定金为代价解除合同的，人民法院应予支持。

第六十八条 双方当事人均具有致使不能实现合同目的的违约行为，其中一方请求适用定金罚则的，人民法院不予支持。当事人一方仅有轻微违约，对方具有致使不能实现合同目的的违约行为，轻微违约方主张适用定金罚则，对方以轻微违约方也构成违约为由抗辩的，人民法院对该抗辩不予支持。

当事人一方已经部分履行合同，对方接受并主张按照未履行部分所占比例适用定金罚则的，人民法院应予支持。对方主张按照合同整体适用定金罚则的，人民法院不予支持，但是部分未履行致使不能实现合同目的的除外。

因不可抗力致使合同不能履行，非违约方主张适用定金罚则的，人民法院不予支持。

九、附　　则

第六十九条 本解释自 2023 年 12 月 5 日起施行。

民法典施行后的法律事实引起的民事案件，本解释施行后尚未终审的，适用本解释；本解释施行前已经终审，当事人申请再审或者按照审判监督程序决定再审的，不适用本解释。

民事诉讼法与仲裁制度

一、大纲对照

◎ 考点变化

章名	章标题	内容变化		
第 1 编 导论				
第 1 章	民事诉讼与民事诉讼法	无实质变化		
第 2 章	民事诉讼法的基本原则与基本制度	无实质变化		
第 3 章	诉	无实质变化		
第 2 编 诉讼制度				
第 4 章	主管与管辖	新增	共同管辖的管辖法院的确定（第四节）①	
第 5 章	当事人	无实质变化		
第 6 章	诉讼代理人	无实质变化		
第 7 章	民事证据	无实质变化		
第 8 章	民事诉讼中的证明	无实质变化		
第 9 章	人民法院调解	无实质变化		
第 10 章	民事诉讼保障制度	无实质变化		
第 3 编 诉讼程序				
第 11 章	普通程序	无实质变化		
第 12 章	简易程序	无实质变化		
第 13 章	第二审程序	修订	2023 年大纲 第三节 上诉的撤回（撤回上诉的条件　撤回上诉的法律效果）	2024 年大纲 第三节 上诉的撤回与起诉的撤回（二审撤回上诉与撤回起诉的条件　二审撤回上诉与撤回起诉的法律效果）
第 14 章	审判监督程序	无实质变化		
第 15 章	公益诉讼与第三人撤销之诉	无实质变化		
第 16 章	民事裁判	无实质变化		

---

① 增加了考点表述，但具体内容没有变动。

续表

章名	章标题	内容变化	
第17章	涉外民事诉讼程序	新增	1. 涉外民事诉讼管辖权的冲突及其解决（排他性管辖协议　先受理法院规则　不方便法院原则）（第二节） 2. 涉外民事诉讼中的调查取证（第三节） 3. 特殊司法协助（第四节）
		修订	1. 涉外民事诉讼程序的一般原则 2. 涉外民事诉讼管辖的原则 3. 涉外民事诉讼中的送达 4. 我国法院判决、裁定以及仲裁裁决在国外的承认和执行 5. 外国法院判决、裁定以及仲裁裁决在我国的承认和执行
		2023年大纲	2024年大纲
		第一节 涉外民事诉讼程序	第一节 涉外民事诉讼程序的概念和特征
		第二节 涉外民事诉讼管辖的种类（牵连管辖　专属管辖）	第二节 涉外民事诉讼管辖
		第四节 一般司法协助（基本途径　域外调查取证）	第四节 一般司法协助（条件　内容）

第4编　非讼程序与执行程序

章名	章标题	内容变化	
第18章	特别程序	新增	第五节　指定遗产管理人案件的审理 指定遗产管理人案件的申请（申请条件　管辖法院）　审理与判决　遗产管理人的变更
第19章	督促程序	无实质变化	
第20章	公示催告程序	无实质变化	
第21章	执行程序	新增	1. 责令执行与变更执行（第一节） 2. 执行竞合（第一节） 3. 保全执行（第三节） 4. 终结本次执行（第五节）
		2023年大纲	2024年大纲
		修订	第一节 委托执行	第一节 委托执行与协助执行
		第三节 执行回转	第四节 执行回转

第5编　仲裁制度

章名	章标题	内容变化
第22章	仲裁与仲裁法概述	无实质变化
第23章	仲裁委员会和仲裁协会	无实质变化

续表

章名	章标题	内容变化
第24章	仲裁协议	无实质变化
第25章	仲裁程序	无实质变化
第26章	申请撤销仲裁裁决	无实质变化
第27章	仲裁裁决的执行与不予执行	无实质变化
第28章	涉外仲裁	无实质变化

◎ 考点详解

▶▶▶ 新增考点1　涉外民事诉讼管辖权的冲突及其解决

涉外民事诉讼管辖权冲突		涉外民事诉讼管辖权冲突是指在涉外民事诉讼中，与涉外民事案件相关联的所有国家都主张管辖权或都拒绝管辖的情况，前者为管辖权的积极冲突，后者为管辖权的消极冲突。根据《民事诉讼法》规定，当事人之间的同一纠纷，一方当事人向外国法院起诉，另一方当事人向人民法院起诉，或者一方当事人既向外国法院起诉，又向人民法院起诉，人民法院有管辖权的，可以受理。
解决平行诉讼的一般原则	排他性管辖协议	通过当事人合意选择法院而使管辖特定于某一国法院，不仅能够避免管辖冲突，也可以使当事人在一定程度上预见判决的结果，从而确保判决的执行。
	先受理法院规则	先受理法院规则是指对于外国法院已经受理的相同当事人基于相同事实和相同目的的诉讼，后受理法院承认外国法院正在进行的诉讼的效力而拒绝或中止本国诉讼的制度。《民事诉讼法》将先受理法院规则作为解决平行诉讼的途径之一。 根据《民事诉讼法》规定，当事人之间的同一纠纷，一方当事人向外国法院起诉，另一方当事人向人民法院起诉，或者一方当事人既向外国法院起诉，又向人民法院起诉，人民法院依照《民事诉讼法》有管辖权的，可以受理。人民法院依前述规定受理案件后，当事人以外国法院已经先于人民法院受理为由，书面申请人民法院中止诉讼的，人民法院可以裁定中止诉讼，但是存在下列情形之一的除外： (1) 当事人协议选择人民法院管辖，或者纠纷属于人民法院专属管辖； (2) 由人民法院审理明显更为方便。 外国法院未采取必要措施审理案件，或者未在合理期限内审结的，依当事人的书面申请，人民法院应当恢复诉讼。外国法院作出的发生法律效力的判决、裁定，已经被人民法院全部或者部分承认，当事人对已经获得承认的部分又向人民法院起诉的，裁定不予受理；已经受理的，裁定驳回起诉。
	不方便法院原则	不方便法院原则是指一国法院依据内国法或有关国际条约，对某一涉外民事案件享有管辖权，但因其本身审理该案非常不方便或不公平，而拒绝行使管辖权，让当事人到另一个更为方便的法院进行诉讼的制度。《民事诉讼法》规定了我国法院行使不方便管辖的程序条件和实质条件。 程序条件为被告须提出管辖权异议。 实质条件共五项，必须同时具备： (1) 案件争议的基本事实不是发生在中华人民共和国领域内，人民法院审理案件和当事人参加诉讼均明显不方便； (2) 当事人之间不存在选择人民法院管辖的协议；

解决平行诉讼的一般原则	不方便法院原则	（3）案件不属于人民法院专属管辖； （4）案件不涉及中华人民共和国主权、安全或者社会公共利益； （5）外国法院审理案件更为方便。 同时满足上述条件的，我国法院可以裁定驳回起诉，告知原告向更为方便的外国法院提起诉讼。 我国法院裁定驳回起诉后，外国法院对纠纷拒绝行使管辖权，或者未采取必要措施审理案件，或者未在合理期限内审结，当事人又向人民法院起诉的，人民法院应当受理。

[强化自测]《民事诉讼法》规定了我国法院行使不方便管辖的程序条件和实质条件。下列关于实质条件的说法正确的是：①
A. 当事人之间存在选择人民法院管辖的协议
B. 案件不属于人民法院专属管辖
C. 案件不涉及中华人民共和国主权、安全或者社会公共利益
D. 外国法院审理案件更为方便

新增考点2 涉外民事诉讼中的调查取证

《民事诉讼法》规定，当事人申请人民法院调查收集的证据位于中华人民共和国领域外，人民法院可以依照证据所在国与中华人民共和国缔结或者共同参加的国际条约中规定的方式，或者通过外交途径调查收集。在所在国法律不禁止的情况下，人民法院可以采用下列方式调查收集：

（1）对具有中华人民共和国国籍的当事人、证人，可以委托中华人民共和国驻当事人、证人所在国的使领馆代为取证；
（2）经双方当事人同意，通过即时通讯工具取证；
（3）以双方当事人同意的其他方式取证。

由此可见，我国法律所规定的法院之间的域外取证途径主要包括：条约途径、外交途径、使领馆途径、当事人同意的途径。

条约途径	1.《海牙取证公约》。我国目前加入的影响较大的普遍性公约有《海牙取证公约》，其对协助请求的提出、中央机关的确定、请求的执行和通知、请求的拒绝等相关程序、机制、文件要求等都作了明确的规定。 2. 双边司法协助条约。目前中国已经与近一百个国家签订了双边民商事司法协助条约。当双边司法协助条约与《海牙取证公约》不一致时，双边司法协助公约优先适用。
外交途径	如果中华人民共和国与证据所在国并未就调查取证的相关事项缔结双边条约，也未共同参加相关的国际条约，则两国之间就涉外民事案件的调查取证问题可以通过外交途径解决。
使领馆途径	对具有中华人民共和国国籍的当事人、证人，可以委托中华人民共和国驻当事人、证人所在国的使领馆代为取证。
当事人同意的途径	1. 经双方当事人同意，通过即时通讯工具取证。 2. 以双方当事人同意的其他方式取证。

[强化自测] 我国法律所规定的法院之间的域外取证途径主要包括：②
A. 条约途径   B. 外交途径
C. 使领馆途径   D. 国务院途径

---

① 答案：BCD。
② 答案：ABC。

▶▶▶ 新增考点3 特殊司法协助

特殊司法协助，是指根据我国缔结或者参加的国际条约，或者根据互惠原则，我国法院和外国法院之间互相接受对方法院的委托，承认并执行对方法院判决、裁定和仲裁机构的仲裁裁决。

特殊司法协助包括承认和执行两个方面。承认是指被请求法院对原审法院判决所确定的权利和义务赋予法律效力；执行是将外国法院判决、裁定的内容在本国境内按照民事诉讼法规定的执行程序付诸实现。

承认外国法院判决是执行外国法院判决的前提条件，任何被执行的外国法院判决，都必须先由执行国法院承认其效力。但是并非所有外国法院判决都有执行的问题。一般而言，对于外国法院的确认判决和变更判决通常仅需要承认，不需要执行；而对给付判决则不仅需要承认，还需要执行。例如，离婚、解除收养关系、变更监护关系的判决，只要为本国法律所承认即可。

对于一个主权国家而言，外国法院判决的承认和执行包括两种情形，一是外国法院作出的跨国民事判决在内国的承认和执行，二是内国法院的跨国民事判决在外国的承认与执行。从执行国法院的角度来看，被请求承认和执行的实际上都是外国法院的判决。广义来说，特殊司法协助还包括对仲裁裁决的承认和执行。

▶▶▶ 新增考点4 指定遗产管理人案件的审理

申请指定遗产管理人案件的条件及管辖法院	1. 必须由利害关系人或有关组织向人民法院申请。利害关系人，是指被继承人的继承人、受遗赠人以及债权人。 2. 申请的事由为申请人对遗产管理人的确定有争议。 3. 申请指定遗产管理人案件的管辖法院为被继承人死亡时住所地或者主要遗产所在地基层人民法院。 4. 指定遗产管理人案件申请书应当写明被继承人死亡的时间、申请事由和具体请求，并附有被继承人死亡的相关证据。
审理与判决	人民法院受理申请后，应当审查核实，并按照有利于遗产管理的原则，判决指定遗产管理人。
遗产管理人的变更	1. 被指定的遗产管理人死亡、终止、丧失民事行为能力或者存在其他无法继续履行遗产管理职责情形的，人民法院可以根据利害关系人或者本人的申请另行指定遗产管理人。 2. 遗产管理人违反遗产管理职责，严重侵害继承人、受遗赠人或者债权人合法权益的，人民法院可以根据利害关系人的申请，撤销其遗产管理人资格，并依法指定新的遗产管理人。

[强化自测] 下列关于指定遗产管理人案件的说法正确的有：①
A. 实行一审终审
B. 由审判员一人独任审理
C. 应当在立案之日起30日内或者公告期满后30日内审结，有特殊情况需要延长的，由本院院长批准
D. 人民法院受理申请后，应当审查核实，并按照有利于遗产管理的原则，判决指定遗产管理人

▶▶▶ 新增考点5 责令执行与变更执行

所谓责令执行，是指执行法院在收到申请执行书起一段时间后仍未执行的，上一级人民法院根据程序可以责令执行法院予以执行的一种措施。

所谓变更执行，是指执行法院在收到申请执行书一段时间后仍未执行的，上一级人民法院可以根据具体情况，决定变更执行法院改为由本院执行或指令其他人民法院执行的一种措施。

根据《民事诉讼法》第237条的规定，人民法院自收到申请执行书之日起超过6个月未执行的，申请执行人可以向上一级人民法院申请执行。上一级人民法院经审查，可以责令原人民法院在一定期限内执行，也可以决定由本院执行或者指令其他人民法院执行。

---

① 答案：ABCD。

新增考点6　执行竞合

执行竞合，是指在民事执行程序中，两个或两个以上债权人根据不同的执行根据，针对同一债务人的特定财产申请法院强制执行，从而产生的各债权人请求之间的相互排斥、权利难以得到同时满足的状态。

执行竞合的具体类型包括终局执行之间的竞合、保全执行之间的竞合、终局执行和保全执行之间的竞合。

执行竞合应当具备以下条件：（1）有两个或两个以上权利人存在。（2）有两个或者两个以上独立的执行根据。（3）数个执行根据的执行发生在同一时期内。（4）被执行人的财产能够清偿全部债务。（5）执行对象是同一债权人的同一特定财产，并且该财产不能同时满足所有的执行根据。

根据具体类型不同，执行竞合有以下不同处理方式。

第一，针对终局执行之间的竞合。（1）多个执行根据指定的交付物同一。执行中发现两地法院或人民法院与仲裁机构就同一法律关系作出不同裁判内容的法律文书的，各有关法院应当立即停止执行，报请共同的上级法院处理。（2）多份生效法律文书确定金钱给付内容的多个债权人分别对同一被执行人申请执行，各债权人对执行标的物均无担保物权的，按照执行法院采取执行措施的先后顺序受偿。（3）债权种类不同的执行竞合。多个债权人的债权种类不同的，基于所有权和担保物权而享有的债权，优先于金钱债权受偿。有多个担保物权的，按照各担保物权成立的先后顺序清偿。

第二，针对保全执行之间的竞合。（1）不同保全措施之间的竞合。如果各债权均为无担保债权，则按照采取保全措施的先后顺序，在先的保全措施有优先受偿的权利。（2）同种保全措施之间的竞合。如果先采取的保全措施与后采取的保全措施相抵触，后采取的保全措施无效。

第三，针对终局执行与保全执行的竞合。（1）保全执行在前，终局执行在后。人民法院在执行中已对被执行人的财产进行查封、冻结的，其他人民法院不得重复查封、冻结。保全债权人在取得终局执行根据以后，可以直接向法院申请将保全执行程序变为终局执行程序。（2）终局执行在前，保全执行在后。在终局执行过程中，如果执行法院对被执行人的财产并没有取得实际控制，或者执行法院虽然已经对被执行人的财产取得实际控制，但在程序上存在瑕疵时，终局执行不能对抗保全执行。

[强化自测] 执行竞合应当具备的条件有：①
A. 有两个或两个以上权利人存在
B. 有两个或者两个以上独立的执行根据
C. 数个执行根据的执行发生在同一时期内
D. 被执行人的财产能够清偿全部债务

新增考点7　保全执行

保全执行，是指为了保证将来能够得到顺利执行而固定债务人现有财产关系或事实状态的一种执行措施。

保全执行申请既可以向作出保全裁定的人民法院提出，并由该人民法院执行，也可以向被保全财产所在地或者被保全行为地人民法院申请执行。

执行机构在保全执行中，不得对保全标的物采取变价、划拨等处分措施。保全标的物具有下列情形之一的，人民法院可以责令当事人及时处理，由人民法院保全价款，必要时，人民法院可予以变卖，保全价款：（1）季节性、鲜活、易腐烂变质以及其他不宜长期保存；（2）不及时变价会导致价值严重贬损；（3）保管困难或者保管费用过高。

人民法院依据保全裁定采取的查封等措施，进入终局执行之后，自动转为终局执行的执行措施。终局执行的执行措施依据确定的履行期限届满、所附条件成就之日起30日内，债权人未申请执行的，作出保全裁定的人民法院可以根据被保全人的申请，裁定解除保全。

保全中的担保，是指第三人向人民法院提供财产担保、保证或者以责任保险合同等方式提供担保，人民法院据此变更保全内容或解除保全的，进入终局执行后，人民法院可以裁定直接执行担保财产、第三人在保证范围内的财产或者由保险人赔偿被保全人遭受的损失。

---

① 答案：ABCD。

[强化自测] 下列哪些属于保全执行的特点？①
A. 暂时性　　　　　　　　　　　　B. 公开性
C. 紧急性或及时性　　　　　　　　D. 附属性

新增考点8　终结本次执行

终结本次执行，是指已经开始执行的案件，经过调查没有发现可供执行的财产时，在申请人签字或执行法院组成合议庭审查核实并经院长批准后，裁定终结本次执行程序的制度。

根据最高人民法院《关于严格规范终结本次执行程序的规定（试行）》第1条的规定，终结本次执行应同时符合以下条件：（1）已向被执行人发出执行通知、责令被执行人报告财产。（2）已向被执行人发出限制消费令，并将符合条件的被执行人纳入失信被执行人名单。（3）已穷尽财产调查措施，未发现被执行人有可供执行的财产或者发现的财产不能处置。（4）自执行案件立案之日起已超过3个月。（5）被执行人下落不明的，已依法予以查找；被执行人或者其他人妨害执行的，已依法采取罚款、拘留等强制措施，构成犯罪的，已依法启动刑事责任追究程序。

修订考点1　上诉的撤回与起诉的撤回

二审中上诉的撤回	1. 申请撤回上诉必须具备以下条件： （1）申请撤回上诉的主体只限于提起上诉的上诉人、上诉人的法定代理人，被上诉人无权申请撤回上诉； （2）撤回上诉的申请必须在第二审判决宣告前提出； （3）撤回上诉必须取得第二审人民法院的同意。 2. 二审法院裁定准许或者不准许撤回上诉，可以用书面形式，也可以用口头形式。审判实践中，准许撤回上诉的一般用书面裁定，而不准许撤回上诉的则大多采用口头裁定。二审法院裁定上诉人不准许撤回上诉的，诉讼继续进行；裁定准许撤回上诉的，二审程序即告终结，同时一审法院的裁判发生法律效力。 3. 法院裁定准许撤回上诉后，将会产生以下法律效果： （1）在对方当事人未上诉的情况下，二审程序终结； （2）在对方当事人未提起上诉的情况下，第一审裁判发生法律效力； （3）撤回上诉的当事人承担第二审的上诉费用，减半收取。
二审中起诉的撤回	根据《最高人民法院关于适用〈中华人民共和国民事诉讼法〉的解释》第336条的规定，二审撤回起诉需要符合以下条件： （1）原审原告提出申请。撤诉是当事人行使处分权的表现，二审中撤回起诉需要由提起诉讼的原审原告提出，其他人无权申请撤回起诉。 （2）其他当事人同意。撤回起诉不仅涉及原审原告权利行使的问题，也关涉诉讼中其他当事人的程序利益和实体利益，特别是其他当事人因诉讼已花费大量的人力、物力和精力，原审原告二审中撤回起诉，必然导致已进行的诉讼活动都没有实际意义。因此，从利益平衡的角度来看，原审原告撤回起诉需要经其他当事人同意方为妥当，司法解释为此也作了明确的规定。 （3）须经人民法院同意。撤回起诉会影响到法院对案件的审理，在尊重当事人行使处分权的同时，人民法院对当事人行诉讼权利有审查和监督的权力，原审原告在二审程序中撤回起诉必须经人民法院同意。如果原审原告申请撤回起诉，经其他当事人同意，且不损害国家利益、社会公共利益、他人合法权益的，人民法院也可以允许原审原告撤回起诉。

---

① 答案：ACD。

[真题演练] 张某诉新立公司买卖合同纠纷案，新立公司不服一审判决提起上诉。二审中，新立公司与张某达成协议，双方同意撤回起诉和上诉。关于本案，下列哪一选项是正确的？[17/3/45]①
A. 起诉应在一审中撤回，二审中撤回起诉的，法院不应准许
B. 因双方达成合意撤回起诉和上诉的，法院可准许张某二审中撤回起诉
C. 二审法院应裁定撤销一审判决并发回重审，一审法院重审时准许张某撤回起诉
D. 二审法院可裁定新立公司撤回上诉，而不许张某撤回起诉

修订考点 2　涉外民事诉讼程序的概念和特征

概念	涉外民事诉讼程序，是指人民法院受理、审判、执行具有涉外因素的民事案件所适用的程序。根据《民事诉讼法》及其司法解释的规定，具有下列情形之一的，法院可以认定为涉外民事案件： (1) 当事人一方或者双方是外国人、无国籍人、外国企业或者组织的； (2) 当事人一方或者双方的经常居所地在中华人民共和国领域外的； (3) 标的物在中华人民共和国领域外的； (4) 产生、变更或者消灭民事关系的法律事实发生在中华人民共和国领域外的； (5) 可以认定为涉外民事案件的其他情形。
特征	与一般民事诉讼程序相比，涉外民事诉讼程序具有以下特点： (1) 法律适用的基本原则特别性。涉外民事诉讼除了要考虑国内民事诉讼法的基本原则外，还要考虑诸如国家主权原则、国民待遇原则、平等互惠原则、尊重国际条约原则等涉外民事诉讼的基本原则。 (2) 涉外民事诉讼与国内民事诉讼有不同的法律问题。一国法院在审理涉外民商事案件时，通常要适用国内法中关于审理民商事案件的一般诉讼程序，但涉外民商事案件涉及的某些具体问题在国内民事诉讼无须考虑。 (3) 涉外民事诉讼在具体制度上与国内民事诉讼有所不同。由于涉外民事诉讼涉及涉外因素，在诉讼文书的送达、当事人的传唤等程序上，所花费的时间相对于国内民事诉讼而言更长，所需要采取的方式也更为特殊。因此，在期间、送达等方面均存在一些特殊规定。 (4) 涉外民事诉讼的程序问题经常需要考虑法律适用问题。

我国现行《民事诉讼法》第四编对涉外民事诉讼程序作了特别规定，但涉外民事诉讼程序并不是与审判程序和执行程序一样的完全独立的程序。第四编与《民事诉讼法》其他各编是特别规定与一般规定的关系，第四编有特别规定的，适用特别规定，没有特别规定的，适用其他各编的规定。

修订考点 3　涉外民事诉讼程序的一般原则之司法豁免原则

外交特权与豁免	外交特权与豁免，是指为了便于外交代表或者具有特殊身份的外交官员有效地执行职务，各国根据其缔结或者参加的国际条约、国际惯例，或者根据平等互惠的原则，给予驻在本国的外交代表和以外交官员身份来本国执行职务的人员以特别权利和优惠待遇。 民事司法豁免权，是指外交代表和有特殊身份的外交官员的民事行为及其财产免受驻在国法院管辖的权利。民事司法豁免权包括管辖豁免、民事诉讼程序豁免和执行豁免。 凡依照我国有关法律和我国缔结或者参加的国际条约的规定，享有司法豁免权的外交代表，我国法院不受理对其提起的民事诉讼。但是，下列情形除外：

---
① 答案：B。

续表

外交特权与豁免	（1）外交代表的派遣国政府明示放弃管辖豁免的（但不包括放弃对判决的执行，如果要放弃对判决的执行必须另行作出明确表示）； （2）享有司法豁免的外交代表主动提起诉讼，对与本诉直接有关的反诉不享有豁免权； （3）外交代表以私人身份进行遗产继承诉讼的； （4）外交代表在我国境内从事公务范围以外的职业或者商业活动的诉讼的。
外国国家及其财产豁免	外国国家及其财产豁免制度，也称主权豁免制度，是指一国对涉及外国国家及其财产的民事案件，基于一定原则所确定的本国法院不予管辖或者在特定情形下予以管辖的专门制度安排。《民事诉讼法》规定，涉及外国国家的民事诉讼，适用中华人民共和国有关外国国家豁免的法律规定；有关法律没有规定的，适用《民事诉讼法》。 我国《外国国家豁免法》于2024年1月1日起施行，明确了我国的外国国家豁免政策由绝对豁免转向限制豁免，明确外国国家在我国法院享有管辖豁免、其财产享有司法强制措施豁免的原则，同时规定了外国国家及其财产不享有豁免的一些例外情形。《民事诉讼法》与《外国国家豁免法》在适用上是一般法与特别法的关系：《民事诉讼法》是规范民事诉讼制度的基本法律，是民事诉讼领域的"一般法"，它对民事案件的管辖、审判、执行等作出全面规定；《外国国家豁免法》的内容具有特定性，是对以外国国家为诉讼当事人的民事案件作出的特别规定，是民事诉讼领域的"特别法"。

[强化自测] 下列关于我国民事司法豁免的说法错误的有：①
A. 外交代表以私人身份进行遗产继承诉讼的，法院应当受理
B. 享有司法豁免的外交代表对与本诉直接有关的反诉享有豁免权
C. 涉及外国国家的民事诉讼，适用中华人民共和国有关外国国家豁免的法律规定；有关法律没有规定的，适用《民事诉讼法》
D. 《民事诉讼法》与《外国国家豁免法》在适用上是一般法与特别法的关系

修订考点4　涉外民事诉讼管辖的原则

涉外民事诉讼管辖，是指一国法院对涉外民事案件的审判权限和内部分工。为了维护我国的国家尊严，正确解决涉外民事纠纷，保护我国当事人的合法权益，同时为了尊重其他国家的主权和法律制度，我国《民事诉讼法》在确定我国法院对涉外民事诉讼的管辖时，主要遵循以下三项原则：

一是维护国家主权原则。涉外民事诉讼管辖直接关系到国家主权，它是国家主权在涉外民事诉讼中的具体体现。

二是诉讼与法院所在地适当联系原则。《民事诉讼法》在诉讼与法院所在地实际联系的原则之外，将"其他适当联系"原则作为人民法院管辖涉外民事纠纷案件的根据，更加便于中外当事人通过人民法院解决纠纷，更好地维护各方当事人的权益。

三是尊重当事人原则。涉外民商事纠纷当事人通过排他性协议选择外国法院管辖的，在不违反专属管辖的规定，不涉及我国主权、安全或者社会公共利益的前提下，可以排除我国法院的管辖权。

修订考点5　涉外民事诉讼管辖

级别管辖	《最高人民法院关于涉外民商事案件管辖若干问题的规定》规定，基层人民法院管辖第一审涉外民商事案件，法律、司法解释另有规定的除外。中级人民法院管辖争议标的额大的、案情复杂或者一方当事人人数众多的、其他在本辖区有重大影响的第一审涉外民商事案件。高级人民法院管辖诉讼标的额人民币50亿元以上（包含本数）或者其他在本辖区有重大影响的第一审涉外民商事案件。

---

① 答案：B。

续表

地域管辖		因涉外民事纠纷，对在中华人民共和国领域内没有住所的被告提起除身份关系以外的诉讼，如果合同签订地、合同履行地、诉讼标的物所在地、可供扣押财产所在地、侵权行为地、代表机构住所地位于中华人民共和国领域内的，可以由合同签订地、合同履行地、诉讼标的物所在地、可供扣押财产所在地、侵权行为地、代表机构住所地人民法院管辖。 除前述规定外，涉外民事纠纷与中华人民共和国存在其他适当联系的，可以由人民法院管辖。
专属管辖		下列民事案件，由人民法院专属管辖： (1) 因在中华人民共和国领域内设立的法人或者其他组织的设立、解散、清算，以及该法人或者其他组织作出的决议的效力等纠纷提起的诉讼； (2) 因与在中华人民共和国领域内审查授予的知识产权的有效性有关的纠纷提起的诉讼； (3) 因在中华人民共和国领域内履行中外合资经营企业合同、中外合作经营企业合同、中外合作勘探开发自然资源合同发生纠纷提起的诉讼。
协议管辖	协议选择我国法院管辖	涉外民事纠纷的当事人书面协议选择人民法院管辖的，可以由人民法院管辖。当事人约定不明时，根据管辖协议，起诉时能够确定管辖法院的，从其约定；不能确定的，依照民事诉讼法的相关规定确定管辖。由此可见，当事人协议选择我国法院管辖的，需满足以下条件： (1) 管辖协议须采用书面协议形式。 (2) 当事人选择我国法院管辖，应当体现双方的真实意思，符合《民法典》关于法律行为有效性的规定。 (3) 选择我国法院管辖的，不再要求争议与我国有"实际联系"。只要当事人协议选择我国法院管辖的，我国法院均享有管辖权。
	排他性管辖协议选择外国法院管辖	当事人订立排他性管辖协议选择外国法院管辖且不违反中国民事诉讼法对专属管辖的规定，不涉及中华人民共和国主权、安全或者社会公共利益，人民法院可以裁定不予受理；已经受理的，裁定驳回起诉。
应诉管辖		应诉管辖，也称默示协议管辖，是指双方当事人在没有管辖协议的情况下，一方当事人向法院起诉，另一方当事人对法院行使管辖权不提出异议，并应诉答辩或者提出反诉的，视为人民法院有管辖权。应诉管辖需要同时满足以下条件： (1) 被告对中华人民共和国人民法院管辖未提出异议。 (2) 被告应诉答辩或者提出反诉。
集中管辖		集中管辖，是指将以往分散由各基层人民法院、中级人民法院管辖的涉外民商事件集中交由少数受案较多、审判力量较强的中级人民法院和基层人民法院管辖。 高级人民法院根据本辖区的实际情况，认为确有必要的，经报最高人民法院批准，可以指定一个或数个基层人民法院、中级人民法院分别对一审涉外民商事案件实行跨区域集中管辖。实行跨区域集中管辖的，高级人民法院应及时向社会公布该基层人民法院、中级人民法院相应的管辖区域。 作为最高人民法院的常设审判机构，国际商事法庭受理下列案件： (1) 当事人依照《民事诉讼法》第277条的规定协议选择最高人民法院管辖且标的额为人民币3亿元以上的第一审国际商事案件； (2) 高级人民法院对其所管辖的第一审国际商事案件，认为需要由最高人民法院审理并获准许的； (3) 在全国有重大影响的第一审国际商事案件； (4) 当事人协议选择国际商事仲裁机构仲裁，并申请仲裁保全、申请撤销或者执行国际商事仲裁裁决的； (5) 最高人民法院认为应当由国际商事法庭审理的其他国际商事案件。

[强化自测] 下列案件应由中级人民法院管辖的是：①
A. 诉讼标的额为人民币 1000 万元以上的涉外民商事案件
B. 案情复杂或者一方当事人人数众多的涉外民商事案件
C. 诉讼标的额为人民币 1 亿元的涉外民商事案件
D. 诉讼标的额为人民币 50 亿元以上（包含本数）的第一审涉外民商事案件

修订考点6　涉外民事诉讼中的送达

我国《民事诉讼法》规定了我国法院向外国送达诉讼文书的途径。总结而言，域外送达主要有如下途径：

（1）条约途径。即依照受送达人所在国与我国缔结或者共同参加的国际条约中规定的方式送达。

（2）外交途径。即如果受送达人所在国与我国建立了外交关系，但未与我国缔结双边司法协助条约，且其也未加入《海牙送达公约》，则会采用外交途径进行送达。

（3）领事途径。对具有中华人民共和国国籍的受送达人，可以委托中华人民共和国驻受送达人所在国的使领馆代为送达。

（4）向诉讼代理人送达。向受送达人在本案中委托的诉讼代理人送达。

（5）向外国法人的特别送达。向受送达人在中华人民共和国领域内设立的独资企业、代表机构、分支机构或者有权接受送达的业务代办人送达。受送达人为外国法人或者其他组织，其法定代表人或者主要负责人在中华人民共和国领域内的，向其法定代表人或者主要负责人送达。

（6）向外国自然人的特别送达。受送达人为外国人、无国籍人，其在中华人民共和国领域内设立的法人或者其他组织担任法定代表人或者主要负责人，且与该法人或者其他组织为共同被告的，向该法人或者其他组织送达。

（7）邮寄送达。受送达人所在国的法律允许邮寄送达的，可以邮寄送达，自邮寄之日起满 3 个月，送达回证没有退回，但根据各种情况足以认定已经送达的，期间届满之日视为送达。

（8）电子送达。采用能够确认受送达人收悉的电子方式送达，但是受送达人所在国法律禁止的除外。

（9）以受送达人同意的其他方式送达。除上述送达方式外，受送达人同意其他方式送达的，也可以采用其他方式送达，但是受送达人所在国法律禁止的除外。

（10）公告送达。不能用上述方式送达的，可以采用公告送达，自发出公告之日起，经过 60 日，即视为送达。

[强化自测] 中国某法院审理一起涉外民事纠纷，需要向作为被告的外国某公司进行送达。根据《关于向国外送达民事或商事司法文书和司法外文书公约》（海牙《送达公约》）、中国法律和司法解释，关于该案件的涉外送达，法院的下列哪一做法是正确的？②
A. 应首先按照海牙《送达公约》规定的方式进行送达
B. 不得对被告采用邮寄送达方式
C. 可通过中国驻被告所在国使领馆向被告进行送达
D. 可通过电子邮件方式向被告送达

修订考点7　一般司法协助

一般司法协助，是指根据我国缔结或者参加的国际条约，或者根据互惠原则，我国法院和外国法院之间互相请求，代为送达文书、调查取证以及进行其他诉讼行为。

1. 一般司法协助的条件。

根据《民事诉讼法》的规定，一般司法协助应当符合以下条件：

（1）司法协助的依据是国家之间必须存在共同缔结或者参加的国际条约，或者存在互惠关系。

（2）请求协助的事项不得有损于被请求国的主权、安全或者社会公共利益。

（3）请求和提供司法协助，应当依照我国缔结或者参加的国际条约所规定的途径进行；没有条约关系的，通过外交途径进行。

---

① 答案：BC。
② 答案：D。

(4) 外国法院请求我国法院提供司法协助的请求书及其所附文件,应当附有中文译本或者国际条约规定的其他文字文本。

(5) 我国法院提供司法协助,依照中国法律规定的程序进行。外国法院请求采用特殊方式的,也可以按照其请求的特殊方式进行,但请求采用的特殊方式不得违反中国法律。

2. 一般司法协助的内容。

一般司法协助主要是相互协助进行有关诉讼程序方面的行为,主要包括:

(1) 代为送达诉讼文书,是指一国法院委托受送达人居住国法院代为递送有关诉讼文书的行为。例如,送达起诉状、答辩状、上诉状、传票、判决书、裁定书等。

(2) 代为调查取证,是指一国法院请求外国法院代为收集、提取与案件有关而又处于该外国境内的证据。一般包括代为询问当事人、证人、鉴定人,代为调查取证,代为进行鉴定和司法勘验等内容。

▶▶▶ 修订考点 8 我国法院判决、裁定以及仲裁裁决在国外的承认和执行

我国法院的判决、裁定在国外的承认和执行	我国人民法院的判决、裁定请求外国法院承认和执行的,必须具备以下条件: (1) 该判决、裁定是已经发生法律效力的终审判决、裁定,且具有执行内容。 (2) 被执行人或其财产不在我国领域内,需要到外国去执行。 (3) 必须由申请人提出强制执行申请。 (4) 由当事人直接向有管辖权的外国法院提出申请;或者由当事人向我国法院提出申请,由我国法院依照我国缔结或者参加的国际条约的规定,或者按照互惠原则,请求外国法院承认和执行。
我国仲裁裁决在国外的承认和执行	请求外国法院承认和执行我国仲裁裁决应满足以下条件: (1) 被执行人或者其财产不在我国领域内。 (2) 由当事人直接向有管辖权的外国法院申请承认和执行。

▶▶▶ 修订考点 9 外国法院判决、裁定以及仲裁裁决在我国的承认和执行

一、我国法院承认和执行外国法院判决、裁定的程序

根据《民事诉讼法》及其司法解释的有关规定,承认和执行外国法院裁判需要遵循下列程序:

(一) 申请或请求的提出

1. 受理法院:外国法院的生效判决、裁定需要我国人民法院承认与执行的,可以通过两种途径:第一,可以由当事人直接向我国有管辖权的中级人民法院申请承认和执行;第二,可以由外国法院依据该国与我国缔结或者参加的国际条约的规定,或者按照互惠原则,请求我国法院承认和执行。

2. 申请文件:申请人向人民法院申请承认和执行外国法院作出的发生法律效力的判决、裁定,应当提交申请书,并附外国法院作出的发生法律效力的判决、裁定正本或者经证明无误的副本以及中文译本。外国法院判决、裁定为缺席判决、裁定的,申请人应当同时提交该外国法院已经合法传唤的证明文件,但判决、裁定已经对此予以明确说明的除外。中华人民共和国缔结或者参加的国际条约对提交文件有规定的,按照规定办理。

3. 申请期限:承认和执行的申请或者请求必须在法定期限内提出。申请执行的期间为 2 年。申请执行时效的中止、中断,适用法律有关诉讼时效中止、中断的规定。

(二) 法院审查与裁定

人民法院接到申请书或请求书后,应予以审查。人民法院对申请或者请求承认和执行的外国法院作出的发生法律效力的判决、裁定,依照中华人民共和国缔结或者参加的国际条约,或者按照互惠原则进行审查。经审查,作出下列裁定:

1. 我国法院裁定承认和执行:人民法院认为该外国法院判决、裁定不违反中华人民共和国法律的基本原则且不损害国家主权、安全、社会公共利益的,裁定承认其效力;需要执行的,发出执行令。

2. 我国法院裁定不予承认和执行:对申请或者请求承认和执行的外国法院作出的发生法律效力的判决、裁定,人民法院经审查,有下列情形之一的,裁定不予承认和执行:

第一,外国法院对案件无管辖权。有下列情形之一的,人民法院应当认定该外国法院对案件无管辖权:(1) 外国法院依照其法律对案件没有管辖权,或者虽然依照其法律有管辖权但与案件所涉纠纷无适当联系;(2) 违反专属

管辖的规定；(3) 违反当事人排他性选择法院管辖的协议。

第二，被申请人未得到合法传唤或者虽经合法传唤但未获得合理的陈述、辩论机会，或者无诉讼行为能力的当事人未得到适当代理。

第三，判决、裁定是通过欺诈方式取得。

第四，人民法院已对同一纠纷作出判决、裁定，或者已经承认第三国法院对同一纠纷作出的判决、裁定。

第五，违反中华人民共和国法律的基本原则或者损害国家主权、安全、社会公共利益。

3. 我国法院裁定中止诉讼。

当事人向人民法院申请承认和执行外国法院作出的发生法律效力的判决、裁定，该判决、裁定涉及的纠纷与人民法院正在审理的纠纷属于同一纠纷的，人民法院可以裁定中止诉讼。外国法院作出的发生法律效力的判决、裁定不符合承认条件的，人民法院裁定不予承认和执行，并恢复已经中止的诉讼；符合承认条件的，人民法院裁定承认其效力；需要执行的，发出执行令；对已经中止的诉讼，裁定驳回起诉。

(三) 当事人的救济

当事人对承认和执行或者不予承认和执行的裁定不服的，可以自裁定送达之日起 10 日内向上一级人民法院申请复议。

二、外国仲裁裁决在我国的承认和执行

在中华人民共和国领域外作出的发生法律效力的仲裁裁决，需要人民法院承认和执行的，当事人可以直接向被执行人住所地或者其财产所在地的中级人民法院申请。被执行人住所地或者其财产不在中华人民共和国领域内的，当事人可以向申请人住所地或者与裁决的纠纷有适当联系的地点的中级人民法院申请。人民法院应当依照中华人民共和国缔结或者参加的国际条约，或者按照互惠原则办理。

> [强化自测] 甲国公民杰夫欲向中国法院申请承认并执行一项在甲国境内作出的仲裁裁决。关于该裁决的承认和执行，下列哪一选项是正确的？①
> A. 杰夫应通过甲国法院向被执行人住所地或其财产所在地的中级人民法院申请
> B. 如该裁决系临时仲裁庭作出的裁决，人民法院不应承认与执行
> C. 如承认和执行申请被裁定驳回，杰夫可向人民法院起诉
> D. 如杰夫仅申请承认而未同时申请执行该裁决，人民法院可以对是否执行一并作出裁定

▶▶▶ 修订考点 10 协助执行

协助执行，是指受理案件的法院通知有关单位、个人或者请求有关法院协助执行生效法律文书所确定内容的一种法律制度。协助执行在范围上，既包括法院之间的协助执行，也包括有关单位和公民个人的协助执行。

根据《民事诉讼法》第 117 条第 1 款的规定，有义务协助调查、执行的单位有下列行为之一的，人民法院除责令其履行协助义务外，并可以予以罚款：(1) 有关单位拒绝或者妨碍人民法院调查取证的；(2) 有关单位接到人民法院协助执行通知书后，拒不协助查询、扣押、冻结、划拨、变价财产的；(3) 有关单位接到人民法院协助执行通知书后，拒不协助扣留被执行人的收入、办理有关财产权证照转移手续、转交有关票证、证照或者其他财产的；(4) 其他拒绝协助执行的。

二、法规对照

◎ 法规变化

| 修订 | 中华人民共和国民事诉讼法（2023.9.1） |

---

① 答案：C。

◎ 法规精读

中华人民共和国民事诉讼法

（1991年4月9日第七届全国人民代表大会第四次会议通过 根据2007年10月28日第十届全国人民代表大会常务委员会第三十次会议《关于修改〈中华人民共和国民事诉讼法〉的决定》第一次修正 根据2012年8月31日第十一届全国人民代表大会常务委员会第二十八次会议《关于修改〈中华人民共和国民事诉讼法〉的决定》第二次修正 根据2017年6月27日第十二届全国人民代表大会常务委员会第二十八次会议《关于修改〈中华人民共和国民事诉讼法〉和〈中华人民共和国行政诉讼法〉的决定》第三次修正 根据2021年12月24日第十三届全国人民代表大会常务委员会第三十二次会议《关于修改〈中华人民共和国民事诉讼法〉的决定》第四次修正 根据2023年9月1日第十四届全国人民代表大会常务委员会第五次会议《关于修改〈中华人民共和国民事诉讼法〉的决定》第五次修正）

第一编 总 则

第一章 任务、适用范围和基本原则

第一条 【立法依据】中华人民共和国民事诉讼法以宪法为根据，结合我国民事审判工作的经验和实际情况制定。

第二条 【立法目的】中华人民共和国民事诉讼法的任务，是保护当事人行使诉讼权利，保证人民法院查明事实，分清是非，正确适用法律，及时审理民事案件，确认民事权利义务关系，制裁民事违法行为，保护当事人的合法权益，教育公民自觉遵守法律，维护社会秩序、经济秩序，保障社会主义建设事业顺利进行。

★★**第三条** 【适用范围】人民法院受理公民之间、法人之间、其他组织之间以及他们相互之间因财产关系和人身关系提起的民事诉讼，适用本法的规定。

★★**第四条** 【空间效力】凡在中华人民共和国领域内进行民事诉讼，必须遵守本法。

★★**第五条** 【同等原则和对等原则】外国人、无国籍人、外国企业和组织在人民法院起诉、应诉，同中华人民共和国公民、法人和其他组织有同等的诉讼权利义务。

外国法院对中华人民共和国公民、法人和其他组织的民事诉讼权利加以限制的，中华人民共和国人民法院对该国公民、企业和组织的民事诉讼权利，实行对等原则。[14/3/35]

★★**第六条** 【独立审判原则】民事案件的审判权由人民法院行使。

人民法院依照法律规定对民事案件独立进行审判，不受行政机关、社会团体和个人的干涉。

第七条 【以事实为根据，以法律为准绳原则】人民法院审理民事案件，必须以事实为根据，以法律为准绳。

★★**第八条** 【诉讼权利平等原则】民事诉讼当事人有平等的诉讼权利。人民法院审理民事案件，应当保障和便利当事人行使诉讼权利，对当事人在适用法律上一律平等。[11/3/38]

★★**第九条** 【法院调解原则】人民法院审理民事案件，应当根据自愿和合法的原则进行调解；调解不成的，应当及时判决。

★**第十条** 【合议、回避、公开审判、两审终审原则】人民法院审理民事案件，依照法律规定实行合议、回避、公开审判和两审终审制度。

第十一条 【使用本民族语言文字原则】各民族公民都有用本民族语言、文字进行民事诉讼的权利。

在少数民族聚居或者多民族共同居住的地区，人民法院应当用当地民族通用的语言、文字进行审理和发布法律文书。

人民法院应当对不通晓当地民族通用的语言、文字的诉讼参与人提供翻译。

第十二条 【辩论原则】人民法院审理民事案件时，当事人有权进行辩论。

★★**第十三条** 【诚信原则和处分原则】民事诉讼应当遵循诚信原则。

当事人有权在法律规定的范围内处分自己的民事权利和诉讼权利。[14/3/35 14/3/37 12/3/35]

[强化自测] 在符合诚实信用的前提下，当事人可以依法处分自己的民事实体权利和民事程序权利，下列做法中，符合民事诉讼法基本原则要求的有：①

A. 2020年7月，甲因民间借贷合同纠纷将乙诉至上海市A区法院（该法院为繁简分流改革的试点法院），请求法院判令被告乙返还借款91000元，双方当事人约定适用小额诉讼程序审理该案

B. 甲与乙在其签订的房屋租赁合同中约定："发生纠纷时一律提交原告住所地法院管辖"

C. 当事人约定，如果起诉，一律不得适用小额诉讼程序

D. 当事人约定，其各自在一审诉讼程序中实施的诉讼行为，在二审中对双方均无拘束力

第十四条 【检察监督原则】人民检察院有权对民事诉讼实行法律监督。[14/3/35]

---

① 答案：A。

★ **第十五条** 【支持起诉原则】机关、社会团体、企业事业单位对损害国家、集体或者个人民事权益的行为，可以支持受损害的单位或者个人向人民法院起诉。

☆☆ **第十六条** 【在线诉讼】经当事人同意，民事诉讼活动可以通过信息网络平台在线进行。

民事诉讼活动通过信息网络平台在线进行的，与线下诉讼活动具有同等法律效力。

> [考点提示] 本条为2021年《民事诉讼法》修正时的新增内容。为推动民事诉讼方式与信息化时代相适应，为未来在线诉讼发展拓展制度空间，本条明确规定了在线诉讼与线下诉讼具有同等法律效力。需注意的是，本条的适用前提是当事人同意通过信息网络平台在线进行民事诉讼活动。

第十七条 【民族自治地方的变通或者补充规定】民族自治地方的人民代表大会根据宪法和本法的原则，结合当地民族的具体情况，可以制定变通或者补充的规定。自治区的规定，报全国人民代表大会常务委员会批准。自治州、自治县的规定，报省或者自治区的人民代表大会常务委员会批准，并报全国人民代表大会常务委员会备案。

第二章 管　辖

第一节　级别管辖

第十八条 【基层法院管辖】基层人民法院管辖第一审民事案件，但本法另有规定的除外。

☆ **第十九条** 【中级法院管辖】中级人民法院管辖下列第一审民事案件：

（一）重大涉外案件；

（二）在本辖区有重大影响的案件；

（三）最高人民法院确定由中级人民法院管辖的案件。

【相关法条：民诉解释第1至2条】[11/3/39]

第二十条 【高级法院管辖】高级人民法院管辖在本辖区有重大影响的第一审民事案件。

★ **第二十一条** 【最高法院管辖】最高人民法院管辖下列第一审民事案件：

（一）在全国有重大影响的案件；

（二）认为应当由本院审理的案件。

第二节　地域管辖

☆☆ **第二十二条** 【被告住所地、经常居住地法院管辖】对公民提起的民事诉讼，由被告住所地人民法院管辖；被告住所地与经常居住地不一致的，由经常居住地人民法院管辖。

对法人或者其他组织提起的民事诉讼，由被告住所地人民法院管辖。

同一诉讼的几个被告住所地、经常居住地在两个以上人民法院辖区的，各该人民法院都有管辖权。[16/3/77]

【相关法条：民诉解释第3至8条】

☆☆ **第二十三条** 【原告住所地、经常居住地法院管辖】下列民事诉讼，由原告住所地人民法院管辖；原告住所地与经常居住地不一致的，由原告经常居住地人民法院管辖：

（一）对不在中华人民共和国领域内居住的人提起的有关身份关系的诉讼；

（二）对下落不明或者宣告失踪的人提起的有关身份关系的诉讼；

（三）对被采取强制性教育措施的人提起的诉讼；

（四）对被监禁的人提起的诉讼。

【相关法条：民诉解释第9至10条、第16条】

☆☆☆ **第二十四条** 【合同纠纷的地域管辖】因合同纠纷提起的诉讼，由被告住所地或者合同履行地人民法院管辖。[16/3/97　15/3/95]

【相关法条：民诉解释第18至20条　民法典第483至484条、第510至511条】

★★ **第二十五条** 【保险合同纠纷的地域管辖】因保险合同纠纷提起的诉讼，由被告住所地或者保险标的物所在地人民法院管辖。

【相关法条：民诉解释第21条】

★★ **第二十六条** 【票据纠纷的地域管辖】因票据纠纷提起的诉讼，由票据支付地或者被告住所地人民法院管辖。

【相关法条：票据法第23条、第76条、第86条】

☆☆ **第二十七条** 【公司纠纷的地域管辖】因公司设立、确认股东资格、分配利润、解散等纠纷提起的诉讼，由公司住所地人民法院管辖。[14/3/96]

【相关法条：民诉解释第22条】

> [考点提示] 注意，并非所有涉及公司的纠纷均由公司住所地管辖，只有因公司设立、确立股东资格、分配利润等公司内部问题的纠纷，适用公司住所地管辖。

☆☆ **第二十八条** 【运输合同纠纷的地域管辖】因铁路、公路、水上、航空运输和联合运输合同纠纷提起的诉讼，由运输始发地、目的地或者被告住所地人民法院管辖。

☆☆ **第二十九条** 【侵权纠纷的地域管辖】因侵权行为提起的诉讼，由侵权行为地或者被告住所地人民法院管辖。[14/3/78]

【相关法条：民诉解释第24至26条　海事诉讼特别程序法第6条】

★★ **第三十条** 【交通事故损害赔偿纠纷的地域管辖】因铁路、公路、水上和航空事故请求损害赔偿提起的诉讼，由事故发生地或者车辆、船舶最先到达地、航空器最先降落地或者被告住所地人民法院管辖。

★ **第三十一条** 【海事损害事故赔偿纠纷的地域管辖】因船舶碰撞或者其他海事损害事故请求损害赔偿提起的诉讼，由碰撞发生地、碰撞船舶最先到达地、加害船舶被扣留地或者被告住所地人民法院管辖。

【相关法条：海事诉讼特别程序法第6条】

★ **第三十二条** 【海难救助费用纠纷的地域管辖】因海难救助费用提起的诉讼，由救助地或者被救助船最先到达地人民法院管辖。

★ **第三十三条** 【共同海损纠纷的地域管辖】因共同海损提起的诉讼，由船舶最先到达地、共同海损理算地或者航程终止地的人民法院管辖。[13/3/79]

【相关法条：海事诉讼特别程序法第6条】

[考点提示] 海难救助费用纠纷和共同海损纠纷的地域管辖法院中不包括被告住所地法院。

★★ **第三十四条** 【专属管辖】下列案件，由本条规定的人民法院专属管辖：

（一）因不动产纠纷提起的诉讼，由不动产所在地人民法院管辖；

（二）因港口作业中发生纠纷提起的诉讼，由港口所在地人民法院管辖；

（三）因继承遗产纠纷提起的诉讼，由被继承人死亡时住所地或者主要遗产所在地人民法院管辖。[17/3/35]

【相关法条：民诉解释第28条　海事诉讼特别程序法第7条】

★★ **第三十五条** 【协议管辖】合同或者其他财产权益纠纷的当事人可以书面协议选择被告住所地、合同履行地、合同签订地、原告住所地、标的物所在地等与争议有实际联系的地点的人民法院管辖，但不得违反本法对级别管辖和专属管辖的规定。[16/3/96]

【相关法条：民诉解释第29至34条　海事诉讼特别程序法第8条】

★★ **第三十六条** 【选择管辖】两个以上人民法院都有管辖权的诉讼，原告可以向其中一个人民法院起诉；原告向两个以上有管辖权的人民法院起诉的，由最先立案的人民法院管辖。

【相关法条：民诉解释第36条】

[考点提示] 对于几个同级法院都有管辖权，原告向两个以上有管辖权的法院起诉的，民事诉讼法中由最先立案的法院管辖；刑事诉讼法中由最初受理的法院管辖；行政诉讼法中由最先立案的法院管辖。

第三节　移送管辖和指定管辖

★★ **第三十七条** 【移送管辖】人民法院发现受理的案件不属于本院管辖的，应当移送有管辖权的人民法院，受移送的人民法院应当受理。受移送的人民法院认为受移送的案件依照规定不属于本院管辖的，应当报请上级人民法院指定管辖，不得再自行移送。[16/3/77　14/3/78]

【相关法条：民诉解释第35条】

★★ **第三十八条** 【指定管辖】有管辖权的人民法院由于特殊原因，不能行使管辖权的，由上级人民法院指定管辖。

人民法院之间因管辖权发生争议，由争议双方协商解决；协商解决不了的，报请它们的共同上级人民法院指定管辖。

【相关法条：民诉解释第40、41条】

★★ **第三十九条** 【管辖权的转移】上级人民法院有权审理下级人民法院管辖的第一审民事案件；确有必要将本院管辖的第一审民事案件交下级人民法院审理的，应当报请其上级人民法院批准。

下级人民法院对它所管辖的第一审民事案件，认为需要由上级人民法院审理的，可以报请上级人民法院审理。

【相关法条：民诉解释第42条】

[考点提示] 上级法院将属于其管辖的第一审案件交下级法院审理，必须满足以下两个条件：（1）必须是确有必要移交下级法院的案件；（2）应当报请其上级法院批准。

第三章　审判组织

★★ **第四十条** 【一审审判组织】人民法院审理第一审民事案件，由审判员、人民陪审员共同组成合议庭或者由审判员组成合议庭。合议庭的成员人数，必须是单数。

适用简易程序审理的民事案件，由审判员一人独任审理。基层人民法院审理的基本事实清楚、权利义务关系明确的第一审民事案件，可以由审判员一人适用普通程序独任审理。

人民陪审员在参加审判活动时，除法律另有规定外，与审判员有同等的权利义务。

★★ **第四十一条** 【二审和再审审判组织】人民法院审理第二审民事案件，由审判员组成合议庭。合议庭的成员人数，必须是单数。

中级人民法院对第一审适用简易程序审结或者不服裁定提起上诉的第二审民事案件，事实清楚、权利义务关系明确的，经双方当事人同意，可以由审判员一人独任审理。

发回重审的案件，原审人民法院应当按照第一审程序另行组成合议庭。

审判再审案件，原来是第一审的，按照第一审程序另行组成合议庭；原来是第二审的或者是上级人民法院提审的，按照第二审程序另行组成合议庭。[17/3/38 16/3/35 14/3/37]

[考点提示] 2021年《民事诉讼法》修正，扩大了独任制的适用范围。一是建立独任制普通程序审理模式。解除独任制与简易程序的严格绑定，推动独任制形式与审理程序灵活精准匹配，适应基层人民法院案件类型多元的工作实际。二是建立二审独任制审理模式。在合理控制二审独任制适用范围的基础上，推动二审案件繁简分流，防止所有案件"平均用力"，提升司法整体效能。

[真题演练] 不同的审判程序，审判组织的组成往往是不同的。关于审判组织的适用，下列哪一选项是正确的？[16/3/35]①

A. 适用简易程序审理的案件，当事人不服一审判决上诉后发回重审的，可由审判员独任审判

B. 适用简易程序审理的案件，判决生效后启动再审程序进行再审的，可由审判员独任审判

C. 适用普通程序审理的案件，当事人双方同意，经上级法院批准，可由审判员独任审判

D. 适用选民资格案件审理程序的案件，应组成合议庭审理，而且只能由审判员组成合议庭

★★ **第四十二条** 【不得独任审理的情形】人民法院审理下列民事案件，<u>不得</u>由审判员一人独任审理：

（一）涉及<u>国家利益、社会公共利益</u>的案件；

（二）涉及<u>群体性纠纷</u>，可能影响社会稳定的案件；

（三）<u>人民群众广泛关注</u>或者其他社会影响较大的案件；

（四）属于<u>新类型或者疑难复杂</u>的案件；

（五）法律规定<u>应当组成合议庭</u>审理的案件；

（六）其他不宜审判员一人独任审理的案件。

[考点提示] 本条为2021年《民事诉讼法》修正的新增内容，明确列举了不得由审判员一人独任审理的民事案件范围，加强了对独任制适用的制约监督。在扩大独任制适用的同时，明确适用标准，划定适用边界，能够确保适用独任制审理案件的质量。

★★ **第四十三条** 【不宜独任审理的案件】人民法院在审理过程中，发现案件不宜审判员一人独任审理的，<u>应当裁定转由合议庭审理</u>。

当事人认为案件由审判员一人独任审理违反法律规定的，可以向人民法院提出异议。人民法院对当事人提出的异议应当审查，异议成立的，裁定转由合议庭审理；异议不成立的，裁定驳回。

[考点提示] 本条为2021年《民事诉讼法》修正的新增内容，赋予了当事人对适用独任制审理案件的异议权，强化了当事人对独任制适用的制约监督。

第四十四条 【合议庭审判长的产生】合议庭的审判长由院长或者庭长指定审判员一人担任；院长或者庭长参加审判的，由院长或者庭长担任。

★★ **第四十五条** 【合议庭的评议规则】合议庭评议案件，实行少数服从多数的原则。评议应当制作笔录，由<u>合议庭成员签名</u>。评议中的不同意见，<u>必须如实记入笔录</u>。

第四十六条 【审判人员工作纪律】审判人员应当依法秉公办案。

审判人员不得接受当事人及其诉讼代理人请客送礼。

审判人员有贪污受贿，徇私舞弊，枉法裁判行为的，应当追究法律责任；构成犯罪的，依法追究刑事责任。

第四章 回 避

★★ **第四十七条** 【回避的对象、条件和方式】审判人员有下列情形之一的，应当自行回避，当事人有权用<u>口头或者书面</u>方式申请他们回避：

（一）是本案<u>当事人</u>或者当事人、诉讼代理人<u>近亲属</u>的；

（二）与本案有<u>利害关系</u>的；

（三）与本案<u>当事人、诉讼代理人有其他关系</u>，可能影响对案件公正审理的。

审判人员接受<u>当事人、诉讼代理人请客送礼</u>，或者违反规定会见当事人、诉讼代理人的，当事人有权要求他们回避。

审判人员有前款规定的行为的，应当依法追究法律责任。

前三款规定，适用于<u>法官助理、书记员、司法技术人员、翻译人员、鉴定人、勘验人</u>。[14/3/38]

【相关法条：民诉解释第43、45、48、49条】

[考点提示] 2023年《民事诉讼法》修正，对照修订后的《人民法院组织法》和《法官法》，扩大回避适用范围，将法官助理、司法技术人员纳入回避适用的对象。保障当事人申请回避权的全面行使，确保民事案件的公正审判。

★★ **第四十八条** 【回避申请】当事人提出回避申请，应当说明理由，在<u>案件开始审理时</u>提出；回避事由在案件开始审理后知道的，也可以在法庭辩论终结前提出。

被申请回避的人员在人民法院作出是否回避的决定

---

① 答案：D。

前，应当暂停参与本案的工作，但案件需要采取紧急措施的除外。

【相关法条：民诉解释第44条】

★★ **第四十九条** 【回避决定的程序】院长担任审判长或者独任审判员时的回避，由审判委员会决定；审判人员的回避，由院长决定；其他人员的回避，由审判长或者独任审判员决定。[15/3/36]

【相关法条：民诉解释第46、47条】

[强化自测] 对于人民陪审员的回避，下列做法哪一个是正确的？①
A. 只能向院长申请　　B. 由审判长决定
C. 由院长决定　　　　D. 由审判委员会决定

★★ **第五十条** 【回避决定的时限及效力】人民法院对当事人提出的回避申请，应当在申请提出的三日内，以口头或者书面形式作出决定。申请人对决定不服的，可以在接到决定时申请复议一次。复议期间，被申请回避的人员，不停止参与本案的工作。人民法院对复议申请，应当在三日内作出复议决定，并通知复议申请人。

第五章　诉讼参加人

第一节　当　事　人

★★ **第五十一条** 【当事人范围】公民、法人和其他组织可以作为民事诉讼的当事人。

法人由其法定代表人进行诉讼。其他组织由其主要负责人进行诉讼。[14/3/81　13/3/38　12/3/81]

【相关法条：民诉解释第50至53、61、62、64、68、69条】

★★ **第五十二条** 【诉讼权利义务】当事人有权委托代理人，提出回避申请，收集、提供证据，进行辩论，请求调解，提起上诉，申请执行。

当事人可以查阅本案有关材料，并可以复制本案有关材料和法律文书。查阅、复制本案有关材料的范围和办法由最高人民法院规定。

当事人必须依法行使诉讼权利，遵守诉讼秩序，履行发生法律效力的判决书、裁定书和调解书。

★ **第五十三条** 【自行和解】双方当事人可以自行和解。

★ **第五十四条** 【诉讼请求的放弃、变更、承认、反驳及反诉】原告可以放弃或者变更诉讼请求。被告可以承认或者反驳诉讼请求，有权提起反诉。[15/3/37]

【相关法条：民诉解释第233条】

★★ **第五十五条** 【共同诉讼】当事人一方或者双方为二人以上，其诉讼标的是共同的，或者诉讼标的是同一种类、人民法院认为可以合并审理并经当事人同意的，为共同诉讼。

共同诉讼的一方当事人对诉讼标的有共同权利义务的，其中一人的诉讼行为经其他共同诉讼人承认，对其他共同诉讼人发生效力；对诉讼标的没有共同权利义务的，其中一人的诉讼行为对其他共同诉讼人不发生效力。

【相关法条：民诉解释第54、56至60、63、66、67、70至74条】[13/3/77]

★★ **第五十六条** 【当事人人数确定的代表人诉讼】当事人一方人数众多的共同诉讼，可以由当事人推选代表人进行诉讼。代表人的诉讼行为对其所代表的当事人发生效力，但代表人变更、放弃诉讼请求或者承认对方当事人的诉讼请求，进行和解，必须经被代表的当事人同意。

【相关法条：民诉解释第75、76、78条】

★★ **第五十七条** 【当事人人数不确定的代表人诉讼】诉讼标的是同一种类、当事人一方人数众多在起诉时人数尚未确定的，人民法院可以发出公告，说明案件情况和诉讼请求，通知权利人在一定期间向人民法院登记。

向人民法院登记的权利人可以推选代表人进行诉讼；推选不出代表人的，人民法院可以与参加登记的权利人商定代表人。

代表人的诉讼行为对其所代表的当事人发生效力，但代表人变更、放弃诉讼请求或者承认对方当事人的诉讼请求，进行和解，必须经被代表的当事人同意。

人民法院作出的判决、裁定，对参加登记的全体权利人发生效力。未参加登记的权利人在诉讼时效期间提起诉讼的，适用该判决、裁定。

【相关法条：民诉解释第75、77至80条】[11/3/48]

[真题演练] 某企业使用霉变面粉加工馒头，潜在受害人不可确定。甲、乙、丙、丁等20多名受害者提起损害赔偿诉讼，但未能推选出诉讼代表人。法院建议由甲、乙作为诉讼代表人，但丙、丁等人反对。关于本案，下列哪一选项是正确的？[11/3/48]②
A. 丙、丁等人作为诉讼代表人参加诉讼
B. 丙、丁等人推选代表人参加诉讼
C. 诉讼代表人由法院指定
D. 在丙、丁等人不认可诉讼代表人情况下，本案裁判对丙、丁等人没有约束力

★★ **第五十八条** 【公益诉讼】对污染环境、侵害众多消费者合法权益等损害社会公共利益的行为，法律规定的机关和有关组织可以向人民法院提起诉讼。

人民检察院在履行职责中发现破坏生态环境和资源保护、食品药品安全领域侵害众多消费者合法权益等损

---

① 答案：C。
② 答案：C。

害社会公共利益的行为，在没有前款规定的机关和组织或者前款规定的机关和组织不提起诉讼的情况下，可以向人民法院提起诉讼。前款规定的机关或者组织提起诉讼的，人民检察院可以支持起诉。

【相关法条：民诉解释第282至289条】[15/3/35 13/3/35 12/3/77]

[考点提示] 注意2017年《民事诉讼法》修正增加的第2款内容，人民检察院也可作为提起公益诉讼的主体。

[真题演练] 某品牌手机生产商在手机出厂前预装众多程序，大幅侵占标明内存，某省消费者保护协会以侵害消费者知情权为由提起公益诉讼，法院受理了该案。下列哪一说法是正确的？[15/3/35]①
A. 本案应当由侵权行为地或者被告住所地中级法院管辖
B. 本案原告没有撤诉权
C. 本案当事人不可以和解，法院也不可以调解
D. 因该案已受理，购买该品牌手机的消费者甲若以前述理由诉请赔偿，法院不予受理

★★ **第五十九条** 【第三人】对当事人双方的诉讼标的，第三人认为有独立请求权的，有权提起诉讼。

对当事人双方的诉讼标的，第三人虽然没有独立请求权，但案件处理结果同他有法律上的利害关系的，可以申请参加诉讼，或者由人民法院通知他参加诉讼。人民法院判决承担民事责任的第三人，有当事人的诉讼权利义务。

前两款规定的第三人，因不能归责于本人的事由未参加诉讼，但有证据证明发生法律效力的判决、裁定、调解书的部分或者全部内容错误，损害其民事权益的，可以自知道或者应当知道其民事权益受到损害之日起六个月内，向作出该判决、裁定、调解书的人民法院提起诉讼。人民法院经审理，诉讼请求成立的，应当改变或者撤销原判决、裁定、调解书；诉讼请求不成立的，驳回诉讼请求。

【相关法条：民诉解释第81、82、127、290至301条】[17/3/38 15/3/38 14/3/41 11/3/80]

[真题演练] 李立与陈山就财产权属发生争议提起确权诉讼。案外人王强得知此事，提起诉讼主张该财产的部分产权，法院同意王强参加诉讼。诉讼中，李立经法院同意撤回起诉。关于该案，下列哪些选项是正确的？[17/3/78]②
A. 王强是有独立请求权的第三人
B. 王强是必要的共同诉讼人
C. 李立撤回起诉后，法院应当裁定终结诉讼
D. 李立撤回起诉后，法院应以王强为原告、李立和陈山为被告另案处理，诉讼继续进行

第二节 诉讼代理人

★★ **第六十条** 【法定诉讼代理人】无诉讼行为能力人由他的监护人作为法定代理人代为诉讼。法定代理人之间互相推诿代理责任的，由人民法院指定其中一人代为诉讼。

【相关法条：民诉解释第83条】[11/3/82]

★★ **第六十一条** 【委托诉讼代理人】当事人、法定代理人可以委托一至二人作为诉讼代理人。

下列人员可以被委托为诉讼代理人：
（一）律师、基层法律服务工作者；
（二）当事人的近亲属或者工作人员；
（三）当事人所在社区、单位以及有关社会团体推荐的公民。

【相关法条：民诉解释第85至87条】

★★ **第六十二条** 【委托诉讼代理权的取得和权限】委托他人代为诉讼，必须向人民法院提交由委托人签名或者盖章的授权委托书。

授权委托书必须记明委托事项和权限。诉讼代理人代为承认、放弃、变更诉讼请求，进行和解，提起反诉或者上诉，必须有委托人的特别授权。

侨居在国外的中华人民共和国公民从国外寄交或者托交的授权委托书，必须经中华人民共和国驻该国的使领馆证明；没有使领馆的，由与中华人民共和国有外交关系的第三国驻该国的使领馆证明，再转由中华人民共和国驻该第三国使领馆证明，或者由当地的爱国华侨团体证明。

【相关法条：民诉解释第88、89条 民法典第165、166条】[13/3/42 11/4/五3]

★ **第六十三条** 【诉讼代理权的变更或解除】诉讼代理人的权限如果变更或者解除，当事人应当书面告知人民法院，并由人民法院通知对方当事人。

★ **第六十四条** 【诉讼代理人调查收集证据和查阅有关资料的权利】代理诉讼的律师和其他诉讼代理人有权调查收集证据，可以查阅本案有关材料。查阅本案有关材料的范围和办法由最高人民法院规定。

★★ **第六十五条** 【离婚诉讼代理的特别规定】离婚案件有诉讼代理人的，本人除不能表达意思的以外，仍应出庭；确因特殊情况无法出庭的，必须向人民法院提交书面意见。[14/3/79]

第六章 证 据

★★ **第六十六条** 【证据的种类】证据包括：

---

① 答案：A。
② 答案：AD。

（一）当事人的陈述；
（二）书证；
（三）物证；
（四）视听资料；
（五）电子数据；
（六）证人证言；
（七）鉴定意见；
（八）勘验笔录。
证据必须查证属实，才能作为认定事实的根据。
【相关法条：民诉证据规定第14条】[14/3/38]

★★ **第六十七条** 【举证责任与查证】当事人对自己提出的主张，有责任提供证据。

当事人及其诉讼代理人因客观原因不能自行收集的证据，或者人民法院认为审理案件需要的证据，人民法院应当调查收集。

人民法院应当按照法定程序，全面地、客观地审查核实证据。

【相关法条：民诉证据规定第1、2条 民诉解释第90至97、105至110条】[15/3/96 12/3/37]

★★ **第六十八条** 【举证期限及逾期后果】当事人对自己提出的主张应当及时提供证据。

人民法院根据当事人的主张和案件审理情况，确定当事人应当提供的证据及其期限。当事人在该期限内提供证据确有困难的，可以向人民法院申请延长期限，人民法院根据当事人的申请适当延长。当事人逾期提供证据的，人民法院应当责令其说明理由；拒不说明理由或者理由不成立的，人民法院根据不同情况可以不予采纳该证据，或者采纳该证据但予以训诫、罚款。[14/3/37 13/3/40]

【相关法条：民诉解释第99至102条】

[考点提示] 对逾期提供证据的，法院责令其说明理由。拒不说明理由或理由不成立的，有两种处理方式：一是，法院可以不采纳证据；二是，予以训诫、罚款后采纳证据。注意：《民诉解释》对上述条文进行了分条件细化，请务必结合《民诉解释》准确记忆。

★ **第六十九条** 【人民法院签收证据】人民法院收到当事人提交的证据材料，应当出具收据，写明证据名称、页数、份数、原件或者复印件以及收到时间等，并由经办人员签名或者盖章。

第七十条 【人民法院调查取证】人民法院有权向有关单位和个人调查取证，有关单位和个人不得拒绝。

人民法院对有关单位和个人提出的证明文书，应当辨别真伪，审查确定其效力。

【相关法条：民诉证据规定第20至44条】

★★ **第七十一条** 【证据的公开与质证】证据应当在法庭上出示，并由当事人互相质证。对涉及国家秘密、商业秘密和个人隐私的证据应当保密，需要在法庭出示的，不得在公开开庭时出示。

【相关法条：民诉证据规定第60至82条 民诉解释第103、104条】

★★ **第七十二条** 【公证证据】经过法定程序公证证明的法律事实和文书，人民法院应当作为认定事实的根据，但有相反证据足以推翻公证证明的除外。

【相关法条：民诉证据规定第10条】

第七十三条 【书证和物证】书证应当提交原件。物证应当提交原物。提交原件或者原物确有困难的，可以提交复制品、照片、副本、节录本。

提交外文书证，必须附有中文译本。[16/3/80]

【相关法条：民诉证据规定第21、22条 民诉解释第111至115条】

第七十四条 【视听资料】人民法院对视听资料，应当辨别真伪，并结合本案的其他证据，审查确定能否作为认定事实的根据。

【相关法条：民诉证据规定第23条 民诉解释第116条】

★ **第七十五条** 【证人的义务】凡是知道案件情况的单位和个人，都有义务出庭作证。有关单位的负责人应当支持证人作证。

不能正确表达意思的人，不能作证。

【相关法条：民诉证据规定第50至60条 民诉解释第117、119、120条】[17/3/79]

★★ **第七十六条** 【证人不出庭作证的情形】经人民法院通知，证人应当出庭作证。有下列情形之一的，经人民法院许可，可以通过书面证言、视听传输技术或者视听资料等方式作证：
（一）因健康原因不能出庭的；
（二）因路途遥远，交通不便不能出庭的；
（三）因自然灾害等不可抗力不能出庭的；
（四）其他有正当理由不能出庭的。

★ **第七十七条** 【证人出庭作证费用的承担】证人因履行出庭作证义务而支出的交通、住宿、就餐等必要费用以及误工损失，由败诉一方当事人负担。当事人申请证人作证的，由该当事人先行垫付；当事人没有申请，人民法院通知证人作证的，由人民法院先行垫付。

第七十八条 【当事人陈述】人民法院对当事人的陈述，应当结合本案的其他证据，审查确定能否作为认定事实的根据。

当事人拒绝陈述的，不影响人民法院根据证据认定案件事实。

第七十九条 【申请鉴定】当事人可以就查明事实的专门性问题向人民法院申请鉴定。当事人申请鉴定的，由双方当事人协商确定具备资格的鉴定人；协商不成的，由人民法院指定。

当事人未申请鉴定，人民法院对专门性问题认为需要鉴定的，应当委托具备资格的鉴定人进行鉴定。

【相关法条：民诉证据规定第31至36条 民诉解释第121条】

第八十条 【鉴定人的职责】 鉴定人有权了解进行鉴定所需要的案件材料，必要时可以询问当事人、证人。

鉴定人应当提出书面鉴定意见，在鉴定书上签名或者盖章。

第八十一条 【鉴定人出庭作证的义务】 当事人对鉴定意见有异议或者人民法院认为鉴定人有必要出庭的，鉴定人应当出庭作证。经人民法院通知，鉴定人拒不出庭作证的，鉴定意见不得作为认定事实的根据；支付鉴定费用的当事人可以要求返还鉴定费用。

第八十二条 【对鉴定意见的查证】 当事人可以申请人民法院通知有专门知识的人出庭，就鉴定人作出的鉴定意见或者专业问题提出意见。[14/3/38]

【相关法条：民诉解释第122、133条】

第八十三条 【勘验笔录】 勘验物证或者现场，勘验人必须出示人民法院的证件，并邀请当地基层组织或者当事人所在单位派人参加。当事人或者当事人的成年家属应当到场，拒不到场的，不影响勘验的进行。

有关单位和个人根据人民法院的通知，有义务保护现场，协助勘验工作。

勘验人应当将勘验情况和结果制作笔录，由勘验人、当事人和被邀参加人签名或者盖章。

【相关法条：民诉解释第124条 民诉证据规定第43条】

★★ **第八十四条 【证据保全】** 在证据可能灭失或者以后难以取得的情况下，当事人可以在诉讼过程中向人民法院申请保全证据，人民法院也可以主动采取保全措施。

因情况紧急，在证据可能灭失或者以后难以取得的情况下，利害关系人可以在提起诉讼或者申请仲裁前向证据所在地、被申请人住所地或者对案件有管辖权的人民法院申请保全证据。

证据保全的其他程序，参照适用本法第九章保全的有关规定。

【相关法条：民诉解释第98条 民诉证据规定第25、27条】[14/3/77]

第七章 期间、送达

第一节 期 间

★ **第八十五条 【期间的种类和计算】** 期间包括法定期间和人民法院指定的期间。

期间以时、日、月、年计算。期间开始的时和日，不计算在期间内。

期间届满的最后一日是法定休假日的，以法定休假日后的第一日为期间届满的日期。

期间不包括在途时间，诉讼文书在期满前交邮的，不算过期。

【相关法条：民诉解释第125条】[12/3/38 11/3/41]

★ **第八十六条 【期间的耽误和顺延】** 当事人因不可抗拒的事由或者其他正当理由耽误期限的，在障碍消除后的十日内，可以申请顺延期限，是否准许，由人民法院决定。[15/3/41]

第二节 送 达

第八十七条 【送达回证】 送达诉讼文书必须有送达回证，由受送达人在送达回证上记明收到日期，签名或者盖章。

受送达人在送达回证上的签收日期为送达日期。

★★ **第八十八条 【直接送达】** 送达诉讼文书，应当直接送交受送达人。受送达人是公民的，本人不在交他的同住成年家属签收；受送达人是法人或者其他组织的，应当由法人的法定代表人、其他组织的主要负责人或者该法人、组织负责收件的人签收；受送达人有诉讼代理人的，可以送交其代理人签收；受送达人已向人民法院指定代收人的，送交代收人签收。

受送达人的同住成年家属，法人或者其他组织的负责收件的人，诉讼代理人或者代收人在送达回证上签收的日期为送达日期。

【相关法条：民诉解释第131条】

★★ **第八十九条 【留置送达】** 受送达人或者他的同住成年家属拒绝接收诉讼文书的，送达人可以邀请有关基层组织或者所在单位的代表到场，说明情况，在送达回证上记明拒收事由和日期，由送达人、见证人签名或者盖章，把诉讼文书留在受送达人的住所；也可以把诉讼文书留在受送达人的住所，并采用拍照、录像等方式记录送达过程，即视为送达。[13/3/39]

【相关法条：民诉解释第130、132条】

★★ **第九十条 【电子送达】** 经受送达人同意，人民法院可以采用能够确认其收悉的电子方式送达诉讼文书。通过电子方式送达的判决书、裁定书、调解书，受送达人提出需要纸质文书的，人民法院应当提供。

采用前款方式送达的，以送达信息到达受送达人特定系统的日期为送达日期。[14/3/42 13/3/39]

【相关法条：民诉解释第135、136条】

[考点提示] 本条为2021年《民事诉讼法》修正的内容，在遵循当事人自愿原则的基础上，加大了电子送达的适用力度，允许对判决书、裁定书、调解书适用电子送达，进一步拓展了电子送达的适用范围。

[出题点自测] 张某诉李某买卖合同一案，法院提出诉讼双方可提供自己的电子邮件地址，方便法院电子送达诉讼文书，双方当事人均表示同意。后法院对案件作出判决，以电子邮件的方式向双方送达判决书。问：本案的送达方式是否合法？

答：合法。

★ **第九十一条** 【委托送达与邮寄送达】直接送达诉讼文书有困难的，可以委托其他人民法院代为送达，或者邮寄送达。邮寄送达的，以回执上注明的收件日期为送达日期。

【相关法条：民诉解释第134条】[13/3/39]

[强化自测] 法院通过电子邮件告知李红领取判决书，李红让诉讼代理人李欢代取，李欢发现判已方败诉，对结果不认可，拒签送达回证，送达人员在回证上注明李欢拒收，由有关见证人签名。下列哪个选项正确？①

A. 构成直接送达　　　B. 构成委托送达
C. 构成电子送达　　　D. 构成留置送达

第九十二条 【军人的转交送达】受送达人是军人的，通过其所在部队团以上单位的政治机关转交。

★ **第九十三条** 【被监禁人或被采取强制性教育措施人的转交送达】受送达人被监禁的，通过其所在监所转交。

受送达人被采取强制性教育措施的，通过其所在强制性教育机构转交。

第九十四条 【转交送达的送达日期】代为转交的机关、单位收到诉讼文书后，必须立即交受送达人签收，以在送达回证上的签收日期，为送达日期。

★★ **第九十五条** 【公告送达】受送达人下落不明，或者用本节规定的其他方式无法送达的，公告送达。自发出公告之日起，经过三十日，即视为送达。

公告送达，应当在案卷中记明原因和经过。

【相关法条：民诉解释第138至140条】

[考点提示] 本条为2021年《民事诉讼法》修正的内容，为提高诉讼效率，降低诉讼成本，防止诉讼拖延，此次修正将公告送达的公告期间从"六十日"改为"三十日"。

第八章 调 解

★★ **第九十六条** 【法院调解原则】人民法院审理民事案件，根据当事人自愿的原则，在事实清楚的基础上，分清是非，进行调解。

【相关法条：民诉解释第142至146条】

第九十七条 【法院调解的程序】人民法院进行调解，可以由审判员一人主持，也可以由合议庭主持，并尽可能就地进行。

人民法院进行调解，可以用简便方式通知当事人、证人到庭。

【相关法条：民诉解释第147条】

第九十八条 【对法院调解的协助】人民法院进行调解，可以邀请有关单位和个人协助。被邀请的单位和个人，应当协助人民法院进行调解。[11/3/42]

★★ **第九十九条** 【调解协议的达成】调解达成协议，必须双方自愿，不得强迫。调解协议的内容不得违反法律规定。

【相关法条：民诉解释第148条　法院调解规定第1至4条】

★★ **第一百条** 【调解书的制作、送达和效力】调解达成协议，人民法院应当制作调解书。调解书应当写明诉讼请求、案件的事实和调解结果。

调解书由审判人员、书记员署名，加盖人民法院印章，送达双方当事人。

调解书经双方当事人签收后，即具有法律效力。

【相关法条：民诉解释第133、149条】

★★ **第一百零一条** 【不需要制作调解书的案件】下列案件调解达成协议，人民法院可以不制作调解书：

（一）调解和好的离婚案件；
（二）调解维持收养关系的案件；
（三）能够即时履行的案件；
（四）其他不需要制作调解书的案件。

对不需要制作调解书的协议，应当记入笔录，由双方当事人、审判人员、书记员签名或者盖章后，即具有法律效力。

【相关法条：民诉解释第151条】

★★ **第一百零二条** 【调解不成或调解后反悔的处理】调解未达成协议或者调解书送达前一方反悔的，人民法院应当及时判决。

【相关法条：民诉解释第150条】

第九章 保全和先予执行

★★ **第一百零三条** 【诉讼保全】人民法院对于可能因当事人一方的行为或者其他原因，使判决难以执行或者造成当事人其他损害的案件，根据对方当事人的申请，可以裁定对其财产进行保全、责令其作出一定行为或者禁止其作出一定行为；当事人没有提出申请的，人民法院在必要时也可以裁定采取保全措施。

人民法院采取保全措施，可以责令申请人提供担保，申请人不提供担保的，裁定驳回申请。

---

① 答案：D。

人民法院接受申请后,对情况紧急的,必须在四十八小时内作出裁定;裁定采取保全措施的,应当立即开始执行。[14/3/77 14/3/79 14/3/97]

【相关法条:民诉解释第152、161条】

☆☆ **第一百零四条** 【诉前保全】利害关系人因情况紧急,不立即申请保全将会使其合法权益受到难以弥补的损害的,可以在提起诉讼或者申请仲裁前向被保全财产所在地、被申请人住所地或者对案件有管辖权的人民法院申请采取保全措施。申请人应当提供担保,不提供担保的,裁定驳回申请。

人民法院接受申请后,必须在四十八小时内作出裁定;裁定采取保全措施的,应当立即开始执行。

申请人在人民法院采取保全措施后三十日内不依法提起诉讼或者申请仲裁的,人民法院应当解除保全。

【相关法条:民诉解释第27、152、160条】[15/3/81]

第一百零五条 【保全的范围】保全限于请求的范围,或者与本案有关的财产。

★ **第一百零六条** 【财产保全的措施】财产保全采取查封、扣押、冻结或者法律规定的其他方法。人民法院保全财产后,应当立即通知被保全财产的人。

财产已被查封、冻结的,不得重复查封、冻结。

【相关法条:民诉解释第153至159、162条】

★ **第一百零七条** 【保全的解除】财产纠纷案件,被申请人提供担保的,人民法院应当裁定解除保全。

【相关法条:民诉解释第163至166条】

☆☆ **第一百零八条** 【保全申请错误的处理】申请有错误的,申请人应当赔偿被申请人因保全所遭受的损失。

☆☆ **第一百零九条** 【先予执行的适用范围】人民法院对下列案件,根据当事人的申请,可以裁定先予执行:

(一)追索赡养费、扶养费、抚养费、抚恤金、医疗费用的;

(二)追索劳动报酬的;

(三)因情况紧急需要先予执行的。

【相关法条:民诉解释第169、170条】

★ **第一百一十条** 【先予执行的条件】人民法院裁定先予执行的,应当符合下列条件:

(一)当事人之间权利义务关系明确,不先予执行将严重影响申请人的生活或者生产经营的;

(二)被申请人有履行能力。

人民法院可以责令申请人提供担保,申请人不提供担保的,驳回申请。申请人败诉的,应当赔偿被申请人因先予执行遭受的财产损失。

☆☆ **第一百一十一条** 【对保全或先予执行不服的救济程序】当事人对保全或者先予执行的裁定不服的,可以申请复议一次。复议期间不停止裁定的执行。

【相关法条:民诉解释第171至173条】

第十章 对妨害民事诉讼的强制措施

☆☆ **第一百一十二条** 【拘传的适用】人民法院对必须到庭的被告,经两次传票传唤,无正当理由拒不到庭的,可以拘传。

【相关法条:民诉解释第174、175条】

★★ **第一百一十三条** 【对违反法庭规则、扰乱法庭秩序行为的强制措施】诉讼参与人和其他人应当遵守法庭规则。

人民法院对违反法庭规则的人,可以予以训诫,责令退出法庭或者予以罚款、拘留。

人民法院对哄闹、冲击法庭,侮辱、诽谤、威胁、殴打审判人员,严重扰乱法庭秩序的人,依法追究刑事责任;情节较轻的,予以罚款、拘留。

【相关法条:民诉解释第176至180条】

★★ **第一百一十四条** 【对妨害诉讼证据的收集、调查和阻拦、干扰诉讼进行的强制措施】诉讼参与人或者其他人有下列行为之一的,人民法院可以根据情节轻重予以罚款、拘留;构成犯罪的,依法追究刑事责任:

(一)伪造、毁灭重要证据,妨碍人民法院审理案件的;

(二)以暴力、威胁、贿买方法阻止证人作证或者指使、贿买、胁迫他人作伪证的;

(三)隐藏、转移、变卖、毁损已被查封、扣押的财产,或者已被清点并责令其保管的财产,转移已被冻结的财产的;

(四)对司法工作人员、诉讼参加人、证人、翻译人员、鉴定人、勘验人、协助执行的人,进行侮辱、诽谤、诬陷、殴打或者打击报复的;

(五)以暴力、威胁或者其他方法阻碍司法工作人员执行职务的;

(六)拒不履行人民法院已经发生法律效力的判决、裁定的。

人民法院对有前款规定的行为之一的单位,可以对其主要负责人或者直接责任人员予以罚款、拘留;构成犯罪的,依法追究刑事责任。

【相关法条:民诉解释第187至189条】

★ **第一百一十五条** 【对虚假诉讼的规制】当事人之间恶意串通,企图通过诉讼、调解等方式侵害国家利益、社会公共利益或者他人合法权益的,人民法院应当驳回其请求,并根据情节轻重予以罚款、拘留;构成犯罪的,依法追究刑事责任。

当事人单方捏造民事案件基本事实,向人民法院提起诉讼,企图侵害国家利益、社会公共利益或者他人合法权益的,适用前款规定。

【相关法条:民诉解释第190条】

[考点提示] 2023年《民事诉讼法》修正，在系统总结司法实践经验的基础上，对于单方捏造民事案件基本事实形成的虚假诉讼，明确其应与当事人恶意串通形成的虚假诉讼适用同样的法律规则，即人民法院应当驳回其请求，并根据情节轻重予以罚款、拘留；构成犯罪的，依法追究刑事责任。这一修改使得民事诉讼法对于虚假诉讼的法律规制更为全面，更好维护了司法秩序与司法权威，更好保障了国家利益、社会公共利益及他人合法权益。

第一百一十六条　【对恶意串通，通过诉讼、仲裁、调解等方式逃避履行法律文书确定的义务的强制措施】 被执行人与他人恶意串通，通过诉讼、仲裁、调解等方式逃避履行法律文书确定的义务的，人民法院应当根据情节轻重予以罚款、拘留；构成犯罪的，依法追究刑事责任。

【相关法条：民诉解释第191条】

☆☆**第一百一十七条　【对拒不履行协助义务的单位的强制措施】** 有义务协助调查、执行的单位有下列行为之一的，人民法院除责令其履行协助义务外，并可以予以罚款：

（一）有关单位拒绝或者妨碍人民法院调查取证的；

（二）有关单位接到人民法院协助执行通知书后，拒不协助查询、扣押、冻结、划拨、变价财产的；

（三）有关单位接到人民法院协助执行通知书后，拒不协助扣留被执行人的收入、办理有关财产权证照转移手续、转交有关票证、证照或者其他财产的；

（四）其他拒绝协助执行的。

人民法院对有前款规定的行为之一的单位，可以对其主要负责人或者直接责任人员予以罚款；对仍不履行协助义务的，可以予以拘留；并可以向监察机关或者有关机关提出予以纪律处分的司法建议。

【相关法条：民诉解释第192条】

☆☆**第一百一十八条　【罚款金额和拘留期限】** 对个人的罚款金额，为人民币十万元以下。对单位的罚款金额，为人民币五万元以上一百万元以下。

拘留的期限，为十五日以下。

被拘留的人，由人民法院交公安机关看管。在拘留期间，被拘留人承认并改正错误的，人民法院可以决定提前解除拘留。

【相关法条：民诉解释第183至185、193条】

☆☆**第一百一十九条　【拘传、罚款、拘留的批准】** 拘传、罚款、拘留必须经院长批准。

拘传应当发拘传票。

罚款、拘留应当用决定书。对决定不服的，可以向上一级人民法院申请复议一次。复议期间不停止执行。

【相关法条：民诉解释第181、182条】

☆☆**第一百二十条　【强制措施由法院决定】** 采取对妨害民事诉讼的强制措施必须由人民法院决定。任何单位和个人采取非法拘禁他人或者非法私自扣押他人财产追索债务的，应当依法追究刑事责任，或者予以拘留、罚款。

【相关法条：民诉解释第186条】

第十一章　诉讼费用

第一百二十一条　【诉讼费用】 当事人进行民事诉讼，应当按照规定交纳案件受理费。财产案件除交纳案件受理费外，并按照规定交纳其他诉讼费用。

当事人交纳诉讼费用确有困难的，可以按照规定向人民法院申请缓交、减交或者免交。

收取诉讼费用的办法另行制定。

【相关法条：民诉解释第194至207条】

第二编　审判程序

第十二章　第一审普通程序

第一节　起诉和受理

☆☆**第一百二十二条　【起诉的实质要件】** 起诉必须符合下列条件：

（一）原告是与本案有直接利害关系的公民、法人和其他组织；

（二）有明确的被告；

（三）有具体的诉讼请求和事实、理由；

（四）属于人民法院受理民事诉讼的范围和受诉人民法院管辖。

【相关法条：民诉解释第208、209条】

第一百二十三条　【起诉的形式要件】 起诉应当向人民法院递交起诉状，并按照被告人数提出副本。

书写起诉状确有困难的，可以口头起诉，由人民法院记入笔录，并告知对方当事人。

第一百二十四条　【起诉状的内容】 起诉状应当记明下列事项：

（一）原告的姓名、性别、年龄、民族、职业、工作单位、住所、联系方式，法人或者其他组织的名称、住所和法定代表人或者主要负责人的姓名、职务、联系方式；

（二）被告的姓名、性别、工作单位、住所等信息，法人或者其他组织的名称、住所等信息；

（三）诉讼请求和所根据的事实与理由；

（四）证据和证据来源，证人姓名和住所。

【相关法条：民诉解释第210条】　[11/3/79]

★**第一百二十五条　【先行调解】** 当事人起诉到人民法院的民事纠纷，适宜调解的，先行调解，但当事人拒绝调解的除外。

★★ **第一百二十六条** 【起诉权和受理程序】人民法院应当保障当事人依照法律规定享有的起诉权利。对符合本法第一百二十二条的起诉，必须受理。符合起诉条件的，应当在七日内立案，并通知当事人；不符合起诉条件的，应当在七日内作出裁定书，不予受理；原告对裁定不服的，可以提起上诉。

【相关法条：民诉解释第126条】

★☆ **第一百二十七条** 【对特殊情形的处理】人民法院对下列起诉，分别情形，予以处理：

（一）依照行政诉讼法的规定，属于行政诉讼受案范围的，告知原告提起行政诉讼；

（二）依照法律规定，双方当事人达成书面仲裁协议申请仲裁、不得向人民法院起诉的，告知原告向仲裁机构申请仲裁；

（三）依照法律规定，应当由其他机关处理的争议，告知原告向有关机关申请解决；

（四）对不属于本院管辖的案件，告知原告向有管辖权的人民法院起诉；

（五）对判决、裁定、调解书已经发生法律效力的案件，当事人又起诉的，告知原告申请再审，但人民法院准许撤诉的裁定除外；

（六）依照法律规定，在一定期限内不得起诉的案件，在不得起诉的期限内起诉的，不予受理；

（七）判决不准离婚和调解和好的离婚案件，判决、调解维持收养关系的案件，没有新情况、新理由，原告在六个月内又起诉的，不予受理。[12/3/79]

【相关法条：民诉解释第212至219条】

第二节　审理前的准备

★ **第一百二十八条** 【送达起诉状和答辩状】人民法院应当在立案之日起五日内将起诉状副本发送被告，被告应当在收到之日起十五日内提出答辩状。答辩状应当记明被告的姓名、性别、年龄、民族、职业、工作单位、住所、联系方式；法人或者其他组织的名称、住所和法定代表人或者主要负责人的姓名、职务、联系方式。人民法院应当在收到答辩状之日起五日内将答辩状副本发送原告。

被告不提出答辩状的，不影响人民法院审理。

【相关法条：民诉证据规定第49至58条】

[考点提示] 注意本条中答辩期与涉外民事案件不同，涉外民事案件中，若被告在中国无住所，答辩期为30日。

第一百二十九条 【诉讼权利义务的告知】人民法院对决定受理的案件，应当在受理案件通知书和应诉通知书中向当事人告知有关的诉讼权利义务，或者口头告知。

★★ **第一百三十条** 【对管辖权异议的审查和处理】人民法院受理案件后，当事人对管辖权有异议的，应当在提交答辩状期间提出。人民法院对当事人提出的异议，应当审查。异议成立的，裁定将案件移送有管辖权的人民法院；异议不成立的，裁定驳回。

当事人未提出管辖异议，并应诉答辩或者提出反诉的，视为受诉人民法院有管辖权，但违反级别管辖和专属管辖规定的除外。[17/3/36　16/3/78]

【相关法条：民诉解释第223条】

★ **第一百三十一条** 【审判人员的告知】审判人员确定后，应当在三日内告知当事人。

第一百三十二条 【审核取证】审判人员必须认真审核诉讼材料，调查收集必要的证据。

第一百三十三条 【调查取证的程序】人民法院派出人员进行调查时，应当向被调查人出示证件。

调查笔录经被调查人校阅后，由被调查人、调查人签名或者盖章。

第一百三十四条 【委托调查】人民法院在必要时可以委托外地人民法院调查。

委托调查，必须提出明确的项目和要求。受委托人民法院可以主动补充调查。

受委托人民法院收到委托书后，应当在三十日内完成调查。因故不能完成的，应当在上述期限内函告委托人民法院。

★★ **第一百三十五条** 【当事人的追加】必须共同进行诉讼的当事人没有参加诉讼的，人民法院应当通知其参加诉讼。

第一百三十六条 【案件受理后的处理】人民法院对受理的案件，分别情形，予以处理：

（一）当事人没有争议，符合督促程序规定条件的，可以转入督促程序；

（二）开庭前可以调解的，采取调解方式及时解决纠纷；

（三）根据案件情况，确定适用简易程序或者普通程序；

（四）需要开庭审理的，通过要求当事人交换证据等方式，明确争议焦点。

【相关法条：民诉解释第224至226条】

第三节　开庭审理

★★ **第一百三十七条** 【公开审理及例外】人民法院审理民事案件，除涉及国家秘密、个人隐私或者法律另有规定的以外，应当公开进行。

离婚案件，涉及商业秘密的案件，当事人申请不公开审理的，可以不公开审理。[12/3/36]

【相关法条：民诉解释第220条】

第一百三十八条 【巡回审理】人民法院审理民事案件，根据需要进行巡回审理，就地办案。

第一百三十九条 【开庭通知与公告】人民法院审

理民事案件，应当在开庭三日前通知当事人和其他诉讼参与人。公开审理的，应当公告当事人姓名、案由和开庭的时间、地点。

【相关法条：民诉解释第227条】

第一百四十条　【宣布开庭】开庭审理前，书记员应当查明当事人和其他诉讼参与人是否到庭，宣布法庭纪律。

开庭审理时，由审判长或者独任审判员核对当事人，宣布案由，宣布审判人员、法官助理、书记员等的名单，告知当事人有关的诉讼权利义务，询问当事人是否提出回避申请。[12/3/40]

第一百四十一条　【法庭调查顺序】法庭调查按照下列顺序进行：

（一）当事人陈述；
（二）告知证人的权利义务，证人作证，宣读未到庭的证人证言；
（三）出示书证、物证、视听资料和电子数据；
（四）宣读鉴定意见；
（五）宣读勘验笔录。

第一百四十二条　【当事人庭审诉讼权利】当事人在法庭上可以提出新的证据。

当事人经法庭许可，可以向证人、鉴定人、勘验人发问。

当事人要求重新进行调查、鉴定或者勘验的，是否准许，由人民法院决定。

【相关法条：民诉解释第249、250条】

★ **第一百四十三条**　【合并审理】原告增加诉讼请求，被告提出反诉，第三人提出与本案有关的诉讼请求，可以合并审理。

【相关法条：民诉解释第221条】

第一百四十四条　【法庭辩论】法庭辩论按照下列顺序进行：

（一）原告及其诉讼代理人发言；
（二）被告及其诉讼代理人答辩；
（三）第三人及其诉讼代理人发言或者答辩；
（四）互相辩论。

法庭辩论终结，由审判长或者独任审判员按照原告、被告、第三人的先后顺序征询各方最后意见。

【相关法条：民诉解释第230至232条】

第一百四十五条　【法庭调解】法庭辩论终结，应当依法作出判决。判决前能够调解的，还可以进行调解，调解不成的，应当及时判决。

★ **第一百四十六条**　【原告不到庭和中途退庭的处理】原告经传票传唤，无正当理由拒不到庭的，或者未经法庭许可中途退庭的，可以按撤诉处理；被告反诉的，可以缺席判决。

【相关法条：民诉解释第235、236、240条】[11/3/81]

[真题演练] 法院开庭审理时一方当事人未到庭，关于可能出现的法律后果，下列哪些选项是正确的？[11/3/81]①

A．延期审理
B．按原告撤诉处理
C．缺席判决
D．采取强制措施拘传未到庭的当事人到庭

★★ **第一百四十七条**　【被告不到庭和中途退庭的处理】被告经传票传唤，无正当理由拒不到庭的，或者未经法庭许可中途退庭的，可以缺席判决。

【相关法条：民诉解释第241条】

★★ **第一百四十八条**　【原告申请撤诉的处理】宣判前，原告申请撤诉的，是否准许，由人民法院裁定。

人民法院裁定不准许撤诉的，原告经传票传唤，无正当理由拒不到庭的，可以缺席判决。

【相关法条：民诉解释第237、238条】

★★ **第一百四十九条**　【延期审理】有下列情形之一的，可以延期开庭审理：

（一）必须到庭的当事人和其他诉讼参与人有正当理由没有到庭的；
（二）当事人临时提出回避申请的；
（三）需要通知新的证人到庭，调取新的证据，重新鉴定、勘验，或者需要补充调查的；
（四）其他应当延期的情形。

★ **第一百五十条**　【法庭笔录】书记员应当将法庭审理的全部活动记入笔录，由审判人员和书记员签名。

法庭笔录应当当庭宣读，也可以告知当事人和其他诉讼参与人当庭或者在五日内阅读。当事人和其他诉讼参与人认为对自己的陈述记录有遗漏或者差错的，有权申请补正。如果不予补正，应当将申请记录在案。

法庭笔录由当事人和其他诉讼参与人签名或者盖章。拒绝签名盖章的，记明情况附卷。

★★ **第一百五十一条**　【宣告判决】人民法院对公开审理或者不公开审理的案件，一律公开宣告判决。

当庭宣判的，应当在十日内发送判决书；定期宣判的，宣判后立即发给判决书。

宣告判决时，必须告知当事人上诉权利、上诉期限和上诉的法院。

宣告离婚判决，必须告知当事人在判决发生法律效力前不得另行结婚。

★★ **第一百五十二条**　【一审审限】人民法院适用普通程序审理的案件，应当在立案之日起六个月内审结。有特殊情况需要延长的，经本院院长批准，可以延长六个

---

① 答案：ABCD。

月；还需要延长的，报请上级人民法院批准。

【相关法条：民诉解释第243条】

第四节 诉讼中止和终结

★★ **第一百五十三条** 【诉讼中止】有下列情形之一的，中止诉讼：

（一）一方当事人死亡，需要等待继承人表明是否参加诉讼的；

（二）一方当事人丧失诉讼行为能力，尚未确定法定代理人的；

（三）作为一方当事人的法人或者其他组织终止，尚未确定权利义务承受人的；

（四）一方当事人因不可抗拒的事由，不能参加诉讼的；

（五）本案必须以另一案的审理结果为依据，而另一案尚未审结的；

（六）其他应当中止诉讼的情形。

中止诉讼的原因消除后，恢复诉讼。

【相关法条：民诉解释第246条】

★★ **第一百五十四条** 【诉讼终结】有下列情形之一的，终结诉讼：

（一）原告死亡，没有继承人，或者继承人放弃诉讼权利的；

（二）被告死亡，没有遗产，也没有应当承担义务的人的；

（三）离婚案件一方当事人死亡的；

（四）追索赡养费、扶养费、抚养费以及解除收养关系案件的一方当事人死亡的。[17/3/81 15/3/48]

[真题演练] 对张男诉刘女离婚案（两人无子女，刘父已去世），因刘女为无行为能力人，法院准许其母李某以法定代理人身份代其诉讼。2017年7月3日，法院判决二人离婚，并对双方共有财产进行了分割。该判决同日送达双方当事人，李某对解除其女儿与张男的婚姻关系无异议，但对共有财产分割有意见，拟提起上诉。2017年7月10日，刘女身亡。在此情况下，本案将产生哪些法律后果？[17/3/81]①

A．本案诉讼中止，视李某是否就一审判决提起上诉而确定案件是否终结

B．本案诉讼终结

C．一审判决生效，二人的夫妻关系根据判决解除，李某继承判决分配给刘女的财产

D．一审判决未生效，二人的共有财产应依法分割，张男与李某对刘女的遗产均有继承权

第五节 判决和裁定

★ **第一百五十五条** 【判决书的内容】判决书应当写明判决结果和作出该判决的理由。判决书内容包括：

（一）案由、诉讼请求、争议的事实和理由；

（二）判决认定的事实和理由、适用的法律和理由；

（三）判决结果和诉讼费用的负担；

（四）上诉期间和上诉的法院。

判决书由审判人员、书记员署名，加盖人民法院印章。

第一百五十六条 【先行判决】人民法院审理案件，其中一部分事实已经清楚，可以就该部分先行判决。

★★ **第一百五十七条** 【裁定】裁定适用于下列范围：

（一）不予受理；

（二）对管辖权有异议的；

（三）驳回起诉；

（四）保全和先予执行；

（五）准许或者不准许撤诉；

（六）中止或者终结诉讼；

（七）补正判决书中的笔误；

（八）中止或者终结执行；

（九）撤销或者不予执行仲裁裁决；

（十）不予执行公证机关赋予强制执行效力的债权文书；

（十一）其他需要裁定解决的事项。

对前款第一项至第三项裁定，可以上诉。

裁定书应当写明裁定结果和作出该裁定的理由。裁定书由审判人员、书记员署名，加盖人民法院印章。口头裁定的，记入笔录。[16/3/46 16/3/78 14/3/82]

【相关法条：民诉解释第245、247条】

★ **第一百五十八条** 【一审判决的生效】最高人民法院的判决、裁定，以及依法不准上诉或者超过上诉期没有上诉的判决、裁定，是发生法律效力的判决、裁定。

★★ **第一百五十九条** 【判决、裁定的公开】公众可以查阅发生法律效力的判决书、裁定书，但涉及国家秘密、商业秘密和个人隐私的内容除外。

【相关法条：民诉解释第253至255条】

第十三章 简 易 程 序

★★ **第一百六十条** 【简易程序的适用范围】基层人民法院和它派出的法庭审理事实清楚、权利义务关系明确、争议不大的简单的民事案件，适用本章规定。

基层人民法院和它派出的法庭审理前款规定以外的民事案件，当事人双方也可以约定适用简易程序。

【相关法条：民诉解释第256、257、264条 简审民事案件规定第1至3条】[16/3/35 14/3/79]

★ **第一百六十一条** 【简易程序的起诉方式和受理程序】对简单的民事案件，原告可以口头起诉。

---

① 答案：BD。

· 91 ·

当事人双方可以同时到基层人民法院或者它派出的法庭，请求解决纠纷。基层人民法院或者它派出的法庭可以当即审理，也可以另定日期审理。

【相关法条：民诉解释第259、265、266至269条 简审民事案件规定第4至7条】

第一百六十二条　【简易程序的传唤方式】基层人民法院和它派出的法庭审理简单的民事案件，可以用简便方式传唤当事人和证人、送达诉讼文书、审理案件，但应当保障当事人陈述意见的权利。

【相关法条：民诉解释第261条　简审民事案件规定第6条】

第一百六十三条　【简易程序的独任审理】简单的民事案件由审判员一人独任审理，并不受本法第一百三十九条、第一百四十一条、第一百四十四条规定的限制。[11/3/43]

★★**第一百六十四条**　【简易程序的审限】人民法院适用简易程序审理案件，应当在立案之日起三个月内审结。有特殊情况需要延长的，经本院院长批准，可以延长一个月。

【相关法条：民诉解释第258条】

[考点提示]　本条为2021年《民事诉讼法》修正的内容，增加了适用简易程序审理案件时，在特殊情况下可以延长审理期限的规定。延长简易程序的审理期限，须经本院院长批准。

★★**第一百六十五条**　【简易程序一审终审的适用条件】基层人民法院和它派出的法庭审理事实清楚、权利义务关系明确、争议不大的简单金钱给付民事案件，标的额为各省、自治区、直辖市上年度就业人员年平均工资百分之五十以下的，适用小额诉讼的程序审理，实行一审终审。

基层人民法院和它派出的法庭审理前款规定的民事案件，标的额超过各省、自治区、直辖市上年度就业人员年平均工资百分之五十但在二倍以下的，当事人双方也可以约定适用小额诉讼的程序。[15/3/84　14/3/40]

【相关法条：民诉解释第271至281条、第424条】

[考点提示]　本条为2021年《民事诉讼法》修正的内容，将小额诉讼程序适用的案件类型限定为"简单金钱给付"案件，适用标的额从原来的"各省、自治区、直辖市上年度就业人员年平均工资百分之三十以下"提升到"百分之五十以下"，新增当事人合意选择适用模式，进一步降低了小额诉讼程序的适用门槛，充分保障了当事人的程序选择权和利益处分权，能够有效发挥小额诉讼程序便捷、高效、一次性终局解纷的制度优势。

★★**第一百六十六条**　【不适用小额诉讼程序的条件】人民法院审理下列民事案件，不适用小额诉讼的程序：

（一）人身关系、财产确权案件；

（二）涉外案件；

（三）需要评估、鉴定或者对诉前评估、鉴定结果有异议的案件；

（四）一方当事人下落不明的案件；

（五）当事人提出反诉的案件；

（六）其他不宜适用小额诉讼的程序审理的案件。

[考点提示]　本条为2021年《民事诉讼法》修正的新增内容，明确规定了对确权类、涉外、需要评估鉴定、一方当事人下落不明、提出反诉等六种情形的纠纷不得适用小额诉讼程序，避免实践中的滥用或不当适用。

★★**第一百六十七条**　【当庭宣判】人民法院适用小额诉讼的程序审理案件，可以一次开庭审结并且当庭宣判。

[考点提示]　本条为2021年《民事诉讼法》修正的新增内容，明确规定了适用小额诉讼程序可以一次开庭审结并且当庭宣判，能够进一步提高审理效率，及时有效维护当事人的合法权益。

★**第一百六十八条**　【小额诉讼程序的审限】人民法院适用小额诉讼的程序审理案件，应当在立案之日起两个月内审结。有特殊情况需要延长的，经本院院长批准，可以延长一个月。

[考点提示]　本条为2021年《民事诉讼法》修正的新增内容，明确规定了适用小额诉讼程序的审理期限。

★★**第一百六十九条**　【小额诉讼程序转普通程序】人民法院在审理过程中，发现案件不宜适用小额诉讼的程序的，应当适用简易程序的其他规定审理或者裁定转为普通程序。

当事人认为案件适用小额诉讼的程序审理违反法律规定的，可以向人民法院提出异议。人民法院对当事人提出的异议应当审查，异议成立的，应当适用简易程序的其他规定审理或者裁定转为普通程序；异议不成立的，裁定驳回。

[考点提示]　本条为2021年《民事诉讼法》修正的新增内容，明确赋予了当事人对适用小额诉讼程序的异议权，加强了对小额诉讼程序适用的制约监督。

★**第一百七十条**　【简易程序转为普通程序】人民法院在审理过程中，发现案件不宜适用简易程序的，裁定转为普通程序。

【相关法条：民诉解释第260条】

第十四章　第二审程序

★★**第一百七十一条**　【上诉权】当事人不服地方人民

法院第一审判决的，有权在判决书送达之日起十五日内向上一级人民法院提起上诉。

当事人不服地方人民法院第一审裁定的，有权在裁定书送达之日起十日内向上一级人民法院提起上诉。

【相关法条：民诉解释第244、318至320条】[14/3/83 14/3/84]

[考点提示] 国内民事案件与涉外民事案件的上诉期不同，涉外民事案件中，当事人若在中国无住所，判决和裁定均为30日。

★ **第一百七十二条** 【上诉状的内容】上诉应当递交上诉状。上诉状的内容，应当包括当事人的姓名，法人的名称及其法定代表人的姓名或者其他组织的名称及其主要负责人的姓名；原审人民法院名称、案件的编号和案由；上诉的请求和理由。

★ **第一百七十三条** 【上诉的提起】上诉状应当通过原审人民法院提出，并按照对方当事人或者代表人的人数提出副本。

当事人直接向第二审人民法院上诉的，第二审人民法院应当在五日内将上诉状移交原审人民法院。

【相关法条：民诉解释第315至317条】

★★ **第一百七十四条** 【上诉的受理】原审人民法院收到上诉状，应当在五日内将上诉状副本送达对方当事人，对方当事人在收到之日起十五日内提出答辩状。人民法院应当在收到答辩状之日起五日内将副本送达上诉人。对方当事人不提出答辩状的，不影响人民法院审理。

原审人民法院收到上诉状、答辩状，应当在五日内连同全部案卷和证据，报送第二审人民法院。

【相关法条：民诉证据规定第49至58条】

★ **第一百七十五条** 【二审的审理范围】第二审人民法院应当对上诉请求的有关事实和适用法律进行审查。

【相关法条：民诉解释第321条】[17/3/82 14/3/83]

[考点提示] 民事诉讼与刑事诉讼的二审审理范围不同。民事诉讼中，二审法院对上诉请求相关的事实和法律进行审查。刑事诉讼中，二审进行全面审理，不受上诉或者抗诉范围的限制。

★★ **第一百七十六条** 【二审的审理方式和地点】第二审人民法院对上诉案件应当开庭审理。经过阅卷、调查和询问当事人，对没有提出新的事实、证据或者理由，人民法院认为不需要开庭审理的，可以不开庭审理。

第二审人民法院审理上诉案件，可以在本院进行，也可以到案件发生地或者原审人民法院所在地进行。

【相关法条：民诉解释第322、331条】[14/3/83 12/3/43]

★★ **第一百七十七条** 【二审裁判】第二审人民法院对上诉案件，经过审理，按照下列情形，分别处理：

（一）原判决、裁定认定事实清楚，适用法律正确的，以判决、裁定方式驳回上诉，维持原判决、裁定；

（二）原判决、裁定认定事实错误或者适用法律错误的，以判决、裁定方式依法改判、撤销或者变更；

（三）原判决认定基本事实不清的，裁定撤销原判决，发回原审人民法院重审，或者查清事实后改判；

（四）原判决遗漏当事人或者违法缺席判决等严重违反法定程序的，裁定撤销原判决，发回原审人民法院重审。

原审人民法院对发回重审的案件作出判决后，当事人提起上诉的，第二审人民法院不得再次发回重审。

【相关法条：民诉解释第251、323、328、329、332、333条】[14/3/47 11/3/44]

★ **第一百七十八条** 【对一审适用裁定的上诉案件的处理】第二审人民法院对不服第一审人民法院裁定的上诉案件的处理，一律使用裁定。

【相关法条：民诉解释第331条】

★★ **第一百七十九条** 【上诉案件的调解】第二审人民法院审理上诉案件，可以进行调解。调解达成协议，应当制作调解书，由审判人员、书记员署名，加盖人民法院印章。调解书送达后，原审人民法院的判决即视为撤销。

【相关法条：民诉解释第324至327条】[14/3/83]

第一百八十条 【上诉的撤回】第二审人民法院判决宣告前，上诉人申请撤回上诉的，是否准许，由第二审人民法院裁定。

【相关法条：民诉解释第335至337条】

第一百八十一条 【二审适用的程序】第二审人民法院审理上诉案件，除依照本章规定外，适用第一审普通程序。

【相关法条：民诉解释第338条】

★★ **第一百八十二条** 【二审裁判的效力】第二审人民法院的判决、裁定，是终审的判决、裁定。

★★ **第一百八十三条** 【二审审限】人民法院审理对判决的上诉案件，应当在第二审立案之日起三个月内审结。有特殊情况需要延长的，由本院院长批准。

人民法院审理对裁定的上诉案件，应当在第二审立案之日起三十日内作出终审裁定。

【相关法条：民诉解释第339条】

第十五章 特别程序

第一节 一般规定

★★ **第一百八十四条** 【特别程序的适用范围】人民法院审理选民资格案件、宣告失踪或者宣告死亡案件、指定遗产管理人案件、认定公民无民事行为能力或者限制

93

民事行为能力案件、认定财产无主案件、确认调解协议案件和实现担保物权案件，适用本章规定。本章没有规定的，适用本法和其他法律的有关规定。

★★ **第一百八十五条** 【一审终审与独任审理】依照本章程序审理的案件，实行一审终审。选民资格案件或者重大、疑难的案件，由审判员组成合议庭审理；其他案件由审判员一人独任审理。[12/3/44]

★ **第一百八十六条** 【特别程序的转换】人民法院在依照本章程序审理案件的过程中，发现本案属于民事权益争议的，应当裁定终结特别程序，并告知利害关系人可以另行起诉。

★★ **第一百八十七条** 【特别程序的审限】人民法院适用特别程序审理的案件，应当在立案之日起三十日内或者公告期满后三十日内审结。有特殊情况需要延长的，由本院院长批准。但审理选民资格的案件除外。

第二节 选民资格案件

★ **第一百八十八条** 【起诉与管辖】公民不服选举委员会对选民资格的申诉所作的处理决定，可以在选举日的五日以前向选区所在地基层人民法院起诉。

★★ **第一百八十九条** 【审理、审限及判决】人民法院受理选民资格案件后，必须在选举日前审结。

审理时，起诉人、选举委员会的代表和有关公民必须参加。

人民法院的判决书，应当在选举日前送达选举委员会和起诉人，并通知有关公民。

第三节 宣告失踪、宣告死亡案件

★★ **第一百九十条** 【宣告失踪案件的提起】公民下落不明满二年，利害关系人申请宣告其失踪的，向下落不明人住所地基层人民法院提出。

申请书应当写明失踪的事实、时间和请求，并附有公安机关或者其他有关机关关于该公民下落不明的书面证明。

【相关法条：民诉解释第341至346条】[17/3/47]

★★ **第一百九十一条** 【宣告死亡案件的提起】公民下落不明满四年，或者因意外事件下落不明满二年，或者因意外事件下落不明，经有关机关证明该公民不可能生存，利害关系人申请宣告其死亡的，向下落不明人住所地基层人民法院提出。

申请书应当写明下落不明的事实、时间和请求，并附有公安机关或者其他有关机关关于该公民下落不明的书面证明。

【相关法条：民诉解释第341条】

★★ **第一百九十二条** 【公告与判决】人民法院受理宣告失踪、宣告死亡案件后，应当发出寻找下落不明人的公告。宣告失踪的公告期间为三个月，宣告死亡的公告期间为一年。因意外事件下落不明，经有关机关证明该公民不可能生存的，宣告死亡的公告期间为三个月。

公告期间届满，人民法院应当根据被宣告失踪、宣告死亡的事实是否得到确认，作出宣告失踪、宣告死亡的判决或者驳回申请的判决。

★★ **第一百九十三条** 【判决的撤销】被宣告失踪、宣告死亡的公民重新出现，经本人或者利害关系人申请，人民法院应当作出新判决，撤销原判决。

第四节 指定遗产管理人案件

★★ **第一百九十四条** 【指定遗产管理人案件的提起】对遗产管理人的确定有争议，利害关系人申请指定遗产管理人的，向被继承人死亡时住所地或者主要遗产所在地基层人民法院提出。

申请书应当写明被继承人死亡的时间、申请事由和具体请求，并附有被继承人死亡的相关证据。

[考点提示] 为与《民法典》规定的遗产管理人制度保持衔接，细化遗产管理人制度的程序法规则，回应司法实践需求，2023年《民事诉讼法》修正在第十五章"特别程序"中新增一节"指定遗产管理人案件"，对申请指定遗产管理人的管辖法院、人民法院判决指定遗产管理人的原则、遗产管理人存在特殊情形下的处理等作出规定，从而为此类案件的审理提供明确的程序指引，增强了规则的可操作性，有利于遗产管理人制度功能的充分发挥。

第一百九十五条 【指定遗产管理人的原则】人民法院受理申请后，应当审查核实，并按照有利于遗产管理的原则，判决指定遗产管理人。

★ **第一百九十六条** 【另行指定遗产管理人】被指定的遗产管理人死亡、终止、丧失民事行为能力或者存在其他无法继续履行遗产管理职责情形的，人民法院可以根据利害关系人或者本人的申请另行指定遗产管理人。

★ **第一百九十七条** 【遗产管理人资格的撤销】遗产管理人违反遗产管理职责，严重侵害继承人、受遗赠人或者债权人合法权益的，人民法院可以根据利害关系人的申请，撤销其遗产管理人资格，并依法指定新的遗产管理人。

第五节 认定公民无民事行为能力、限制民事行为能力案件

★★ **第一百九十八条** 【认定公民无民事行为能力、限制民事行为能力案件的提起】申请认定公民无民事行为能力或者限制民事行为能力，由利害关系人或者有关组织向该公民住所地基层人民法院提出。

申请书应当写明该公民无民事行为能力或者限制民事行为能力的事实和根据。

【相关法条：民诉解释第347条】

第一百九十九条 【民事行为能力鉴定】人民法院受理申请后，必要时应当对被请求认定为无民事行为能力或者限制民事行为能力的公民进行鉴定。申请人已提供鉴定意见的，应当对鉴定意见进行审查。

★ 第二百条 【审理及判决】人民法院审理认定公民无民事行为能力或者限制民事行为能力的案件，应当由该公民的近亲属为代理人，但申请人除外。近亲属互相推诿的，由人民法院指定其中一人为代理人。该公民健康情况许可的，还应当询问本人的意见。

人民法院经审理认定申请有事实根据的，判决该公民为无民事行为能力或者限制民事行为能力人；认定申请没有事实根据的，应当判决予以驳回。

【相关法条：民诉解释第350条】

★ 第二百零一条 【判决的撤销】人民法院根据被认定为无民事行为能力人、限制民事行为能力人本人、利害关系人或者有关组织的申请，证实该公民无民事行为能力或者限制民事行为能力的原因已经消除的，应当作出新判决，撤销原判决。

第六节 认定财产无主案件

★ 第二百零二条 【认定财产无主案件的提起】申请认定财产无主，由公民、法人或者其他组织向财产所在地基层人民法院提出。

申请书应当写明财产的种类、数量以及要求认定财产无主的根据。

★ 第二百零三条 【公告及判决】人民法院受理申请后，经审查核实，应当发出财产认领公告。公告满一年无人认领的，判决认定财产无主，收归国家或者集体所有。

【相关法条：民诉解释第350条】

第二百零四条 【判决的撤销】判决认定财产无主后，原财产所有人或者继承人出现，在民法典规定的诉讼时效期间可以对财产提出请求，人民法院查明属实后，应当作出新判决，撤销原判决。

第七节 确认调解协议案件

★★ 第二百零五条 【确认调解协议案件的提起】经依法设立的调解组织调解达成调解协议，申请司法确认的，由双方当事人自调解协议生效之日起三十日内，共同向下列人民法院提出：

（一）人民法院邀请调解组织开展先行调解的，向作出邀请的人民法院提出；

（二）调解组织自行开展调解的，向当事人住所地、标的物所在地、调解组织所在地的基层人民法院提出；调解协议所涉纠纷应当由中级人民法院管辖的，向相应的中级人民法院提出。

【相关法条：民诉解释第351至354条 人民调解法第33条】

[考点提示] 本条为2021年《民事诉讼法》修正的内容，确认调解协议案件不再一律由"调解组织所在地基层人民法院"管辖，而应区分"人民法院邀请调解组织开展先行调解"与"调解组织自行开展调解"两种情形。

当事人申请司法确认调解协议，有下列情形之一的，人民法院裁定不予受理：(1) 不属于人民法院受理范围的；(2) 不属于收到申请的人民法院管辖的；(3) 申请确认婚姻关系、亲子关系、收养关系等身份关系无效、有效或者解除的；(4) 涉及适用其他特别程序、公示催告程序、破产程序审理的；(5) 调解协议内容涉及物权、知识产权确权的。

★ 第二百零六条 【审查及裁定】人民法院受理申请后，经审查，符合法律规定的，裁定调解协议有效，一方当事人拒绝履行或者未全部履行的，对方当事人可以向人民法院申请执行；不符合法律规定的，裁定驳回申请，当事人可以通过调解方式变更原调解协议或者达成新的调解协议，也可以向人民法院提起诉讼。

【相关法条：民诉解释第355至358条 人民调解法第32条】

第八节 实现担保物权案件

★★ 第二百零七条 【实现担保物权案件的提起】申请实现担保物权，由担保物权人以及其他有权请求实现担保物权的人依照民法典等法律，向担保财产所在地或者担保物权登记地基层人民法院提出。

【相关法条：民诉解释第359至365条 民法典第233条】[14/3/44]

★★ 第二百零八条 【审查及裁定】人民法院受理申请后，经审查，符合法律规定的，裁定拍卖、变卖担保财产，当事人依据该裁定可以向人民法院申请执行；不符合法律规定的，裁定驳回申请，当事人可以向人民法院提起诉讼。[14/3/44]

【相关法条：民诉解释第366至372条】

[真题演练] 甲公司与银行订立了标的额为8000万元的贷款合同，甲公司董事长美国人汤姆以自己位于W市的三套别墅为甲公司提供抵押担保。贷款到期后甲公司无力归还，银行向法院申请适用特别程序实现对别墅的抵押权。关于本案的分析，下列哪一选项是正确的？[14/3/44]①

A. 由于本案标的金额巨大，且具有涉外因素，银行应向W市中院提交书面申请

B. 本案的被申请人只应是债务人甲公司

C. 如果法院经过审查，作出拍卖裁定，可直接移交执行庭进行拍卖

---

① 答案：D。

D. 如果法院经过审查，驳回银行申请，银行可就该抵押权益向法院起诉

第十六章 审判监督程序

★★ **第二百零九条** 【人民法院决定再审】各级人民法院院长对本院已经发生法律效力的判决、裁定、调解书，发现确有错误，认为需要再审的，应当提交审判委员会讨论决定。

最高人民法院对地方各级人民法院已经发生法律效力的判决、裁定、调解书，上级人民法院对下级人民法院已经发生法律效力的判决、裁定、调解书，发现确有错误的，有权提审或者指令下级人民法院再审。[14/3/36]

★★ **第二百一十条** 【当事人申请再审】当事人对已经发生法律效力的判决、裁定，认为有错误的，可以向上一级人民法院申请再审；当事人一方人数众多或者当事人双方为公民的案件，也可以向原审人民法院申请再审。当事人申请再审的，不停止判决、裁定的执行。[15/3/46　12/3/45]

【相关法条：民诉解释第373、374条】

★★ **第二百一十一条** 【再审理由】当事人的申请符合下列情形之一的，人民法院应当再审：

（一）有新的证据，足以推翻原判决、裁定的；

（二）原判决、裁定认定的基本事实缺乏证据证明的；

（三）原判决、裁定认定事实的主要证据是伪造的；

（四）原判决、裁定认定事实的主要证据未经质证的；

（五）对审理案件需要的主要证据，当事人因客观原因不能自行收集，书面申请人民法院调查收集，人民法院未调查收集的；

（六）原判决、裁定适用法律确有错误的；

（七）审判组织的组成不合法或者依法应当回避的审判人员没有回避的；

（八）无诉讼行为能力人未经法定代理人代为诉讼或者应当参加诉讼的当事人，因不能归责于本人或者其诉讼代理人的事由，未参加诉讼的；

（九）违反法律规定，剥夺当事人辩论权利的；

（十）未经传票传唤，缺席判决的；

（十一）原判决、裁定遗漏或者超出诉讼请求的；

（十二）据以作出原判决、裁定的法律文书被撤销或者变更的；

（十三）审判人员审理该案件时有贪污受贿，徇私舞弊，枉法裁判行为的。

【相关法条：民诉解释第379、385至392条】

★ **第二百一十二条** 【调解书的再审】当事人对已经发生法律效力的调解书，提出证据证明调解违反自愿原则或者调解协议的内容违反法律的，可以申请再审。经人民法院审查属实的，应当再审。

【相关法条：民诉解释第382条】

★★ **第二百一十三条** 【不得申请再审的案件】当事人对已经发生法律效力的解除婚姻关系的判决、调解书，不得申请再审。

【相关法条：民诉解释第378、380、381条】

第二百一十四条 【再审申请以及审查】当事人申请再审的，应当提交再审申请书等材料。人民法院应当自收到再审申请书之日起五日内将再审申请书副本发送对方当事人。对方当事人应当自收到再审申请书副本之日起十五日内提交书面意见；不提交书面意见的，不影响人民法院审查。人民法院可以要求申请人和对方当事人补充有关材料，询问有关事项。

【相关法条：民诉解释第375、376、384、393、396至400条】

★★ **第二百一十五条** 【再审申请的审查期限以及再审案件管辖法院】人民法院应当自收到再审申请书之日起三个月内审查，符合本法规定的，裁定再审；不符合本法规定的，裁定驳回申请。有特殊情况需要延长的，由本院院长批准。

因当事人申请裁定再审的案件由中级人民法院以上的人民法院审理，但当事人依照本法第二百一十条的规定选择向基层人民法院申请再审的除外。最高人民法院、高级人民法院裁定再审的案件，由本院再审或者交其他人民法院再审，也可以交原审人民法院再审。

【相关法条：民诉解释第377、383条】

★★ **第二百一十六条** 【当事人申请再审的期限】当事人申请再审，应当在判决、裁定发生法律效力后六个月内提出；有本法第二百一十一条第一项、第三项、第十二项、第十三项规定情形的，自知道或者应当知道之日起六个月内提出。

【相关法条：民诉解释第127条】

★★ **第二百一十七条** 【中止原判决的执行及例外】按照审判监督程序决定再审的案件，裁定中止原判决、裁定、调解书的执行，但追索赡养费、扶养费、抚养费、抚恤金、医疗费用、劳动报酬等案件，可以不中止执行。[15/3/46]

【相关法条：民诉解释第394条】

★★ **第二百一十八条** 【再审案件的审理程序】人民法院按照审判监督程序再审的案件，发生法律效力的判决、裁定是由第一审法院作出的，按照第一审程序审理，所作的判决、裁定，当事人可以上诉；发生法律效力的判决、裁定是由第二审法院作出的，按照第二审程序审理，所作的判决、裁定，是发生法律效力的判决、裁定；上级人民法院按照审判监督程序提审的，按照第二审程序审理，所作的判决、裁定是发生法律效力的判决、裁定。

人民法院审理再审案件,应当另行组成合议庭。

【相关法条:民诉解释第 128、129、401 至 410 条】

★★ **第二百一十九条** 【人民检察院提起抗诉】最高人民检察院对各级人民法院已经发生法律效力的判决、裁定,上级人民检察院对下级人民法院已经发生法律效力的判决、裁定,发现有本法第二百一十一条规定情形之一的,或者发现调解书损害国家利益、社会公共利益的,应当提出抗诉。

地方各级人民检察院对同级人民法院已经发生法律效力的判决、裁定,发现有本法第二百一十一条规定情形之一的,或者发现调解书损害国家利益、社会公共利益的,可以向同级人民法院提出检察建议,并报上级人民检察院备案;也可以提请上级人民检察院向同级人民法院提出抗诉。

各级人民检察院对审判监督程序以外的其他审判程序中审判人员的违法行为,有权向同级人民法院提出检察建议。

【相关法条:民诉解释第 411、412 条】

★★ **第二百二十条** 【当事人申请再审检察建议及抗诉的条件】有下列情形之一的,当事人可以向人民检察院申请检察建议或者抗诉:

(一)人民法院驳回再审申请的;
(二)人民法院逾期未对再审申请作出裁定的;
(三)再审判决、裁定有明显错误的。

人民检察院对当事人的申请应当在三个月内进行审查,作出提出或者不予提出检察建议或者抗诉的决定。当事人不得再次向人民检察院申请检察建议或者抗诉。[14/3/80 13/3/49]

【相关法条:民诉解释第 413、414 条】

第二百二十一条 【抗诉案件的调查】人民检察院因履行法律监督职责提出检察建议或者抗诉的需要,可以向当事人或者案外人调查核实有关情况。

★ **第二百二十二条** 【抗诉案件裁定再审的期限及审理法院】人民检察院提出抗诉的案件,接受抗诉的人民法院应当自收到抗诉书之日起三十日内作出再审的裁定;有本法第二百一十一条第一项至第五项规定情形之一的,可以交下一级人民法院再审,但经下一级人民法院再审的除外。[14/3/80]

【相关法条:民诉解释第 415、418 至 420 条】

第二百二十三条 【抗诉书】人民检察院决定对人民法院的判决、裁定、调解书提出抗诉的,应当制作抗诉书。

★ **第二百二十四条** 【人民检察院派员出庭】人民检察院提出抗诉的案件,人民法院再审时,应当通知人民检察院派员出席法庭。

【相关法条:民诉解释第 419 条】

第十七章 督促程序

★★ **第二百二十五条** 【支付令的申请】债权人请求债务人给付金钱、有价证券,符合下列条件的,可以向有管辖权的基层人民法院申请支付令:

(一)债权人与债务人没有其他债务纠纷的;
(二)支付令能够送达债务人的。

申请书应当写明请求给付金钱或者有价证券的数量和所根据的事实、证据。

【相关法条:民诉解释第 427 条】

第二百二十六条 【支付令申请的受理】债权人提出申请后,人民法院应当在五日内通知债权人是否受理。

【相关法条:民诉解释第 425 至 427 条】

★★ **第二百二十七条** 【审理】人民法院受理申请后,经审查债权人提供的事实、证据,对债权债务关系明确、合法的,应当在受理之日起十五日内向债务人发出支付令;申请不成立的,裁定予以驳回。

债务人应当自收到支付令之日起十五日内清偿债务,或者向人民法院提出书面异议。

债务人在前款规定的期间不提出异议又不履行支付令的,债权人可以向人民法院申请执行。

【相关法条:民诉解释第 428 条】[14/3/46]

★★ **第二百二十八条** 【支付令的异议及失效的处理】人民法院收到债务人提出的书面异议后,经审查,异议成立的,应当裁定终结督促程序,支付令自行失效。

支付令失效的,转入诉讼程序,但申请支付令的一方当事人不同意提起诉讼的除外。[15/3/47 14/3/46 13/3/84]

【相关法条:民诉解释第 429 至 441 条】

[真题演练] 胡某向法院申请支付令,督促彗星公司缴纳房租。彗星公司收到后立即提出书面异议称,根据租赁合同,彗星公司的装修款可以抵销租金,因而自己并不拖欠租金。对于法院收到该异议后的做法,下列哪些选项是正确的?[13/3/84]①

A. 对双方进行调解,促进纠纷的解决
B. 终结督促程序
C. 将案件转为诉讼程序审理,但彗星公司不同意的除外
D. 将案件转为诉讼程序审理,但胡某不同意的除外

第十八章 公示催告程序

★★ **第二百二十九条** 【公示催告程序的提起】按照规

---

① 答案:BD。

定可以背书转让的票据持有人，因票据被盗、遗失或者灭失，可以向票据支付地的基层人民法院申请公示催告。依照法律规定可以申请公示催告的其他事项，适用本章规定。

申请人应当向人民法院递交申请书，写明票面金额、发票人、持票人、背书人等票据主要内容和申请的理由、事实。

【相关法条：民诉解释第442条】

★★ 第二百三十条 【受理、止付通知与公告】人民法院决定受理申请，应当同时通知支付人停止支付，并在三日内发出公告，催促利害关系人申报权利。公示催告的期间，由人民法院根据情况决定，但不得少于六十日。

【相关法条：民诉解释第443至445条】

★★ 第二百三十一条 【止付通知和公告的效力】支付人收到人民法院停止支付的通知，应当停止支付，至公示催告程序终结。

公示催告期间，转让票据权利的行为无效。

【相关法条：民诉解释第446、447、454条】

第二百三十二条 【利害关系人申报权利】利害关系人应当在公示催告期间向人民法院申报。

人民法院收到利害关系人的申报后，应当裁定终结公示催告程序，并通知申请人和支付人。

申请人或者申报人可以向人民法院起诉。

【相关法条：民诉解释第448、449、453、455、456条】[17/3/48] [12/3/46]

★★ 第二百三十三条 【除权判决】没有人申报的，人民法院应当根据申请人的申请，作出判决，宣告票据无效。判决应当公告，并通知支付人。自判决公告之日起，申请人有权向支付人请求支付。

【相关法条：民诉解释第450至452条】

★★ 第二百三十四条 【除权判决的撤销】利害关系人因正当理由不能在判决前向人民法院申报的，自知道或者应当知道判决公告之日起一年内，可以向作出判决的人民法院起诉。[15/3/85]

【相关法条：民诉解释第127、457至459条】

第三编 执行程序

第十九章 一 般 规 定

★★ 第二百三十五条 【执行依据及管辖】发生法律效力的民事判决、裁定，以及刑事判决、裁定中的财产部分，由第一审人民法院或者与第一审人民法院同级的被执行的财产所在地人民法院执行。

法律规定由人民法院执行的其他法律文书，由被执行人住所地或者被执行的财产所在地人民法院执行。

【相关法条：民诉解释第460、461条】

★★ 第二百三十六条 【对违法的执行行为的异议】当事人、利害关系人认为执行行为违反法律规定的，可以向负责执行的人民法院提出书面异议。当事人、利害关系人提出书面异议的，人民法院应自收到书面异议之日起十五日内审查，理由成立的，裁定撤销或者改正；理由不成立的，裁定驳回。当事人、利害关系人对裁定不服的，可以自裁定送达之日起十日内向上一级人民法院申请复议。[14/3/49]

★ 第二百三十七条 【变更执行法院】人民法院自收到申请执行书之日起超过六个月未执行的，申请执行人可以向上一级人民法院申请执行。上一级人民法院经审查，可以责令原人民法院在一定期限内执行，也可以决定由本院执行或者指令其他人民法院执行。

★★ 第二百三十八条 【案外人异议】执行过程中，案外人对执行标的提出书面异议的，人民法院应当自收到书面异议之日起十五日内审查，理由成立的，裁定中止对该标的的执行；理由不成立的，裁定驳回。案外人、当事人对裁定不服，认为原判决、裁定错误的，依照审判监督程序办理；与原判决、裁定无关的，可以自裁定送达之日起十五日内向人民法院提起诉讼。[17/3/77 17/3/84]

【相关法条：民诉解释第302至314、421、422、462、463、499条】

[真题演练] 龙前铭申请执行郝辉损害赔偿一案，法院查扣了郝辉名下的一辆汽车。查扣后，郝辉的两个哥哥向法院主张该车系三兄弟共有。法院经审查，确认该汽车为三兄弟共有。关于该共同财产的执行，下列哪些表述是正确的？[17/3/84]①

A. 因涉及案外第三人的财产，法院应裁定中止该财产的执行

B. 法院可查扣该共有财产

C. 共有人可对该共有财产协议分割，经债权人同意有效

D. 龙前铭可对该共有财产提起析产诉讼

[强化自测] 一方起诉归还某物，胜诉后强制执行时，第三人主张对该物的所有权，提出执行异议被驳回，然后申请再审，再审审理认为该物是第三人和原审原告共同所有，此事法院该如何处理？②

A. 法院应裁定驳回起诉，并告知其另行提起执行异议之诉

B. 法院应裁定撤销判决，发回重审

C. 先调解，调解不成，告知其另行起诉

D. 先调解，调解不成，发回重审

---

① 答案：BCD。

② 答案：B。

★ 第二百三十九条 【执行员与执行机构】执行工作由执行员进行。

采取强制执行措施时,执行员应当出示证件。执行完毕后,应当将执行情况制作笔录,由在场的有关人员签名或者盖章。

人民法院根据需要可以设立执行机构。

★★ 第二百四十条 【委托执行】被执行人或者被执行的财产在外地的,可以委托当地人民法院代为执行。受委托人民法院收到委托函件后,必须在十五日内开始执行,不得拒绝。执行完毕后,应当将执行结果及时函复委托人民法院;在三十日内如果还未执行完毕,也应当将执行情况函告委托人民法院。

受委托人民法院自收到委托函件之日起十五日内不执行的,委托人民法院可以请求受委托人民法院的上级人民法院指令受委托人民法院执行。

★★★ 第二百四十一条 【执行和解】在执行中,双方当事人自行和解达成协议的,执行员应当将协议内容记入笔录,由双方当事人签名或者盖章。

申请执行人因受欺诈、胁迫与被执行人达成和解协议,或者当事人不履行和解协议的,人民法院可以根据当事人的申请,恢复对原生效法律文书的执行。[15/3/49 14/3/85]

【相关法条:民诉解释第464至466条】

★★ 第二百四十二条 【执行担保】在执行中,被执行人向人民法院提供担保,并经申请执行人同意的,人民法院可以决定暂缓执行及暂缓执行的期限。被执行人逾期仍不履行的,人民法院有权执行被执行人的担保财产或者担保人的财产。

【相关法条:民诉解释第467至469条】

★ 第二百四十三条 【被执行主体的变更】作为被执行人的公民死亡的,以其遗产偿还债务。作为被执行人的法人或者其他组织终止的,由其权利义务承受人履行义务。

【相关法条:民诉解释第470至473条】

★ 第二百四十四条 【执行回转】执行完毕后,据以执行的判决、裁定和其他法律文书确有错误,被人民法院撤销的,对已被执行的财产,人民法院应当作出裁定,责令取得财产的人返还;拒不返还的,强制执行。

【相关法条:民诉解释第474条】

第二百四十五条 【法院调解书的执行】人民法院制作的调解书的执行,适用本编的规定。

第二百四十六条 【对执行的法律监督】人民检察院有权对民事执行活动实行法律监督。

第二十章 执行的申请和移送

★ 第二百四十七条 【申请执行与移送执行】发生法律效力的民事判决、裁定,当事人必须履行。一方拒绝履行,对方当事人可以向人民法院申请执行,也可以由审判员移送执行员执行。

调解书和其他应当由人民法院执行的法律文书,当事人必须履行。一方拒绝履行的,对方当事人可以向人民法院申请执行。

★★★ 第二百四十八条 【仲裁裁决的申请执行】对依法设立的仲裁机构的裁决,一方当事人不履行的,对方当事人可以向有管辖权的人民法院申请执行。受申请的人民法院应当执行。

被申请人提出证据证明仲裁裁决有下列情形之一的,经人民法院组成合议庭审查核实,裁定不予执行:

(一)当事人在合同中没有订有仲裁条款或者事后没有达成书面仲裁协议的;

(二)裁决的事项不属于仲裁协议的范围或者仲裁机构无权仲裁的;

(三)仲裁庭的组成或者仲裁的程序违反法定程序的;

(四)裁决所根据的证据是伪造的;

(五)对方当事人向仲裁机构隐瞒了足以影响公正裁决的证据的;

(六)仲裁员在仲裁该案时有贪污受贿,徇私舞弊,枉法裁决行为的。

人民法院认定执行该裁决违背社会公共利益的,裁定不予执行。

裁定书应当送达双方当事人和仲裁机构。

仲裁裁决被人民法院裁定不予执行的,当事人可以根据双方达成的书面仲裁协议重新申请仲裁,也可以向人民法院起诉。[16/3/100]

【相关法条:民诉解释第475、476条】

★★ 第二百四十九条 【公证债权文书的申请执行】对公证机关依法赋予强制执行效力的债权文书,一方当事人不履行的,对方当事人可以向有管辖权的人民法院申请执行,受申请的人民法院应当执行。

公证债权文书确有错误的,人民法院裁定不予执行,并将裁定书送达双方当事人和公证机关。

【相关法条:民诉解释第478、479条】

★★ 第二百五十条 【申请执行期间】申请执行的期间为二年。申请执行时效的中止、中断,适用法律有关诉讼时效中止、中断的规定。

前款规定的期间,从法律文书规定履行期间的最后一日起计算;法律文书规定分期履行的,从最后一期履行期限届满之日起计算;法律文书未规定履行期间的,从法律文书生效之日起计算。

【相关法条:民诉解释第480、481条】

★★ 第二百五十一条 【执行通知】执行员接到申请执行书或者移交执行书,应当向被执行人发出执行通知,并可以立即采取强制执行措施。

第二十一章 执 行 措 施

★★ **第二百五十二条** 【被执行人报告财产情况】被执行人未按执行通知履行法律文书确定的义务，应当报告当前以及收到执行通知之日前一年的财产情况。被执行人拒绝报告或者虚假报告的，人民法院可以根据情节轻重对被执行人或者其法定代理人、有关单位的主要负责人或者直接责任人员予以罚款、拘留。

【相关法条：民诉解释第483条】

★★ **第二百五十三条** 【被执行人存款等财产的执行】被执行人未按执行通知履行法律文书确定的义务，人民法院有权向有关单位查询被执行人的存款、债券、股票、基金份额等财产情况。人民法院有权根据不同情形扣押、冻结、划拨、变价被执行人的财产。人民法院查询、扣押、冻结、划拨、变价的财产不得超出被执行人应当履行义务的范围。

人民法院决定扣押、冻结、划拨、变价财产，应当作出裁定，并发出协助执行通知书，有关单位必须办理。

【相关法条：民诉解释第484、485条】

★ **第二百五十四条** 【被执行人收入的执行】被执行人未按执行通知履行法律文书确定的义务，人民法院有权扣留、提取被执行人应当履行义务部分的收入。但应当保留被执行人及其所扶养家属的生活必需费用。

人民法院扣留、提取收入时，应当作出裁定，并发出协助执行通知书，被执行人所在单位、银行、信用合作社和其他有储蓄业务的单位必须办理。

★★ **第二百五十五条** 【被执行人其他财产的执行】被执行人未按执行通知履行法律文书确定的义务，人民法院有权查封、扣押、冻结、拍卖、变卖被执行人应当履行义务部分的财产。但应当保留被执行人及其所扶养家属的生活必需品。

采取前款措施，人民法院应当作出裁定。

★ **第二百五十六条** 【查封、扣押】人民法院查封、扣押财产时，被执行人是公民的，应当通知被执行人或者他的成年家属到场；被执行人是法人或者其他组织的，应当通知其法定代表人或者主要负责人到场。拒不到场的，不影响执行。被执行人是公民的，其工作单位或者财产所在地的基层组织应当派人参加。

对被查封、扣押的财产，执行员必须造具清单，由在场人签名或者盖章后，交被执行人一份。被执行人是公民的，也可以交他的成年家属一份。

第二百五十七条 【被查封财产的保管】被查封的财产，执行员可以指定被执行人负责保管。因被执行人的过错造成的损失，由被执行人承担。

第二百五十八条 【拍卖、变卖】财产被查封、扣押后，执行员应当责令被执行人在指定期间履行法律文书确定的义务。被执行人逾期不履行的，人民法院应当拍卖被查封、扣押的财产；不适于拍卖或者当事人双方同意不进行拍卖的，人民法院可以委托有关单位变卖或者自行变卖。国家禁止自由买卖的物品，交有关单位按照国家规定的价格收购。

【相关法条：民诉解释第486至492条】

第二百五十九条 【搜查】被执行人不履行法律文书确定的义务，并隐匿财产的，人民法院有权发出搜查令，对被执行人及其住所或者财产隐匿地进行搜查。

采取前款措施，由院长签发搜查令。

【相关法条：民诉解释第494至498条】

第二百六十条 【指定交付】法律文书指定交付的财物或者票证，由执行员传唤双方当事人当面交付，或者由执行员转交，并由被交付人签收。

有关单位持有该项财物或者票证的，应当根据人民法院的协助执行通知书转交，并由被交付人签收。

有关公民持有该项财物或者票证的，人民法院通知其交出。拒不交出的，强制执行。

【相关法条：民诉解释第493条】

★★ **第二百六十一条** 【强制迁出】强制迁出房屋或者强制退出土地，由院长签发公告，责令被执行人在指定期间履行。被执行人逾期不履行的，由执行员强制执行。

强制执行时，被执行人是公民的，应当通知被执行人或者他的成年家属到场；被执行人是法人或者其他组织的，应当通知其法定代表人或者主要负责人到场。拒不到场的，不影响执行。被执行人是公民的，其工作单位或者房屋、土地所在地的基层组织应当派人参加。执行员应当将强制执行情况记入笔录，由在场人签名或者盖章。

强制迁出房屋被搬出的财物，由人民法院派人运至指定处所，交给被执行人。被执行人是公民的，也可以交给他的成年家属。因拒绝接收而造成的损失，由被执行人承担。

第二百六十二条 【财产权证照转移】在执行中，需要办理有关财产权证照转移手续的，人民法院可以向有关单位发出协助执行通知书，有关单位必须办理。

【相关法条：民诉解释第500条】

第二百六十三条 【行为的执行】对判决、裁定和其他法律文书指定的行为，被执行人未按执行通知履行的，人民法院可以强制执行或者委托有关单位或者其他人完成，费用由被执行人承担。

【相关法条：民诉解释第501至503条】

★★ **第二百六十四条** 【迟延履行的责任】被执行人未按判决、裁定和其他法律文书指定的期间履行给付金钱义务的，应当加倍支付迟延履行期间的债务利息。被执行人未按判决、裁定和其他法律文书指定的期间履行其他义务的，应当支付迟延履行金。

【相关法条：民诉解释第504、505、516条】

第二百六十五条 【继续履行】人民法院采取本法第二百五十三条、第二百五十四条、第二百五十五条规

100

定的执行措施后，被执行人仍不能偿还债务的，应当继续履行义务。债权人发现被执行人有其他财产的，可以随时请求人民法院执行。

【相关法条：民诉解释第506至510、515条】

★★ **第二百六十六条** 【对被执行人的限制措施】被执行人不履行法律文书确定的义务的，人民法院可以对其采取或者通知有关单位协助采取限制出境，在征信系统记录、通过媒体公布不履行义务信息以及法律规定的其他措施。

第二十二章 执行中止和终结

★★ **第二百六十七条** 【中止执行】有下列情形之一的，人民法院应当裁定中止执行：
（一）申请人表示可以延期执行的；
（二）案外人对执行标的提出确有理由的异议的；
（三）作为一方当事人的公民死亡，需要等待继承人继承权利或者承担义务的；
（四）作为一方当事人的法人或者其他组织终止，尚未确定权利义务承受人的；
（五）人民法院认为应当中止执行的其他情形。
中止的情形消失后，恢复执行。

【相关法条：民诉解释第511至514条】

★★ **第二百六十八条** 【终结执行】有下列情形之一的，人民法院裁定终结执行：
（一）申请人撤销申请的；
（二）据以执行的法律文书被撤销的；
（三）作为被执行人的公民死亡，无遗产可供执行，又无义务承担人的；
（四）追索赡养费、扶养费、抚养费案件的权利人死亡的；
（五）作为被执行人的公民因生活困难无力偿还借款，无收入来源，又丧失劳动能力的；
（六）人民法院认为应当终结执行的其他情形。

【相关法条：民诉解释第517、518条】

第二百六十九条 【执行中止、终结裁定的生效】中止和终结执行的裁定，送达当事人后立即生效。

【相关法条：民诉解释第519条】

第四编 涉外民事诉讼程序的特别规定

第二十三章 一般原则

★ **第二百七十条** 【适用本法原则】在中华人民共和国领域内进行涉外民事诉讼，适用本编规定。本编没有规定的，适用本法其他有关规定。

【相关法条：民诉解释第520、521、549条】

第二百七十一条 【信守国际条约原则】中华人民共和国缔结或者参加的国际条约同本法有不同规定的，适用该国际条约的规定，但中华人民共和国声明保留的条款除外。

★★ **第二百七十二条** 【司法豁免原则】对享有外交特权与豁免的外国人、外国组织或者国际组织提起的民事诉讼，应当依照中华人民共和国有关法律和中华人民共和国缔结或者参加的国际条约的规定办理。

第二百七十三条 【使用我国通用语言、文字原则】人民法院审理涉外民事案件，应当使用中华人民共和国通用的语言、文字。当事人要求提供翻译的，可以提供，费用由当事人承担。

【相关法条：民诉解释第525条】

★★ **第二百七十四条** 【委托中国律师代理诉讼原则】外国人、无国籍人、外国企业和组织在人民法院起诉、应诉，需要委托律师代理诉讼的，必须委托中华人民共和国的律师。[14/3/84]

【相关法条：民诉解释第526、527条】

第二百七十五条 【委托授权书的公证与认证】在中华人民共和国领域内没有住所的外国人、无国籍人、外国企业和组织委托中华人民共和国律师或者其他人代理诉讼，从中华人民共和国领域外寄交或者托交的授权委托书，应当经所在国公证机关证明，并经中华人民共和国驻该国使领馆认证，或者履行中华人民共和国与该所在国订立的有关条约中规定的证明手续后，才具有效力。[14/3/45]

【相关法条：民诉解释第522至524条】

第二十四章 管 辖

★★ **第二百七十六条** 【特殊地域管辖】因涉外民事纠纷，对在中华人民共和国领域内没有住所的被告提起除身份关系以外的诉讼，如果合同签订地、合同履行地、诉讼标的物所在地、可供扣押财产所在地、侵权行为地、代表机构住所地位于中华人民共和国领域内的，可以由合同签订地、合同履行地、诉讼标的物所在地、可供扣押财产所在地、侵权行为地、代表机构住所地人民法院管辖。

除前款规定外，涉外民事纠纷与中华人民共和国存在其他适当联系的，可以由人民法院管辖。

【相关法条：民诉解释第529至531条】

★★ **第二百七十七条** 【协议管辖】涉外民事纠纷的当事人书面协议选择人民法院管辖的，可以由人民法院管辖。

★★ **第二百七十八条** 【应诉管辖】当事人未提出管辖异议，并应诉答辩或者提出反诉的，视为人民法院有管辖权。

★★ **第二百七十九条** 【专属管辖】下列民事案件，由人民法院专属管辖：

（一）因在中华人民共和国领域内设立的法人或者其他组织的设立、解散、清算，以及该法人或者其他组织作出的决议的效力等纠纷提起的诉讼；

（二）因与在中华人民共和国领域内审查授予的知识产权的有效性有关的纠纷提起的诉讼；

（三）因在中华人民共和国领域内履行中外合资经营企业合同、中外合作经营企业合同、中外合作勘探开发自然资源合同发生纠纷提起的诉讼。[14/3/39]

★ **第二百八十条** 【平行诉讼的一般规定】当事人之间的同一纠纷，一方当事人向外国法院起诉，另一方当事人向人民法院起诉，或者一方当事人既向外国法院起诉，又向人民法院起诉，人民法院依照本法有管辖权的，可以受理。当事人订立排他性管辖协议选择外国法院管辖且不违反本法对专属管辖的规定，不涉及中华人民共和国主权、安全或者社会公共利益的，人民法院可以裁定不予受理；已经受理的，裁定驳回起诉。

★ **第二百八十一条** 【中止诉讼及例外】人民法院依据前条规定受理案件后，当事人以外国法院已经先于人民法院受理为由，书面申请人民法院中止诉讼的，人民法院可以裁定中止诉讼，但是存在下列情形之一的除外：

（一）当事人协议选择人民法院管辖，或者纠纷属于人民法院专属管辖；

（二）由人民法院审理明显更为方便。

外国法院未采取必要措施审理案件，或者未在合理期限内审结的，依当事人的书面申请，人民法院应当恢复诉讼。

外国法院作出的发生法律效力的判决、裁定，已经被人民法院全部或者部分承认，当事人对已经获得承认的部分又向人民法院起诉的，裁定不予受理；已经受理的，裁定驳回起诉。

★★ **第二百八十二条** 【不方便法院原则】人民法院受理的涉外民事案件，被告提出管辖异议，且同时有下列情形的，可以裁定驳回起诉，告知原告向更为方便的外国法院提起诉讼：

（一）案件争议的基本事实不是发生在中华人民共和国领域内，人民法院审理案件和当事人参加诉讼均显不方便；

（二）当事人之间不存在选择人民法院管辖的协议；

（三）案件不属于人民法院专属管辖；

（四）案件不涉及中华人民共和国主权、安全或者社会公共利益；

（五）外国法院审理案件更为方便。

裁定驳回起诉后，外国法院对纠纷拒绝行使管辖权，或者未采取必要措施审理案件，或者未在合理期限内审结，当事人又向人民法院起诉的，人民法院应当受理。

第二十五章 送达、调查取证、期间

★★ **第二百八十三条** 【送达方式】人民法院对在中华人民共和国领域内没有住所的当事人送达诉讼文书，可以采用下列方式：

（一）依照受送达人所在国与中华人民共和国缔结或者共同参加的国际条约中规定的方式送达；

（二）通过外交途径送达；

（三）对具有中华人民共和国国籍的受送达人，可以委托中华人民共和国驻受送达人所在国的使领馆代为送达；

（四）向受送达人在本案中委托的诉讼代理人送达；

（五）向受送达人在中华人民共和国领域内设立的独资企业、代表机构、分支机构或者有权接受送达的业务代办人送达；

（六）受送达人为外国人、无国籍人，其在中华人民共和国领域内设立的法人或者其他组织担任法定代表人或者主要负责人，且与该法人或者其他组织为共同被告的，向该法人或者其他组织送达；

（七）受送达人为外国法人或者其他组织，其法定代表人或者主要负责人在中华人民共和国领域内的，向其法定代表人或者主要负责人送达；

（八）受送达人所在国的法律允许邮寄送达的，可以邮寄送达，自邮寄之日起满三个月，送达回证没有退回，但根据各种情况足以认定已经送达的，期间届满之日视为送达；

（九）采用能够确认受送达人收悉的电子方式送达，但是受送达人所在国法律禁止的除外；

（十）以受送达人同意的其他方式送达，但是受送达人所在国法律禁止的除外。

不能用上述方式送达的，公告送达，自发出公告之日起，经过六十日，即视为送达。

【相关法条：民诉解释第528至535条】

[考点提示] 在涉外民事案件审判实践中，送达一直是制约审判效率提升的关键因素。2023年《民事诉讼法》修正，着力解决这一涉外民事审判的痛点难点问题，在全面总结涉外案件送达审判实践经验的基础上，对涉外送达方式作了如下修改完善：

一是针对实践中有的诉讼代理人通过在授权委托书中载明"不包括接收司法文书"以逃避送达的情形，删除原法中诉讼代理人必须"有权代其接受送达"的限定，明确只要是受送达人在本案中委托的诉讼代理人，都应接受送达。

二是增加向受送达人在中华人民共和国领域内设立的独资企业送达的规定，同时删除分支机构接受送达须"有权接受送达"的限定。

三是增加受送达人为外国人、无国籍人，其在中华人民共和国领域内设立的法人或者其他组织担任法定代表人或者主要负责人，且与该法人或者其他组织为共同被告的，向该法人或者其他组织送达的规定。

四是增加受送达人为外国法人或者其他组织，其法定代表人或者主要负责人在中华人民共和国领域内的，向其法定代表人或者主要负责人送达的规定。

五是增加以受送达人同意的其他方式送达的规定，但是受送达人所在国法律禁止的除外。

★★ **第二百八十四条** 【证据的调查收集】当事人申请人民法院调查收集的证据位于中华人民共和国领域外，人民法院可以依照证据所在国与中华人民共和国缔结或者共同参加的国际条约中规定的方式，或者通过外交途径调查收集。

在所在国法律不禁止的情况下，人民法院可以采用下列方式调查收集：

（一）对具有中华人民共和国国籍的当事人、证人，可以委托中华人民共和国驻当事人、证人所在国的使领馆代为取证；

（二）经双方当事人同意，通过即时通讯工具取证；

（三）以双方当事人同意的其他方式取证。

[考点提示] 为贯彻落实党中央关于统筹推进国内法治和涉外法治，加强涉外法治建设的决策部署，2023年《民事诉讼法》修正对涉外民事诉讼程序的特别规定一编作了诸多修改完善：一是修改管辖的相关规定，进一步扩大我国法院对涉外民事案件的管辖权；二是顺应国际趋势，增加平行诉讼的一般规定、不方便法院原则等相关条款；三是进一步修改涉外送达的相关规定，着力解决涉外案件"送达难"问题，提升送达效率，切实维护涉外案件当事人的合法权益；四是完善涉外民事案件司法协助制度，增设域外调查取证相关规定；五是完善外国法院生效判决、裁定承认与执行的基本规则。

第二百八十五条 【答辩期间】被告在中华人民共和国领域内没有住所的，人民法院应当将起诉状副本送达被告，并通知被告在收到起诉状副本后三十日内提出答辩状。被告申请延期的，是否准许，由人民法院决定。

★★ **第二百八十六条** 【上诉期间】在中华人民共和国领域内没有住所的当事人，不服第一审人民法院判决、裁定的，有权在判决书、裁定书送达之日起三十日内提起上诉。被上诉人在收到上诉状副本后，应当在三十日内提出答辩状。当事人不能在法定期间提上诉或者提出答辩状，申请延期的，是否准许，由人民法院决定。

[14/3/84]

【相关法条：民诉解释第536条】

第二百八十七条 【审理期间】人民法院审理涉外民事案件的期间，不受本法第一百五十二条、第一百八十三条规定的限制。

【相关法条：民诉解释第537条】

第二十六章 仲　裁

★★ **第二百八十八条** 【或裁或审原则】涉外经济贸易、运输和海事中发生的纠纷，当事人在合同中订有仲裁条款或者事后达成书面仲裁协议，提交中华人民共和国涉外仲裁机构或者其他仲裁机构仲裁的，当事人不得向人民法院起诉。

当事人在合同中没有订有仲裁条款或者事后没有达成书面仲裁协议的，可以向人民法院起诉。

★★ **第二百八十九条** 【仲裁程序中的保全】当事人申请采取保全的，中华人民共和国的涉外仲裁机构应当将当事人的申请，提交被申请人住所地或者财产所在地的中级人民法院裁定。

★ **第二百九十条** 【仲裁裁决的执行】经中华人民共和国涉外仲裁机构裁决的，当事人不得向人民法院起诉。一方当事人不履行仲裁裁决的，对方当事人可以向被申请人住所地或者财产所在地的中级人民法院申请执行。

★★ **第二百九十一条** 【仲裁裁决不予执行的情形】对中华人民共和国涉外仲裁机构作出的裁决，被申请人提出证据证明仲裁裁决有下列情形之一的，经人民法院组成合议庭审查核实，裁定不予执行：

（一）当事人在合同中没有订有仲裁条款或者事后没有达成书面仲裁协议的；

（二）被申请人没有得到指定仲裁员或者进行仲裁程序的通知，或者由于其他不属于被申请人负责的原因未能陈述意见的；

（三）仲裁庭的组成或者仲裁的程序与仲裁规则不符的；

（四）裁决的事项不属于仲裁协议的范围或者仲裁机构无权仲裁的。

人民法院认定执行该裁决违背社会公共利益的，裁定不予执行。

★ **第二百九十二条** 【仲裁裁决不予执行的法律后果】仲裁裁决被人民法院裁定不予执行的，当事人可以根据双方达成的书面仲裁协议重新申请仲裁，也可以向人民法院起诉。

第二十七章 司法协助

★★ **第二百九十三条** 【司法协助的原则】根据中华人民共和国缔结或者参加的国际条约，或者按照互惠原则，人民法院和外国法院可以相互请求，代为送达文书、调查取证以及进行其他诉讼行为。

外国法院请求协助的事项有损于中华人民共和国的主权、安全或者社会公共利益的，人民法院不予执行。

【相关法条：民诉解释第 547 条】

★★ **第二百九十四条** 【司法协助的途径】请求和提供司法协助，应当依照中华人民共和国缔结或者参加的国际条约所规定的途径进行；没有条约关系的，通过外交途径进行。

外国驻中华人民共和国的使领馆可以向该国公民送达文书和调查取证，但不得违反中华人民共和国的法律，并不得采取强制措施。

除前款规定的情况外，未经中华人民共和国主管机关准许，任何外国机关或者个人不得在中华人民共和国领域内送达文书、调查取证。

第二百九十五条 【司法协助请求适用的文字】外国法院请求人民法院提供司法协助的请求书及其所附文件，应当附有中文译本或者国际条约规定的其他文字文本。

人民法院请求外国法院提供司法协助的请求书及其所附文件，应当附有该国文字译本或者国际条约规定的其他文字文本。

★ **第二百九十六条** 【司法协助程序】人民法院提供司法协助，依照中华人民共和国法律规定的程序进行。外国法院请求采用特殊方式的，也可以按照其请求的特殊方式进行，但请求采用的特殊方式不得违反中华人民共和国法律。

★★ **第二百九十七条** 【申请外国承认和执行】人民法院作出的发生法律效力的判决、裁定，如果被执行人或者其财产不在中华人民共和国领域内，当事人请求执行的，可以由当事人直接向有管辖权的外国法院申请承认和执行，也可以由人民法院依照中华人民共和国缔结或者参加的国际条约的规定，或者按照互惠原则，请求外国法院承认和执行。

在中华人民共和国领域内依法作出的发生法律效力的仲裁裁决，当事人请求执行的，如果被执行人或者其财产不在中华人民共和国领域内，当事人可以直接向有管辖权的外国法院申请承认和执行。

★★ **第二百九十八条** 【外国申请承认和执行】外国法院作出的发生法律效力的判决、裁定，需要人民法院承认和执行的，可以由当事人直接向有管辖权的中级人民法院申请承认和执行，也可以由外国法院依照该国与中华人民共和国缔结或者参加的国际条约的规定，或者按照互惠原则，请求人民法院承认和执行。

【相关法条：民诉解释第 541 条】

★★ **第二百九十九条** 【外国法院裁判的承认与执行】人民法院对申请或者请求承认和执行的外国法院作出的发生法律效力的判决、裁定，依照中华人民共和国缔结或者参加的国际条约，或者按照互惠原则进行审查后，认为不违反中华人民共和国法律的基本原则且不损害国家主权、安全、社会公共利益的，裁定承认其效力；需要执行的，发出执行令，依照本法的有关规定执行。

【相关法条：民诉解释第 542、544 至 546 条】

★★ **第三百条** 【不予承认和执行外国法院的裁判】对申请或者请求承认和执行的外国法院作出的发生法律效力的判决、裁定，人民法院经审查，有下列情形之一的，裁定不予承认和执行：

（一）依据本法第三百零一条的规定，外国法院对案件无管辖权；

（二）被申请人未得到合法传唤或者虽经合法传唤但未获得合理的陈述、辩论机会，或者无诉讼行为能力的当事人未得到适当代理；

（三）判决、裁定是通过欺诈方式取得；

（四）人民法院已对同一纠纷作出判决、裁定，或者已经承认第三国法院对同一纠纷作出的判决、裁定；

（五）违反中华人民共和国法律的基本原则或者损害国家主权、安全、社会公共利益。

★★ **第三百零一条** 【外国法院无管辖权】有下列情形之一的，人民法院应当认定该外国法院对案件无管辖权：

（一）外国法院依照其法律对案件没有管辖权，或者虽然依照其法律有管辖权但与案件所涉纠纷无适当联系；

（二）违反本法对专属管辖的规定；

（三）违反当事人排他性选择法院管辖的协议。

★★ **第三百零二条** 【因同一纠纷向我国法院申请承认和执行】当事人向人民法院申请承认和执行外国法院作出的发生法律效力的判决、裁定，该判决、裁定涉及的纠纷与人民法院正在审理的纠纷属于同一纠纷的，人民法院可以裁定中止诉讼。

外国法院作出的发生法律效力的判决、裁定不符合本法规定的承认条件的，人民法院裁定不予承认，并恢复已经中止的诉讼；符合本法规定的承认条件的，人民法院裁定承认其效力；需要执行的，发出执行令，依照本法的有关规定执行；对已经中止的诉讼，裁定驳回起诉。

★★ **第三百零三条** 【对承认和执行或者不予承认和执行的裁定不服的复议】当事人对承认和执行或者不予承认和执行的裁定不服的，可以自裁定送达之日起十日内向上一级人民法院申请复议。

★★ **第三百零四条** 【域外仲裁裁决的承认和执行】在中华人民共和国领域外作出的发生法律效力的仲裁裁决，需要人民法院承认和执行的，当事人可以直接向被执行人住所地或者其财产所在地的中级人民法院申请。被执行人住所地或者其财产不在中华人民共和国领域内的，当事人可以向申请人住所地或者与裁决的纠纷有适当联系的地点的中级人民法院申请。人民法院应当依照中华人民共和国缔结或者参加的国际条约，或者按照互惠原则办理。

【相关法条：民诉解释第543条】

第三百零五条　【外国国家豁免】涉及外国国家的民事诉讼，适用中华人民共和国有关外国国家豁免的法律规定；有关法律没有规定的，适用本法。

第三百零六条　【施行时间】本法自公布之日起施行，《中华人民共和国民事诉讼法（试行）》同时废止。

知识产权法

一、大纲对照

◎ 考点变化

章名	章标题	内容变化
第1章	知识产权保护概述	无实质变化
第2章	著作权	无实质变化
第3章	专利权	无实质变化
第4章	商标权	无实质变化

二、法规对照

◎ 法规变化

修订	中华人民共和国专利法实施细则（2023.12.11）

◎ 法规精读

中华人民共和国专利法实施细则

（2001年6月15日中华人民共和国国务院令第306号公布　根据2002年12月28日《国务院关于修改〈中华人民共和国专利法实施细则〉的决定》第一次修订　根据2010年1月9日《国务院关于修改〈中华人民共和国专利法实施细则〉的决定》第二次修订　根据2023年12月11日《国务院关于修改〈中华人民共和国专利法实施细则〉的决定》第三次修订）

第一章　总　　则

第一条　根据《中华人民共和国专利法》（以下简称专利法），制定本细则。

★★ **第二条**　专利法和本细则规定的各种手续，应当以书面形式或者国务院专利行政部门规定的其他形式办理。以电子数据交换等方式能够有形地表现所载内容，并可以随时调取查用的数据电文（以下统称电子形式），视为书面形式。

第三条　依照专利法和本细则规定提交的各种文件应当使用中文；国家有统一规定的科技术语的，应当采用规范词；外国人名、地名和科技术语没有统一中文译文的，应当注明原文。

依照专利法和本细则规定提交的各种证件和证明文件是外文的，国务院专利行政部门认为必要时，可以要求当事人在指定期限内附送中文译文；期满未附送的，视为未提交该证件和证明文件。

★ **第四条**　向国务院专利行政部门邮寄的各种文件，以寄出的邮戳日为递交日；邮戳日不清晰的，除当事人能够提出证明外，以国务院专利行政部门收到日为递交日。

以电子形式向国务院专利行政部门提交各种文件的，以进入国务院专利行政部门指定的特定电子系统的日期为递交日。

国务院专利行政部门的各种文件，可以通过电子形式、邮寄、直接送交或者其他方式送达当事人。当事人委托专利代理机构的，文件送交专利代理机构；未委托专利代理机构的，文件送交请求书中指明的联系人。

国务院专利行政部门邮寄的各种文件，自文件发出之日起满15日，推定为当事人收到文件之日。当事人提供证据能够证明实际收到文件的日期的，以实际收到日为准。

根据国务院专利行政部门规定应当直接送交的文件，以交付日为送达日。

文件送交地址不清，无法邮寄的，可以通过公告的方式送达当事人。自公告之日起满1个月，该文件视为已经送达。

国务院专利行政部门以电子形式送达的各种文件，以进入当事人认可的电子系统的日期为送达日。

★ **第五条** 专利法和本细则规定的各种期限开始的当日不计算在期限内，自下一日开始计算。期限以年或者月计算的，以其最后一月的相应日为期限届满日；该月无相应日的，以该月最后一日为期限届满日；期限届满日是法定休假日的，以休假日后的第一个工作日为期限届满日。

第六条 当事人因不可抗拒的事由而延误专利法或者本细则规定的期限或者国务院专利行政部门指定的期限，导致其权利丧失的，自障碍消除之日起2个月内且自期限届满之日起2年内，可以向国务院专利行政部门请求恢复权利。

除前款规定的情形外，当事人因其他正当理由延误专利法或者本细则规定的期限或者国务院专利行政部门指定的期限，导致其权利丧失的，可以自收到国务院专利行政部门的通知之日起2个月内向国务院专利行政部门请求恢复权利；但是，延误复审请求期限的，可以自复审请求期限届满之日起2个月内向国务院专利行政部门请求恢复权利。

当事人依照本条第一款或者第二款的规定请求恢复权利的，应当提交恢复权利请求书，说明理由，必要时附具有关证明文件，并办理权利丧失前应当办理的相应手续；依照本条第二款的规定请求恢复权利的，还应当缴纳恢复权利请求费。

当事人请求延长国务院专利行政部门指定的期限的，应当在期限届满前，向国务院专利行政部门提交延长期限请求书，说明理由，并办理有关手续。

本条第一款和第二款的规定不适用专利法第二十四条、第二十九条、第四十二条、第七十四条规定的期限。

★ **第七条** 专利申请涉及国防利益需要保密的，由国防专利机构受理并进行审查；国务院专利行政部门受理的专利申请涉及国防利益需要保密的，应当及时移交国防专利机构进行审查。经国防专利机构审查没有发现驳回理由的，由国务院专利行政部门作出授予国防专利权的决定。

国务院专利行政部门认为其受理的发明或者实用新型专利申请涉及国防利益以外的国家安全或者重大利益需要保密的，应当及时作出按照保密专利申请处理的决定，并通知申请人。保密专利申请的审查、复审以及保密专利权无效宣告的特殊程序，由国务院专利行政部门规定。

★★ **第八条** 专利法第十九条所称在中国完成的发明或者实用新型，是指技术方案的实质性内容在中国境内完成的发明或者实用新型。

任何单位或者个人将在中国完成的发明或者实用新型向外国申请专利的，应当按照下列方式之一请求国务院专利行政部门进行保密审查：

（一）直接向外国申请专利或者向有关国外机构提交专利国际申请的，应当事先向国务院专利行政部门提出请求，并详细说明其技术方案；

（二）向国务院专利行政部门申请专利后拟向外国申请专利或者向有关国外机构提交专利国际申请的，应当在向外国申请专利或者向有关国外机构提交专利国际申请前向国务院专利行政部门提出请求。

向国务院专利行政部门提交专利国际申请的，视为同时提出了保密审查请求。

★ **第九条** 国务院专利行政部门收到依照本细则第八条规定递交的请求后，经过审查认为该发明或者实用新型可能涉及国家安全或者重大利益需要保密的，应当在请求递交日起2个月内向申请人发出保密审查通知；情况复杂的，可以延长2个月。

国务院专利行政部门依照前款规定通知进行保密审查的，应当在请求递交日起4个月内作出是否需要保密的决定，并通知申请人；情况复杂的，可以延长2个月。

第十条 专利法第五条所称违反法律的发明创造，不包括仅其实施为法律所禁止的发明创造。

第十一条 申请专利应当遵循诚实信用原则。提出各类专利申请应当以真实发明创造活动为基础，不得弄虚作假。

第十二条 除专利法第二十八条和第四十二条规定的情形外，专利法所称申请日，有优先权的，指优先权日。

本细则所称申请日，除另有规定的外，是指专利法第二十八条规定的申请日。

第十三条 专利法第六条所称执行本单位的任务所完成的职务发明创造，是指：

（一）在本职工作中作出的发明创造；

（二）履行本单位交付的本职工作之外的任务所作出的发明创造；

（三）退休、调离原单位后或者劳动、人事关系终止后1年内作出的，与其在原单位承担的本职工作或者原单位分配的任务有关的发明创造。

专利法第六条所称本单位，包括临时工作单位；专利法第六条所称本单位的物质技术条件，是指本单位的资金、设备、零部件、原材料或者不对外公开的技术信息和资料等。

第十四条 专利法所称发明人或者设计人，是指对发明创造的实质性特点作出创造性贡献的人。在完成发明创造过程中，只负责组织工作的人、为物质技术条件的利用提供方便的人或者从事其他辅助工作的人，不是发明人或者设计人。

第十五条 除依照专利法第十条规定转让专利权外，专利权因其他事由发生转移的，当事人应当凭有关证明文件或者法律文书向国务院专利行政部门办理专利权转移手续。

专利权人与他人订立的专利实施许可合同，应当自合同生效之日起3个月内向国务院专利行政部门备案。

以专利权出质的，由出质人和质权人共同向国务院专利行政部门办理出质登记。

第十六条 专利工作应当贯彻党和国家知识产权战略部署，提升我国专利创造、运用、保护、管理和服务水平，支持全面创新，促进创新型国家建设。

国务院专利行政部门应当提升专利信息公共服务能力，完整、准确、及时发布专利信息，提供专利基础数据，促进专利相关数据资源的开放共享、互联互通。

第二章　专利的申请

★ **第十七条** 申请专利的，应当向国务院专利行政部门提交申请文件。申请文件应当符合规定的要求。

申请人委托专利代理机构向国务院专利行政部门申请专利和办理其他专利事务的，应当同时提交委托书，写明委托权限。

申请人有2人以上且未委托专利代理机构的，除请求书中另有声明的外，以请求书中指明的第一申请人为代表人。

第十八条 依照专利法第十八条第一款的规定委托专利代理机构在中国申请专利和办理其他专利事务的，涉及下列事务，申请人或者专利权人可以自行办理：

（一）申请要求优先权的，提交第一次提出的专利申请（以下简称在先申请）文件副本；

（二）缴纳费用；

（三）国务院专利行政部门规定的其他事务。

★★ **第十九条** 发明、实用新型或者外观设计专利申请的请求书应当写明下列事项：

（一）发明、实用新型或者外观设计的名称；

（二）申请人是中国单位或者个人的，其名称或者姓名、地址、邮政编码、统一社会信用代码或者身份证件号码；申请人是外国人、外国企业或者外国其他组织的，其姓名或者名称、国籍或者注册的国家或者地区；

（三）发明人或者设计人的姓名；

（四）申请人委托专利代理机构的，受托机构的名称、机构代码以及该机构指定的专利代理师的姓名、专利代理师资格证号码、联系电话；

（五）要求优先权的，在先申请的申请日、申请号以及原受理机构的名称；

（六）申请人或者专利代理机构的签字或者盖章；

（七）申请文件清单；

（八）附加文件清单；

（九）其他需要写明的有关事项。

第二十条 发明或者实用新型专利申请的说明书应当写明发明或者实用新型的名称，该名称应当与请求书中的名称一致。说明书应当包括下列内容：

（一）技术领域：写明要求保护的技术方案所属的技术领域；

（二）背景技术：写明对发明或者实用新型的理解、检索、审查有用的背景技术；有可能的，并引证反映这些背景技术的文件；

（三）发明内容：写明发明或者实用新型所要解决的技术问题以及解决其技术问题采用的技术方案，并对照现有技术写明发明或者实用新型的有益效果；

（四）附图说明：说明书有附图的，对各幅附图作简略说明；

（五）具体实施方式：详细写明申请人认为实现发明或者实用新型的优选方式；必要时，举例说明；有附图的，对照附图。

发明或者实用新型专利申请人应当按照前款规定的方式和顺序撰写说明书，并在说明书每一部分前面写明标题，除非其发明或者实用新型的性质用其他方式或者顺序撰写能节约说明书的篇幅并使他人能够准确理解其发明或者实用新型。

发明或者实用新型说明书应当用词规范、语句清楚，并不得使用"如权利要求……所述的……"一类的引用语，也不得使用商业性宣传用语。

发明专利申请包含一个或者多个核苷酸或者氨基酸序列的，说明书应当包括符合国务院专利行政部门规定的序列表。

实用新型专利申请说明书应当有表示要求保护的产品的形状、构造或者其结合的附图。

第二十一条 发明或者实用新型的几幅附图应当按照"图1，图2，……"顺序编号排列。

发明或者实用新型说明书文字部分中未提及的附图标记不得在附图中出现，附图中未出现的附图标记不得在说明书文字部分中提及。申请文件中表示同一组成部分的附图标记应当一致。

附图中除必需的词语外，不应当含有其他注释。

第二十二条 权利要求书应当记载发明或者实用新型的技术特征。

权利要求书有几项权利要求的，应当用阿拉伯数字顺序编号。

权利要求书中使用的科技术语应当与说明书中使用的科技术语一致，可以有化学式或者数学式，但是不得有插图。除绝对必要的外，不得使用"如说明书……部分所述"或者"如图……所示"的用语。

权利要求中的技术特征可以引用说明书附图中相应的标记，该标记应当放在相应的技术特征后并置于括号内，便于理解权利要求。附图标记不得解释为对权利要求的限制。

第二十三条 权利要求书应当有独立权利要求，也可以有从属权利要求。

独立权利要求应当从整体上反映发明或者实用新型的技术方案，记载解决技术问题的必要技术特征。

从属权利要求应当用附加的技术特征，对引用的权利要求作进一步限定。

第二十四条 发明或者实用新型的独立权利要求应当包括前序部分和特征部分，按照下列规定撰写：

（一）前序部分：写明要求保护的发明或者实用新型技术方案的主题名称和发明或者实用新型主题与最接近的现有技术共有的必要技术特征；

（二）特征部分：使用"其特征是……"或者类似的用语，写明发明或者实用新型区别于最接近的现有技术的技术特征。这些特征和前序部分写明的特征合在一起，限定发明或者实用新型要求保护的范围。

发明或者实用新型的性质不适于用前款方式表达的，独立权利要求可以用其他方式撰写。

一项发明或者实用新型应当只有一个独立权利要求，并写在同一发明或者实用新型的从属权利要求之前。

第二十五条 发明或者实用新型的从属权利要求应当包括引用部分和限定部分，按照下列规定撰写：

（一）引用部分：写明引用的权利要求的编号及其主题名称；

（二）限定部分：写明发明或者实用新型附加的技术特征。

从属权利要求只能引用在前的权利要求。引用两项以上权利要求的多项从属权利要求，只能以择一方式引用在前的权利要求，并不得作为另一项多项从属权利要求的基础。

★ **第二十六条** 说明书摘要应当写明发明或者实用新型专利申请所公开内容的概要，即写明发明或者实用新型的名称和所属技术领域，并清楚地反映所要解决的技术问题、解决该问题的技术方案的要点以及主要用途。

说明书摘要可以包含最能说明发明的化学式；有附图的专利申请，还应当在请求书中指定一幅最能说明该发明或者实用新型技术特征的说明书附图作为摘要附图。摘要中不得使用商业性宣传用语。

★ **第二十七条** 申请专利的发明涉及新的生物材料，该生物材料公众不能得到，并且对该生物材料的说明不足以使所属领域的技术人员实施其发明的，除应当符合专利法和本细则的有关规定外，申请人还应当办理下列手续：

（一）在申请日前或者最迟在申请日（有优先权的，指优先权日），将该生物材料的样品提交国务院专利行政部门认可的保藏单位保藏，并在申请时或者最迟自申请日起4个月内提交保藏单位出具的保藏证明和存活证明；期满未提交证明的，该样品视为未提交保藏；

（二）在申请文件中，提供有关该生物材料特征的资料；

（三）涉及生物材料样品保藏的专利申请应当在请求书和说明书中写明该生物材料的分类命名（注明拉丁文名称）、保藏该生物材料样品的单位名称、地址、保藏日期和保藏编号；申请时未写明的，应当自申请日起4个月内补正；期满未补正的，视为未提交保藏。

第二十八条 发明专利申请人依照本细则第二十七条的规定保藏生物材料样品的，在发明专利申请公布后，任何单位或者个人需要将该专利申请所涉及的生物材料作为实验目的使用的，应当向国务院专利行政部门提出请求，并写明下列事项：

（一）请求人的姓名或者名称和地址；

（二）不向其他任何人提供该生物材料的保证；

（三）在授予专利权前，只作为实验目的使用的保证。

★ **第二十九条** 专利法所称遗传资源，是指取自人体、动物、植物或者微生物等含有遗传功能单位并具有实际或者潜在价值的材料和利用此类材料产生的遗传信息；专利法所称依赖遗传资源完成的发明创造，是指利用了遗传资源的遗传功能完成的发明创造。

就依赖遗传资源完成的发明创造申请专利的，申请人应当在请求书中予以说明，并填写国务院专利行政部门制定的表格。

第三十条 申请人应当就每件外观设计产品所需要保护的内容提交有关图片或者照片。

申请局部外观设计专利的，应当提交整体产品的视图，并用虚线与实线相结合或者其他方式表明所需要保护部分的内容。

申请人请求保护色彩的，应当提交彩色图片或者照片。

★ **第三十一条** 外观设计的简要说明应当写明外观设计产品的名称、用途，外观设计的设计要点，并指定一幅最能表明设计要点的图片或者照片。省略视图或者请求保护色彩的，应当在简要说明中写明。

对同一产品的多项相似外观设计提出一件外观设计专利申请的，应当在简要说明中指定其中一项作为基本设计。

申请局部外观设计专利的，应当在简要说明中写明请求保护的部分，已在整体产品的视图中用虚线与实线相结合方式表明的除外。

简要说明不得使用商业性宣传用语，也不得说明产品的性能。

第三十二条 国务院专利行政部门认为必要时，可以要求外观设计专利申请人提交使用外观设计的产品样品或者模型。样品或者模型的体积不得超过30厘米×30厘米×30厘米，重量不得超过15公斤。易腐、易损或者危险品不得作为样品或者模型提交。

第三十三条 专利法第二十四条第（二）项所称中国政府承认的国际展览会，是指国际展览会公约规定的在国际展览局注册或者由其认可的国际展览会。

专利法第二十四条第（三）项所称学术会议或者技术会议，是指国务院有关主管部门或者全国性学术团体组织召开的学术会议或者技术会议，以及国务院有关主管部门认可的由国际组织召开的学术会议或者技术会议。

申请专利的发明创造有专利法第二十四条第（二）项或者第（三）项所列情形的，申请人应当在提出专利申请时声明，并自申请日起2个月内提交有关发明创造已经展出或者发表，以及展出或者发表日期的证明文件。

申请专利的发明创造有专利法第二十四条第（一）项或者第（四）项所列情形的，国务院专利行政部门认为必要时，可以要求申请人在指定期限内提交证明文件。

申请人未依照本条第三款的规定提出声明和提交证明文件的，或者未依照本条第四款的规定在指定期限内提交证明文件的，其申请不适用专利法第二十四条的规定。

第三十四条 申请人依照专利法第三十条的规定要求外国优先权的，申请人提交的在先申请文件副本应当经原受理机构证明。依照国务院专利行政部门与该受理机构签订的协议，国务院专利行政部门通过电子交换等途径获得在先申请文件副本的，视为申请人提交了经该受理机构证明的在先申请文件副本。要求本国优先权，申请人在请求书中写明在先申请的申请日和申请号的，视为提交了在先申请文件副本。

要求优先权，但请求书中漏写或者错写在先申请的申请日、申请号和原受理机构名称中的一项或者两项内容的，国务院专利行政部门应当通知申请人在指定期限内补正；期满未补正的，视为未要求优先权。

要求优先权的申请人的姓名或者名称与在先申请文件副本中记载的申请人姓名或者名称不一致的，应当提交优先权转让证明材料，未提交该证明材料的，视为未要求优先权。

外观设计专利申请人要求外国优先权，其在先申请未包括对外观设计的简要说明，申请人按照本细则第三十一条规定提交的简要说明未超出在先申请文件的图片或者照片表示的范围的，不影响其享有优先权。

第三十五条 申请人在一件专利申请中，可以要求一项或者多项优先权；要求多项优先权的，该申请的优先权期限从最早的优先权日起计算。

发明或者实用新型专利申请人要求本国优先权，在先申请是发明专利申请的，可以就相同主题提出发明或者实用新型专利申请；在先申请是实用新型专利申请的，可以就相同主题提出实用新型或者发明专利申请。外观设计专利申请人要求本国优先权，在先申请是发明或者实用新型专利申请的，可以就附图显示的设计提出相同主题的外观设计专利申请；在先申请是外观设计专利申请的，可以就相同主题提出外观设计专利申请。但是，提出后一申请时，在先申请的主题有下列情形之一的，不得作为要求本国优先权的基础：

（一）已经要求外国优先权或者本国优先权的；
（二）已经被授予专利权的；
（三）属于按照规定提出的分案申请的。

申请人要求本国优先权的，其在先申请自后一申请提出之日起即视为撤回，但外观设计专利申请人要求以发明或者实用新型专利申请作为本国优先权基础的除外。

★ **第三十六条** 申请人超出专利法第二十九条规定的期限，向国务院专利行政部门就相同主题提出发明或者实用新型专利申请，有正当理由的，可以在期限届满之日起2个月内请求恢复优先权。

第三十七条 发明或者实用新型专利申请人要求了优先权的，可以自优先权日起16个月内或者自申请日起4个月内，请求在请求书中增加或者改正优先权要求。

第三十八条 在中国没有经常居所或者营业所的申请人，申请专利或者要求外国优先权的，国务院专利行政部门认为必要时，可以要求其提供下列文件：

（一）申请人是个人的，其国籍证明；
（二）申请人是企业或者其他组织的，其注册的国家或者地区的证明文件；
（三）申请人的所属国，承认中国单位和个人可以按照该国国民的同等条件，在该国享有专利权、优先权和其他与专利有关的权利的证明文件。

第三十九条 依照专利法第三十一条第一款规定，可以作为一件专利申请提出的属于一个总的发明构思的两项以上的发明或者实用新型，应当在技术上相互关联，包含一个或者多个相同或者相应的特定技术特征，其中特定技术特征是指每一项发明或者实用新型作为整体，对现有技术作出贡献的技术特征。

第四十条 依照专利法第三十一条第二款规定，将同一产品的多项相似外观设计作为一件申请提出的，对该产品的其他设计应当与简要说明中指定的基本设计相似。一件外观设计专利申请中的相似外观设计不得超过10项。

专利法第三十一条第二款所称同一类别并且成套出售或者使用的产品的两项以上外观设计，是指各产品属于分类表中同一大类，习惯上同时出售或者同时使用，而且各产品的外观设计具有相同的设计构思。

将两项以上外观设计作为一件申请提出的，应当将各项外观设计的顺序编号标注在每件外观设计产品各幅图片或者照片的名称之前。

★ **第四十一条** 申请人撤回专利申请的，应当向国务院专利行政部门提出声明，写明发明创造的名称、申请号和申请日。

撤回专利申请的声明在国务院专利行政部门做好公布专利申请文件的印刷准备工作后提出的，申请文件仍予公布；但是，撤回专利申请的声明应当在以后出版的专利公报上予以公告。

第三章 专利申请的审查和批准

第四十二条 在初步审查、实质审查、复审和无效宣告程序中，实施审查和审理的人员有下列情形之一的，应当自行回避，当事人或者其他利害关系人可以要求其回避：

（一）是当事人或者其代理人的近亲属的；

（二）与专利申请或者专利权有利害关系的；

（三）与当事人或者其代理人有其他关系，可能影响公正审查和审理的；

（四）复审或者无效宣告程序中，曾参与原申请的审查的。

第四十三条 国务院专利行政部门收到发明或者实用新型专利申请的请求书、说明书（实用新型必须包括附图）和权利要求书，或者外观设计专利申请的请求书、外观设计的图片或者照片和简要说明后，应当明确申请日、给予申请号，并通知申请人。

第四十四条 专利申请文件有下列情形之一的，国务院专利行政部门不予受理，并通知申请人：

（一）发明或者实用新型专利申请缺少请求书、说明书（实用新型无附图）或者权利要求书的，或者外观设计专利申请缺少请求书、图片或者照片、简要说明的；

（二）未使用中文的；

（三）申请文件的格式不符合规定的；

（四）请求书中缺少申请人姓名或者名称，或者缺少地址的；

（五）明显不符合专利法第十七条或者第十八条第一款的规定的；

（六）专利申请类别（发明、实用新型或者外观设计）不明确或者难以确定的。

★ 第四十五条 发明或者实用新型专利申请缺少或者错误提交权利要求书、说明书或者权利要求书、说明书的部分内容，但申请人在递交日要求了优先权的，可以自递交日起2个月内或者在国务院专利行政部门指定的期限内以援引在先申请文件的方式补交。补交的文件符合有关规定的，以首次提交文件的递交日为申请日。

★ 第四十六条 说明书中写有对附图的说明但无附图或者缺少部分附图的，申请人应当在国务院专利行政部门指定的期限内补交附图或者声明取消对附图的说明。申请人补交附图的，以向国务院专利行政部门提交或者邮寄附图之日为申请日；取消对附图的说明的，保留原申请日。

★★ 第四十七条 两个以上的申请人同日（指申请日；有优先权的，指优先权日）分别就同样的发明创造申请专利的，应当在收到国务院专利行政部门的通知后自行协商确定申请人。

同一申请人在同日（指申请日）对同样的发明创造既申请实用新型专利又申请发明专利的，应当在申请时分别说明对同样的发明创造已申请了另一专利；未作说明的，依照专利法第九条第一款关于同样的发明创造只能授予一项专利权的规定处理。

国务院专利行政部门公告授予实用新型专利权，应当公告申请人已依照本条第二款的规定同时申请了发明专利的说明。

发明专利申请经审查没有发现驳回理由，国务院专利行政部门应当通知申请人在规定期限内声明放弃实用新型专利权。申请人声明放弃的，国务院专利行政部门应当作出授予发明专利权的决定，并在公告授予发明专利权时一并公告申请人放弃实用新型专利权声明。申请人不同意放弃的，国务院专利行政部门应当驳回该发明专利申请；申请人期满未答复的，视为撤回该发明专利申请。

实用新型专利权自公告授予发明专利权之日起终止。

第四十八条 一件专利申请包括两项以上发明、实用新型或者外观设计的，申请人可以在本细则第六十条第一款规定的期限届满前，向国务院专利行政部门提出分案申请；但是，专利申请已经被驳回、撤回或者视为撤回的，不能提出分案申请。

国务院专利行政部门认为一件专利申请不符合专利法第三十一条和本细则第三十九条或者第四十条的规定的，应当通知申请人在指定期限内对其申请进行修改；申请人期满未答复的，该申请视为撤回。

分案的申请不得改变原申请的类别。

第四十九条 依照本细则第四十八条规定提出的分案申请，可以保留原申请日，享有优先权的，可以保留优先权日，但是不得超出原申请记载的范围。

分案申请应当依照专利法及本细则的规定办理有关手续。

分案申请的请求书中应当写明原申请的申请号和申请日。

第五十条 专利法第三十四条和第四十条所称初步审查，是指审查专利申请是否具备专利法第二十六条或者第二十七条规定的文件和其他必要的文件，这些文件是否符合规定的格式，并审查下列各项：

（一）发明专利申请是否明显属于专利法第五条、第二十五条规定的情形，是否不符合专利法第十七条、第十八条第一款、第十九条第一款或者本细则第十一条、第十九条、第二十九条第二款的规定，是否明显不符合专利法第二条第二款、第二十六条第五款、第三十一条第一款、第三十三条或者本细则第二十条至第二十四条的规定；

（二）实用新型专利申请是否明显属于专利法第五条、第二十五条规定的情形，是否不符合专利法第十七条、第十八条第一款、第十九条第一款或者本细则第十一条、第十九条至第二十二条、第二十四条至第二十六条的规定，是否明显不符合专利法第二条第三款、第二十二条、第二十六条第三款、第二十六条第四款、第三十一条第一款、第三十三条或者本细则第二十三条、第四十九条第一款的规定，是否依照专利法第九条规定不能取得专利权；

（三）外观设计专利申请是否明显属于专利法第五条、第二十五条第一款第（六）项规定的情形，是否不符合专利法第十七条、第十八条第一款或者本细则第十一条、第十九条、第三十条、第三十一条的规定，是否明显不符合专利法第二条第四款、第二十三条第一款、第二十三条第二款、第二十七条第二款、第三十一条第二款、第三十三条或者本细则第四十九条第一款的规定，是否依照专利法第九条规定不能取得专利权；

（四）申请文件是否符合本细则第二条、第三条第一款的规定。

国务院专利行政部门应当将审查意见通知申请人，要求其在指定期限内陈述意见或者补正；申请人期满未答复的，其申请视为撤回。申请人陈述意见或者补正后，国务院专利行政部门仍然认为不符合前款所列各项规定的，应当予以驳回。

★★ **第五十一条** 除专利申请文件外，申请人向国务院专利行政部门提交的与专利申请有关的其他文件有下列情形之一的，视为未提交：

（一）未使用规定的格式或者填写不符合规定的；
（二）未按照规定提交证明材料的。

国务院专利行政部门应当将视为未提交的审查意见通知申请人。

第五十二条 申请人请求早日公布其发明专利申请的，应当向国务院专利行政部门声明。国务院专利行政部门对该申请进行初步审查后，除予以驳回的外，应当立即将申请予以公布。

第五十三条 申请人写明使用外观设计的产品及其所属类别的，应当使用国务院专利行政部门公布的外观设计产品分类表。未写明使用外观设计的产品所属类别或者所写的类别不确切的，国务院专利行政部门可以予以补充或者修改。

第五十四条 自发明专利申请公布之日起至公告授予专利权之日止，任何人均可以对不符合专利法规定的专利申请向国务院专利行政部门提出意见，并说明理由。

第五十五条 发明专利申请人因有正当理由无法提交专利法第三十六条规定的检索资料或者审查结果资料的，应当向国务院专利行政部门声明，并在得到有关资料后补交。

第五十六条 国务院专利行政部门依照专利法第三十五条第二款的规定对专利申请自行进行审查时，应当通知申请人。

申请人可以对专利申请提出延迟审查请求。

★ **第五十七条** 发明专利申请人在提出实质审查请求时以及在收到国务院专利行政部门发出的发明专利申请进入实质审查阶段通知书之日起的 <u>3 个月内</u>，可以对发明专利申请主动提出修改。

实用新型或者外观设计专利申请人自申请日起 <u>2 个月内</u>，可以对实用新型或者外观设计专利申请主动提出修改。

申请人在收到国务院专利行政部门发出的审查意见通知书后对专利申请文件进行修改的，应当针对通知书指出的缺陷进行修改。

国务院专利行政部门可以自行修改专利申请文件中文字和符号的明显错误。国务院专利行政部门自行修改的，应当通知申请人。

第五十八条 发明或者实用新型专利申请的说明书或者权利要求书的修改部分，除个别文字修改或者增删外，应当按照规定格式提交替换页。外观设计专利申请的图片或者照片的修改，应当按照规定提交替换页。

第五十九条 依照专利法第三十八条的规定，发明专利申请经实质审查应当予以驳回的情形是指：

（一）申请属于专利法第五条、第二十五条规定的情形，或者依照专利法第九条规定不能取得专利权的；

（二）申请不符合专利法第二条第二款、第十九条第一款、第二十二条、第二十六条第三款、第二十六条第四款、第二十六条第五款、第三十一条第一款或者本细则第十一条、第二十三条第二款规定的；

（三）申请的修改不符合专利法第三十三条规定，或者分案的申请不符合本细则第四十九条第一款的规定的。

★ **第六十条** 国务院专利行政部门发出授予专利权的通知后，申请人应当自收到通知之日起 2 个月内办理登记手续。申请人按期办理登记手续的，国务院专利行政部门应当授予专利权，颁发专利证书，并予以公告。

期满未办理登记手续的，视为放弃取得专利权的权利。

第六十一条 保密专利申请经审查没有发现驳回理由的，国务院专利行政部门应当作出授予保密专利权的决定，颁发保密专利证书，登记保密专利权的有关事项。

第六十二条 授予实用新型或者外观设计专利权的决定公告后，专利法第六十六条规定的专利权人、利害关系人、被控侵权人可以请求国务院专利行政部门作出专利权评价报告。申请人可以在办理专利权登记手续时请求国务院专利行政部门作出专利权评价报告。

请求作出专利权评价报告的，应当提交专利权评价报告请求书，写明专利申请号或者专利号。每项请求应当限于一项专利申请或者专利权。

专利权评价报告请求书不符合规定的，国务院专利行政部门应当通知请求人在指定期限内补正；请求人期满未补正的，视为未提出请求。

第六十三条 国务院专利行政部门应当自收到专利权评价报告请求书后2个月内作出专利权评价报告，但申请人在办理专利权登记手续时请求作出专利权评价报告的，国务院专利行政部门应当自公告授予专利权之日起2个月内作出专利权评价报告。

对同一项实用新型或者外观设计专利权，有多个请求人请求作出专利权评价报告的，国务院专利行政部门仅作出一份专利权评价报告。任何单位或者个人可以查阅或者复制该专利权评价报告。

第六十四条 国务院专利行政部门对专利公告、专利单行本中出现的错误，一经发现，应当及时更正，并对所作更正予以公告。

第四章 专利申请的复审与专利权的无效宣告

★ 第六十五条 依照专利法第四十一条的规定向国务院专利行政部门请求复审的，应当提交复审请求书，说明理由，必要时还应当附具有关证据。

复审请求不符合专利法第十八条第一款或者第四十一条第一款规定的，国务院专利行政部门不予受理，书面通知复审请求人并说明理由。

复审请求书不符合规定格式的，复审请求人应当在国务院专利行政部门指定的期限内补正；期满未补正的，该复审请求视为未提出。

第六十六条 请求人在提出复审请求或者在对国务院专利行政部门的复审通知书作出答复时，可以修改专利申请文件；但是，<u>修改应当仅限于消除驳回决定或者复审通知书指出的缺陷</u>。

第六十七条 国务院专利行政部门进行复审后，认为复审请求不符合专利法和本细则有关规定或者专利申请存在其他明显违反专利法和本细则有关规定情形的，应当通知复审请求人，要求其在指定期限内陈述意见。期满未答复的，该复审请求视为撤回；经陈述意见或者进行修改后，国务院专利行政部门认为仍不符合专利法和本细则有关规定的，应当作出驳回复审请求的复审决定。

国务院专利行政部门进行复审后，认为原驳回决定不符合专利法和本细则有关规定的，或者认为经过修改的专利申请文件消除了原驳回决定和复审通知书指出的缺陷的，应当撤销原驳回决定，继续进行审查程序。

第六十八条 复审请求人在国务院专利行政部门作出决定前，可以撤回其复审请求。

复审请求人在国务院专利行政部门作出决定前撤回其复审请求的，复审程序终止。

第六十九条 依照专利法第四十五条的规定，请求宣告专利权无效或者部分无效的，应当向国务院专利行政部门提交专利权无效宣告请求书和必要的证据一式两份。无效宣告请求书应当结合提交的所有证据，具体说明无效宣告请求的理由，并指明每项理由所依据的证据。

前款所称无效宣告请求的理由，是指被授予专利的发明创造不符合专利法第二条、第十九条第一款、第二十二条、第二十三条、第二十六条第三款、第二十六条第四款、第二十七条第二款、第三十三条或者本细则第十一条、第二十三条第二款、第四十九条第一款的规定，或者属于专利法第五条、第二十五条规定的情形，或者依照专利法第九条规定不能取得专利权。

第七十条 专利权无效宣告请求不符合专利法第十八条第一款或者本细则第六十九条规定的，国务院专利行政部门不予受理。

在国务院专利行政部门就无效宣告请求作出决定之后，又以同样的理由和证据请求宣告无效的，国务院专利行政部门不予受理。

以不符合专利法第二十三条第三款的规定为理由请求宣告外观设计专利权无效，但是未提交证明权利冲突的证据的，国务院专利行政部门不予受理。

专利权无效宣告请求书不符合规定格式的，无效宣告请求人应当在国务院专利行政部门指定的期限内补正；期满未补正的，该无效宣告请求视为未提出。

★ 第七十一条 在国务院专利行政部门受理无效宣告请求后，请求人可以在提出无效宣告请求之日起1个月内增加理由或者补充证据。逾期增加理由或者补充证据的，国务院专利行政部门可以不予考虑。

第七十二条 国务院专利行政部门应当将专利权无效宣告请求书和有关文件的副本送交专利权人，要求其在指定的期限内陈述意见。

专利权人和无效宣告请求人应当在指定期限内答复国务院专利行政部门发出的转送文件通知书或者无效宣告请求审查通知书；期满未答复的，不影响国务院专利行政部门审理。

第七十三条 在无效宣告请求的审查过程中，发明或者实用新型专利的专利权人可以修改其权利要求书，但是不得扩大原专利的保护范围。国务院专利行政部门在修改后的权利要求基础上作出维持专利权有效或者宣告专利权部分无效的决定的，应当公告修改后的权利要求。

发明或者实用新型专利的专利权人不得修改专利说明书和附图，外观设计专利的专利权人不得修改图片、照片和简要说明。

第七十四条 国务院专利行政部门根据当事人的请求或者案情需要，可以决定对无效宣告请求进行口头审理。

国务院专利行政部门决定对无效宣告请求进行口头审理的，应当向当事人发出口头审理通知书，告知举行口头审理的日期和地点。当事人应当在通知书指定的期限内作出答复。

无效宣告请求人对国务院专利行政部门发出的口头审理通知书在指定的期限内未作答复，并且不参加口头审理的，其无效宣告请求视为撤回；专利权人不参加口头审理的，可以缺席审理。

第七十五条　在无效宣告请求审查程序中，国务院专利行政部门指定的期限不得延长。

第七十六条　国务院专利行政部门对无效宣告的请求作出决定前，无效宣告请求人可以撤回其请求。

国务院专利行政部门作出决定之前，无效宣告请求人撤回其请求或者其无效宣告请求被视为撤回的，无效宣告请求审查程序终止。但是，国务院专利行政部门认为根据已进行的审查工作能够作出宣告专利权无效或者部分无效的决定的，不终止审查程序。

第五章　专利权期限补偿

★　第七十七条　依照专利法第四十二条第二款的规定请求给予专利权期限补偿的，专利权人应当自公告授予专利权之日起3个月内向国务院专利行政部门提出。

★★　第七十八条　依照专利法第四十二条第二款的规定给予专利权期限补偿的，补偿期限按照发明专利在授权过程中不合理延迟的实际天数计算。

前款所称发明专利在授权过程中不合理延迟的实际天数，是指自发明专利申请日起满4年且自实质审查请求之日起满3年之日至公告授予专利权之日的间隔天数，减去合理延迟的天数和由申请人引起的不合理延迟的天数。

下列情形属于合理延迟：

（一）依照本细则第六十六条的规定修改专利申请文件后被授予专利权的，因复审程序引起的延迟；

（二）因本细则第一百零三条、第一百零四条规定情形引起的延迟；

（三）其他合理情形引起的延迟。

同一申请人同日对同样的发明创造既申请实用新型专利又申请发明专利，依照本细则第四十七条第四款的规定取得发明专利权的，该发明专利权的期限不适用专利法第四十二条第二款的规定。

第七十九条　专利法第四十二条第二款规定的由申请人引起的不合理延迟包括以下情形：

（一）未在指定期限内答复国务院专利行政部门发出的通知的；

（二）申请延迟审查的；

（三）因本细则第四十五条规定情形引起的延迟；

（四）其他由申请人引起的不合理延迟。

第八十条　专利法第四十二条第三款所称新药相关发明专利是指符合规定的新药产品专利、制备方法专利、医药用途专利。

第八十一条　依照专利法第四十二条第三款的规定请求给予新药相关发明专利权期限补偿的，应当符合下列要求，自该新药在中国获得上市许可之日起3个月内向国务院专利行政部门提出：

（一）该新药同时存在多项专利的，专利权人只能请求对其中一项专利给予专利权期限补偿；

（二）一项专利同时涉及多个新药的，只能对一个新药就该专利提出专利权期限补偿请求；

（三）该专利在有效期内，且尚未获得过新药相关发明专利权期限补偿。

第八十二条　依照专利法第四十二条第三款的规定给予专利权期限补偿的，补偿期限按照该专利申请日至该新药在中国获得上市许可之日的间隔天数减去5年，在符合专利法第四十二条第三款规定的基础上确定。

第八十三条　新药相关发明专利在专利权期限补偿期间，该专利的保护范围限于该新药及其经批准的适应症相关技术方案；在保护范围内，专利权人享有的权利和承担的义务与专利权期限补偿前相同。

第八十四条　国务院专利行政部门对依照专利法第四十二条第二款、第三款的规定提出的专利权期限补偿请求进行审查后，认为符合补偿条件的，作出给予期限补偿的决定，并予以登记和公告；不符合补偿条件的，作出不予期限补偿的决定，并通知提出请求的专利权人。

第六章　专利实施的特别许可

第八十五条　专利权人自愿声明对其专利实行开放许可的，应当在公告授予专利权后提出。

开放许可声明应当写明以下事项：

（一）专利号；

（二）专利权人的姓名或者名称；

（三）专利许可使用费支付方式、标准；

（四）专利许可期限；

（五）其他需要明确的事项。

开放许可声明内容应当准确、清楚，不得出现商业性宣传用语。

★　第八十六条　专利权有下列情形之一的，专利权人不得对其实行开放许可：

（一）专利权处于独占或者排他许可有效期限内的；

（二）属于本细则第一百零三条、第一百零四条规定的中止情形的；

（三）没有按照规定缴纳年费的；

（四）专利权被质押，未经质权人同意的；

（五）其他妨碍专利权有效实施的情形。

★　第八十七条　通过开放许可达成专利实施许可的，专利权人或者被许可人应当凭能够证明达成许可的书面文件向国务院专利行政部门备案。

第八十八条　专利权人不得通过提供虚假材料、隐瞒事实等手段，作出开放许可声明或者在开放许可实施

· 114 ·

期间获得专利年费减免。

第八十九条 专利法第五十三条第（一）项所称未充分实施其专利，是指专利权人及其被许可人实施其专利的方式或者规模不能满足国内对专利产品或者专利方法的需求。

专利法第五十五条所称取得专利权的药品，是指解决公共健康问题所需的医药领域中的任何专利产品或者依照专利方法直接获得的产品，包括取得专利权的制造该产品所需的活性成分以及使用该产品所需的诊断用品。

第九十条 请求给予强制许可的，应当向国务院专利行政部门提交强制许可请求书，说明理由并附具有关证明文件。

国务院专利行政部门应当将强制许可请求书的副本送交专利权人，专利权人应当在国务院专利行政部门指定的期限内陈述意见；期满未答复的，不影响国务院专利行政部门作出决定。

国务院专利行政部门在作出驳回强制许可请求的决定或者给予强制许可的决定前，应当通知请求人和专利权人拟作出的决定及其理由。

国务院专利行政部门依照专利法第五十五条的规定作出给予强制许可的决定，应当同时符合中国缔结或者参加的有关国际条约关于为了解决公共健康问题而给予强制许可的规定，但中国作出保留的除外。

★ 第九十一条 依照专利法第六十二条的规定，请求国务院专利行政部门裁决使用费数额的，当事人应当提出裁决请求书，并附具双方不能达成协议的证明文件。国务院专利行政部门应当自收到请求书之日起3个月内作出裁决，并通知当事人。

第七章 对职务发明创造的发明人或者设计人的奖励和报酬

第九十二条 被授予专利权的单位可以与发明人、设计人约定或者在其依法制定的规章制度中规定专利法第十五条规定的奖励、报酬的方式和数额。鼓励被授予专利权的单位实行产权激励，采取股权、期权、分红等方式，使发明人或者设计人合理分享创新收益。

企业、事业单位给予发明人或者设计人的奖励、报酬，按照国家有关财务、会计制度的规定进行处理。

★ 第九十三条 被授予专利权的单位未与发明人、设计人约定也未在其依法制定的规章制度中规定专利法第十五条规定的奖励的方式和数额的，应当自公告授予专利权之日起3个月内发给发明人或者设计人奖金。一项发明专利的奖金最低不少于4000元；一项实用新型专利或者外观设计专利的奖金最低不少于1500元。

由于发明人或者设计人的建议被其所属单位采纳而完成的发明创造，被授予专利权的单位应当从优发给奖金。

第九十四条 被授予专利权的单位未与发明人、设计人约定也未在其依法制定的规章制度中规定专利法第十五条规定的报酬的方式和数额的，应当依照《中华人民共和国促进科技成果转化法》的规定，给予发明人或者设计人合理的报酬。

第八章 专利权的保护

第九十五条 省、自治区、直辖市人民政府管理专利工作的部门以及专利管理工作量大又有实际处理能力的地级市、自治州、盟、地区和直辖市的区人民政府管理专利工作的部门，可以处理和调解专利纠纷。

第九十六条 有下列情形之一的，属于专利法第七十条所称的在全国有重大影响的专利侵权纠纷：

（一）涉及重大公共利益的；
（二）对行业发展有重大影响的；
（三）跨省、自治区、直辖市区域的重大案件；
（四）国务院专利行政部门认为可能有重大影响的其他情形。

专利权人或者利害关系人请求国务院专利行政部门处理专利侵权纠纷，相关案件不属于在全国有重大影响的专利侵权纠纷的，国务院专利行政部门可以指定有管辖权的地方人民政府管理专利工作的部门处理。

★ 第九十七条 当事人请求处理专利侵权纠纷或者调解专利纠纷的，由被请求人所在地或者侵权行为地的管理专利工作的部门管辖。

两个以上管理专利工作的部门都有管辖权的专利纠纷，当事人可以向其中一个管理专利工作的部门提出请求；当事人向两个以上有管辖权的管理专利工作的部门提出请求的，由最先受理的管理专利工作的部门管辖。

管理专利工作的部门对管辖权发生争议的，由其共同的上级人民政府管理专利工作的部门指定管辖；无共同上级人民政府管理专利工作的部门的，由国务院专利行政部门指定管辖。

第九十八条 在处理专利侵权纠纷过程中，被请求人提出无效宣告请求并被国务院专利行政部门受理的，可以请求管理专利工作的部门中止处理。

管理专利工作的部门认为被请求人提出的中止理由明显不能成立的，可以不中止处理。

第九十九条 专利权人依照专利法第十六条的规定，在其专利产品或者该产品的包装上标明专利标识的，应当按照国务院专利行政部门规定的方式予以标明。

专利标识不符合前款规定的，由县级以上负责专利执法的部门责令改正。

★ 第一百条 申请人或者专利权人违反本细则第十一条、第八十八条规定的，由县级以上负责专利执法的部门予以警告，可以处10万元以下的罚款。

第一百零一条 下列行为属于专利法第六十八条规

定的假冒专利的行为：

（一）在未被授予专利权的产品或者其包装上标注专利标识，专利权被宣告无效后或者终止后继续在产品或者其包装上标注专利标识，或者未经许可在产品或者产品包装上标注他人的专利号；

（二）销售第（一）项所述产品；

（三）在产品说明书等材料中将未被授予专利权的技术或者设计称为专利技术或者专利设计，将专利申请称为专利，或者未经许可使用他人的专利号，使公众将所涉及的技术或者设计误认为是专利技术或者专利设计；

（四）伪造或者变造专利证书、专利文件或者专利申请文件；

（五）其他使公众混淆，将未被授予专利权的技术或者设计误认为是专利技术或者专利设计的行为。

专利权终止前依法在专利产品、依照专利方法直接获得的产品或者其包装上标注专利标识，在专利权终止后许诺销售、销售该产品的，不属于假冒专利行为。

销售不知道是假冒专利的产品，并且能够证明该产品合法来源的，由县级以上负责专利执法的部门责令停止销售。

第一百零二条 除专利法第六十五条规定的外，管理专利工作的部门应当事人请求，可以对下列专利纠纷进行调解：

（一）专利申请权和专利权归属纠纷；

（二）发明人、设计人资格纠纷；

（三）职务发明创造的发明人、设计人的奖励和报酬纠纷；

（四）在发明专利申请公布后专利权授予前使用发明而未支付适当费用的纠纷；

（五）其他专利纠纷。

对于前款第（四）项所列的纠纷，当事人请求管理专利工作的部门调解的，应当在专利权被授予之后提出。

第一百零三条 当事人因专利申请权或者专利权的归属发生纠纷，已请求管理专利工作的部门调解或者向人民法院起诉的，可以请求国务院专利行政部门中止有关程序。

依照前款规定请求中止有关程序的，应当向国务院专利行政部门提交请求书，说明理由，并附具管理专利工作的部门或者人民法院的写明申请号或者专利号的有关受理文件副本。国务院专利行政部门认为当事人提出的中止理由明显不能成立的，可以不中止有关程序。

管理专利工作的部门作出的调解书或者人民法院作出的判决生效后，当事人应当向国务院专利行政部门办理恢复有关程序的手续。自请求中止之日起1年内，有关专利申请权或者专利权归属的纠纷未能结案，需要继续中止有关程序的，请求人应当在该期限内请求延长中止。期满未请求延长的，国务院专利行政部门自行恢复有关程序。

第一百零四条 人民法院在审理民事案件中裁定对专利申请权或者专利权采取保全措施的，国务院专利行政部门应当在收到写明申请号或者专利号的裁定书和协助执行通知书之日中止被保全的专利申请权或者专利权的有关程序。保全期限届满，人民法院没有裁定继续采取保全措施的，国务院专利行政部门自行恢复有关程序。

第一百零五条 国务院专利行政部门根据本细则第一百零三条和第一百零四条规定中止有关程序，是指暂停专利申请的初步审查、实质审查、复审程序，授予专利权程序和专利权无效宣告程序；暂停办理放弃、变更、转移专利权或者专利申请权手续，专利权质押手续以及专利权期限届满前的终止手续等。

第九章　专利登记和专利公报

第一百零六条 国务院专利行政部门设置专利登记簿，登记下列与专利申请和专利权有关的事项：

（一）专利权的授予；

（二）专利申请权、专利权的转移；

（三）专利权的质押、保全及其解除；

（四）专利实施许可合同的备案；

（五）国防专利、保密专利的解密；

（六）专利权的无效宣告；

（七）专利权的终止；

（八）专利权的恢复；

（九）专利权期限的补偿；

（十）专利实施的开放许可；

（十一）专利实施的强制许可；

（十二）专利权人的姓名或者名称、国籍和地址的变更。

第一百零七条 国务院专利行政部门定期出版专利公报，公布或者公告下列内容：

（一）发明专利申请的著录事项和说明书摘要；

（二）发明专利申请的实质审查请求和国务院专利行政部门对发明专利申请自行进行实质审查的决定；

（三）发明专利申请公布后的驳回、撤回、视为撤回、视为放弃、恢复和转移；

（四）专利权的授予以及专利权的著录事项；

（五）实用新型专利的说明书摘要，外观设计专利的一幅图片或者照片；

（六）国防专利、保密专利的解密；

（七）专利权的无效宣告；

（八）专利权的终止、恢复；

（九）专利权期限的补偿；

（十）专利权的转移；

（十一）专利实施许可合同的备案；

（十二）专利权的质押、保全及其解除；

（十三）专利实施的开放许可事项；
（十四）专利实施的强制许可的给予；
（十五）专利权人的姓名或者名称、国籍和地址的变更；
（十六）文件的公告送达；
（十七）国务院专利行政部门作出的更正；
（十八）其他有关事项。

第一百零八条　国务院专利行政部门应当提供专利公报、发明专利申请单行本以及发明专利、实用新型专利、外观设计专利单行本，供公众免费查阅。

第一百零九条　国务院专利行政部门负责按照互惠原则与其他国家、地区的专利机关或者区域性专利组织交换专利文献。

第十章　费　　用

第一百一十条　向国务院专利行政部门申请专利和办理其他手续时，应当缴纳下列费用：
（一）申请费、申请附加费、公布印刷费、优先权要求费；
（二）发明专利申请实质审查费、复审费；
（三）年费；
（四）恢复权利请求费、延长期限请求费；
（五）著录事项变更费、专利权评价报告请求费、无效宣告请求费、专利文件副本证明费。

前款所列各种费用的缴纳标准，由国务院发展改革部门、财政部门会同国务院专利行政部门按照职责分工规定。国务院财政部门、发展改革部门可以会同国务院专利行政部门根据实际情况对申请专利和办理其他手续应当缴纳的费用种类和标准进行调整。

第一百一十一条　专利法和本细则规定的各种费用，应当严格按照规定缴纳。

直接向国务院专利行政部门缴纳费用的，以缴纳当日为缴费日；以邮局汇付方式缴纳费用的，以邮局汇出的邮戳日为缴费日；以银行汇付方式缴纳费用的，以银行实际汇出日为缴费日。

多缴、重缴、错缴专利费用的，当事人可以自缴费日起 3 年内，向国务院专利行政部门提出退款请求，国务院专利行政部门应当予以退还。

第一百一十二条　申请人应当自申请日起 2 个月内或者在收到受理通知书之日起 15 日内缴纳申请费、公布印刷费和必要的申请附加费；期满未缴纳或者未缴足的，其申请视为撤回。

申请人要求优先权的，应当在缴纳申请费的同时缴纳优先权要求费；期满未缴纳或者未缴足的，视为未要求优先权。

第一百一十三条　当事人请求实质审查或者复审的，应当在专利法及本细则规定的相关期限内缴纳费用；期满未缴纳或者未缴足的，视为未提出请求。

第一百一十四条　申请人办理登记手续时，应当缴纳授予专利权当年的年费；期满未缴纳或者未缴足的，视为未办理登记手续。

第一百一十五条　授予专利权当年以后的年费应当在上一年度期满前缴纳。专利权人未缴纳或者未缴足的，国务院专利行政部门应当通知专利权人自应当缴纳年费期满之日起 6 个月内补缴，同时缴纳滞纳金；滞纳金的金额按照每超过规定的缴费时间 1 个月，加收当年全额年费的 5% 计算；期满未缴纳的，专利权自应当缴纳年费期满之日起终止。

第一百一十六条　恢复权利请求费应当在本细则规定的相关期限内缴纳；期满未缴纳或者未缴足的，视为未提出请求。

延长期限请求费应当在相应期限届满之日前缴纳；期满未缴纳或者未缴足的，视为未提出请求。

著录事项变更费、专利权评价报告请求费、无效宣告请求费应当自提出请求之日起 1 个月内缴纳；期满未缴纳或者未缴足的，视为未提出请求。

第一百一十七条　申请人或者专利权人缴纳本细则规定的各种费用有困难的，可以按照规定向国务院专利行政部门提出减缴的请求。减缴的办法由国务院财政部门会同国务院发展改革部门、国务院专利行政部门规定。

第十一章　关于发明、实用新型国际申请的特别规定

第一百一十八条　国务院专利行政部门根据专利法第十九条规定，受理按照专利合作条约提出的专利国际申请。

按照专利合作条约提出并指定中国的专利国际申请（以下简称国际申请）进入国务院专利行政部门处理阶段（以下称进入中国国家阶段）的条件和程序适用本章的规定；本章没有规定的，适用专利法及本细则其他各章的有关规定。

第一百一十九条　按照专利合作条约已确定国际申请日并指定中国的国际申请，视为向国务院专利行政部门提出的专利申请，该国际申请日视为专利法第二十八条所称的申请日。

第一百二十条　国际申请的申请人应当在专利合作条约第二条所称的优先权日（本章简称优先权日）起 30 个月内，向国务院专利行政部门办理进入中国国家阶段的手续；申请人未在该期限内办理该手续的，在缴纳宽限费后，可以在自优先权日起 32 个月内办理进入中国国家阶段的手续。

第一百二十一条　申请人依照本细则第一百二十条的规定办理进入中国国家阶段的手续的，应当符合下列要求：
（一）以中文提交进入中国国家阶段的书面声明，

写明国际申请号和要求获得的专利权类型；

（二）缴纳本细则第一百一十条第一款规定的申请费、公布印刷费，必要时缴纳本细则第一百二十条规定的宽限费；

（三）国际申请以外文提出的，提交原始国际申请的说明书和权利要求书的中文译文；

（四）在进入中国国家阶段的书面声明中写明发明创造的名称，申请人姓名或者名称、地址和发明人的姓名，上述内容应当与世界知识产权组织国际局（以下简称国际局）的记录一致；国际申请中未写明发明人的，在上述声明中写明发明人的姓名；

（五）国际申请以外文提出的，提交摘要的中文译文，有附图和摘要附图的，提交附图副本并指定摘要附图，附图中有文字的，将其替换为对应的中文文字；

（六）在国际阶段向国际局已办理申请人变更手续的，必要时提供变更后的申请人享有申请权的证明材料；

（七）必要时缴纳本细则第一百一十条第一款规定的申请附加费。

符合本条第一款第（一）项至第（三）项要求的，国务院专利行政部门应当给予申请号，明确国际申请进入中国国家阶段的日期（以下简称进入日），并通知申请人其国际申请已进入中国国家阶段。

国际申请已进入中国国家阶段，但不符合本条第一款第（四）项至第（七）项要求的，国务院专利行政部门应当通知申请人在指定期限内补正；期满未补正的，其申请视为撤回。

第一百二十二条 国际申请有下列情形之一的，其在中国的效力终止：

（一）在国际阶段，国际申请被撤回或者被视为撤回，或者国际申请对中国的指定被撤回的；

（二）申请人未在优先权日起32个月内按照本细则第一百二十条规定办理进入中国国家阶段手续的；

（三）申请人办理进入中国国家阶段的手续，但自优先权日起32个月期限届满仍不符合本细则第一百二十一条第（一）项至第（三）项要求的。

依照前款第（一）项的规定，国际申请在中国的效力终止的，不适用本细则第六条的规定；依照前款第（二）项、第（三）项的规定，国际申请在中国的效力终止的，不适用本细则第六条第二款的规定。

第一百二十三条 国际申请在国际阶段作过修改，申请人要求以经修改的申请文件为基础进行审查的，应当自进入日起2个月内提交修改部分的中文译文。在该期间内未提交中文译文的，对申请人在国际阶段提出的修改，国务院专利行政部门不予考虑。

第一百二十四条 国际申请涉及的发明创造有专利法第二十四条第（二）项或者第（三）项所列情形之一，在提出国际申请时作出声明的，申请人应当在进入中国国家阶段的书面声明中予以说明，并自进入日起2个月内提交本细则第三十三条第三款规定的有关证明文件；未予说明或者期满未提交证明文件的，其申请不适用专利法第二十四条的规定。

第一百二十五条 申请人按照专利合作条约的规定，对生物材料样品的保藏已作出说明的，视为已经满足了本细则第二十七条第（三）项的要求。申请人应当在进入中国国家阶段声明中指明记载生物材料样品保藏事项的文件以及在该文件中的具体记载位置。

申请人在原始提交的国际申请的说明书中已记载生物材料样品保藏事项，但是没有在进入中国国家阶段声明中指明的，应当自进入日起4个月内补正。期满未补正的，该生物材料视为未提交保藏。

申请人自进入日起4个月内向国务院专利行政部门提交生物材料样品保藏证明和存活证明的，视为在本细则第二十七条第（一）项规定的期限内提交。

第一百二十六条 国际申请涉及的发明创造依赖遗传资源完成的，申请人应当在国际申请进入中国国家阶段的书面声明中予以说明，并填写国务院专利行政部门制定的表格。

第一百二十七条 申请人在国际阶段已要求一项或者多项优先权，在进入中国国家阶段时该优先权要求继续有效的，视为已经依照专利法第三十条的规定提出了书面声明。

申请人应当自进入日起2个月内缴纳优先权要求费；期满未缴纳或者未缴足的，视为未要求该优先权。

申请人在国际阶段已依照专利合作条约的规定，提交过在先申请文件副本的，办理进入中国国家阶段手续时不需要向国务院专利行政部门提交在先申请文件副本。申请人在国际阶段未提交在先申请文件副本的，国务院专利行政部门认为必要时，可以通知申请人在指定期限内补交；申请人期满未补交的，其优先权要求视为未提出。

★ 第一百二十八条 国际申请的申请日在优先权期限届满之后2个月内，在国际阶段受理局已经批准恢复优先权的，视为已经依照本细则第三十六条的规定提出了恢复优先权请求；在国际阶段申请人未请求恢复优先权，或者提出了恢复优先权请求但受理局未批准，申请人有正当理由的，可以自进入日起2个月内向国务院专利行政部门请求恢复优先权。

第一百二十九条 在优先权日起30个月期满前要求国务院专利行政部门提前处理和审查国际申请的，申请人除应当办理进入中国国家阶段手续外，还应当依照专利合作条约第二十三条第二款规定提出请求。国际局尚未向国务院专利行政部门传送国际申请的，申请人应当提交经确认的国际申请副本。

第一百三十条 要求获得实用新型专利权的国际申请，申请人可以自进入日起2个月内对专利申请文件主动提出修改。

要求获得发明专利权的国际申请，适用本细则第五十七条第一款的规定。

第一百三十一条 申请人发现提交的说明书、权利要求书或者附图中的文字的中文译文存在错误的，可以在下列规定期限内依照原始国际申请文本提出改正：

（一）在国务院专利行政部门做好公布发明专利申请或者公告实用新型专利权的准备工作之前；

（二）在收到国务院专利行政部门发出的发明专利申请进入实质审查阶段通知书之日起3个月内。

申请人改正译文错误的，应当提出书面请求并缴纳规定的译文改正费。

申请人按照国务院专利行政部门的通知书的要求改正译文的，应当在指定期限内办理本条第二款规定的手续；期满未办理规定手续的，该申请视为撤回。

第一百三十二条 对要求获得发明专利权的国际申请，国务院专利行政部门经初步审查认为符合专利法和本细则有关规定的，应当在专利公报上予以公布；国际申请以中文以外的文字提出的，应当公布申请文件的中文译文。

要求获得发明专利权的国际申请，由国际局以中文进行国际公布的，自国际公布日或者国务院专利行政部门公布之日起适用专利法第十三条的规定；由国际局以中文以外的文字进行国际公布的，自国务院专利行政部门公布之日起适用专利法第十三条的规定。

对国际申请，专利法第二十一条和第二十二条中所称的公布是指本条第一款所规定的公布。

第一百三十三条 国际申请包含两项以上发明或者实用新型的，申请人可以自进入日起，依照本细则第四十八条第一款的规定提出分案申请。

在国际阶段，国际检索单位或者国际初步审查单位认为国际申请不符合专利合作条约规定的单一性要求时，申请人未按照规定缴纳附加费，导致国际申请某些部分未经国际检索或者未经国际初步审查，在进入中国国家阶段时，申请人要求将所述部分作为审查基础，国务院专利行政部门认为国际检索单位或者国际初步审查单位对发明单一性的判断正确的，应当通知申请人在指定期限内缴纳单一性恢复费。期满未缴纳或者未足额缴纳的，国际申请中未经检索或者未经国际初步审查的部分视为撤回。

第一百三十四条 国际申请在国际阶段被有关国际单位拒绝给予国际申请日或者宣布视为撤回的，申请人在收到通知之日起2个月内，可以请求国际局将国际申请档案中任何文件的副本转交国务院专利行政部门，并在该期限内向国务院专利行政部门办理本细则第一百二十条规定的手续，国务院专利行政部门应当在接到国际局传送的文件后，对国际单位作出的决定是否正确进行复查。

第一百三十五条 基于国际申请授予的专利权，由于译文错误，致使依照专利法第六十四条规定确定的保护范围超出国际申请的原文所表达的范围的，以依照原文限制后的保护范围为准；致使保护范围小于国际申请的原文所表达的范围的，以授权时的保护范围为准。

第十二章 关于外观设计国际申请的特别规定

第一百三十六条 国务院专利行政部门根据专利法第十九条第二款、第三款规定，处理按照工业品外观设计国际注册海牙协定（1999年文本）（以下简称海牙协定）提出的外观设计国际注册申请。

国务院专利行政部门处理按照海牙协定提出并指定中国的外观设计国际注册申请（简称外观设计国际申请）的条件和程序适用本章的规定；本章没有规定的，适用专利法及本细则其他各章的有关规定。

第一百三十七条 按照海牙协定已确定国际注册日并指定中国的外观设计国际申请，视为向国务院专利行政部门提出的外观设计专利申请，该国际注册日视为专利法第二十八条所称的申请日。

第一百三十八条 国际局公布外观设计国际申请后，国务院专利行政部门对外观设计国际申请进行审查，并将审查结果通知国际局。

★ 第一百三十九条 国际局公布的外观设计国际申请中包括一项或者多项优先权的，视为已经依照专利法第三十条的规定提出了书面声明。

外观设计国际申请的申请人要求优先权的，应当自外观设计国际申请公布之日起3个月内提交在先申请文件副本。

★ 第一百四十条 外观设计国际申请涉及的外观设计有专利法第二十四条第（二）项或者第（三）项所列情形的，应当在提出外观设计国际申请时声明，并自外观设计国际申请公布之日起2个月内提交本细则第三十三条第三款规定的有关证明文件。

第一百四十一条 一件外观设计国际申请包括两项以上外观设计的，申请人可以自外观设计国际申请公布之日起2个月内，向国务院专利行政部门提出分案申请，并缴纳费用。

第一百四十二条 国际局公布的外观设计国际申请中包括含设计要点的说明书的，视为已经依照本细则第三十一条的规定提交了简要说明。

第一百四十三条 外观设计国际申请经国务院专利行政部门审查后没有发现驳回理由的，由国务院专利行政部门作出给予保护的决定，通知国际局。

国务院专利行政部门作出给予保护的决定后，予以公告，该外观设计专利权自公告之日起生效。

第一百四十四条 已在国际局办理权利变更手续的，申请人应当向国务院专利行政部门提供有关证明材料。

第十三章 附　　则

★ 第一百四十五条 经国务院专利行政部门同意，任何人均可以查阅或者复制已经公布或者公告的专利申请的案卷和专利登记簿，并可以请求国务院专利行政部门出具专利登记簿副本。

已视为撤回、驳回和主动撤回的专利申请的案卷，自该专利申请失效之日起满2年后不予保存。

已放弃、宣告全部无效和终止的专利权的案卷，自该专利权失效之日起满3年后不予保存。

第一百四十六条 向国务院专利行政部门提交申请文件或者办理各种手续，应当由申请人、专利权人、其他利害关系人或者其代表人签字或者盖章；委托专利代理机构的，由专利代理机构盖章。

请求变更发明人姓名、专利申请人和专利权人的姓名或者名称、国籍和地址、专利代理机构的名称、地址和专利代理师姓名的，应当向国务院专利行政部门办理著录事项变更手续，必要时应当提交变更理由的证明材料。

第一百四十七条 向国务院专利行政部门邮寄有关申请或者专利权的文件，应当使用挂号信函，不得使用包裹。

除首次提交专利申请文件外，向国务院专利行政部门提交各种文件、办理各种手续的，应当标明申请号或者专利号、发明创造名称和申请人或者专利权人姓名或者名称。

一件信函中应当只包含同一申请的文件。

第一百四十八条 国务院专利行政部门根据专利法和本细则制定专利审查指南。

第一百四十九条 本细则自2001年7月1日起施行。1992年12月12日国务院批准修订、1992年12月21日中国专利局发布的《中华人民共和国专利法实施细则》同时废止。

商　法

一、大纲对照

◎ 考点变化

章名	章标题	内容变化	
		2023年大纲	2024年大纲
第1章	公司法	第一节　公司法概述 公司法的性质　公司的概念与特征（公司概念　公司的营利性　公司的独立财产　公司的独立责任　公司法人人格否认制度） 　　公司的分类（公司的不同分类标准及其意义　有限公司与股份公司　封闭公司与开放公司　人合公司与资合公司　本公司与分公司　母公司与子公司） 第三节　公司的股东与股东权利 股东的概念（自然人股东　法人股东　国家股东　股东资格的取得与确认） 名义股东与实际股东　股东的权利（股东权的特征　股东权的原则　股东权的内容　股东权利的类型　股东查阅权　股东红利分配请求权）　股东的义务（股东的共同义务　控股股东的特别义务）　股东代表诉讼制度（股东代表诉讼的概念　股东代表诉讼制度的特征　股东代表诉讼的当事人　股东代表诉讼制度的功能）	第一节　公司法总则 公司的概念与特征（公司的概念　公司的营利性　公司的独立财产　公司的独立责任）　公司的分类（公司的不同分类标准及其意义　有限责任公司与股份有限公司　封闭式公司与开放式公司　人合公司与资合公司　总公司与分公司　母公司与子公司） 公司法定代表人（可以担任公司法定代表人的范围　法定代表人越权行为的后果）　公司股东的权利和义务　公司对外担保的效力　公司法人人格否认制度（纵向法人人格否认　横向法人人格否认　一人公司法人人格否认） 公司决议（公司决议效力的类型　公司决议的无效　公司决议的撤销事由　公司决议的撤销程序　公司决议轻微瑕疵的效力　公司决议不成立　公司决议无效、被撤销、不成立的法律后果）

121

续表

章名	章标题	内容变化	
		2023 年大纲	2024 年大纲
第 1 章	公司法	第二节 公司的设立 公司设立的概念（公司设立与公司成立的区别）公司设立的方式（发起设立 募集设立）公司设立的登记 发起人（发起人的概念 发起人的职责 发起人责任与公司责任的区分）公司章程（公司章程的概念与特征 公司章程的订立与修改 公司章程的效力）公司的资本（公司资本 公司资本原则 公司资本与公司资产 认缴资本制）	第二节 公司登记 公司设立登记的概念 公司登记的类型 公司登记事项的公示
		第四节 公司的董事、监事、高级管理人员 董事、监事、高级管理人员的任职资格（高级管理人员的范围 任职资格的禁止性规定 违反任职资格禁止性规定的后果）董事、监事、高级管理人员的义务（忠诚义务 勤勉义务 禁止性行为 违反禁止性行为所得收入的归属）	第八节 公司的董事、监事、高级管理人员的资格和义务 董事、监事、高级管理人员的消极任职资格及违反 董事、监事、高级管理人员消极任职资格的法律后果 董事、监事、高级管理人员的义务 董事、监事、高级管理人员的责任追究制度（股东直接诉讼 股东代表诉讼）
		第五节 公司的财务与会计制度 公司的财务会计报告制度 公司的收益分配制度（公司收益分配顺序 股东利润的分配）	第十节 公司的财务与会计制度 公司的财务会计报告制度 公司的收益分配制度（公司收益分配顺序 股东利润的分配 公积金）
		第七节 公司的变更、合并与分立 公司合并的种类（新设合并 吸收合并）公司合并的程序（合并协议 对债权人的通知 合并公告 对债权人的救济）公司合并的后果（对公司主体资格的影响 合并后公司债权债务的承担）公	第十一节 公司的合并、分立、增资、减资 公司合并的种类（吸收合并 新设合并）公司合并的程序（合并协议 对债权人的通知 合并公告 对债权人的救济）简易合并的条件与程序 公司合并的法律效果（对公司主体资格的影响 合并

122

续表

章名	章标题	内容变化	
		2023年大纲	2024年大纲
第1章	公司法	司分立种类（新设分立 派生分立） 公司分立的程序（分立协议 对债权人的通知 分立公告 对债权人的救济） 公司分立的后果	后公司债权债务的承担） 公司分立的种类（派生分立 新设分立） 公司分立的程序（分立协议 对债权人的通知 分立公告） 公司分立的法律效果 公司的增资（公司增资的方式 公司增资的程序 公司增资时原股东的优先认股权） 公司的减资（同比例减资原则 公司减资的程序 公司简易减资） 简易减资的适用条件与程序
		第八节 公司的解散与清算 公司的解散（公司解散的事由 一般解散的原因 强制解散的原因 司法判决解散） 公司的清算（清算组的成立 清偿顺序 剩余财产的分割）	第十二节 公司的解散与清算 公司的解散（公司解散的事由 一般解散的原因 强制解散的原因 股东请求解散） 公司的清算（清算组的成立 清算义务人 清算组的职责 清偿顺序 剩余财产的分割） 公司的注销（普通注销 简易注销 强制注销）
		第十节 有限责任公司 有限责任公司的特征 有限责任公司的设立条件（股东人数 股东的资格条件 注册资本 出资方式 出资程序 公司章程 公司名称） 有限责任公司的组织机构 有限责任公司的股权转让（对内转让的规则 对外转让的规则 转让的条件 转让的程序 其他股东的优先购买权 强制执行程序中股东优先购买权 异议股东的股权收购请求权）一人有限责任公司的特别规定 国有独资公司的特别规定	第三节 有限责任公司的设立与组织机构 有限责任公司的特征（股东人数的要求 设立程序的简便 股权对外转让的限制性要求 封闭性）公司设立的方式（发起设立 募集设立） 有限责任公司的设立条件（注册资本 5年限期实缴制 出资方式 出资程序 有限责任公司章程的记载事项 公司章程的效力） 有限责任公司的设立程序 有限责任公司的组织机构（股东会及其职权 股东会的召集与决议规则 董事会及其职权 董事会的组成 监事会及其职责）

· 123 ·

续表

章名	章标题	内容变化	
		2023年大纲	2024年大纲
第1章	公司法	第十一节 股份有限公司 股份有限公司的设立条件（发起人的条件） 股份有限公司的设立方式与程序（发起设立 募集设立） 股份有限公司的组织机构（股东大会 股东大会的决议及其效力） 股份有限公司的股份发行（记名股票与不记名股票） 股份有限公司的股份转让（股份转让的原则 股份转让的场所 股份转让的限制 股份回购） 对上市公司组织机构的特别规定（上市公司的概念 上市公司的独立董事制度 独立董事的特别职权）	第四节 有限责任公司的股权转让 股权对外转让的规则（通知义务 其他股东的优先购买权） 异议股东的股权收购请求权
			第七节 国家出资公司组织机构的特别规定 国家出资公司的概念 国家出资公司的类型 国有独资公司
			第五节 股份有限公司的设立和组织机构 股份有限公司的特征（资本的股份化 开放性） 股份有限公司的设立和方式 股份有限公司的组织机构（股东会及其职权 股东会的召集与召开 累积投票权 董事会及其职权 董事会的召集与召开 审计委员会及其职责 监事会及其职责） 上市公司组织机构的特别规定（审计委员会的职责 独立董事 董事会秘书）
			第六节 股份有限公司的股份发行和转让 股份的概念与特征 股票的概念和特征 股份与股票的联系与区别 股东名册及其意义 股票的类型（记名股票与无记名股票 面额股与无面额股 普通股与优先股） 类别股制度 股份的发行（发行的原则 发行的程序） 股份的转让规则（股份转让的限制） 股份回购规则（股份有限公司回购本公司股份的法定情形） 异议股东的股份回购请求权（产生回购请求权的法定情形）

续表

章名	章标题	内容变化
第2章	合伙企业法	无实质变化
第3章	个人独资企业法	无实质变化
第4章	外商投资法	无实质变化
第5章	企业破产法	无实质变化
第6章	票据法	无实质变化
第7章	证券法	无实质变化
第8章	保险法	无实质变化
第9章	海商法	无实质变化
第10章	信托法	无实质变化

▶▶▶ 修订考点 公司法

一、公司股东资格的确认与催缴失权制度

（一）股东资格的确认

有限责任公司股东依其出资对公司享有权利、承担责任。为了表明股东的身份和地位，有限责任公司应当向股东出具出资证明书。《公司法》第55条规定："有限责任公司成立后，应当向股东签发出资证明书，记载下列事项：（一）公司名称；（二）公司成立日期；（三）公司注册资本；（四）股东的姓名或者名称、认缴和实缴的出资额、出资方式和出资日期；（五）出资证明书的编号和核发日期。出资证明书由法定代表人签名，并由公司盖章。"

有限责任公司还应当置备股东名册。记载于股东名册的股东，可以依股东名册主张行使股东权利。《公司法》第56条规定："有限责任公司应当置备股东名册，记载下列事项：（一）股东的姓名或者名称及住所；（二）股东认缴和实缴的出资额、出资方式和出资日期；（三）出资证明书编号；（四）取得和丧失股东资格的日期。记载于股东名册的股东，可以依股东名册主张行使股东权利。"《公司法》将股东资格取得和丧失的日期规定为股东名册必须记载的事项。公司置备股东名册的目的在于确定股东身份和股权归属、便于查询股东信息、向股东发放股利、记录股权变动情况、与股东进行联络及接受有关部门的审查监督。

须注意的是，股东名册具有确认股东身份的效力，被记入股东名册的主体享有股东资格，股东名册记载的股东信息具有推定效力和免责效力。推定效力，是指公司仅把股东名册上记载的股东推定为本公司的股东，给予股东待遇。免责效力，是指公司依法对股东名册上记载的股东履行了通知、公告等必须履行的义务后，即推定公司无须承担未通知、公告的相关责任。当股东转让股权时，股东名册的变更是股东权利移转的生效要件。

（二）出资义务的催缴与股东失权制度

《公司法》特别规定了有限责任公司催缴失权制度，分为催缴和失权两个环节。

1. 催缴出资。《公司法》第51条规定，有限责任公司成立后，董事会应当对股东的出资情况进行核查，发现股东未按期足额缴纳公司章程规定的出资的，应当由公司向该股东发出书面催缴书，催缴出资。未及时履行前款规定的义务，给公司造成损失的，负有责任的董事应当承担赔偿责任。该"股东未按期足额缴纳公司章程规定的出资"的情形，应当包含非货币出资的实际价额显著低于所认缴的出资额、未按期足额缴纳、股东抽逃部分或者全部出资的情形。

2. 股东失权。《公司法》第52条第1款规定，股东未按照公司章程规定的出资日期缴纳出资，公司发出书面催缴书催缴出资的，可以载明缴纳出资的宽限期。宽限期自公司发出催缴书之日起，不得少于60日。宽限期届满，股东仍未履行出资义务的，公司经董事会决议可以向该股东发出失权通知，通知应当以书面形式发出。自通知发出之日起，该股东丧失其未缴纳出资的股权。

《公司法》第52条规定的催缴失权制度包括：（1）股东未按照公司章程规定的出资日期缴纳出资，公司可以发出载明不少于60日宽限期的催缴书，也可以发出载明少于60日宽限期或者不载明宽限期的催缴书。（2）在公司发出载明不少于60日宽限期的催缴书的前提下，宽限期满后，对于是否要发出失权通知，由公司董事会决议决定。（3）若公司发出失权通知，则被通知的股东自通知发出之日起失权，即失权通知的生效采发出主义。需要注意的是，部分出资的催缴失权并不使股东丧失全部的股权，从而不会失去股东资格；只有全部出资的催缴失权，才会使

股东丧失股东资格。（4）失权股东丧失的股权，将作为公司库存股进行管理，由公司依法转让或者减资，6个月内未实现转让或者减资的，为维护公司资本充实，由公司其他股东按出资比例缴足相应出资。（5）失权股东有提出异议之诉的权利。失权股东对失权有异议的，应当自接到失权通知之日起30日内起诉。

> **[强化自测]** 李某、张某、赵某、贺某四人出资创办了甲公司，由李某、张某、赵某三人组成董事会。公司章程约定，李某认缴出资400万元，其余三人分别认缴出资200万元，公司成立后3个月内缴足出资。出资期限届满后，经公司多次催缴，李某仍未缴纳出资。1年后，公司召开董事会会议，李某未出席，张某、赵某一致同意，通过了向李某发出失权通知的决议。对此下列说法正确的是：①
> A. 李某系甲公司董事，未出席此次董事会，该决议无效
> B. 李某自收到失权通知之日起，丧失其股权
> C. 若李某丧失股权，甲公司应当对其股权依法注销
> D. 在董事会作出决议之前，若甲公司对外债务不能清偿，李某仍需在未缴纳出资的范围内承担赔偿责任

二、公司股东的权利

我国《公司法》第4条第2款规定，公司股东对公司依法享有资产收益、参与重大决策和选择管理者等权利。除该条外，《公司法》在其他条文中规定了股东的具体权利。

股东权归纳起来可分为以下12类：（1）发给股票或其他股权证明请求权；（2）股份转让权；（3）股息红利分配请求权，即资产收益权；（4）股东会临时召集请求权或自行召集权；（5）出席股东会并行使表决权，即参与重大决策权和选择管理者的权利；（6）对公司财务的监督检查权和会计账簿的查阅权；（7）公司章程、股东会会议记录、董事会会议决议、监事会会议决议的查阅权和复制权，但股份有限公司的股东没有复制权；（8）优先认购新股权；（9）公司剩余财产分配权；（10）权利损害救济权和股东代表诉讼权；（11）公司重整申请权；（12）对公司经营的建议与质询权。其中，第1、2、3、8、9类为股东权中的财产权，第4、5、6、7、10、11、12类为股东权中的管理参与权。

（一）股东知情权的行使

1. 一般知情权。根据《公司法》第57条第1款的规定，公司股东有权查阅、复制公司的六种文件资料：公司章程、股东名册、股东会会议记录、董事会会议决议、监事会会议决议和财务会计报告。参照《最高人民法院关于适用〈中华人民共和国公司法〉若干问题的规定（四）》第7条规定，股东起诉请求查阅或者复制公司特定文件材料的，人民法院应当依法予以受理。公司有证据证明前款规定的原告在起诉时不具有公司股东资格的，人民法院应当驳回起诉，但原告有初步证据证明在持股期间其合法权益受到损害，请求依法查阅或者复制其持股期间的公司特定文件材料的除外。

2. 股东对公司会计账簿、会计凭证的知情权。股东也可以要求查阅公司会计账簿和会计凭证，但是，需要符合较为严格的条件。

（1）提出书面请求并说明目的。《公司法》第57条第2款规定，股东可以要求查阅公司会计账簿、会计凭证。股东要求查阅公司会计账簿、会计凭证的，应当向公司提出书面请求，说明目的。

（2）不正当目的的认定。《公司法》第57条第2款规定，公司有合理根据认为股东查阅会计账簿、会计凭证有不正当目的，可能损害公司合法利益的，可以拒绝提供查阅，并应当自股东提出书面请求之日起15日内书面答复股东并说明理由。公司拒绝提供查阅的，股东可以向人民法院提起诉讼。此处所称"不正当目的"，应当有相关证据予以证明。《最高人民法院关于适用〈中华人民共和国公司法〉若干问题的规定（四）》第8条规定，有证据证明股东存在下列情形之一的，人民法院应当认定股东有上述规定的"不正当目的"：①股东自营或者为他人经营与公司主营业务有实质性竞争关系业务的，但公司章程另有规定或者全体股东另有约定的除外；②股东为了向他人通报有关信息查阅公司会计账簿，可能损害公司合法利益的；③股东在向公司提出查阅请求之日前的3年内，曾通过查阅公司会计账簿，向他人通报有关信息损害公司合法利益的；④股东有不正当目的的其他情形。

（3）查阅权被实质性剥夺时的司法救济。如果公司章程、股东之间的协议等实质性剥夺股东对于公司会计账簿和会计凭证的查阅权利，此种规定或约定不具有约束力，股东仍然可以行使查阅权；若股东以此提起诉讼，而公司以存在上述公司章程、股东协议等为由拒绝股东查阅或者复制的，人民法院不予支持。

（4）会计账簿查阅权判决的执行。人民法院审理股东请求查阅或者复制公司特定文件材料的案件，如果作出对原告诉讼请求予以支持的判决，应当在判决中明确查阅或者复制公司特定文件材料的时间、地点和特定文件材料的名录。股东依据人民法院生效判决查阅公司文件材料的，可以委托会计师事务所、律师事务所等中介机构进行。股

---

① 答案：D。

东及其委托的会计师事务所、律师事务所等中介机构查阅、复制有关材料,应当遵守有关保护国家秘密、商业秘密、个人隐私、个人信息等法律、行政法规的规定。

同时,《公司法》第57条第5款确认了有限责任公司的股东有权依据公司知情权的行使规则,要求查阅、复制公司全资子公司相关材料,从而确认了股东知情权可以穿越行使至公司全资子公司的制度。

(二) 股东红利分配请求权的行使

1. 红利分配请求权的司法救济与诉讼当事人。公司股东如果认为公司没有按照公司章程或者《公司法》的规定进行股息或者利润分配,可以通过诉讼途径行使自己的红利分配请求权。股东请求公司分配利润案件,应当列公司为被告,即使是股东(特别是小股东)认为公司拒绝进行利润分配是大股东控制的结果,也仍然只能以公司为被告提起此等诉讼。

法院受理关于股息与红利分配纠纷案件后,在一审法庭辩论终结前,其他股东基于同一分配方案请求分配利润并申请参加诉讼的,应当将其他股东列为共同原告。

2. 红利分配请求权纠纷的实体处理。在红利分配请求权纠纷案件中,如果公司作出了进行利润分配的决议,却又拒绝按照该决议进行实际的利润分配,股东向法院提交了载明具体分配方案的股东会的有效决议,请求公司分配利润,而公司拒绝分配利润且其关于无法执行决议的抗辩理由不成立的,人民法院应当判决公司按照决议载明的具体分配方案向股东分配利润。

相反,如果股东未提交载明具体分配方案的股东会有效决议,请求公司分配利润,人民法院应当驳回其诉讼请求。例外情形是,如果股东能够证明公司违反法律规定滥用股东权利导致公司不分配利润,给其他股东造成损失,则法院应当支持股东的诉讼请求。

至于利润分配的完成时限,分配方案中有规定的,以分配方案为准;分配方案中没有规定的,以公司章程为准;分配方案和公司章程中均没有规定,或者有规定但时限超过1年的,则应当在1年内分配完毕。

[强化自测] 甲有限公司的股东李某持股比例为3%,甲公司全体股东约定,李某不参与公司的经营管理,不过问公司事务,但分红比例为5%。后甲公司连续3年未进行利润分配,李某直接向法院提起知情权之诉,要求查阅甲公司会计账簿等资料。诉讼中,甲公司提出了李某在其他同类公司中参股投资的证据以及李某放弃知情权换取高额分红权的协议。据此,下列哪些选项是正确的?①
    A. 李某应先向甲公司主张查阅,被拒绝后才可以起诉
    B. 李某有权查阅并复制甲公司的会计账簿
    C. 李某放弃知情权换取高额分红权的协议无效
    D. 法院应当支持甲公司拒绝李某查阅公司会计账簿的主张

三、公司股东的义务

(一) 全体股东的共同义务

1. 出资义务。这是股东最主要的义务。股东应当根据出资协议和公司章程的规定,履行向公司出资的义务。出资协议或公司章程约定为出资需一次缴纳的,股东应当一次足额缴纳;约定为公司成立后分期缴纳的,股东应当按照约定的期限按时缴纳出资。对以实物特别是不动产、设备等和知识产权出资的,股东应当依相关规定办理财产的权利转移手续,使公司取得出资物的合法权利并能有效行使该权利。股东逾期缴纳出资的,应当向已履行出资义务的股东承担违约责任。对于已缴纳给公司的出资财产,股东不能抽回。

出资人以房屋、土地使用权或者需要办理权属登记的知识产权等财产出资,已经交付公司使用但未办理权属变更手续,公司、其他股东或者公司债权人主张认定出资人未履行出资义务的,可以责令出资人在指定的合理期间内办理权属变更手续;在前述期间内办理了权属变更手续的,应当认定其已经履行了出资义务,自其实际交付财产给公司使用时享有相应股东权利。相反,若出资人以上述财产出资,已经办理权属变更手续但未实际交付给公司使用,其在实际交付之前不享有相应的股东权利。

公司成立后,股东不得抽逃出资。所谓抽逃出资,是指向公司出资后又以各种名义或者手段将出资从公司转移。包括下列情形:(1)制作虚假财务会计报表虚增利润进行分配;(2)通过虚构债权债务关系将其出资转出;(3)利用关联交易将出资转出;(4)其他未经法定程序将出资抽回的行为。股东抽逃出资的,股东应当返还抽逃的出资;给公司造成损失的,负有责任的董事、监事、高级管理人员应当与该股东承担连带赔偿责任。

股东未履行或者未全面履行出资义务或者抽逃出资的,公司根据公司章程或者通过股东会决议,可以对其利润

---

① 答案:AC。

分配请求权、新股优先认购权、剩余财产分配请求权等股东权利作出相应的合理限制，使其不能实际享有或者行使上述权利。

有限责任公司的股东未履行出资义务或者抽逃全部出资，经公司催告缴纳或者返还，其在合理期间内仍未缴纳或者返还出资，公司可以股东会决议解除该股东的股东资格。此称为股东资格之革除。但此种情形仅适用于有限责任公司，不适用于股份有限公司。

此外，股东未按章程规定缴纳出资的，还可以适用《公司法》第51条、第52条规定的股东催缴失权制度。

2. 参加股东会会议的义务。参加股东会会议既是股东的权利，也是股东的义务。股东应当按照公司机构通知的时间、地点参加股东会会议，不能亲自参加时可以委托其他股东出席股东会会议并行使表决权。

3. 不干涉公司正常经营的义务。股东依据公司章程规定的关于股东会的权限以及《公司法》规定的股东权利行使权利，应当尊重公司董事会和监事会依据《公司法》和公司章程各自履行自己的职责，不得干涉董事会、经理的正常经营管理活动，不得干涉监事会的正常工作。

4. 特定情形下的表决权禁行义务。《公司法》第15条第2、3款规定，公司为公司股东或者实际控制人提供担保的，必须经股东会决议。被提供担保的股东或者受被提供担保的实际控制人支配的股东，不得参加关于该事项的股东会的表决。该项表决由出席会议的其他股东所持表决权的过半数通过。这称为利害关系股东表决权的排除。

5. 不得滥用股东权利的义务。

（二）控股股东的特别义务

控股股东，根据《公司法》第265条的规定，是指其出资额占有限责任公司资本总额超过50%或者其持有的股份占股份有限公司股本总额超过50%的股东；出资额或者持有股份的比例虽然低于50%，但依其出资额或者持有的股份所享有的表决权已足以对股东会的决议产生重大影响的股东。所以，控股股东有两种：一是持股比例超过50%的股东；二是虽然持股比例低于50%，但其享有的在股东会的表决权足以实际影响股东会决议的股东。

我国《公司法》对控股股东的特别义务主要体现在以下方面：

1. 不得滥用控股股东的地位，损害公司和其他股东的利益。实践中，滥用股东权利的行为主要是控股股东实施的。除控股股东外，还有公司的实际控制人。实际控制人是指虽不是公司的股东，但通过投资关系、协议或者其他安排，能够实际支配公司行为的人。

2. 不得利用其关联关系损害公司利益。所谓关联关系，是指公司控股股东、实际控制人、董事、监事、高级管理人员与其直接或者间接控制的企业之间的关系，以及可能导致公司利益转移的其他关系。但是，国家控股的企业之间不仅因为同受国家控股而具有关联关系。

3. 滥用股东权利的赔偿义务。控股股东或实际控制人滥用股东权利或者利用关联关系损害公司或其他股东利益的，应当承担赔偿责任（《公司法》第22、23条）。

（三）股东的出资责任

1. 股东出资义务的违反。出资是股东最基本、最重要的义务，这种义务既是一种约定义务，也是一种法定义务。如果股东不按要求履行，就可能违反了股东的出资义务。股东违反出资义务的行为一般表现为完全不履行、未完全履行和不适当履行。

（1）完全不履行，是指股东完全未履行出资义务。具体包括以下四种形态：

①拒绝出资，是指股东明确拒绝履行出资义务，或以自己的行为表明其拒绝履行出资义务。

②不能出资，是指因客观条件发生了变化，导致股东出资义务履行不能，如股东用作出资的房地产在变更财产登记前发生了毁损灭失等。

③虚假出资，是指股东通过虚假手段表明其已经出资，但事实上并未出资。虚假出资本质上是一种欺诈行为，具体的表现形式有以虚假凭证骗取验资报告等。

④抽逃出资，是指在公司成立或资本验资之后，将缴纳的出资抽回。

（2）未完全履行，又称不足额履行，是指股东只履行了部分出资义务，包括货币出资的不足、非货币出资的价值显著低于章程所确定的价额等。

（3）不适当履行，是指股东的出资存在时间、形式或手续上的不当。主要包括迟延出资、瑕疵出资。迟延出资是指股东未及时按认缴期限交付出资，如未及时交付货币或办理非货币财产的转移手续；瑕疵出资是指股东用作出资的非货币财产存在权利或质量上的瑕疵，如该财产为第三人所有、股东无权处分该财产，又或者该财产并不符合事先约定的质量等，依据《最高人民法院关于适用〈中华人民共和国公司法〉若干问题的规定（三）》第7条第1款规定，出资人以不享有处分权的财产出资，当事人之间对于出资行为效力产生争议的，可参照善意取得的规定予以认定。

2. 股东出资违约责任。

（1）股东向公司足额缴纳的出资责任。《公司法》第49条第3款规定："股东未按期足额缴纳出资的，除应当向公司足额缴纳外,还应当对给公司造成的损失承担赔偿责任。"股东未按期足额缴纳出资,应向公司承担继续履行、补足补缴的违约责任。

(2) 股东向公司的赔偿责任。损害赔偿责任是违约责任的一种责任类型,因股东未如期如约出资,可能给公司带来损害,股东需向公司承担损害赔偿责任。

(3) 股东对其他股东的违约责任。股东不仅需要向公司承担违约责任,还需要依据设立协议或者发起人协议向其他股东承担违约责任。

3. 发起人股东的资本充实责任。发起人股东存在未完全履行出资义务的情形,其他发起人股东均应对此承担连带责任。《公司法》第50条规定:"有限责任公司设立时,股东未按照公司章程规定实际缴纳出资,或者实际出资的非货币财产的实际价额显著低于所认缴的出资额的,设立时的其他股东与该股东在出资不足的范围内承担连带责任。"

4. 抽逃出资的责任。抽逃出资是指股东未经法定程序,从公司抽回相当于已缴纳出资数额的财产的行为,属于股东对公司财产的侵权行为。根据《最高人民法院关于适用〈中华人民共和国公司法〉若干问题的规定(三)》第12条的规定,抽逃出资的具体表现包括:制作虚假财务会计报表虚增利润进行分配;通过虚构债权债务关系将其出资转出;利用关联交易将出资转出以及其他未经法定程序将出资抽回的行为。依据《公司法》第53条的规定,股东抽逃出资后产生的法律责任可概括如下。

(1) 返还出资的责任。《公司法》第53条规定:"公司成立后,股东不得抽逃出资。违反前款规定的,股东应当返还抽逃的出资;给公司造成损失的,负有责任的董事、监事、高级管理人员应当与该股东承担连带赔偿责任。"

(2) 向公司进行损害赔偿的责任。《公司法》第53条第2款规定,"给公司造成损失的,负有责任的董事、监事、高级管理人员应当与该股东承担连带赔偿责任"。

(3) 因抽逃出资而产生的行政责任。《公司法》第253条规定:"公司的发起人、股东在公司成立后,抽逃其出资的,由公司登记机关责令改正,处以所抽逃出资金额百分之五以上百分之十五以下的罚款;对直接负责的主管人员和其他直接责任人员处以三万元以上三十万元以下的罚款。"

[真题演练] 榴风公司章程规定:股东夏某应于2016年6月1日前缴清货币出资100万元,夏某认为公司刚成立,业务尚未展开,不需要这么多现金,便在出资后通过银行的熟人马某将这笔钱转入其妻的理财账户,用于购买基金。对此,下列哪些说法是正确的?[17/3/70]①

A. 榴风公司可要求夏某补足出资
B. 榴风公司可要求马某承担连带责任
C. 榴风公司的其他股东可要求夏某补足出资
D. 榴风公司的债权人得知此事后可要求夏某补足出资

四、公司决议的效力与公司决议之诉

(一) 公司决议的无效

1. 公司决议无效的原因。《公司法》第25条规定,公司股东会、董事会的决议内容违反法律、行政法规的无效。公司决议无效有以下两方面原因:

(1) 违反法律和行政法规的决议无效。股东会是公司的权力机构、董事会是公司的执行机构,股东会和董事会依法作出的决议,体现的是公司的意志,其内容对股东相互之间,股东与公司之间,董事、监事、高级管理人员与公司之间的法律关系乃至公司与债权人之间的法律关系影响重大,公司的经营管理运行和重大事项的决策必须依法进行。因此,《公司法》规定了股东会、董事会决议内容违反法律、行政法规的无效。

《民法典》第153条第1款规定,违反法律、行政法规的强制性规定的民事法律行为无效。但是,该强制性规定不导致该民事法律行为无效的除外。至于何为"该强制性规定不导致该民事法律行为无效"的例外情形,最高人民法院《关于适用〈中华人民共和国民法典〉合同编通则若干问题的解释》(以下简称《合同编解释》)第16条第1款规定:"合同违反法律、行政法规的强制性规定,有下列情形之一,由行为人承担行政责任或者刑事责任能够实现强制性规定的立法目的的,人民法院可以依据民法典第一百五十三条第一款关于'该强制性规定不导致该民事法律行为无效的除外'的规定认定该合同不因违反强制性规定无效:(一) 强制性规定虽然旨在维护社会公共秩序,但是合同的实际履行对社会公共秩序造成的影响显著轻微,认定合同无效将导致案件处理结果有失公平公正;(二) 强制性规定旨在维护政府的税收、土地出让金等国家利益或者其他民事主体的合法利益而非合同当事人的民事权益,认定合同有效不会影响该规范目的的实现;(三) 强制性规定旨在要求当事人一方加强风险控制、内部管

---

① 答案:ABC。

理等，对方无能力或者无义务审查合同是否违反强制性规定，认定合同无效将使其承担不利后果；（四）当事人一方虽然在订立合同时违反强制性规定，但是在合同订立后其已经具备补正违反强制性规定的条件却违背诚信原则不予补正；（五）法律、司法解释规定的其他情形。"股东会、董事会决议若出现符合《民法典》第153条第1款规定，且不具有《合同编解释》第16条第1款规定情形的，则属于无效决议。

（2）违反公序良俗的决议无效。如前所述，依据《民法典》规定，公司决议属于民事法律行为。《民法典》第153条第2款规定，违背公序良俗的民事法律行为无效。《合同编解释》第17条第1款规定："合同虽然不违反法律、行政法规的强制性规定，但是有下列情形之一，人民法院应当依据民法典第一百五十三条第二款的规定认定合同无效：（一）合同影响政治安全、经济安全、军事安全等国家安全的；（二）合同影响社会稳定、公平竞争秩序或者损害社会公共利益等违背社会公共秩序的；（三）合同背离社会公德、家庭伦理或者有损人格尊严等违背善良风俗的。"故公司决议出现上述法律和司法解释规定的情形的，则会被人民法院依法判定为决议无效。

2. 公司决议无效的确认程序。我国《公司法》目前仅规定了决议可撤销的诉讼行使程序，未规定决议无效以及决议不成立的诉讼程序，但依据相关公司法理以及法律行为的基础理论，决议无效与不成立也应当通过诉讼程序加以行使。

《公司法》第25条并未规定提起股东会、董事会决议无效之诉的主体，按照法律行为无效的基础法理，在决议无效的类型下，任何人均应当有权提起无效之诉。但监事会是法定的公司监督机构，若发现股东会和董事会决议存在无效情形，监事会依法应当提起诉讼以维护股东利益和公司利益。同样，与决议存在利益关系的第三人应同样可以提起股东会、董事会决议的无效之诉。

（二）公司决议的撤销

1. 公司决议撤销的事由。依据《公司法》第26条的规定，公司决议可撤销的事由主要包括：

（1）会议召集程序违反法律、行政法规或公司章程，如由没有召集权的人召集会议，未向部分股东召集，通知时间、通知方法不合法，通知内容不齐全，等等。

（2）会议的表决方式违反法律、行政法规或公司章程。《公司法》第24条规定，公司股东会、董事会、监事会召开会议和表决可以采用电子通信方式，公司章程另有规定的除外。这是对公司决议方式的规定。如出现特别决议事项以普通决议来表决、决议通过的股份数不满足法定要求或表决权计算违法以及表决过程中存在以商业利益交换的拉票行为等情形，或者违反公司章程对于会议决议方式约定的情形的，都属于可以撤销的情形。

（3）会议决议内容违反公司章程，如公司大股东通过2/3多数决方式通过了以侵害小股东利益为内容的决议，侵害了公司章程赋予公司和小股东的利益，即属于可撤销的情形。当然，若议各项内容具有可分性，也会出现部分决议事项被撤销的情形。

2. 公司决议撤销的程序与除斥期间。依《公司法》的规定，我国有权提起决议撤销之诉的主体只能是股东。至于提起撤销之诉的股东是否参与表决、是否投赞成票，《公司法》并未明确规定。一般认为，应当允许股东提起撤销之诉，这可以保护那些虽然在表决中同意议案但并不知道召集程序或表决方法有瑕疵的股东的利益，并且也能起到督促公司股东会在召集和表决中严格按照规定进行的作用。当然，就公司法理论而言，公司的监事会同样有权提起股东会决议的撤销之诉。因为撤销之诉的被告是公司。

至于提起撤销权之诉的期限，因为引起决议撤销之诉的事由并非很严重，所以在法律规定的期间内，没有提起决议撤销之诉的，不得再提起决议撤销之诉。《公司法》第26条规定，行使撤销权的期限为60日，对于参加会议的股东而言，提起撤销之诉的60日期限自决议作出之日起计算；对于未被通知参加股东会的股东，自知道或者应当知道股东会决议作出之日起算60日的期间。为了维护决议的稳定性，《公司法》同时规定了撤销权行使的最长期间为1年，股东自决议作出之日起1年内没有行使撤销权的，撤销权消灭。依据撤销权的法理，此处规定的60日和1年均为除斥期间，不存在中止、中断和延长的情形，如果在此期间无人提起股东会、董事会决议撤销之诉，则该决议成为具有确定法律效力的决议。

3. 公司决议轻微瑕疵的效力。股东会、董事会会议的召集程序或者表决方式仅有轻微瑕疵，对决议未产生实质影响的，《公司法》第26条通过但书条款确定该轻微瑕疵情形不属于可撤销的范畴。这是因为若股东会、董事会的会议召集程序或者表决方式上存在轻微瑕疵，不对决议内容和结果产生实质性影响，在实体上就没有必要撤销该决议，重新召开会议。既节约了公司会议成本和时间成本，也提高了公司的运营效率。

（三）公司决议不成立

公司的决议是法律行为，类推于法律行为成立的理论，在公司股东会、董事会决议缺少了必要的形式要件的情况下，应认定股东会、董事会未作出决议，即公司决议不成立。公司决议的无效和可撤销的前提均是已经作出决议，只不过因为决议内容或程序违反法律法规或存在瑕疵，但决议不成立相当于认定公司股东会或董事会自始并未作出过决议。

1. 公司决议不成立的事由。依据《公司法》第27条的规定，以下四类情形应当认定为公司股东会或董事会的决议不成立：

（1）未召开股东会或董事会会议作出决议。该规定强调股东会和董事会会议的形式作用，要求股东会和董事会必须以开会的形式作出决议。如果会议没有召开，那么股东会或董事会不能进行任何决议表决，未经开会而形成的单纯的书面决议不能作为决议成立的要件。例外情形是《公司法》第59条第3款规定，对于该条第1款所列股东会的九项职权事项，有限责任公司股东以书面形式一致表示同意的，可以不召开股东会会议，直接作出决定，并由全体股东在决定文件上签名或者盖章。

（2）股东会或董事会会议未对决议事项进行表决。如果会议召开了，但在会议上没有对决议事项进行表决，那么这些事项也不会成为正式的决议。未经表决说明被讨论的事项没有经过充分的意见表达，最终是由特定的主体依个人意志促成决议的通过，不符合决议的形式和实质要求。

（3）出席会议的人数或者所持表决权数未达到《公司法》或者公司章程规定的人数或者所持表决权数。我国《公司法》并未对于股东法定出席比例作出规定，股东会出席会议的人数或者所持表决权数主要是通过章程加以规定。《公司法》第124条规定了股份有限公司的董事会会议应当有过半数的董事出席方可举行。我国《公司法》没有规定有限责任公司董事会会议的出席人数。若出席股东会会议的股东人数或者所持表决权没有达到公司章程规定的最低比例，或者出席董事会的人数没有达到法定或者章程规定人数，则不符合公司章程规定的议事方式和表决程序，该股东会、董事会决议不成立。

（4）同意决议事项的人数或者所持表决权数未达到《公司法》或者公司章程规定的人数或者所持表决权数。根据《公司法》或公司章程的规定，对于相应的决议事项需要一定数量的股东或董事同意决议，或者需要他们持有的表决权达到一定的比例才能使决议生效。如果上述要求没有达到，将无法形成有效的决议，已经形成的决议应当被确认为不成立。例如，《公司法》第66条、第116条规定，股东会作出一般决议，有限责任公司应当经代表过半数表决权的股东通过，股份有限公司应当经出席会议的股东所持表决权过半数通过；股东会作出修改公司章程、增加或者减少注册资本的决议，以及公司合并、分立、解散或者变更公司形式的特别决议的，应当经代表2/3以上表决权的股东通过。《公司法》第73条、第124条规定，公司董事会作出决议，应当经全体董事的过半数通过。因此，若股东会决议、董事会决议没有获得《公司法》或者章程规定的人数或者表决权数，则该决议不能成立。

2. 公司决议不成立的确认程序。

目前《公司法》并未规定决议不成立之诉的具体程序，参照《最高人民法院关于适用〈中华人民共和国公司法〉若干问题的规定（四）》的规定以及民事法律行为的不成立的认定程序，公司的股东、董事、监事或与决议事项存在利害关系的主体均可提起该诉讼。该诉讼应当属于确认之诉的类型，即请求法官确认股东会或董事会决议在法律上不成立，从而无法对任何主体产生约束力。提起诉讼的时间也应当限定在决议作出后的合理时间内，以避免决议长期处于效力不确定的状态下。

（四）公司决议无效、被撤销、不成立的法律后果

1. 已办理登记事项的后果。股东会、董事会决议被法院裁判确认无效的，对公司产生法律效力；决议被撤销的，决议撤销判决的效力应当溯及决议之时无效，而且，依据被裁判确认无效或者撤销的决议形成的公司登记应依法申请撤销。《公司法》第28条第1款规定，公司股东会、董事会决议被人民法院宣告无效、撤销或者确认不成立的，公司应当向公司登记机关申请撤销根据该决议已办理的登记。

2. 对外民事法律关系的后果。公司决议虽然是公司的内部行为，但在有法律规定的情形下也会产生对外效力。为了保护善意相对人的合法权益，保护交易安全，《公司法》第28条第2款规定，股东会、董事会决议被人民法院宣告无效、撤销或者确认不成立的，公司根据该决议与善意相对人形成的民事法律关系不受影响。该规定也与《民法典》第85条的规定完全相符，体现了民商事法律关系中法律对于交易安全秩序的保障。

[强化自测] 德丰有限公司的股东胡某是公司的大股东和法定代表人。2018年9月，胡某召集股东会商议收购全景公司的股权事宜，此次股东会没有通知持有公司百分之一股权的小股东郑某。胡某提议转让德丰公司的一块土地使用权给全景公司作为受让股权的对价，在胡某操作下，股东会通过该决议并让秘书代替郑某签字。郑某知道后坚决不同意，诉至法院。该股东会决议效力如何？①

A. 该股东会决议有效　　　　　　　　B. 该股东会决议无效
C. 该股东会决议可撤销　　　　　　　D. 该股东会决议不成立

---

① 答案：C。

五、公司登记的类型

（一）根据公司登记的内容不同，可以划分为主体登记和营业登记

1. 主体登记，也称为法人登记，是对公司主体资格的确认登记。主体登记是由登记机关对公司登记事项进行审核，授予其法人资格，并对其组织和存续加以监督管理的登记制度。主体登记与企业设立普遍实行的准则主义联系在一起。《市场主体登记管理条例》第3条第2款规定，市场主体登记包括设立登记、变更登记和注销登记。

2. 营业登记，又称为商业登记或者商事登记，是在对某项营业的准入性控制之下，须经过相关公权力机关的审核而产生准予营业的登记制度。营业登记产生政府对营业领域的控制和市场准入的效果。

《市场主体登记管理条例》第5条规定，国务院市场监督管理部门主管全国市场主体登记管理工作。县级以上地方人民政府市场监督管理部门主管本辖区市场主体登记管理工作，加强统筹指导和监督管理。第14条规定，市场主体的经营范围包括一般经营项目和许可经营项目。经营范围中属于在登记前依法须经批准的许可经营项目，市场主体应当在申请登记时提交有关批准文件。市场主体应当按照登记机关公布的经营项目分类标准办理经营范围登记。可见我国将法人登记与营业登记合二为一，统一由国家市场监督管理机构负责。

（二）根据公司登记的目的不同，公司登记分为设立登记、变更登记、注销登记和撤销登记

1. 设立登记。设立登记是公司的筹办人为了创设公司而向登记机关提出申请，登记机关审查后办理登记的法律行为。《公司法》第29条规定，设立公司，应当依法向公司登记机关申请设立登记。法律、行政法规规定设立公司必须报经批准的，应当在公司登记前依法办理批准手续。第31条规定，申请设立公司，符合本法规定的设立条件的，由公司登记机关分别登记为有限责任公司或者股份有限公司；不符合本法规定的设立条件的，不得登记为有限责任公司或者股份有限公司。公司设立登记的事项，《公司法》第32条第1款规定："公司登记事项包括：（一）名称；（二）住所；（三）注册资本；（四）经营范围；（五）法定代表人的姓名；（六）有限责任公司股东、股份有限公司发起人的姓名或者名称。"

2. 变更登记。变更登记是指公司的登记事项发生变更，向公司登记机关申请办理变更手续。《公司法》第34条规定，公司登记事项发生变更的，应当依法办理变更登记。公司登记事项未经登记或者未经变更登记，不得对抗善意相对人。此处的登记事项即《公司法》第32条第1款规定的事项。

3. 注销登记。注销登记是指公司因解散、被宣告破产或者其他法定原因而决定终止营业时，向公司登记机关办理的消灭公司市场主体资格的法律行为。《公司法》第37条规定，公司因解散、被宣告破产或者其他法定事由需要终止的，应当依法向公司登记机关申请注销登记，由公司登记机关公告公司终止。公司注销登记的法定情形：(1) 公司解散。《公司法》第229条第1款规定了公司解散的事由：①公司章程规定的营业期限届满或者公司章程规定的其他解散事由出现；②股东会决议解散；③因公司合并或者分立需要解散；④依法被吊销营业执照、责令关闭或者被撤销；⑤人民法院依照《公司法》第231条的规定予以解散。《公司法》第231条规定，公司经营管理发生严重困难，继续存续会使股东利益受到重大损失，通过其他途径不能解决的，持有公司10%以上表决权的股东，可以请求人民法院解散公司。(2) 破产清算程序终结。《企业破产法》第121条规定，管理人应当自破产程序终结之日起10日内，持人民法院终结破产程序的裁定，向破产人的原登记机关办理注销登记。(3) 其他法定事由，如《公司法》第241条第1款规定："公司被吊销营业执照、责令关闭或者被撤销，满三年未向公司登记机关申请注销公司登记的，公司登记机关可以通过国家企业信用信息公示系统予以公告，公告期限不少于六十日。公告期限届满后，未有异议的，公司登记机关可以注销公司登记。"

4. 撤销登记。撤销登记是指将不符合公司登记条件的登记予以撤销，使已经设立登记的公司恢复至登记前的一种登记救济措施。《公司法》第39条规定，虚报注册资本、提交虚假材料或者采取其他欺诈手段隐瞒重要事实取得公司设立登记的，公司登记机关应当依照法律、行政法规的规定予以撤销。发起人、设立时的股东等以虚报注册资本、提交虚假证明文件或者采用其他欺诈手段隐瞒重要事实的方式取得公司设立登记的，不仅妨害了公司登记管理秩序，还侵犯了公司、股东、债权人等利益相关人的合法权益。

根据《公司法》第二章和《市场主体登记管理条例》第3条第2款的规定，公司登记可以分为设立登记、变更登记和注销登记。因此，撤销登记也分为撤销设立登记、撤销变更登记、撤销注销登记三类。具体而言：(1) 撤销设立登记，是指将公司设立登记予以撤销，撤销后，公司法人主体资格将归于消灭。(2) 撤销变更登记，是指将公司某个或者某几个变更登记予以撤销，撤销后公司仍继续存续。例如，公司变更注册资本的决议被宣告无效、撤销或者确认不成立的，《公司法》第28条第1款规定，公司应当撤销已经办理的变更注册资本登记，使注册资本恢复至变更登记前的状态。(3) 撤销注销登记，是指将公司注销登记予以撤销，撤销后，公司将恢复法人主体资格。《公司法》第39条仅适用于撤销设立登记这一种情形。

撤销设立登记在法律性质上属于对违法行为的纠正，而非行政处罚。

[强化自测] 关于商事登记,下列哪些说法是正确的?①
A. 公司的分支机构应办理营业登记
B. 被吊销营业执照的企业即丧失主体资格
C. 企业改变经营范围应办理变更登记
D. 企业未经清算不能办理注销登记

六、公司登记的效力和管理

(一) 登记发照

《公司法》第33条规定,依法设立的公司,由公司登记机关发给公司营业执照。公司营业执照签发日期为公司成立日期。公司营业执照应当载明公司的名称、住所、注册资本、经营范围、法定代表人姓名等事项。公司登记机关可以发给电子营业执照。电子营业执照与纸质营业执照具有同等法律效力。《市场主体登记管理条例》第22条规定,营业执照分为正本和副本,具有同等法律效力。电子营业执照与纸质营业执照具有同等法律效力。营业执照样式、电子营业执照标准由国务院市场监督管理部门统一制定。

营业执照是证明公司法人主体资格和经营资格的执照证明。《公司法》第33条第1款规定,公司营业执照签发日期为公司成立日期。《市场主体登记管理条例》第21条也规定,营业执照签发日期为市场主体的成立日期。

公司登记事项发生变化的,应办理变更登记并换发营业执照。《公司法》第36条规定,公司营业执照记载的事项发生变更的,公司办理变更登记后,由公司登记机关换发营业执照。

(二) 登记事项的公示

公司登记机关在办理完毕公司登记事宜后,应当将登记事项依法予以公示。《民法典》第66条规定,登记机关应当依法及时公示法人登记的有关信息。《公司法》第40条规定:"公司应当按照规定通过国家企业信用信息公示系统公示下列事项:(一)有限责任公司股东认缴和实缴的出资额、出资方式和出资日期,股份有限公司发起人认购的股份数;(二)有限责任公司股东、股份有限公司发起人的股权、股份变更信息;(三)行政许可取得、变更、注销等信息;(四)法律、行政法规规定的其他信息。公司应当确保前款公示信息真实、准确、完整。"《企业信息公示暂行条例》第6条规定,市场监督管理部门应当通过企业信用信息公示系统,公示其在履行职责过程中产生的下列企业信息:(1)注册登记、备案信息;(2)动产抵押登记信息;(3)股权出质登记信息;(4)行政处罚信息;(5)其他依法应当公示的信息。国家通过法定的企业信用信息公示系统公示企业的日常经营信息、异常信息以及受到行政处罚等负面信息,使社会公众获知企业相关信息,便于提高商事交易效率和公众监督。

(三) 公司登记的管理

1. 公司登记机关对于公司登记的宏观管理。《公司法》第41条规定,公司登记机关应当优化公司登记办理流程,提高公司登记效率,加强信息化建设,推行网上办理等便捷方式,提升公司登记便利化水平。国务院市场监督管理部门根据本法和有关法律、行政法规的规定,制定公司登记注册的具体办法。

2. 公司公示事项发生变动须办理登记。《公司法》第35~38条规定,公司申请变更登记,应当向公司登记机关提交公司法定代表人签署的变更登记申请书、依法作出的变更决议或者决定等文件。公司变更登记事项涉及修改公司章程的,应当提交修改后的公司章程。公司变更法定代表人的,变更登记申请书由变更后的法定代表人签署。公司营业执照记载的事项发生变更的,公司办理变更登记后,由公司登记机关换发营业执照。公司因解散、被宣告破产或者其他法定事由需要终止的,应当依法向公司登记机关申请注销登记,由公司登记机关公告公司终止。公司设立分公司,应当向公司登记机关申请登记,领取营业执照。

3. 公司登记违法行为的管理。《市场主体登记管理条例》第17条规定,申请人应当对提交材料的真实性、合法性和有效性负责。《公司法》第39条规定,虚报注册资本、提交虚假材料或者采取其他欺诈手段隐瞒重要事实取得公司设立登记的,公司登记机关应当依照法律、行政法规的规定予以撤销。

七、有限责任公司的概念和特征

(一) 股东人数有最高数额限制

《公司法》第42条规定,有限责任公司由1个以上50个以下股东出资设立。

(二) 股东以出资额为限对公司承担责任

股东以出资额为限对公司承担责任,这是有限责任公司区别于无限责任公司、两合公司的本质特征,也是有限责任公司兼有资合性的表现。需要注意的是,有限责任是仅对股东而言的,不是指公司对外承担有限责任,公司是

---

① 答案:ACD。

以其全部财产对公司债务承担责任的。

(三) 设立手续和公司机关简易化

有限责任公司的设立手续与股份有限公司的设立手续相比，较为简单。一般由全体设立人制定公司章程，各自认缴出资额，即可在公司登记机关登记设立。有限责任公司的公司机关也较为简单，如我国《公司法》第60条、第172条规定，一人有限责任公司和国有独资公司不需要设立股东会。《公司法》第75条规定："规模较小或者股东人数较少的有限责任公司，可以不设董事会，设一名董事，行使本法规定的董事会的职权。该董事可以兼任公司经理。"

(四) 股东对外转让出资受到较为严格的限制

由于有限责任公司是人合兼资合性质的公司，股东之间的相互信任关系非常重要，所以，法律往往对有限责任公司股东转让出资作较股份有限公司更加严格的限制。我国《公司法》第84条第2款规定，有限责任公司股东向股东以外的人转让股权的，应当将股权转让的数量、价格、支付方式和期限等事项书面通知其他股东，其他股东在同等条件下有优先购买权。股东自接到书面通知之日起30日内未答复的，视为放弃优先购买权。两个以上股东行使优先购买权的，协商确定各自的购买比例；协商不成的，按照转让时各自的出资比例行使优先购买权。

(五) 公司的封闭性

有限责任公司一般属于中小规模的公司，与股份有限公司相比，其在组织与经营上具有封闭性或非公开性。除严格限制股东对外转让出资这一点外，公司的封闭性还体现在以下两点：其一，设立程序不公开；其二，公司的经营状况不向社会公开。

八、有限责任公司的设立

(一) 有限责任公司的设立条件

1. 股东的人数和资格符合法律规定，这是公司设立的人的要件。《公司法》第42条规定："有限责任公司由一个以上五十个以下股东出资设立。"这表明，在我国设立有限责任公司，股东最多不能超过50个，最少为1个，此种情形下为一人有限责任公司。除国有独资公司外，有限责任公司的股东可以是自然人，也可以是法人。

2. 股东出资符合法律规定，这是公司设立的资本要件。

(1) 注册资本。根据《公司法》第47条的规定，有限责任公司的注册资本为在公司登记机关登记的全体股东认缴的出资额。法律、行政法规以及国务院决定对有限责任公司注册资本实缴、注册资本最低限额另有规定的，从其规定。

(2) 出资方式。有限责任公司股东的出资方式可以是多样的。依据《公司法》第48条第1款的规定，股东的出资方式除了货币出资外，还可以用实物、知识产权、土地使用权、股权、债权等可以用货币估价并可以依法转让的非货币财产作价出资。

股东可以其他公司的股权出资。出资人以其他公司股权出资，符合下列条件的，可以认定出资人已履行出资义务：①出资的股权由出资人合法持有并依法可以转让；②出资的股权无权利瑕疵或者权利负担；③出资人已履行关于股权转让的法定手续；④出资的股权已依法进行了价值评估。股权出资不符合上述规定的，公司、其他股东或者公司债权人可以请求在合理期间内采取补正措施，逾期未补正的，视为未全面履行出资义务。

(3) 出资期限。有限责任公司股东认缴的出资，可以在公司成立时一次缴清，也可以在公司成立后分次缴清，但是分次缴纳的最长期限不得超过5年，即《公司法》第47条规定的"全体股东认缴的出资额由股东按照公司章程的规定自公司成立之日起五年内缴足"。

(4) 出资程序。股东应当按期足额缴纳公司章程规定的各自所认缴的出资额。

①股东以货币出资的，应当将货币足额存入有限责任公司在银行开设的账户。

②股东以非货币财产出资的，应当评估作价，核实财产，不得高估或者低估作价。评估确定的价额显著低于公司章程所定价额的，应当认定出资人未依法全面履行出资义务。缴纳出资时应当依法办理财产权的转移手续。

③股东不按公司章程规定缴纳所认缴的出资，除应当向公司足额缴纳外，还应当对给公司造成的损失承担赔偿责任。

④有限责任公司设立时，股东未按照公司章程规定实际缴纳出资，或者实际出资的非货币财产的实际价额显著低于所认缴的出资额的，设立时的其他股东与该股东在出资不足的范围内承担连带责任。

3. 公司章程，这是公司设立的组织要件之一。

(1) 公司章程的基本特征。

①法定性。法定性主要强调公司章程的法律地位、主要内容及修改程序、效力都由法律强制规定，任何公司都不得违反。公司章程是公司设立的必备条件之一，无论是设立有限责任公司还是设立股份有限公司，都必须由全体股东或发起人订立公司章程，并且必须在公司设立登记时提交公司登记机关备案。

②真实性。
③自治性。
④公开性。《公司法》第32条规定了公司登记的具体事项，包括公司名称、住所、注册资本、经营范围、法定代表人姓名、有限责任公司股东或股份有限公司发起人的姓名或者名称。这些事项大部分为公司章程的内容，公司登记机关应当将上述公司登记事项通过国家企业信用信息公示系统向社会公示。

（2）公司章程的订立。
设立有限责任公司应当由股东共同制定公司章程。

（3）公司章程的内容。
①绝对记载事项。对于绝对记载事项，公司必须一一记载，公司没有权利做出自由选择。如果缺少其中任何一项或者任何一项的记载不合法，则整个公司章程无效。
②相对记载事项。相对记载事项，非经载明于公司章程，不产生效力。
③任意记载事项。公司章程的任意记载事项，是指法律并无明文规定，但公司章程制定者认为需要协商记入公司章程，以便公司更好运转且不违反强行法规定和公序良俗原则的事项。例如，公司的存续期限，股东会的表决程序，变更公司的事由，董事、监事、高级管理人员的报酬等。

（4）我国《公司法》对有限责任公司章程内容的规定。
我国《公司法》第46条规定："有限责任公司章程应当载明下列事项：（一）公司名称和住所；（二）公司经营范围；（三）公司注册资本；（四）股东的姓名或者名称；（五）股东的出资额、出资方式和出资日期；（六）公司的机构及其产生办法、职权、议事规则；（七）公司法定代表人的产生、变更办法；（八）股东会认为需要规定的其他事项。股东应当在公司章程上签名或者盖章。"这是法定的有限责任公司章程的绝对记载事项。
2023年《公司法》规定公司章程不需要具体载明法定代表人的姓名或者名称，只需规定法定代表人的产生、变更办法，这意味着法定代表人变化不再需要修改公司章程了。

（5）公司章程的效力。
《公司法》第5条规定："设立公司应当依法制定公司章程。公司章程对公司、股东、董事、监事、高级管理人员具有约束力。"
①公司章程对公司的效力。公司自身的行为要受公司章程的约束。具体而言，一是公司应当依其章程规定的办法，产生权力机构、业务执行和经营意思决定机构、监督机构等公司组织机构，并按章程规定的权限范围行使职权；二是公司应当使用公司章程上规定的名称，在公司章程确定的经营范围内从事经营活动；三是公司依其章程对公司股东负有义务，股东的权利如果受到公司侵犯，可以对公司起诉。
②公司章程对股东的效力。主要表现为股东依章程规定享有权利和承担义务。
③公司章程对董事、监事和高级管理人员的效力。公司的董事、监事、高级管理人员应当遵守公司章程，依照法律和公司章程的规定行使职权，就自己的行为对公司负责。

（6）公司章程的变更。
有限责任公司修改公司章程的决议，必须经代表2/3以上表决权的股东通过。

4. 公司设立的其他条件。
（1）有公司名称。《公司法》第6条第1款规定："公司应当有自己的名称。公司名称应当符合国家有关规定。"
（2）有公司的组织机构。《民法典》第80条规定："营利法人应当设权力机构。权力机构行使修改法人章程，选举或者更换执行机构、监督机构成员，以及法人章程规定的其他职权。"第81条第1款和第2款规定："营利法人应当设执行机构。执行机构行使召集权力机构会议，决定法人的经营计划和投资方案，决定法人内部管理机构的设置，以及法人章程规定的其他职权。"第82条规定："营利法人设监事会或者监事等监督机构的，监督机构依法行使检查法人财务，监督执行机构成员、高级管理人员执行法人职务的行为，以及法人章程规定的其他职权。"
（3）有必要的生产经营条件。例如，公司住所，《公司法》第8条规定，公司以其主要办事机构所在地为住所。

（二）有限责任公司的设立程序

1. 股东发起
《公司法》第43条规定，有限责任公司设立时的股东可以签订设立协议，明确各自在公司设立过程中的权利和义务。设立协议在法律性质上被视为合伙协议，其主要内容包括公司经营的宗旨、项目、范围和生产规模、注册资本、投资总额及各方出资额、出资方式、经营管理、盈余的分配和风险分担的原则等。

2. 制定公司章程
《公司法》第45条规定，设立有限责任公司，应当由股东共同制定公司章程。在公司设立阶段，制定公司章程的主体是公司的发起人。公司章程的制定需要全体股东的共同制定，以确保公司治理和运营的有效规范。

3. 缴纳出资

缴纳出资，是公司设立中履行设立协议或公司章程中规定的出资义务的行为。《公司法》第47~52条分别对有限责任公司股东出资的方式以及缴纳要求等作了明确规定。

4. 申请设立登记

根据《市场主体登记管理条例》第16条第1款的规定，申请设立公司，应当向登记机关提交的文件包括：（1）申请书；（2）申请人资格文件、自然人身份证明；（3）住所或者主要经营场所相关文件；（4）公司章程；（5）法律、行政法规和国务院市场监督管理部门规定提交的其他材料。其中，第5项兜底条款中，根据法律、行政法规和国务院决定规定，设立公司应当报经批准的，应当提交在公司登记前依法取得的批文。根据《市场主体登记管理条例实施细则》第22条的规定，法律、行政法规或者国务院决定规定公司申请登记、备案事项前需要审批的，在办理登记、备案时，应当在有效期内提交有关批准文件或者许可证书。有关批准文件或者许可证书未规定有效期限，自批准之日起超过90日的，申请人应当报审批机关确认其效力或者另行报批。公司设立后，前款规定批准文件或者许可证书内容有变化、被吊销、撤销或者有效期届满的，应当自批准文件、许可证书重新批准之日或者被吊销、撤销、有效期届满之日起30日内申请办理变更登记或者注销登记。另外，根据《市场主体登记管理条例实施细则》第26条的规定，申请办理公司设立登记，还应当提交法定代表人、董事、监事和高级管理人员的任职文件和自然人身份证明。涉及发起人首次出资属于非货币财产的，还应当提交已办理财产权转移手续的证明文件。

5. 登记发照

就各设立申请，登记机关应依法进行审查。根据《市场主体登记管理条例》第17条、第19条第1款的规定，申请人应当对提交材料的真实性、合法性和有效性负责，登记机关仅对申请材料进行形式审查。这意味着，提交真实、合法和有效的申请材料，是当事人的义务。同时，公司登记机关并无义务对这些材料的真实性、合法性和有效性进行实质审查。依据《市场主体登记管理条例》第19条第1款的规定，登记机关应当对申请材料进行形式审查。该条明确了公司登记机关的形式审查义务。

《公司法》第30条第2款规定，申请材料不齐全或者不符合法定形式的，公司登记机关应当一次性告知需要补正的材料。

《公司法》第33条规定："依法设立的公司，由公司登记机关发给公司营业执照。公司营业执照签发日期为公司成立日期。公司营业执照应当载明公司的名称、住所、注册资本、经营范围、法定代表人姓名等事项。公司登记机关可以发给电子营业执照。电子营业执照与纸质营业执照具有同等法律效力。"凭登记机关颁发的企业法人营业执照，公司可以刻制印章、开立银行账户、申请纳税登记。

6. 公示

公司成立后，应该依照《市场主体登记管理条例》的规定，通过企业信用信息公示系统依法公示。《公司法》第40条规定："公司应当按照规定通过国家企业信用信息公示系统公示下列事项：（一）有限责任公司股东认缴和实缴的出资额、出资方式和出资日期，股份有限公司发起人认购的股份数；（二）有限责任公司股东、股份有限公司发起人的股权、股份变更信息；（三）行政许可取得、变更、注销等信息；（四）法律、行政法规规定的其他信息。公司应当确保前款公示信息真实、准确、完整。"

（三）有限责任公司设立中的债权债务处理

1. 发起人为设立公司而以自己的名义对外签订合同的，合同相对人有权请求该发起人承担合同责任。如果最终公司得以成立，且公司对发起人以自己的名义对外签订的合同予以确认的，或者公司已经实际享有合同权利或者履行合同义务的，合同相对人也可以请求公司承担合同责任。

2. 发起人如果是以公司的名义在设立公司过程中对外签订合同，则公司成立后由公司承担合同责任。但是，如果公司能够证明发起人利用设立中公司的名义为自己的利益与相对人订立合同，则公司可以抗辩，但此种抗辩不能对抗善意的第三人。

3. 公司设立失败时，发起人对设立公司产生的费用和债务承担连带清偿责任。换言之，债权人有权请求全体或者部分发起人承担全部清偿责任。对外承担了清偿责任的发起人，对内取得求偿权，有权向其他发起人追偿。其他发起人应当按照约定的责任承担比例分担责任。若没有约定责任比例，则按照约定的出资比例分担责任；若出资比例也没有约定，则按照均等份额分担责任。

4. 在公司设立过程中，发起人因自己的过失使公司利益受到损害的，应当对公司承担赔偿责任。

5. 发起人因履行公司设立职责而给第三人造成损害的，公司成立后由公司承担对第三人的赔偿责任；若公司未成立，则由全体发起人对第三人承担连带赔偿责任。公司或者无过错的发起人在承担对外责任后可以向有过错的发起人追偿。

[真题演练] 科鼎有限公司设立时，股东们围绕公司章程的制订进行讨论，并按公司的实际需求拟定条款规则。关于该章程条款，下列哪些说法是正确的？[16/3/68]①
A. 股东会会议召开7日前通知全体股东
B. 公司解散需全体股东同意
C. 董事表决权按所代表股东的出资比例行使
D. 全体监事均由不担任董事的股东出任

九、有限责任公司的组织机构
（一）股东会

1. 股东会的性质和组成。有限责任公司股东会由全体股东组成。股东会是有限责任公司的权力机关，依照公司法的规定行使职权。除公司法规定的某些特殊类型的公司，如国有独资公司，不设立股东会，其职权由国有资产监督管理机构行使或者授权给董事会行使部分股东会职权外，股东会是有限责任公司依法必须设立的机构。但股东会是非常设机关，即它不是常设的公司机构，而仅以会议形式存在，只有在召开股东会会议时，股东会才作为公司机关存在。股东会由全体股东组成；股东是按其所认缴的出资额向有限责任公司缴纳出资的人。

2. 股东会的职权。根据《公司法》第59条的规定，有限责任公司的股东会行使下列职权：
（1）选举和更换董事、监事，决定有关董事、监事的报酬事项；
（2）审议批准董事会的报告；
（3）审议批准监事会的报告；
（4）审议批准公司的利润分配方案和弥补亏损方案；
（5）对公司增加或者减少注册资本作出决议；
（6）对发行公司债券作出决议，股东会可以授权董事会对发行公司债券作出决议；
（7）对公司合并、分立、解散、清算或者变更公司形式作出决议；
（8）修改公司章程；
（9）公司章程规定的其他职权。

3. 股东会的召开。股东会分为定期会议和临时会议两种。定期会议的召开时间按照公司章程规定按时召开。临时会议可经代表1/10以上表决权的股东、1/3以上的董事或者监事会提议而召开。

股东会的首次会议由出资最多的股东召集和主持；以后的股东会会议由董事会召集，董事长主持。

董事长不能履行职务或者不履行职务的，由副董事长主持；副董事长不能履行职务或者不履行职务的，由过半数的董事共同推举一名董事主持。董事会不能履行或者不履行召集股东会会议职责的，由监事会召集和主持；监事会不召集和主持的，代表1/10以上表决权的股东可以自行召集和主持。

召开股东会会议，应当于会议召开15日前通知全体股东。该通知应写明股东会会议召开的日期、时间、地点和目的，以使股东对拟召开的股东会有最基本的了解。

对《公司法》第59条第1款所列事项，有限责任公司股东以书面形式一致表示同意的，可以不召开股东会会议，直接作出决定，并由全体股东在决定文件上签名或者盖章。

只有一个股东的有限责任公司不设股东会。股东作出《公司法》第59条第1款所列事项的决定时，应当采用书面形式，并由股东签名或者盖章后置备于公司。

4. 股东会决议。有限责任公司股东会可依职权对所议事项作出决议。一般情况下，股东会会议作出决议时，采取"资本多数决"原则，即股东按照出资比例行使表决权，应当经代表过半数表决权的股东通过。但公司章程可以对股东会决议的作出方式另行予以规定，而不按出资比例行使表决权。

股东会的议事方式和表决程序，除《公司法》有规定的外，由公司章程规定。但下列事项必须经代表2/3以上表决权的股东通过：
（1）修改公司章程；
（2）公司增加或者减少注册资本；
（3）公司合并、分立、解散或者变更公司形式。

全体股东对股东会议决事项以书面形式一致表示同意的，可以不召开股东会会议，而可以直接作出决定，并由全体股东在决定文件上签名或者盖章。

---

① 答案：AB。

（二）董事会

1. 董事会的性质及其组成。董事会是有限责任公司的业务执行机关，享有业务执行权和日常经营的决策权。

有限责任公司董事会成员为3人以上，其成员中可以有公司职工代表。职工人数300人以上的有限责任公司，除依法设监事会并有公司职工代表的外，其董事会成员中应当有公司职工代表。董事会中的职工代表由公司职工通过职工代表大会、职工大会或者其他形式民主选举产生。董事的任期由公司章程规定，各个公司可有所不同，但每届任期不得超过3年。换言之，公司章程可以规定董事的任期少于3年，但不得超过3年。董事任期届满时，连选可以连任，并无任职届数的限制。

股东会可以决议解任董事，决议作出之日解任生效。公司无正当理由，在任期届满前解任董事的，该董事可以要求公司予以赔偿。董事任期内辞任的，应当以书面形式通知公司，公司收到通知之日辞任生效；但若存在董事任期届满未及时改选，或者董事在任期内辞任导致董事会成员低于法定人数的，在改选出的董事就任前，原董事仍应当依照法律、行政法规和公司章程的规定，履行董事职务。

2. 董事会的职权。根据《公司法》第67条的规定，有限责任公司的董事会行使下列职权：

（1）召集股东会会议，并向股东会报告工作；
（2）执行股东会的决议；
（3）决定公司的经营计划和投资方案；
（4）制订公司的利润分配方案和弥补亏损方案；
（5）制订公司增加或者减少注册资本以及发行公司债券的方案；
（6）制订公司合并、分立、解散或者变更公司形式的方案；
（7）决定公司内部管理机构的设置；
（8）决定聘任或者解聘公司经理及其报酬事项，并根据经理的提名决定聘任或者解聘公司副经理、财务负责人及其报酬事项；
（9）制定公司的基本管理制度；
（10）公司章程规定或者股东会授予的其他职权。

3. 董事会的召开。董事会会议由董事长召集和主持。董事长不能履行职务或者不履行职务的，由副董事长召集和主持；副董事长不能履行职务或者不履行职务的，由过半数的董事共同推举一名董事召集和主持。

董事会会议应当有过半数的董事出席方可举行。董事会作出决议，应当经全体董事的过半数通过。董事会决议的表决，实行一人一票制。董事应当对所议事项的决定作成会议记录，出席会议的董事应当在会议记录上签名。

4. 董事长和副董事长。有限责任公司董事会设董事长一人，可以设副董事长。董事长、副董事长的产生办法由公司章程规定。《公司法》未规定董事长的职责，一般而言，董事长的职权有：（1）主持股东会会议，召集和主持董事会会议；（2）检查董事会决议的实施情况；（3）对外代表公司；（4）设立分公司时，向公司登记机关申请登记，领取营业执照；（5）公司章程规定的其他职权。董事长可以是公司的法定代表人。

根据我国《公司法》第75条的规定，规模较小或者股东人数较少的有限责任公司，可以设一名董事，不设董事会。该董事可以兼任公司经理，可以是公司的法定代表人。至于"股东人数较少"或"规模较小"的判断标准，《公司法》并未规定，故实践中有较大的意思自治的余地，由股东协商决定是否设立董事会，并记载于公司章程中。

（三）经理

有限责任公司的经理是负责公司日常经营管理工作的高级管理人员。根据我国《公司法》第74条的规定，有限责任公司可以设经理，由董事会决定聘任或者解聘，经理对董事会负责。经理根据公司章程的规定或者董事会的授权行使职权；经理列席董事会会议。经理可以担任公司的法定代表人。

（四）监事会

1. 监事会的性质及其组成。监事会为经营规模较大的有限责任公司的常设监督机关，专司监督职能。监事会对股东会负责，并向其报告工作。监事会由监事组成，其成员3人以上。监事会应当包括股东代表和适当比例的公司职工代表，其中职工代表的比例不得低于1/3，具体比例由公司章程规定。监事会中的股东代表，由股东会选举产生；监事会中的职工代表由职工民主选举产生。公司董事、高级管理人员不得兼任监事。

监事的任期是法定的，每届为3年。监事任期届满，连选可以连任。监事会设主席一人，由全体监事过半数选举产生。监事会主席召集和主持监事会会议；监事会主席不能履行职务或者不履行职务的，由过半数的监事共同推举一名监事召集和主持监事会会议。

规模较小或者股东人数较少的有限责任公司，可以不设监事会，设一名监事，行使本法规定的监事会的职权；经全体股东一致同意，也可以不设监事。

《公司法》第69条规定："有限责任公司可以按照公司章程的规定在董事会中设置由董事组成的审计委员会，

行使本法规定的监事会的职权,不设监事会或者监事。公司董事会成员中的职工代表可以成为审计委员会成员。"

2. 监事会的职权。依照我国《公司法》第78条的规定,监事会行使下列职权:
(1) 检查公司财务;
(2) 对董事、高级管理人员执行职务的行为进行监督,对违反法律、行政法规、公司章程或者股东会决议的董事、高级管理人员提出解任的建议;
(3) 当董事、高级管理人员的行为损害公司的利益时,要求董事、高级管理人员予以纠正;
(4) 提议召开临时股东会会议,在董事会不履行《公司法》规定的召集和主持股东会会议职责时召集和主持股东会会议;
(5) 向股东会会议提出提案;
(6) 依照《公司法》第189条的规定,对董事、高级管理人员提起诉讼;
(7) 公司章程规定的其他职权。
监事会行使职权所必需的费用,由公司承担。

此外,为便于对董事的监督,我国《公司法》还规定:
(1) 监事有权列席董事会会议,并对董事会决议事项质询或者提出建议。
(2) 监事会发现公司经营情况异常,可以进行调查,必要时可以聘请会计师事务所等协助其工作,费用由公司承担。
(3) 监事会还有权要求董事、高级管理人员提交执行职务的报告。董事、高级管理人员应当如实向监事会提供有关情况和资料,不得妨碍监事会或者监事行使职权。

3. 监事会的召开。监事会每年度至少召开一次会议,监事可以提议召开临时监事会会议。监事会的议事方式和表决程序,由公司章程规定。监事会决议应当经全体监事的过半数通过。监事会决议的表决,应当一人一票。监事会应当对所议事项的决定作成会议记录,出席会议的监事应当在会议记录上签名。

[强化自测] 某有限责任公司董事会共有甲、乙、丙三人。乙书面通知公司辞任董事,被股东会拒绝。丙因管理不力,给公司造成重大损失,股东会通过决议解任了其董事职务,并委派丁担任董事。对此,下面说法正确的是:①

A. 乙的辞任行为有效,股东会不能拒绝
B. 乙有权不再履行董事职务
C. 股东会解任丙的决议作出后即生效
D. 该公司仍要支付丙任期内剩余年限的薪酬

十、有限责任公司的股权转让

(一) 股权对内转让的规则

有限责任公司的股东相互之间可以自由转让股权,没有任何限制。《公司法》第84条第1款规定,有限责任公司的股东之间可以相互转让其全部或者部分股权。在转让部分股权的情况下,转让方仍保留股东身份,只是转让方与受让方各自的股权比例发生变化而已。在全部转让的情况下,转让方退出公司。

(二) 股权对外转让的规则

有限责任公司的股东可以将其持有的公司股权转让给现有股东以外的第三人,但须符合《公司法》规定的相关条件,包括以下三个条件。

1. 转让通知

转让股东要尽到通知义务。股东向股东以外的第三人转让股权,应当将股权转让的数量、价格、支付方式和期限等事项书面通知其他股东。

2. 其他股东的优先购买权

对于股东对外转让的股权,其他股东在同等条件下有优先购买权。股东自接到书面通知之日起30日内未答复的,视为放弃优先购买权。

对"同等条件"的理解,可以参考转让股权的数量、价格、支付方式及期限等因素。

两个以上股东行使优先购买权的,协商确定各自的购买比例;协商不成的,按照转让时各自的出资比例行使优先购买权。公司章程对股权转让另有规定的,从其规定。

---

① 答案:AC。

3. 强制执行程序中的股东优先购买权

在股权质押担保等情形导致人民法院依法采取强制执行措施转让有限责任公司的股东在公司中的股权的情形下，人民法院应当将此强制执行措施的有关情况通知股东所在的公司和全体股东，包括被强制执行股权的股东和其他股东。其他股东在同等条件下享有优先购买权，但该优先购买权应当自接到人民法院的通知之日起20日内行使，逾期不行使的，视为放弃优先购买权，第三人可以通过强制执行措施受让该股权。对于该非通过协商而是通过强制执行程序购买股权的新股东，公司和其他股东不得否认其效力。公司应当注销原股东的出资证明书，并向新股东签发出资证明书，修改公司章程和股东名册中有关股东及其出资额的记载。此项对于公司章程的修改无须股东会表决而直接发生效力。

(三) 股权转让的程序性规定

根据《公司法》第86条第1款的规定，有限责任公司股东转让股权的，应当书面通知公司，请求变更股东名册；需要办理变更登记的，请求公司向公司登记机关办理变更登记。公司拒绝或者在合理期限内不予答复的，转让人、受让人可以依法向人民法院提起诉讼。

股权转让的，受让人自记载于股东名册时起可以向公司主张行使股东权利，即受让人的股东身份自记载于公司股东名册时开始。

股东依法转让股权后，公司应当及时注销原股东的出资证明书，向新股东签发出资证明书，并相应修改公司章程和股东名册中有关股东及其出资额的记载。对公司章程的该项修改不需再由股东会表决。

有限责任公司股权转让涉及公司登记事项发生变动的，《公司法》第34条规定："公司登记事项发生变更的，应当依法办理变更登记。公司登记事项未经登记或者未经变更登记，不得对抗善意相对人。"

(四) 瑕疵股权转让的法律后果

股东转让已认缴出资但未届出资期限的股权的，由受让人承担缴纳该出资的义务；受让人未按期足额缴纳出资的，转让人对受让人未按期缴纳的出资承担补充责任。

未按照公司章程规定的出资日期缴纳出资或者作为出资的非货币财产的实际价额显著低于所认缴的出资额的股东转让股权的，转让人与受让人在出资不足的范围内承担连带责任；受让人不知道且不应当知道存在上述情形的，由转让人承担责任。

(五) 异议股东的股权收购请求权

根据《公司法》第89条的规定，有下列情形之一的，对股东会该项决议投反对票的股东可以请求公司按照合理的价格收购其股权：

(1) 公司连续5年不向股东分配利润，而公司该5年连续盈利，并且符合《公司法》规定的分配利润条件的。

(2) 公司合并、分立、转让主要财产。

(3) 公司章程规定的营业期限届满或者章程规定的其他解散事由出现，股东会通过决议修改章程使公司存续。

(4) 公司的控股股东滥用股东权利，严重损害公司或者其他股东利益的，其他股东有权请求公司按照合理的价格收购其股权。

在上述任何一种情形下，对公司股东会会议通过上述决议不赞成，并且投的是反对票的股东，有权自股东会决议作出之日起60日内提出请求，请求公司收购其持有的公司股权。收购股权的价格由该股东与公司协商确定，如果该股东与公司不能就股权收购事宜达成一致，该股东可以自股东会决议作出之日起90日内向人民法院提起诉讼，通过诉讼途径解决该争议。公司因上述情形收购的本公司股权，应当在6个月内依法转让或者注销。

[真题演练] 甲持有硕昌有限公司69%的股权，任该公司董事长；乙、丙为公司另外两个股东。因打算移居海外，甲拟出让其全部股权。对此，下列哪些说法是错误的？[15/3/70]①

A. 不必征得乙、丙的同意，甲即可对外转让自己的股权
B. 若公司章程限制甲转让其股权，则甲可直接修改章程中的限制性规定，以使其股权转让行为合法
C. 甲可将其股权分割为两部分，分别转让给乙、丙
D. 甲对外转让其全部股权时，乙或丙均可就甲所转让股权的一部分主张优先购买权

十一、股份有限公司的设立

(一) 设立条件

按照《公司法》的规定，设立股份有限公司应当具备下列条件：

---

① 答案：BD。

1. 发起人符合法定人数。《公司法》第 92 条规定，设立股份有限公司，应当有 1 人以上 200 人以下为发起人，其中须有半数以上的发起人在中国境内有住所。股份有限公司也可以是一人公司。发起人可以是自然人，也可以是法人或其他经济组织。一个自然人也可以设立股份有限公司。

2. 有符合公司章程规定的全体发起人认购的股本总额或者募集的实收股本总额。由于股份有限公司实行有限的授权资本制度，股份有限公司的注册资本是在公司登记机关登记的已发行股份的股本总额。

3. 股份发行、筹办事项符合法律规定。

4. 发起人制定公司章程。设立股份有限公司，应当由发起人共同制定公司章程。股份有限公司章程应当载明下列事项：(1) 公司名称和住所；(2) 公司经营范围；(3) 公司设立方式；(4) 公司注册资本、已发行的股份数和设立时发行的股份数，面额股的每股金额；(5) 发行类别股的，每一类别股的股份数及其权利和义务；(6) 发起人的姓名或者名称、认购的股份数、出资方式；(7) 董事会的组成、职权和议事规则；(8) 公司法定代表人的产生、变更办法；(9) 监事会的组成、职权和议事规则；(10) 公司利润分配办法；(11) 公司的解散事由与清算办法；(12) 公司的通知和公告办法；(13) 股东会认为需要规定的其他事项。

5. 有公司名称，建立符合股份有限公司要求的组织机构。

6. 有公司住所。

(二) 设立方式

1. 发起设立。发起设立，是指由发起人认购公司应发行的全部股份，不向发起人之外的任何人募集股份而设立公司。发起设立的程序包括以下几方面：

(1) 发起人认购股份。发起人应当认足公司章程规定的公司设立时应发行的股份。认购采用书面形式，载明认股人的姓名或名称、住所、认股数、应交股款金额、出资方式，由认股人填写、签章。认购书一经填妥并签署，即具有法律上的约束力。

(2) 发起人缴清股款。发起人在认购股份后，应当在公司成立前按照其认购的股份全额缴纳股款。发起人的出资，适用《公司法》第 48 条、第 49 条第 2 款关于有限责任公司股东出资的规定。发起人以实物、知识产权、非专利技术或者土地使用权出资的，应当依法估价，并办理财产权转移手续。

《公司法》第 152 条规定，股份有限公司章程或者股东会可以授权董事会在 3 年内决定发行不超过已发行股份 50% 的股份。但以非货币财产作价出资的应当经股东会决议。董事会依照公司法规定决定发行股份导致公司注册资本、已发行股份数发生变化的，对公司章程该项记载事项的修改不需再由股东会表决。《公司法》第 153 条规定，股份有限公司章程或者股东会授权董事会决定发行新股的，董事会决议应当经全体董事 2/3 以上通过。

(3) 选举董事会和监事会。发起人缴纳首期出资后，应当选举董事会和监事会。

(4) 申请设立登记。董事会应向公司登记机关申请设立登记，对符合法律规定条件的，登记机关发给公司营业执照。公司以营业执照签发日期为成立日期。

2. 募集设立。募集设立，是指由发起人认购公司应发行股份的一部分，其余部分向社会公开募集而设立公司。募集设立的程序如下：

(1) 发起人认购股份。以募集方式设立股份有限公司的，发起人认购的股份不得少于公司章程规定的公司设立时应发行股份总数的 35%。法律、行政法规对此另有规定的，从其规定。发起人均应当在公司成立前按照其认购的股份全额缴纳股款。

(2) 公告招股说明书，制作认股书。招股说明书应当附有发起人制定的公司章程，并载明下列事项：发行的股份总数；面额股的票面金额和发行价格或者无面额股的发行价格；募集资金的用途；认股人的权利和义务；股份种类及其权利和义务；本次募股的起止日期及逾期未募足时认股人可以撤回所认股份的说明。公司设立时发行股份的，还应当载明发起人认购的股份数。股份有限公司发起人向社会公开募集股份，应当公告招股说明书，并制作认股书。认股书应当载明《公司法》第 154 条第 2 款、第 3 款所列事项，由认股人填写认购的股份数、金额、住所，并签名或者盖章。认股人应当按照所认购股份足额缴纳股款。向社会公开募集股份的股款缴足后，应当经依法设立的验资机构验资并出具证明。

(3) 签订承销协议和代收股款协议。发起人就股份承销的方式、数量、起止日期、承销费用的计算与支付等具体事项，与证券公司签订承销协议；发起人就代收和保存股款的具体事宜，与银行签订代收股款协议。代收股款的银行应当按照协议代收和保存股款，向缴纳股款的认股人出具收款单据，并负有向有关部门出具收款证明的义务。

(4) 召开成立大会。成立大会通常被认为是股份有限公司募集设立过程中的决议机构。发起人应当自公司设立时应发行股份的股款缴足之日起 30 日内主持召开成立大会，发起人应当在成立大会召开 15 日前将会议日期通知各认股人或者予以公告。成立大会应当有持有表决权过半数的认股人出席，方可举行。成立大会的职权包括：①审议发起人关于公司筹办情况的报告；②通过公司章程；③选举董事、监事；④对公司的设立费用进行审核；⑤对发起人非货币财产出资的作价进行审核；⑥发生不可抗力或者经营条件发生重大变化直接影响公司设立的，可以作出不设立公司的决议。成立大会对上述事项作出决议，必须经出席会议的认股人所持表决权过半数通过。

（5）设立登记并公告。董事会应当授权代表，于公司成立大会结束后30日内向公司登记机关申请设立登记。

（6）公司设立时应发行的股份未募足，或者发行股份的股款缴足后，发起人在30日内未召开成立大会的，认股人可以按照所缴股款并加算银行同期存款利息，要求发起人返还。

发起人、认股人缴纳股款或者交付非货币财产出资后，除未按期募足股份、发起人未按期召开成立大会或者成立大会决议不设立公司的情形外，不得抽回其股本。

> **[真题演练]** 甲、乙、丙等拟以募集方式设立厚亿股份公司。经过较长时间的筹备，公司设立的各项事务逐渐完成。现大股东甲准备组织召开公司成立大会，下列哪些表述是正确的？[16/3/70]①
> A. 厚亿公司的章程应在成立大会上通过
> B. 甲、乙、丙等出资的验资证明应由成立大会审核
> C. 厚亿公司的经营计划应在成立大会上决定
> D. 设立厚亿公司的各种费用应由成立大会审核

十二、股份有限公司的组织机构

（一）股东会

1. 股东会的性质及其组成。股东会为股份有限公司必须设立的机关，是股份有限公司的最高权力机关。股东会由全体股东组成。

2. 股东会的职权。与有限责任公司股东会职权一致。

3. 股东会的召开。股东会分为年会和临时会议两种。年会应当每年召开一次，通常在每个会计年度终了后6个月内召开。临时股东会则应在出现下列情况之一的2个月内召开：

（1）董事人数不足《公司法》规定的人数或者公司章程规定的人数的2/3时；
（2）公司未弥补的亏损达到股本总额的1/3时；
（3）单独或合计持有公司股份10%以上的股东请求时；
（4）董事会认为必要时；
（5）监事会提议召开时；
（6）公司章程规定的其他情形。

股东会会议由董事会召集，董事长主持；董事长不能履行职务或者不履行职务时，由副董事长主持；副董事长不能履行职务或者不履行职务时，由半数以上董事共同推举一名董事主持。

董事会不能履行或者不履行召集股东会会议职责的，监事会应当及时召集和主持；监事会不召集和主持的，连续90日以上单独或者合计持有公司10%以上股份的股东可以自行召集和主持。单独或者合计持有公司10%以上股份的股东请求召开临时股东会会议的，董事会、监事会应当在收到请求之日起10日内作出是否召开临时股东会会议的决定，并书面答复股东。

召开股东会会议，应在会议召开的20日前通知各股东。通知中应写明股东会会议将审议的事项、股东会会议召开的日期和地点等。临时股东会不得对通知中未列明的事项作出决议。

单独或者合计持有公司1%以上股份的股东，可以在股东会会议召开10日前提出临时提案并书面提交董事会。临时提案应当有明确议题和具体决议事项。董事会应当在收到提案后2日内通知其他股东，并将该临时提案提交股东会审议；但临时提案违反法律、行政法规或者公司章程的规定，或者不属于股东会职权范围的除外。公司不得提高提出临时提案股东的持股比例。公开发行股份的公司，应当以公告方式作出会议通知。

4. 股东会的决议。股东出席股东会会议，所持每一股份有一表决权，类别股股东除外。公司持有的本公司股份没有表决权。

股东会的决议实行股份多数决定原则。股东会作出决议，必须经出席会议的股东所持表决权过半数通过，但是股东会作出修改公司章程、增加或者减少注册资本的决议，以及公司合并、分立、解散或者变更公司形式的决议，必须经出席会议的股东所持表决权的2/3以上通过。股东委托代理人出席股东会会议的，应当明确代理人代理的事项、权限和期限；代理人应当向公司提交股东授权委托书，并在授权范围内行使表决权。

股东会对所议事项的决定应当作成会议记录，主持人、出席会议的董事应当在会议记录上签名。会议记录应当

---

① 答案：AD。

与出席股东的签名册及代理出席的委托书一并保存,供股东查阅。

股东会必须按照法定的召集方法召集,并依照法定的决议方法通过内容不违法的决议。具备该条件的决议,才具有法律效力。如果股东会的决议违法,股东有权通过诉讼途径请求法院宣告决议无效或撤销决议。

(二) 董事会

1. 董事会的性质及其组成。董事会是股份有限公司必设的业务执行和经营意思决定机构,对股东会负责。

董事会由全体董事组成。董事会成员同样为3人以上。董事的产生有两种情况:第一,在公司设立时,采取发起方式设立的公司,董事由发起人选举产生;采取募集方式设立的公司,董事由成立大会选举产生。第二,在公司成立后,董事由股东会选举产生。

董事会设董事长1人,可以设副董事长。董事长和副董事长由董事会以全体董事的过半数选举产生。董事长主持股份有限公司股东会会议和董事会会议,为会议主席。董事的任期由公司章程规定,但每届任期不得超过3年。董事任期届满,连选可以连任。董事在任期届满前,股东会不得无故解除其职务。

公司可以按照公司章程的规定在董事会中设置审计委员会或者其他委员会。

2. 董事会的职权。股份有限公司董事会的职权适用《公司法》第67条关于有限责任公司董事会的职权的规定。

3. 董事会会议的召开。股份有限公司的董事会会议分为定期会议和临时会议两种。董事会定期会议,每年度至少召开两次,每次应于会议召开10日以前通知全体董事和监事;董事会召开临时会议,其会议通知方式和通知时限,可由公司章程作出规定。董事会会议由董事长负责召集。董事长检查董事会决议的实施情况。副董事长协助董事长工作,董事长不能履行职务或者不履行职务的,由副董事长履行职务;副董事长不能履行职务或者不履行职务的,由过半数的董事共同推举一名董事履行职务。

董事会会议,应当由董事本人出席;董事因故不能出席,可以书面委托其他董事代为出席,委托书应当载明授权范围。股份有限公司董事会会议应有过半数的董事出席方可举行。董事会作出决议,必须经全体董事的过半数通过。董事会决议的表决,应当一人一票。董事会会议的结果表现于董事会决议之中。董事会应当对所议事项的决定作成会议记录,由出席会议的董事在会议记录上签名。董事应当对董事会的决议承担责任。董事会的决议违反法律、行政法规或者公司章程、股东会决议,给公司造成严重损失的,参与决议的董事对公司负赔偿责任。经证明在表决时曾表明异议并记载于会议记录的,该董事可以免除责任。

4. 董事会审计委员会。审计委员会的设立是董事会监督职能体系的重要制度建构。

股份有限公司可以按照公司章程的规定在董事会中设置由董事组成的审计委员会,行使《公司法》规定的监事会的职权,从而不设监事会或者监事。

审计委员会成员为3名以上,过半数成员不得在公司担任除董事以外的其他职务,且不得与公司存在任何可能影响其独立客观判断的关系。公司董事会成员中的职工代表可以成为审计委员会成员。审计委员会作出决议,应当经审计委员会成员的过半数通过。审计委员会决议的表决,应当一人一票。审计委员会的议事方式和表决程序,除《公司法》有规定的外,由公司章程规定。

(三) 经理

经理由董事会聘任或解聘,对董事会负责。经理根据公司章程的规定或者董事会的授权行使职权。经理列席董事会会议。

规模较小或者股东人数较少的股份有限公司,可以不设董事会,设一名董事,行使《公司法》规定的董事会的职权。该董事可以兼任公司经理。

(四) 监事会

1. 监事会的性质及其组成。

监事会由监事组成,其人数不得少于3人。监事由股东代表和公司职工代表构成,其中职工代表的比例不得低于1/3。股东代表由股东会选举产生;职工代表由公司职工通过职工代表大会、职工大会或者其他形式民主选举产生。监事会设主席1人,可以设副主席。监事会主席、副主席由全体监事过半数选举产生。监事的任期每届为3年,监事任期届满,连选可以连任。

2. 监事会的职权。《公司法》第78~80条关于有限责任公司监事会职权的规定,适用于股份有限公司监事会。

规模较小或者股东人数较少的股份有限公司,可以不设监事会,设一名监事,行使《公司法》规定的监事会的职权。

3. 监事会的召开和表决。监事会每6个月至少召开一次会议。监事可以提议召开临时监事会会议。

监事会的议事方式和表决程序,除《公司法》有规定的外,由公司章程规定。

监事会决议应当经全体监事的过半数通过。监事会的表决,应当一人一票。监事会应当对所议事项的决定作成会议记录,出席会议的监事应当在会议记录上签名。

十三、股份有限公司的股份

(一) 股票

股份的表现形式是股票。《公司法》第 147 条第 1 款规定："公司的股份采取股票的形式。股票是公司签发的证明股东所持股份的凭证。"股票的主要法律特征可以概括如下：

1. 股票是一种证权证券。证权证券和设权证券相对应，二者的区别主要在于：证权证券以证明权利的存在为目的；而设权证券以设定权利为目的。股票只是一种证明股权已存在的证券，股权并不因股票的签发而创设，而是因股东认缴或者实缴股份而产生。

2. 股票是一种有价证券。

3. 股票是一种要式证券。《公司法》第 149 条规定，股票采用纸面形式或者国务院证券监督管理机构规定的其他形式。股票采用纸面形式的，应当载明下列主要事项：公司名称；公司成立日期或者股票发行的时间；股票种类、票面金额及代表的股份数，发行无面额股的，股票代表的股份数。股票采用纸面形式的，还应当载明股票的编号，由法定代表人签名，公司盖章。发起人股票采用纸面形式的，应当标明发起人股票字样。

4. 股票是一种流通证券。股份的自由转让即意味着股票的自由流通。

(二) 股东名册

1. 股东名册的记载事项

《公司法》第 102 条规定："股份有限公司应当制作股东名册并置备于公司。股东名册应当记载下列事项：(一) 股东的姓名或者名称及住所；(二) 各股东所认购的股份种类及股份数；(三) 发行纸面形式的股票的，股票的编号；(四) 各股东取得股份的日期。"

2. 股东名册的封闭

股东名册的封闭，是指公司为了确定行使股东权的股东而在一定时期停止股东名册的记载和变更。股东名册封闭的意义主要体现在以下方面：(1) 股东名册的封闭有时是因为公司实施重大事项前需要确定具体股东名单，以便于股东行使权利，避免因股东一直处于变动状态而无法确定行权股东。例如，《公司法》第 159 条第 2 款规定，"股东会会议召开前二十日内或者公司决定分配股利的基准日前五日内，不得变更股东名册。法律、行政法规或者国务院证券监督管理机构对上市公司股东名册变更另有规定的，从其规定"。(2) 封闭股东名册后，封闭当时在股东名册上的股东就被确定为可以行使股东权的股东。

(三) 股份分类

按照不同的标准，可将股份区分为不同的类型。各国公司法上有多种类型的股份。具体的股份分类如下。

1. 记名股和无记名股

依据是否在股票票面和股东名册上记载股东姓名，可以将股票分为记名股票和无记名股票。

记名股是在股票票面和股东名册上记载股东姓名或者名称的一类股票；反之，就是无记名股。记名股有利于公司对股东信息和股票流通的全面掌握，可以有效地防止股票投机行为；无记名股最显著的优点则是便于股份的流通。各国或地区的公司立法一般对记名股和无记名股的转让方式作不同的规定。

《公司法》第 147 条第 2 款规定，公司发行的股票，应当为记名股票。意味着我国股份有限公司只能发行记名股票。

2. 面额股和无面额股

依据股票有无表示金额，股票可分为面额股和无面额股。

面额股是指票记载票面金额的股份。许多国家或地区的公司法对公司股票的最低面值作了规定。《公司法》第 148 条规定，面额股股票的发行价格可以按照面金额，也可以超过票面金额，但不得低于票面金额。超过票面金额发行股票所得溢价款，应列入公司资本公积金。

无面额股是指股票票面不记载金额的股票。在公司发行无面额股的情况下，公司的股份数量与资本总额相分离，使得经营不善、股价低于票面面值的公司可以不受禁止折价发行规则的限制，通过发行新股获得新的融资，帮助公司走出困境，提高公司融资效率。

《公司法》第 142 条创设了股份有限公司面额股和无面额股择一模式，股份有限公司可以在设立时的章程中明确选择采用面额股或者无面额股，也可以在公司运行过程中根据公司章程的规定将已发行的面额股全部转换为无面额股，或者将无面额股全部转换为面额股。需要注意的是，公司可以自主选择采用面额股或者无面额股，但公司不能同时设置面额股和无面额股。

《公司法》同时对无面额股与注册资本之间的联系作出了明确的规定。《公司法》第 142 条第 3 款规定，采用无面额股的，应当将发行股份所得股款的 1/2 以上计入注册资本。《公司法》第 213 条规定，"公司以超过股票票面金额的发行价格发行股份所得的溢价款、发行无面额股所得股款未计入注册资本的金额以及国务院财政部门规定列入资本公积金的其他项目,应当列为公司资本公积金"。

3. 普通股和特别股

以股份所代表的权益和承担的风险大小为标准,股票可以分为普通股和特别股。

(1) 普通股是股份有限公司最基本、最重要的股票种类,也是发行量最大的股票种类。普通股是具有完全股权的股份,普通股的股东一般享有表决权,即参与公司重大问题决策的权利;普通股是全风险型股份,普通股的股东在分配股利时,不享有特别利益,均按持股参加分配,分配与否及分配金额大小依据当年公司盈利状况确定,存在不确定性,且只能在公司支付债务和优先股股东权益后才可参加分配。在公司进行清算时,持有普通股的股东有权分得公司剩余财产,但普通股股东必须在公司的债权人、优先股股东获得偿付之后才能分配剩余财产。

(2) 特别股是有某种特别权利或者某种特别义务的股份。特别股主要有下列分类:

①分配公司盈余的特别股。分配公司盈余的特别股包括分红权优于普通股股东的优先股和劣后于普通股股东的劣后股。公司有可分配的盈余时,应先分配给优先股股东;如有剩余,再分配给普通股股东;再有剩余,才分配给劣后股股东。

②分配公司剩余财产的特别股。分配公司剩余财产的特别股指公司解散清算时,可以优先或者劣后于普通股分配公司剩余财产的特别股份。

③行使表决权的特别股。行使表决权的特别股是指投票权高于一股一票或者低于一股一票的特别股。目前,较常见的是公司上市前发行的赋予创始人股东超级多数表决权的股份。

④可赎回的特别股。一般的股份在发行之后不得由公司随意赎回。但公司可以发行可赎回的特别股。公司在发行这种股份后的一定时期内,可以将其赎回。

4. 其他特殊类型的股份

(1) 以投资主体为标准,将股份分为国家股、法人股、社会公众股和外资股。

(2) 按照上市公司股份能否在证券交易所交易,股份可以分为流通股和非流通股。

(3) 有限售条件股份和无限售条件股份。

(4) 以上市交易地为标准对注册地在中国境内的上市公司所发行的股票进行分类,可分为境内上市股和境外上市股。

(四) 我国公司法中的类别股制度

所谓类别股,是指股权的各项子权利可以分离并重新进行排列组合,从而得到股东权利差异化安排的不同类别的股份。

长期以来,我国公司法奉行同股同权的原则,公司中往往只有普通股,每一股份承载的股东权利也相同。但是,随着资本市场的发展,单一股份类别难以满足公司发展和治理的需求,引入类别股制度可以很好地平衡融资方和投资者各自的利益诉求,实现共赢。《公司法》第143~146条对类别股作了相关规定,主要包括:类别股的发行主体、类别股的法定种类、章程强制记载公示、分类表决制度等方面的内容。

1. 类别股的发行主体

目前,我国只有股份有限公司才能够发行类别股,有限责任公司不能发行类别股。

2. 类别股的法定种类

《公司法》规定的四种法定类别股具体如下:

(1) 优先或劣后分配利润或剩余财产的股份。这是典型的资产收益性类别股,具有融资功能。与普通股相比,这类股份在利润和剩余财产的分配上具有优先性或劣后性。公司可以根据融资需求,自由组合其权利内容。公司应按照公司章程的规定优先满足优先股的分配需求。在公司清算时,按照法定清偿顺序清偿完毕后,若公司还有剩余财产可供分配,则按照公司章程的规定优先向优先股股东分配,再按普通股股东的出资比例或普通股股东之间的约定向普通股股东分配。股份享有优先权利的代价则往往是对公司经营话语权的让渡,优先股实质上是以分离一部分股权权能为代价来换取一部分债权权能,是具有一定债权色彩的股权。

(2) 每一股的表决权数多于或少于普通股的股份。每一特别表决权股份拥有的表决权数量多于或少于每一普通股份拥有的表决权数量,形成了差异化表决权。差异化表决权结构是一种灵活的公司控制权的安排,通过赋予每股特别表决权股份多数表决权的方式实现公司创始人在上市后对公司的持续控制。需要注意的是,《公司法》第144条第3款对特别表决权股份作出了一定限制,即特别表决权股份对于监事或者审计委员会成员的选举和更换,与普通股每一股的表决权数相同。

(3) 限制转让的股份。转让股份有限公司股权不存在有限责任公司中的其他股东优先购买权等限制,但《公司法》允许公司章程对其作出例外规定,如转让需经过公司同意。较之可自由转让的普通股份,转让受限的股份也属类别股。

(4) 国务院规定的其他类别股。如国务院2015年发布的《关于国有企业发展混合所有制经济的意见》中，允许国有股东在特定事项上行使否决权。《优先股试点管理办法》第2条规定："本办法所称优先股是指依照《公司法》，在一般规定的普通种类股份之外，另行规定的其他种类股份，其股份持有人优先于普通股股东分配公司利润和剩余财产，但参与公司决策管理等权利受到限制。"

此外，《公司法》第144条第2款明确规定，公开发行股份的公司不得发行每一股的表决权数多于或少于普通股的股份和限制转让的股份，除非这两类股份在公司公开发行股份前已发行。

3. 章程强制记载公示

《公司法》第145条规定，发行类别股的公司，应当将类别股的相关事项记载于公司章程。应当载明的类别股事项包括：（1）类别股分配利润或者剩余财产的顺序；（2）类别股的表决权数；（3）类别股的转让限制；（4）保护中小股东权益的措施；（5）股东会认为需要规定的其他事项。值得注意的是，目前《公司法》规定的公司应当通过国家企业信用信息公示系统公示的事项并不包括章程内容，只有上市或者新三板挂牌的股份有限公司根据证券监管法规才需要披露公司章程内容。

4. 分类表决制度

根据《公司法》第146条第1款的规定，发行类别股的公司需要对"修改公司章程""增加或者减少注册资本""公司合并、分立、解散""变更公司形式"等事项作出决定时，若"可能影响类别股股东权利"，那么除了需要经过出席普通股股东会议的股东所持表决权的2/3以上表决通过，还应当经出席类别股股东会议的股东所持表决权的2/3以上通过。此外，《公司法》第146条第2款规定，公司章程可以对需经类别股股东会议决议的其他事项作出规定。

十四、股份有限公司的股份转让

股份有限公司的股份转让实行自由转让的原则。

（一）股份转让的限制

1. 公司章程对股份转让的限制。《公司法》第157条规定，股份有限公司的股东持有的股份可以向其他股东转让，也可以向股东以外的人转让；公司章程对股份转让有限制的，其转让按照公司章程的规定进行。

2. 对股份转让场所的限制。《公司法》第158条规定，股东转让其股份，应当在依法设立的证券交易场所进行或者按照国务院规定的其他方式进行。

3. 对公司公开发行股份前已发行的股份转让的限制。公司公开发行股份前已发行的股份，自公司股票在证券交易所上市交易之日起1年内不得转让。法律、行政法规或者国务院证券监督管理机构对上市公司的股东、实际控制人转让其所持有的本公司股份另有规定的，从其规定。

4. 对董事、监事、高级管理人员持有的本公司股份转让的限制。公司董事、监事、高级管理人员应当向公司申报所持有的本公司的股份及其变动情况，在就任时确定的任职期间每年转让的股份不得超过其所持有本公司股份总数的25%；所持本公司股份自公司股票上市交易之日起1年内不得转让。上述人员离职后半年内，不得转让其所持有的本公司股份。此外，具有下列情形之一的，上市公司董事、监事、高级管理人员不得减持股份：（1）董事、监事、高级管理人员因涉嫌证券期货违法犯罪，在被中国证监会立案调查或者被司法机关立案侦查期间，以及在行政处罚决定、刑事判决作出之后未满6个月的；（2）董事、监事、高级管理人员因违反证券交易所规则，被证券交易所公开谴责未满3个月的；（3）证监会规定的其他情形。并且，其若计划通过证券交易所集中竞价交易减持股份，应当在首次卖出的15个交易日前向证券交易所报告并预先披露减持计划，由证券交易所予以备案。

5. 对上市公司控股股东和持股5%以上股东（大股东）减持其非通过证券交易所集中竞价交易买入的上市公司股份的限制。具有下列情形之一的，上市公司大股东不得减持股份：（1）上市公司或者大股东因涉嫌证券期货违法犯罪，在被中国证监会立案调查或者被司法机关立案侦查期间，以及在行政处罚决定、刑事判决作出之后未满6个月的；（2）大股东因违反证券交易所规则，被证券交易所公开谴责未满3个月的；（3）证监会规定的其他情形。此外，其若计划通过证券交易所集中竞价交易减持股份，应当在首次卖出的15个交易日前向证券交易所报告并预先披露减持计划，由证券交易所予以备案，且在3个月内通过证券交易所集中竞价交易减持股份的总数，不得超过公司股份总数的1%。通过协议转让方式减持股份并导致股份出让方不再具有上市公司大股东身份的，股份出让方、受让方应当在减持后6个月内继续遵守上述规定。

6. 对股东减持其持有的公司首次公开发行前发行的股份、上市公司非公开发行的股份的限制。股东通过证券交易所集中竞价交易减持其持有的公司首次公开发行前发行的股份、上市公司非公开发行的股份，不得超过公司股份总数的1%；股东通过协议转让方式减持其持有的公司首次公开发行前发行的股份、上市公司非公开发行的股份，股份出让方、受让方应当在减持后6个月内继续遵守上述规定。此外，股东持有上市公司非公开发行的股份，在股份限售期届满后12个月内通过集中竞价交易减持的数量，还应当符合证券交易所规定的比例限制。

7. 股份在法律、行政法规规定的限制转让期内出质的，质权人不得在限制转让期内行使质权。

(二) 股份有限公司的股份回购

1. 不公开发行股份的股份有限公司的股东异议回购请求权。

公司收购股权本质上仍属于股东撤回投资退出公司的行为，须遵守严格的条件限制，《公司法》第161条规定，有下列三种情形之一，并且股东会在该股东投反对票的情况下依然作出了有效的决议，该投反对票的股份有限公司的股东才可以请求公司按照合理价格的收购其股份：

(1) 公司连续5年不向股东分配利润，而公司该5年连续盈利，并且符合《公司法》规定的分配利润条件。

(2) 公司转让主要财产。

(3) 公司章程规定的营业期限届满或者章程规定的其他解散事由出现，股东会通过决议修改章程使公司存续。

异议股东享有请求公司以合理价格收购其股份的权利，公司也负有法定的缔约义务。如果股东与公司不能达成股份收购协议，既包括股东与公司不能就收购协议内容尤其是股价协商一致的情形，也包括公司拒绝与股东协商的情形，但只要在法定期间内，即前述股东会决议作出之日起60日内，双方未达成股份收购协议，异议股东即可向法院寻求救济。异议股东诉权的行使期间为自股东会决议作出之日起90日内，超过该法定期限的，法院不予受理。

此外，为防止公司长时间持有自己的股份，避免公司的实际财产能力与其明示的资本数额和信用脱节，《公司法》第161条第3款亦明确规定，股份有限公司收购异议股东股份后，应在6个月内完成转让或注销程序。

2. 股份有限公司对本公司股份的回购。

《公司法》第162条规定了我国股份有限公司可以回购本公司股份的法定情形。

(1) 减少公司注册资本。公司减少注册资本的，应当经股东会决议，由公司对股东发出收购要约。一般而言，收购条件应使每一股东均有机会按照持股比例出让一定数额的股份。在公司完成收购后，应当自收购之日起10日内注销该部分股份，完成减资程序。

(2) 与持有本公司股份的其他公司合并。该事项亦应经股东会决议，公司回购股份后，应当在回购之日起6个月内转让或者注销股份。

(3) 将股份用于员工持股计划或者股权激励。为提高效率以利于公司及时把握市场机会，《公司法》对这一情形下的股份回购决策程序进行了简化，即可以依照公司章程的规定或者股东会的授权，经2/3以上董事出席的董事会会议决议。回购股份后，公司可根据具体实际情况适时推行员工持股计划或股权激励计划，但公司持股最长不得超过3年。

(4) 股东因对股东会作出的公司合并、分立决议持异议，要求公司收购其股份。为维护异议股东权利，当股东对股东会作出的合并、分立决议持异议时，可以要求公司回购其股份，公司应当回购，无须经股东会或者董事会决议。公司回购股份后，应当在回购之日起6个月内转让或者注销股份。

(5) 将股份用于转换公司发行的可转换为股票的公司债券。为提高效率简化决策程序，此类回购可以依照公司章程的规定或者股东会的授权，经2/3以上董事出席的董事会会议决议。所回购的股份，应当在3年内按照可转债募集办法的规定转换给可转债持有人。

(6) 上市公司为维护公司价值及股东权益所必需。为提高效率简化决策程序，此类回购可以依照公司章程的规定或者股东会的授权，经2/3以上董事出席的董事会会议决议。所回购的股份，应当在3年内转让或者注销。

3. 股份回购后的程序与处理。

公司因《公司法》第161条规定的股东主张股份回购请求权的情形收购本公司股份的，无须经过股东会决议，应当在6个月内依法转让或者注销。

公司因《公司法》第162条第1款第1、2项规定的情形收购本公司股份的，应当经股东会决议；公司因第3、5、6项规定的情形收购本公司股份的，可以依照公司章程或股东会的授权，经2/3以上董事出席的董事会会议决议。

公司依照上述规定收购本公司股份后，属于第1项情形的，应当自收购之日起10日内注销公司股份；属于第2、4项情形的，应当在6个月内转让或注销公司股份；属于第3、5、6项情形的，公司合计持有的本公司股份数不得超过本公司已发行股份总数的10%，并应当在3年内转让或者注销。

4. 上市公司的股份回购。

上市公司收购本公司股份的，除需要符合《公司法》的上述规定外，还应当依照《证券法》的规定履行信息披露义务。上市公司因《公司法》第162条第1款第3、5、6项规定的情形收购本公司股份的，应当通过公开的集中交易方式进行，而不能通过协议收购的方式进行。

5. 公司接受本公司股票质押的禁止规定。

公司不得接受本公司的股票作为质押权的标的。

6. 公司不得为他人取得本公司或者其母公司的股份提供赠与、借款、担保以及其他财务资助，公司实施员工持股计划的除外。

为公司利益，经股东会决议，或者董事会按照公司章程或者股东会的授权作出决议，公司可以为他人取得本公司或者其母公司的股份提供财务资助，但财务资助的累计总额不得超过已发行股本总额的10%。董事会作出决议应当经全体董事的2/3以上通过。

违反上述规定，给公司造成损失的，负有责任的董事、监事、高级管理人员应当承担赔偿责任。

> [强化自测] 某上市公司因产品出现质量问题引发消费者不满，公司对此事件的处理方案不妥，引发舆论负面评议，导致股价持续下跌。为了扭转股价下跌的趋势，公司拟用未分配利润回购公司股份。关于该公司的股份回购，下列哪些说法是正确的？①
> A. 该回购事项需通过股东会决议
> B. 回购股份不能超过已经发行股份的10%
> C. 股份回购应通过公开集中交易进行
> D. 公司回购的股份应当在半年内注销或转让

十五、国家出资公司组织机构的特别规定
（一）国家出资公司概述

国家出资公司，是指国家出资的国有独资公司、国有资本控股公司，包括国家出资的有限责任公司、股份有限公司。

《企业国有资产法》第4条规定，国务院和地方人民政府依照法律、行政法规的规定，分别代表国家对国家出资企业履行出资人职责，享有出资人权益。国务院确定的关系国民经济命脉和国家安全的大型国家出资企业，重要基础设施和重要自然资源等领域的国家出资企业，由国务院代表国家履行出资人职责。其他的国家出资企业，由地方人民政府代表国家履行出资人职责。因此，国家出资公司由国务院或者地方人民政府分别代表国家依法履行出资人职责，享有出资人权益。国务院或者地方人民政府可以授权国有资产监督管理机构或者其他部门、机构代表本级人民政府对国家出资公司履行出资人职责。

国家出资公司中中国共产党的组织，按照《中国共产党章程》的规定发挥领导作用，研究讨论公司重大经营管理事项，支持公司的组织机构依法行使职权。

（二）国有独资公司

1. 国有独资公司的概念和特征

国有独资公司是指国家单独出资、由国务院或者地方人民政府授权本级人民政府国有资产监督管理机构履行出资人职责的公司。国有独资公司的主要特征有：

（1）国有独资公司的形式，依据《公司法》的规定，可以是有限责任公司也可以是股份有限公司。

（2）国有独资公司仅有一个股东。所以，国有独资公司在性质上属于一人公司。

（3）国有独资公司股东的法定性。国有独资公司的股东只能是国家，只能由国家单独出资设立，具体由国务院或者地方人民政府分别代表国家依法履行出资人职责，享有出资人权益。国务院或者地方人民政府可以授权国有资产监督管理机构或者其他部门、机构代表本级人民政府对国家出资公司履行出资人职责。

2. 国有独资公司的组织机构

（1）国有独资公司的权力机关。《公司法》第172条规定，国有独资公司不设股东会。但不设股东会并不意味着国有独资公司没有权力机关，其唯一股东就是公司的权力机关，即履行出资人职责的机构以唯一股东的身份行使股东会的职权。其职权主要有：①委派或更换董事会成员，从董事会成员中指定董事长、副董事长；②授权董事会行使股东会部分职权；③依照法律、行政法规的规定，对公司的国有资产实施监督管理；④对公司资产的转让，依照法律、行政法规的规定，办理审批和财产权转移手续；⑤决定公司的合并、分立、解散、增减资本和发行公司债券。

（2）国有独资公司的董事会与经理。国有独资公司设董事会为公司的执行机关。国有独资公司的董事会成员中，应当过半数为外部董事，董事会成员的人选来自两个方面：一是由履行出资人职责的机构委派；二是由公司职工代表担任，董事会成员中应当有公司职工代表。董事会成员中的职工代表由公司职工代表大会选举产生。董事会成员的任期每届不得超过3年，连选可以连任。

董事会设董事长一人，可以设副董事长。董事长、副董事长由履行出资人职责的机构从董事会成员中指定。

---

① 答案：BC。

国有独资公司董事会的职权比一般有限责任公司董事会的职权要多。国有独资公司董事会的职权包括两部分：一部分是法定职权，即依照《公司法》的规定，行使一般有限责任公司董事会的职权；另一部分是因授权而行使的职权，即依照《公司法》第172条的规定，由国有资产监督管理机构授权行使一般有限责任公司股东会的部分职权。根据法律的规定，国有独资公司的董事会有权决定公司的重大事项，但下列事项必须由履行出资人职责的机构决定：①公司章程的制定和修改；②公司的合并、分立、解散、申请破产；③增加或者减少注册资本；④分配利润。

国有独资公司设经理，经理根据公司章程的规定或者董事会的授权行使职权。经理由董事会决定聘任或者解聘。经履行出资人职责的机构同意，董事会成员可以兼任经理。

国有独资公司的董事、高级管理人员，未经履行出资人职责的机构同意，不得在其他有限责任公司、股份有限公司或者其他经济组织兼职。

（3）国有独资公司的审计委员会。国有独资公司在董事会中设置由董事组成的审计委员会行使《公司法》规定的监事会职权的，不设监事会或者监事。

十六、公司董事、监事、高级管理人员的任职资格
（一）董事、监事和高级管理人员的消极任职条件

《公司法》第178条第1款规定，有下列情形之一的，不得担任公司的董事、监事、高级管理人员：

1. 无民事行为能力或者限制民事行为能力。
2. 因贪污、贿赂、侵占财产、挪用财产或者破坏社会主义市场经济秩序，被判处刑罚，或者因犯罪被剥夺政治权利，执行期满未逾5年，被宣告缓刑的，自缓刑考验期满之日起未逾2年。
3. 担任破产清算的公司、企业的董事或者厂长、经理，对该公司、企业的破产负有个人责任的，自该公司、企业破产清算完结之日起未逾3年。
4. 担任因违法被吊销营业执照、责令关闭的公司、企业的法定代表人，并负有个人责任的，自该公司、企业被吊销营业执照、责令关闭之日起未逾3年。
5. 个人因所负数额较大债务到期未清偿被人民法院列为失信被执行人。

（二）违反董事、监事、高级管理人员消极任职资格的法律后果

《公司法》对于董事、监事和高级管理人员消极任职资格的规定是强制性规范，公司必须遵守。违反法定任职资格而选举、委派董事之行为，属于无效委任行为；此处的无效，指的是相应法律行为自始不发生法律效力，即自始无效。

相应地，公司董事、监事、高级管理人员在任职期间出现上述情形的，公司应当解除其职务重新进行选任。

> [强化自测] 下列哪个人可以担任公司的董事？①
> A. 甲因炒股欠下巨额债务不清偿，被法院列入失信人员名单
> B. 乙曾因挪用公款受到刑事处罚，执行期满4年
> C. 丙曾主导公司盲目借款，最终导致该公司巨额负债而在2年前被破产清算
> D. 丁2年前担任一家长期负债公司的法定代表人，上任后不久该公司即被责令关闭

十七、董事、监事、高级管理人员的义务
（一）一般规定

《公司法》第179条规定，董事、监事、高级管理人员应当遵守法律、行政法规和公司章程。第180条规定，董事、监事、高级管理人员对公司负有忠实义务，应当采取措施避免自身利益与公司利益冲突，不得利用职权牟取不正当利益。董事、监事、高级管理人员对公司负有勤勉义务，执行职务应当为公司的最大利益尽到管理者通常应有的合理注意。公司的控股股东、实际控制人不担任公司董事但实际执行公司事务的，适用董事、监事和高级管理人员的忠实义务和勤勉义务的规定。该规定确立了董事、监事和高级管理人员对公司的忠实义务和勤勉义务。

（二）公司董事、监事、高级管理人员的忠实义务

1. 不得侵占、挪用公司财产的义务。《公司法》第181条规定："董事、监事、高级管理人员不得有下列行为：（一）侵占公司财产、挪用公司资金；（二）将公司资金以其个人名义或者以其他个人名义开立账户存储……"
2. 不得获取非法、不正当利益的义务。《公司法》第181条规定："董事、监事、高级管理人员不得有下列行为……（三）利用职权贿赂或者收受其他非法收入；（四）接受他人与公司交易的佣金归为己有……"

---

① 答案：D。

3. 不得披露公司秘密的义务。《公司法》第 181 条规定："董事、监事、高级管理人员不得有下列行为……（五）擅自披露公司秘密……"

4. 规范进行关联交易的义务。关联交易是指交易双方之间存在公司法意义上的关联关系的交易。《公司法》第 265 条规定，关联关系，是指公司控股股东、实际控制人、董事、监事、高级管理人员与其直接或者间接控制的企业之间的关系，以及可能导致公司利益转移的其他关系。公司董事、监事、高级管理人员与公司订立合同或者进行交易，应当依法进行。《公司法》第 182 条规定："董事、监事、高级管理人员，直接或者间接与本公司订立合同或者进行交易，应当就与订立合同或者进行交易有关的事项向董事会或者股东会报告，并按照公司章程的规定经董事会或者股东会决议通过。董事、监事、高级管理人员的近亲属，董事、监事、高级管理人员或者其近亲属直接或者间接控制的企业，以及与董事、监事、高级管理人员有其他关联关系的关联人，与公司订立合同或者进行交易，适用前款规定。"

5. 不得篡夺公司机会的义务。《公司法》第 183 条规定："董事、监事、高级管理人员，不得利用职务便利为自己或者他人谋取属于公司的商业机会。但是，有下列情形之一的除外：（一）向董事会或者股东会报告，并按照公司章程的规定经董事会或者股东会决议通过；（二）根据法律、行政法规或者公司章程的规定，公司不能利用该商业机会。"

6. 竞业禁止义务。《公司法》第 184 条规定："董事、监事、高级管理人员未向董事会或者股东会报告，并按照公司章程的规定经董事会或者股东会决议通过，不得自营或者为他人经营与其任职公司同类的业务。"

（三）公司董事、监事、高级管理人员的勤勉义务

《公司法》第 180 条第 2 款规定："董事、监事、高级管理人员对公司负有勤勉义务，执行职务应当为公司的最大利益尽到管理者通常应有的合理注意。"

《公司法》第 51、52 条规定的有限责任公司股东催缴失权制度规定了公司董事会应当对股东的出资情况进行核查，发现股东未按期足额缴纳公司章程规定的出资的，应当由公司向该股东发出书面催缴书，催缴出资。该催缴义务应当属于勤勉义务的范畴。

（四）违反忠实义务和勤勉义务的法律责任

1. 关联关系表决权的禁止。《公司法》第 185 条规定："董事会对本法第一百八十二条至第一百八十四条规定的事项决议时，关联董事不得参与表决，其表决权不计入表决权总数。出席董事会会议的无关联关系董事人数不足三人的，应当将该事项提交股东会审议。"

2. 公司对非法收入的归入权。《公司法》第 186 条规定："董事、监事、高级管理人员违反本法第一百八十一条至第一百八十四条规定所得的收入应当归公司所有。"

3. 公司及相关人员的赔偿责任。《公司法》第 188 条规定："董事、监事、高级管理人员执行职务违反法律、行政法规或者公司章程的规定，给公司造成损失的，应当承担赔偿责任。"第 191 条规定："董事、高级管理人员执行职务，给他人造成损害的，公司应当承担赔偿责任；董事、高级管理人员存在故意或者重大过失的，也应当承担赔偿责任。"第 192 条规定："公司的控股股东、实际控制人指示董事、高级管理人员从事损害公司或者股东利益的行为的，与该董事、高级管理人员承担连带责任。"

十八、董事、监事、高级管理人员的责任追究

（一）直接诉讼

当董事、高级管理人员的行为违反法律、行政法规或者公司章程的规定，给股东本人利益造成损害时，股东可以以自己的名义进行直接诉讼。《公司法》第 190 条规定："董事、高级管理人员违反法律、行政法规或者公司章程的规定，损害股东利益的，股东可以向人民法院提起诉讼。"

当公司董事、监事、高级管理人员执行公司职务时违反法律、行政法规或者公司章程的规定，给公司造成损害时，公司董事会应代表公司向责任人追究其赔偿责任。若公司董事会受到侵害人的控制或影响而不能或不愿提起此诉讼时，有限责任公司的股东、股份有限公司连续 180 日以上单独或者合计持有公司 1% 以上股份的股东，有权依据《公司法》第 189 条的规定，书面请求监事会向人民法院提起诉讼；监事有上述情形的，前述股东可以书面请求董事会向人民法院提起诉讼。此时，若董事会或监事会接受该请求，以公司名义对侵害人提起诉讼，则该诉讼是以公司名义为公司利益所进行的诉讼，仍属于直接诉讼的范畴。

（二）股东代表诉讼

股东代表诉讼，又称派生诉讼、股东代位诉讼，是指当公司的合法权益受到董事、高级管理人员或者他人的不法侵害而公司却怠于起诉时，公司的股东即以自己的名义起诉侵害者，所获赔偿归于公司的一种诉讼制度。

1. 股东代表诉讼中的原告资格

可以提起股东代表诉讼的原告分为下列两类：（1）有限责任公司的任一股东。（2）股份有限公司中持股时间连

续180日以上、单独或合计持有公司1%以上股份的股东。依据相关司法解释，这里的"180日以上"连续持股期间，是指股东向人民法院提起诉讼时，已期满的持股时间；这里的"合计持有公司1%以上股份"，是指两个以上股东持股份额的合计。

2. 股东代表诉讼中公司的法律地位

根据《最高人民法院关于适用〈中华人民共和国公司法〉若干问题的规定（四）》第24条的规定，在我国司法实践中，人民法院受理股东代表诉讼案件后，应列公司为第三人参加诉讼，即法院应通知公司以第三人身份参加诉讼。

3. 股东代表诉讼中被告的范围

股东代表诉讼的被告可能是任何侵害公司利益的第三人。股东双重代表诉讼的适格被告还应包括公司全资子公司的董事、监事、高级管理人员和"他人"。

4. 股东代表诉讼中可诉行为的范围

（1）董事、监事、高级管理人员执行公司职务时违反法律、行政法规或者公司章程的规定，给公司造成损失，应当承担赔偿责任的情形。

（2）他人侵犯公司合法权益，应当承担赔偿责任的情形。

5. 股东代表诉讼的前置程序

（1）如果是董事、高级管理人员侵害公司权益，原告股东需首先书面请求监事会或监事、不设监事会的公司的董事会审计委员会向人民法院提起诉讼；如果是监事侵害公司权益，则向董事会或不设董事会的董事提出上述请求。

（2）监事会、监事、董事会审计委员会、董事会、董事收到前述书面请求后拒绝提起诉讼，或者自收到请求之日起30日内未提起诉讼。

符合上述两个条件时，股东方可提起代表诉讼。为避免僵化的前置程序可能带来的消极影响，法律又规定了前置程序的免除条件，即当"情况紧急、不立即提起诉讼将会使公司利益受到难以弥补的损害"时，股东可以不受前述前置条件的限制，直接提起代表诉讼。

6. 股东双重代表诉讼制度

这是2023年《公司法》第189条新规定的制度。

（1）适格原告的实体要件。《公司法》第189条第4款将股东双重代表诉讼的主体限定于全资母子公司之间，即母公司为子公司的唯一股东的情形。

（2）股东双重代表诉讼的前置程序。《公司法》第189条第4款规定，符合条件的股东"可以依照前三款规定书面请求全资子公司的监事会、董事会向人民法院提起诉讼或者以自己的名义直接向人民法院提起诉讼"。依据《公司法》的规定，股东双重代表诉讼的前置程序系母公司股东书面请求全资子公司的监事会、董事会提起诉讼，即仅要求"竭尽子公司的内部救济"，而不要求其向母公司董事会、监事会再行请求。

（3）股东双重代表诉讼的胜诉利益应归属于子公司而非母公司。

7. 胜诉利益的归属

《最高人民法院关于适用〈中华人民共和国公司法〉若干问题的规定（四）》第25条规定，股东依据《公司法》提起股东代表诉讼的案件，胜诉利益归属于公司。股东请求被告直接向其承担民事责任的，人民法院不予支持。

8. 诉讼费用的负担

《最高人民法院关于适用〈中华人民共和国公司法〉若干问题的规定（四）》第26条规定，股东依据《公司法》提起股东代表诉讼的案件，其诉讼请求部分或者全部得到人民法院支持的，公司应当承担股东因参加诉讼支付的合理费用。

> **[强化自测]** 枫蓝股份公司经营良好，但近几年没有给股东分配利润，持有公司2%股份的股东张某非常不满。现查明：枫蓝公司董事长郭某与和悦公司董事长黄某是夫妻，枫蓝公司与和悦公司存在巨额的业务往来，枫蓝公司对和悦公司存在利益输送。张某要求监事会维护公司权益，监事会不置可否。关于张某的维权事宜，下列哪些说法是正确的？①
>
> A. 张某的维权诉讼，枫蓝公司应为第三人
> B. 张某的维权诉讼，应以郭某和监事会为共同被告
> C. 张某的维权诉讼，应以公司为被告
> D. 张某的维权诉讼中，公司其他股东以相同诉讼请求申请参加诉讼的，应列为共同原告

---

① 答案：AD。

十九、公司的收益分配制度

(一) 公司收益分配顺序

依照我国《公司法》的相关规定，公司当年税后利润分配规定的法定顺序是：(1) 弥补亏损，即在公司的法定公积金不足以弥补以前年度亏损时，先用当年利润弥补亏损。(2) 提取法定公积金，即应当提取利润的10%列入公司法定公积金；公司法定公积金累计额为公司注册资本的50%以上的，可以不再提取。(3) 提取任意公积金，即经股东会决议，可以提取任意公积金。任意公积金不是法定必须提取的，是否提取以及提取比例由股东会决议。(4) 支付股利，即在公司弥补亏损和提取公积金后，所余利润应分配给股东。

(二) 股东利润的分配

公司在弥补亏损和提取法定公积金后，才能将所余利润分配给股东。这表明，公司向股东分配股利，必须以有这种盈余为条件。

《公司法》第210条第4款规定："公司弥补亏损和提取公积金后所余税后利润，有限责任公司按照股东实缴的出资比例分配利润，全体股东约定不按照出资比例分配利润的除外；股份有限公司按照股东所持有的股份比例分配利润，公司章程另有规定的除外。"

公司在弥补亏损和提取法定公积金之前即向股东分配红利，属于违反《公司法》的行为，股东应当将其分配的利润退还给公司。因此给公司造成损失的，股东及负有责任的董事、监事、高级管理人员应当承担赔偿责任。

公司向股东支付红利的方式一般有两种，即现金支付和股份分派（也称分配红股），由股东会决定具体采用哪种方式。现金支付和股份分派可以同时使用，即股东的红利一部分以现金方式支付给股东，另一部分分配红股。公司持有的本公司股份不得分配利润。

(三) 公积金

公积金又称储备金，包括法定公积金和任意公积金。公司以超过股票票面金额的发行价格发行股份所得的溢价款、发行无面额股所得股款未计入注册资本的金额以及国务院财政部门规定列入资本公积金的其他项目，应当列为公司资本公积金。

公积金主要用于：(1) 弥补公司的亏损；(2) 扩大公司生产经营；(3) 转增公司注册资本。当法定公积金转增注册资本时，所留存的法定公积金不得少于转增前公司注册资本的25%。法定公积金的提取比例属于《公司法》的强行性规范，公司必须遵守。

> [强化自测] 甲、乙、丙成立一家科贸有限公司，约定公司注册资本为100万元，甲、乙、丙各按20%、30%、50%的比例出资。甲、乙缴足了出资，丙仅实缴30万元。公司章程对于红利分配没有特别约定。当年年底公司进行分红，下列哪一说法是正确的？①
> A. 丙只能按30%的比例分红
> B. 应按实缴注册资本80万元，由甲、乙、丙按各自的实际出资比例分红
> C. 由于丙违反出资义务，其他股东可通过决议取消其当年分红资格
> D. 丙有权按50%的比例分红，但应当承担未足额出资的违约责任

二十、公司的合并

(一) 公司合并的形式

公司合并有两种形式：一是吸收合并，是指一个公司吸收其他公司后存续，被吸收的公司解散；二是新设合并，是指两个或两个以上的公司合并设立一个新的公司，合并各方解散。

(二) 公司合并的程序

1. 作出合并决定或决议。有限责任公司股东会对公司合并作出决议，应当经代表2/3以上表决权的股东通过；股份有限公司股东会对公司合并作出决议，应当经出席会议的股东所持表决权的2/3以上通过。国有独资公司的合并应由履行出资人职责的机构决定。

对股东会作出的公司合并决议持异议的股东，可以依法请求公司按照合理的价格收购其股权或股份。

2. 签订合并协议。合并协议由合并各方共同签订。合并协议应当包括下列主要内容：合并各方的名称、住所；合并后存续公司或新设公司的名称、住所；合并各方的资产状况及其处理办法；合并各方的债权债务处理办法。

3. 编制资产负债表和财产清单。

4. 通知债权人。公司应当自作出合并决议之日起10日内通知债权人，并于30日内在报纸上或者国家企业信用

---

① 答案：B。

信息公示系统公告。债权人自接到通知之日起 30 日内，未接到通知的自公告之日起 45 日内，可以要求公司清偿债务或者提供相应的担保。

（三）简易合并

简易合并是指无须经过股东会决议，仅需董事会决议即可进行的公司合并。

1. 母子公司之间的简易合并。常见的合并交易样态为合并公司是母公司，被合并的公司是子公司。母子公司之间的简易合并，指的是母公司对其子公司持有 90% 以上股权或者股份时，不需要经过子公司的股东会表决，二者就能合并的制度。

简易合并省略了子公司的股东会决议，子公司少数股东无法行使其表决权。因此，《公司法》规定，子公司的少数股东享有知情权，且有权请求公司按照合理的价格收购其股权或者股份。

2. 小规模合并。小规模合并，指的是当合并双方规模有很大差异时，由规模较大的公司对规模较小的公司进行收购、合并。《公司法》规定的简易合并适用于公司合并支付的价款不超过收购公司净资产 10% 的情形。当然，公司章程可以对小规模合并作出另外的规定，如排除小规模合并适用简易合并程序，或者对认定构成小规模合并设置其他条件。

（四）公司合并的法律效果

1. 参与合并的公司的变更、消灭或设立。吸收合并中被吸收的公司消灭，而新设合并中参与合并的各方公司均消灭。被解散的公司无须清算，其办理公司注销登记后丧失法人资格。吸收合并后存续的公司承继了合并各方的债权债务，其登记事项发生变更，应当办理变更登记。新设合并后设立新的公司，该新设公司应办理设立登记。

2. 权利和义务的概括承受。公司合并时，合并各方的债权、债务，应当由合并后存续的公司或者新设的公司承继。

[真题演练] 甲公司欠乙公司贷款 100 万元、丙公司贷款 50 万元。2009 年 9 月，甲公司与丁公司达成意向，拟由丁公司兼并甲公司。乙公司原欠丁公司租金 80 万元。下列哪些表述是正确的？[09/3/72]①

A. 甲公司与丁公司合并后，两个公司的法人主体资格同时归于消灭
B. 甲公司与丁公司合并后，丁公司可以向乙公司主张债务抵销
C. 甲公司与丁公司合并时，丙公司可以要求甲公司或丁公司提供履行债务的担保
D. 甲公司与丁公司合并时，应当分别由甲公司和丁公司的董事会作出合并决议

二十一、公司的分立

公司分立有两种形式：一是派生分立，又称应续分立，是指公司以其部分资产另设一个或数个新的公司，原公司存续；二是新设分立，是指公司全部资产分别划归两个或两个以上的新公司，原公司解散。

（一）公司分立的程序

1. 作出分立决定和决议。有限责任公司分立需经代表 2/3 以上表决权的股东通过，股份有限公司分立需经出席会议的股东所持表决权的 2/3 以上通过。国有独资公司的分立应由履行出资人职责的机构决定。

2. 签订分立协议。公司分立协议一般包括下列主要内容：分立协议各方拟定的名称、住所、法定代表人；分立后公司的投资总额和注册资本；分立形式；分立协议各方对拟分立公司财产的分割方案；分立协议各方对拟分立公司债权、债务的承继方案；职工安置办法；违约责任；解决争议的方式；签约日期、地点；分立协议各方认为需要规定的其他事项。

3. 编制资产负债表和财产清单。公司分立，应当编制资产负债表及财产清单。编制相关报表的目的在于厘清分立前的公司资产、负债、所有者权益等情况，便于股东就公司资产分离及后续在新旧公司的持股进行协商和安排，并保护公司债权人的知情权。

4. 通知债权人与公告。公司应当自作出分立决议之日起 10 日内通知债权人，并于 30 日内在报纸上或者国家企业信用信息公示系统公告。此处与公司合并的重要不同之处在于，公司分立并未赋予债权人要求公司清偿债务或者提供相应担保的权利。

5. 办理公司登记。

（二）公司分立的法律效果

1. 债权、债务的承受。原则上公司分立前的债务由分立后的公司承担连带责任。但是，公司在分立前与债权人就债务清偿达成的书面协议另有约定的除外。正因为法律明确了公司分立前的债务由分立后的公司承担连带责任，

---

① 答案：BC。

所以公司分立情形下，《公司法》不再为债权人配置要求公司清偿债务或者提供相应担保的权利。

2. 股东和股权的变动。

[真题演练] 白阳有限公司分立为阳春有限公司与白雪有限公司时，在对原债权人甲的关系上，下列哪一说法是错误的？[11/3/25]①

A. 白阳公司应在作出分立决议之日起10日内通知甲
B. 甲在接到分立通知书后30日内，可要求白阳公司清偿债务或提供相应的担保
C. 甲可向分立后的阳春公司与白雪公司主张连带清偿责任
D. 白阳公司在分立前可与甲就债务偿还问题签订书面协议

二十二、公司的增资

（一）公司增资的程序

1. 公司决议。公司增资方案由公司董事会制订，提交股东会决议。有限责任公司增资应当经代表2/3以上表决权的股东通过。股份有限公司增资应当经出席会议的股东所持表决权的2/3以上通过。

2. 认缴出资或认购股份。有限责任公司增加注册资本或股份有限公司为增加注册资本发行新股时，股东认缴新增资本的出资或认购新股，分别依照《公司法》设立有限责任公司缴纳出资或股份有限公司缴纳股款的有关规定执行。

3. 变更登记。公司增资应当变更公司章程，并办理相应的变更登记手续。

4. 特别程序，是指在证券交易所上市交易的股份有限公司增资时的特别程序。根据《公司法》第151条和《证券法》第12条、第13条的规定，按照股份有限公司公开发行新股的程序，且须在证券交易所和证券监管机构完成注册程序。

违反上述公司增资的程序的，理论上应该导致增资行为的无效或被撤销。

（二）公司增资时原股东的优先认购权

有限责任公司增加注册资本时，股东在同等条件下有权优先按实缴的出资比例认缴出资。但是，全体股东约定不按照出资比例优先认缴出资的除外。

股份有限公司为增加注册资本发行新股时，股东不享有优先认购权，公司章程另有规定或者股东会决议决定股东享有优先认购权的除外。

[真题演练] 泰昌有限公司共有6个股东，公司成立两年后，决定增加注册资本500万元，下列哪一表述是正确的？[13/3/26]②

A. 股东会关于新增注册资本的决议，须经2/3以上股东同意
B. 股东认缴的新增出资额可分期缴纳
C. 股东有权要求按照认缴出资比例来认缴新增注册资本的出资
D. 一股东未履行其新增注册资本出资义务时，公司董事长须承担连带责任

二十三、公司的减资

按照公司法确立的资本不变和资本维持原则，通常情况下公司资本不得随意减少，如减少必须符合法定的条件并经过法定的程序。

（一）同比例减资原则

《公司法》第224条第3款规定，公司减少注册资本，应当按照股东出资或者持有股份的比例相应减少出资额或者股份，法律另有规定、有限责任公司全体股东另有约定或者股份有限公司章程另有规定的除外。

公司减资可以根据减资的比例分为同比例减资和不同比减资。前者指公司减资后各个股东的出资比例保持不变；后者又称定向减资，指公司减资后各个股东的出资比例发生了变化。依据上述规定，公司原则上应当进行同比例减资。如果进行不同比减资，则必须体现减资股东的意思，这是对股东意思自治的尊重，也能实现对中小股东的完整保护。

（二）公司减资的程序

公司减资属于股东会特别决议事项，有限责任公司应当经代表2/3以上表决权的股东通过，股份有限公司应当经出席会议的股东所持表决权的2/3以上通过。《公司法》对公司注册资本减少程序作了强行性的规定。

---

① 答案：B。
② 答案：B。

1. 公司作出减资决议。
2. 编制资产负债表及财产清单。
3. 通知债权人并公告。为了防止公司减资成为股东逃避债务的途径和方式，《公司法》规定公司应当在股东会作出减少注册资本决议之日起 10 日内通知债权人，并于 30 日内在报纸上或者国家企业信用信息公示系统公告。
4. 债权人自接到通知之日起 30 日内，未接到通知的自公告之日起 45 日内，有权要求公司清偿债务或者提供相应的担保。减资可能影响债权的实现，是对债权人利益的直接影响，需要为其提供救济途径以保障债权人的合法权益。

（三）公司简易减资

简易减资是 2023 年《公司法》新增的一项制度，即公司以任意公积金、法定公积金、资本公积金弥补亏损后，仍有亏损的，可以亏损数额为限，相应地减少公司的注册资本数额。

1. 简易减资的适用条件和程序。
（1）公司确实存在亏损，并且已经用尽其他补亏手段。公司的净资产低于注册资本，则认定其存在亏损。此时，在使用任意公积金、法定公积金、资本公积金弥补亏损后，仍存在亏损时，公司可以进行简易减资。换言之，注册资本是公司补亏的最后一个财源。
（2）公司通过简易减资弥补亏损应依法依规进行。需要注意的是，在简易减资过程中，公司不得向股东分配，也不得免除股东缴纳出资或者股款的义务。
（3）简易减资无须通知债权人，但应当自股东会作出减少注册资本决议之日起 30 日内在报纸上或者国家企业信用信息公示系统公告。在简易减资的过程中，公司的偿债能力没有任何降低，不会对债权人的债权实现产生不利影响，因而不需要经过债权人同意，亦不需要赋予债权人异议权。
2. 简易减资对股东分红权产生一定期限内的限制效力。公司在获得收入时，首先需要偿还债务、提取公积金，在达到法律规定的额度前，即在法定公积金和任意公积金累计额达到公司注册资本 50% 前，不得分配利润。

（四）违法减资的法律责任

《公司法》第 226 条规定，违反该法规定减少注册资本的，股东应当退还其收到的资金，减免股东出资的应当恢复原状；给公司造成损失的，股东及负有责任的董事、监事、高级管理人员应当承担赔偿责任。

二十四、公司的解散

（一）一般解散

一般解散是指只要出现了解散公司的事由，公司即可解散。我国《公司法》规定的一般解散的原因有：

1. 公司章程规定的营业期限届满或者公司章程规定的其他解散事由出现。但在此种情形下，可以通过修改公司章程而使公司继续存在，并不意味着公司必须解散。
2. 股东会决议解散。

对于上述两种情形，如果有限责任公司经代表股东大会 2/3 以上表决权的股东通过或者股份有限公司经出席股东会会议的股东所持表决权的 2/3 以上通过修改公司章程的决议，公司可以继续存在。

3. 因公司合并或者分立需要解散。

（二）强制解散

强制解散是指由于某种情况的出现，主管机关或人民法院要求公司解散。我国《公司法》规定的强制解散公司的原因主要有：

1. 被吊销营业执照。如《公司法》第 260 条第 1 款规定，公司成立后无正当理由超过 6 个月未开业的，或者开业后自行停业连续 6 个月以上的，公司登记机关可以吊销营业执照，但公司依法办理歇业的除外。
2. 责令关闭。公司违反法律、行政法规被主管机关依法责令关闭的，应当解散。
3. 被撤销。如《公司法》第 39 条规定，虚报注册资本、提交虚假材料或者采取其他欺诈手段隐瞒重要事实取得公司设立登记的，公司登记机关应当依照法律、行政法规的规定予以撤销。

（三）股东请求解散

《公司法》规定，公司经营管理发生严重困难，继续存续会使股东利益受到重大损失，通过其他途径不能解决的，持有公司 10% 以上表决权的股东，可以请求人民法院解散公司。

具体而言，可以申请解散公司的理由有：（1）公司持续 2 年以上无法召开股东会，公司经营管理发生严重困难的；（2）股东表决时无法达到法定或者公司章程规定的比例，持续 2 年以上不能作出有效的股东会决议，公司经营管理发生严重困难的；（3）公司董事长期冲突，且无法通过股东会解决，公司经营管理发生严重困难的；（4）经营管理发生其他严重困难，公司继续存续会使股东利益受到重大损失的情形。但是要特别注意的是，股东的知情权、利润分配请求权等权益受到损害，或者公司亏损、财产不足以偿还全部债务，以及公司被吊销企业法人营业执照未进行清算等，均不构成请求法院解散公司的理由。

(四) 公司解散事由的公示

公司出现上述解散事由，应当在 10 日内将解散事由通过国家企业信用信息公示系统予以公示。

> **[强化自测]** 成泰公司设立于 2015 年，其投资建设了成泰商厦。公司有股东王某、张某和李某三人，其中王某和张某系夫妻，分别持股 51% 和 40%。2018 年王某和张某因感情发生纠纷，夫妻关系破裂，至此公司再未有效召开股东会。因城市发展，成泰商厦的租金持续上涨，公司盈利颇丰。下列哪些说法是正确的？①
> A. 王某有权以自己的名义请求法院解散公司
> B. 张某有权以自己的名义请求法院解散公司
> C. 李某请求法院解散公司，应列公司为被告
> D. 因该公司经营状况良好，因此法院不应裁判解散公司

二十五、公司的清算

(一) 公司清算的程序

1. 成立清算组。解散的公司中，董事为公司清算义务人，应当自解散之日起 15 日内成立清算组。清算组由董事组成，但是公司章程另有规定或者股东会决议另选他人的除外。董事作为清算义务人未及时履行清算义务，给公司或者债权人造成损失的，应当承担赔偿责任。

公司依法应当清算，逾期不成立清算组进行清算或者成立清算组后不清算的，利害关系人可以申请人民法院指定有关人员组成清算组进行清算。人民法院应当受理该申请，并及时组织清算组进行清算。

2. 清算组的职责。清算组负责解散公司财产的保管、清理、处理和分配工作。

清算组成员履行清算职责，负有忠实义务和勤勉义务。清算组成员怠于履行清算职责，给公司造成损失的，应当承担赔偿责任；因故意或者重大过失给债权人造成损失的，应当承担赔偿责任。

清算期间，公司存续，但不得开展与清算无关的经营活动。

3. 通知债权人申报债权。清算组应当自成立之日起 10 日内通知债权人，并于 60 日内在报纸上或者国家企业信用信息公示系统公告。债权人应当自接到通知之日起 30 日内，未接到通知的自公告之日起 45 日内，向清算组申报债权。债权人申报债权，应当说明债权的有关事项，并提供证明材料。清算组应当对债权进行登记。在申报债权期间，清算组不得对债权人进行清偿。

4. 清理财产清偿债务。清算组对公司资产、债权、债务进行清理。在清算期间，公司不得开展与清算无关的经营活动。任何人未经清算组批准，不得处分公司财产。清算组在清理公司财产、编制资产负债表和财产清单后，应当制订清算方案，并报股东会或者人民法院确认。

清算组在清理公司财产、编制资产负债表和财产清单后，发现公司财产不足清偿债务的，应当向人民法院申请宣告破产。人民法院受理破产申请后，清算组应当将清算事务移交给人民法院指定的破产管理人。公司财产能够清偿公司债务的，清算组应先拨付清算费用，然后按照下列顺序清偿：(1) 职工工资、社会保险费用和法定补偿金；(2) 所欠税款；(3) 公司债务。

5. 分配剩余财产。在清偿公司债务后，清算组应将剩余的公司财产分配给股东。有限责任公司按照股东的出资比例进行分配，股份有限公司按照股东持有的股份比例进行分配。公司财产在未清偿公司债务前，不得分配给股东。

6. 清算终结。公司清算结束后，清算组应当制作清算报告，报股东会或者人民法院确认，并报送公司登记机关，申请注销公司登记。

(二) 强制清算

当公司自行清算不能时，为防止公司财产流失、利害关系人合法权益受损，需要以公权力介入公司事务，启动司法清算程序，这就是强制清算。

1. 强制清算的启动条件。

申请强制清算的前置条件是公司发生解散事由。公司解散后应当清算，逾期不成立清算组进行清算或者成立清算组后不清算、故意拖延清算的，利害关系人可以申请人民法院指定有关人员组成清算组进行清算。

公司解散后应当清算，逾期不成立清算组进行清算，指的是公司出现解散事由后 15 日内，清算义务人未成立清算组进行清算。清算组成立后不实际开展清算工作，或有长期怠于履行通知、公告等法定义务的故意拖延清算行为，也符合申请强制清算的情形。

---

① 答案：AB。

2. 强制清算的申请人。

强制清算的申请人是利害关系人。利害关系人指的是股东、董事以及债权人等其他利害关系人。其他利害关系人包括实际控制人、公司职工等主体。

公司因依法被吊销营业执照、责令关闭或者被撤销而解散的，作出吊销营业执照、责令关闭或者撤销决定的部门或者公司登记机关，也可以成为强制清算申请人，申请人民法院指定有关人员组成清算组进行清算。

3. 强制清算的程序。

强制清算的程序，主要包括确定管辖、确定审判组织、提交申请材料、听证、受理、清算程序的进行与终结等。

（三）公司的注销

1. 普通注销。普通注销的流程为，公司完成清算后，分别注销税务登记、企业登记、社会保险登记；涉及海关报关等相关业务的公司，还需要办理海关报关单位备案注销等事宜。在这一过程中，公司需要向多个有关机关提交注销登记申请书、股东会决议、清算报告、清税证明等繁杂的材料。

2. 简易注销。《公司法》第240条规定了简易注销制度，其适用于公司在存续期间未产生债务，或者已清偿全部债务，并经全体股东承诺的情形。《市场主体登记管理条例》第33条对此作出更详细的规定：申请简易注销登记的公司，应未发生债权债务或者已将债权债务清偿完结，未发生或者已结清清偿费用、职工工资、社会保险费用、法定补偿金、应缴纳税款（滞纳金、罚款），并由全体投资人书面承诺对上述情况的真实性承担法律责任。存在异常状态的公司不能适用简易注销制度，如被列入经营异常名录或市场监督管理严重违法失信名单的公司，存在股权（财产份额）被冻结、出质或动产抵押情形的公司，正在被立案调查、采取行政强制措施或者正在诉讼、仲裁程序中的公司等。

通过简易程序注销公司登记，应当通过国家企业信用信息公示系统予以公告，公告期限不少于20日。公告期限届满后，未有异议的，公司可以在20日内向公司登记机关申请注销登记。公司通过简易程序注销公司登记，股东对"公司在存续期间未产生债务，或者已清偿全部债务的"内容承诺不实，应当对注销登记前的债务承担连带责任。

3. 强制注销。强制注销的适用对象为被吊销营业执照、责令关闭或者被撤销，且满3年未向公司登记机关申请注销公司登记的公司；可依职权注销公司的行政机关仅限于公司登记机关。强制注销的程序为：公司登记机关通过国家企业信用信息公示系统公告，公告期限不少于60日；公告期限届满后，未有异议的，公司登记机关可以注销公司登记。若公告期间内有利害关系主体提出异议且异议成立的，强制注销程序应当终止；公司登记机关认为异议不成立的，应当在规定期限内告知异议人并恢复强制注销程序。

> [强化自测] 甲、乙、丙共同出资设立一家有限责任公司，甲担任管理公司事务的董事。在公司经营过程中，乙、丙二人与甲理念不合，看不惯甲的管理方式，自2018年8月起，公司再也没有召开股东会会议。2021年10月，乙请求法院判决解散公司，并得到法院支持。2022年3月24日，公司组成清算组进行清算。同年4月20日，债权人丁在进行债权登记时，得知清算组将会计账簿弄丢，无法继续清算。据此，下列哪些说法是正确的？①
> A. 丁可以以清算组为被告提起诉讼
> B. 丁可以以公司为被告提起诉讼
> C. 丁可以要求甲、乙、丙承担补充赔偿责任
> D. 丁可以要求甲、乙、丙承担连带责任

二、法规对照

◎ 法规变化

| 修订 | 中华人民共和国公司法（2023.12.29） |

---

① 答案：BD。

◎ 法规精读

中华人民共和国公司法

（1993年12月29日第八届全国人民代表大会常务委员会第五次会议通过 根据1999年12月25日第九届全国人民代表大会常务委员会第十三次会议《关于修改〈中华人民共和国公司法〉的决定》第一次修正 根据2004年8月28日第十届全国人民代表大会常务委员会第十一次会议《关于修改〈中华人民共和国公司法〉的决定》第二次修正 2005年10月27日第十届全国人民代表大会常务委员会第十八次会议第一次修订 根据2013年12月28日第十二届全国人民代表大会常务委员会第六次会议《关于修改〈中华人民共和国海洋环境保护法〉等七部法律的决定》第三次修正 根据2018年10月26日第十三届全国人民代表大会常务委员会第六次会议《关于修改〈中华人民共和国公司法〉的决定》第四次修正 2023年12月29日第十四届全国人民代表大会常务委员会第七次会议第二次修订 2023年12月29日中华人民共和国主席令第15号公布 自2024年7月1日起施行）

第一章 总 则

第一条 【立法目的】为了规范公司的组织和行为，保护公司、股东、职工和债权人的合法权益，完善中国特色现代企业制度，弘扬企业家精神，维护社会经济秩序，促进社会主义市场经济的发展，根据宪法，制定本法。

第二条 【调整范围】本法所称公司，是指依照本法在中华人民共和国境内设立的有限责任公司和股份有限公司。

★ **第三条** 【公司的法律地位】公司是企业法人，有独立的法人财产，享有法人财产权。公司以其全部财产对公司的债务承担责任。

公司的合法权益受法律保护，不受侵犯。

★ **第四条** 【股东有限责任和基本权利】有限责任公司的股东以其认缴的出资额为限对公司承担责任；股份有限公司的股东以其认购的股份为限对公司承担责任。

公司股东对公司依法享有资产收益、参与重大决策和选择管理者等权利。

第五条 【公司章程】设立公司应当依法制定公司章程。公司章程对公司、股东、董事、监事、高级管理人员具有约束力。

第六条 【公司名称】公司应当有自己的名称。公司名称应当符合国家有关规定。

公司的名称权受法律保护。

第七条 【公司名称中的公司类型】依照本法设立的有限责任公司，应当在公司名称中标明有限责任公司或者有限公司字样。

依照本法设立的股份有限公司，应当在公司名称中标明股份有限公司或者股份公司字样。

第八条 【公司住所】公司以其主要办事机构所在地为住所。

第九条 【经营范围】公司的经营范围由公司章程规定。公司可以修改公司章程，变更经营范围。

公司的经营范围中属于法律、行政法规规定须经批准的项目，应当依法经过批准。

第十条 【担任法定代表人的主体范围】公司的法定代表人按照公司章程的规定，由代表公司执行公司事务的董事或者经理担任。

担任法定代表人的董事或者经理辞任的，视为同时辞去法定代表人。

法定代表人辞任的，公司应当在法定代表人辞任之日起三十日内确定新的法定代表人。

★★ **第十一条** 【法定代表人行为的法律后果】法定代表人以公司名义从事的民事活动，其法律后果由公司承受。

公司章程或者股东会对法定代表人职权的限制，不得对抗善意相对人。

法定代表人因执行职务造成他人损害的，由公司承担民事责任。公司承担民事责任后，依照法律或者章程的规定，可以向有过错的法定代表人追偿。

第十二条 【公司形式变更】有限责任公司变更为股份有限公司，应当符合本法规定的股份有限公司的条件。股份有限公司变更为有限责任公司，应当符合本法规定的有限责任公司的条件。

有限责任公司变更为股份有限公司的，或者股份有限公司变更为有限责任公司的，公司变更前的债权、债务由变更后的公司承继。

第十三条 【子公司和分公司】公司可以设立子公司。子公司具有法人资格，依法独立承担民事责任。

公司可以设立分公司。分公司不具有法人资格，其民事责任由公司承担。

第十四条 【转投资】公司可以向其他企业投资。

法律规定公司不得成为对所投资企业的债务承担连带责任的出资人的，从其规定。

★★ **第十五条** 【转投资和为他人提供担保的内部程序】公司向其他企业投资或者为他人提供担保，按照公司章程的规定，由董事会或者股东会决议；公司章程对投资或者担保的总额及单项投资或者担保的数额有限额规定的，不得超过规定的限额。

公司为公司股东或者实际控制人提供担保的，应当经股东会决议。

前款规定的股东或者受前款规定的实际控制人支配的股东，不得参加前款规定事项的表决。该项表决由出席会议的其他股东所持表决权的过半数通过。

第十六条　【职工权益和教育培训】公司应当保护职工的合法权益，依法与职工签订劳动合同，参加社会保险，加强劳动保护，实现安全生产。

公司应当采用多种形式，加强公司职工的职业教育和岗位培训，提高职工素质。

第十七条　【工会和职工代表大会】公司职工依照《中华人民共和国工会法》组织工会，开展工会活动，维护职工合法权益。公司应当为本公司工会提供必要的活动条件。公司工会代表职工就职工的劳动报酬、工作时间、休息休假、劳动安全卫生和保险福利等事项依法与公司签订集体合同。

公司依照宪法和有关法律的规定，建立健全以职工代表大会为基本形式的民主管理制度，通过职工代表大会或者其他形式，实行民主管理。

公司研究决定改制、解散、申请破产以及经营方面的重大问题、制定重要的规章制度时，应当听取公司工会的意见，并通过职工代表大会或者其他形式听取职工的意见和建议。

第十八条　【党组织】在公司中，根据中国共产党章程的规定，设立中国共产党的组织，开展党的活动。公司应当为党组织的活动提供必要条件。

第十九条　【公司基本义务】公司从事经营活动，应当遵守法律法规，遵守社会公德、商业道德，诚实守信，接受政府和社会公众的监督。

第二十条　【公司社会责任】公司从事经营活动，应当充分考虑公司职工、消费者等利益相关者的利益以及生态环境保护等社会公共利益，承担社会责任。

国家鼓励公司参与社会公益活动，公布社会责任报告。

第二十一条　【不得滥用股东权利】公司股东应当遵守法律、行政法规和公司章程，依法行使股东权利，不得滥用股东权利损害公司或者其他股东的利益。

公司股东滥用股东权利给公司或者其他股东造成损失的，应当承担赔偿责任。

★ 第二十二条　【关联交易】公司的控股股东、实际控制人、董事、监事、高级管理人员不得利用关联关系损害公司利益。

违反前款规定，给公司造成损失的，应当承担赔偿责任。

★★ 第二十三条　【公司人格否认】公司股东滥用公司法人独立地位和股东有限责任，逃避债务，严重损害公司债权人利益的，应当对公司债务承担连带责任。

股东利用其控制的两个以上公司实施前款规定行为的，各公司应当对任一公司的债务承担连带责任。

只有一个股东的公司，股东不能证明公司财产独立于股东自己的财产的，应当对公司债务承担连带责任。

第二十四条　【电子通信方式开会和表决】公司股东会、董事会、监事会召开会议和表决可以采用电子通信方式，公司章程另有规定的除外。

★★ 第二十五条　【决议的无效】公司股东会、董事会的决议内容违反法律、行政法规的无效。

★★ 第二十六条　【决议的撤销】公司股东会、董事会的会议召集程序、表决方式违反法律、行政法规或者公司章程，或者决议内容违反公司章程的，股东自议作出之日起六十日内，可以请求人民法院撤销。但是，股东会、董事会的会议召集程序或者表决方式仅有轻微瑕疵，对决议未产生实质影响的除外。

未被通知参加股东会会议的股东自知道或者应当知道股东会决议作出之日起六十日内，可以请求人民法院撤销；自决议作出之日起一年内没有行使撤销权的，撤销权消灭。

★★ 第二十七条　【决议的不成立】有下列情形之一的，公司股东会、董事会的决议不成立：

（一）未召开股东会、董事会会议作出决议；

（二）股东会、董事会会议未对决议事项进行表决；

（三）出席会议的人数或者所持表决权数未达到本法或者公司章程规定的人数或者所持表决权数；

（四）同意决议事项的人数或者所持表决权数未达到本法或者公司章程规定的人数或者所持表决权数。

★ 第二十八条　【瑕疵决议的法律后果】公司股东会、董事会决议被人民法院宣告无效、撤销或者确认不成立的，公司应当向公司登记机关申请撤销根据该决议已办理的登记。

股东会、董事会决议被人民法院宣告无效、撤销或者确认不成立的，公司根据该决议与善意相对人形成的民事法律关系不受影响。

第二章　公司登记

第二十九条　【设立登记的原则】设立公司，应当依法向公司登记机关申请设立登记。

法律、行政法规规定设立公司必须报经批准的，应当在公司登记前依法办理批准手续。

第三十条　【设立登记的申请材料】申请设立公司，应当提交设立登记申请书、公司章程等文件，提交的相关材料应当真实、合法和有效。

申请材料不齐全或者不符合法定形式的，公司登记机关应当一次性告知需要补正的材料。

第三十一条　【申请设立登记的法律效果】申请设立公司，符合本法规定的设立条件的，由公司登记机关分别登记为有限责任公司或者股份有限公司；不符合本法规定的设立条件的，不得登记为有限责任公司或者股份有限公司。

★ 第三十二条　【公司登记事项】公司登记事项包括：

（一）名称；
（二）住所；
（三）注册资本；
（四）经营范围；
（五）法定代表人的姓名；
（六）有限责任公司股东、股份有限公司发起人的姓名或者名称。

公司登记机关应当将前款规定的公司登记事项通过国家企业信用信息公示系统向社会公示。

★ **第三十三条** 【营业执照】依法设立的公司，由公司登记机关发给公司营业执照。公司营业执照签发日期为公司成立日期。

公司营业执照应当载明公司的名称、住所、注册资本、经营范围、法定代表人姓名等事项。

公司登记机关可以发给电子营业执照。电子营业执照与纸质营业执照具有同等法律效力。

★ **第三十四条** 【变更登记和登记效力】公司登记事项发生变更的，应当依法办理变更登记。

公司登记事项未经登记或者未经变更登记，不得对抗善意相对人。

第三十五条 【申请变更登记的材料】公司申请变更登记，应当向公司登记机关提交公司法定代表人签署的变更登记申请书、依法作出的变更决议或者决定等文件。

公司变更登记事项涉及修改公司章程的，应当提交修改后的公司章程。

公司变更法定代表人的，变更登记申请书由变更后的法定代表人签署。

第三十六条 【换发营业执照】公司营业执照记载的事项发生变更的，公司办理变更登记后，由公司登记机关换发营业执照。

★ **第三十七条** 【注销登记】公司因解散、被宣告破产或者其他法定事由需要终止的，应当依法向公司登记机关申请注销登记，由公司登记机关公告公司终止。

第三十八条 【分公司的设立登记】公司设立分公司，应当向公司登记机关申请登记，领取营业执照。

第三十九条 【公司登记的撤销】虚报注册资本、提交虚假材料或者采取其他欺诈手段隐瞒重要事实取得公司设立登记的，公司登记机关应当依照法律、行政法规的规定予以撤销。

第四十条 【信息公示】公司应当按照规定通过国家企业信用信息公示系统公示下列事项：
（一）有限责任公司股东认缴和实缴的出资额、出资方式和出资日期，股份有限公司发起人认购的股份数；
（二）有限责任公司股东、股份有限公司发起人的股权、股份变更信息；
（三）行政许可取得、变更、注销等信息；
（四）法律、行政法规规定的其他信息。

公司应当确保前款公示信息真实、准确、完整。

第四十一条 【公司登记便利化】公司登记机关应当优化公司登记办理流程，提高公司登记效率，加强信息化建设，推行网上办理等便捷方式，提升公司登记便利化水平。

国务院市场监督管理部门根据本法和有关法律、行政法规的规定，制定公司登记注册的具体办法。

第三章　有限责任公司的设立和组织机构

第一节　设　立

★ **第四十二条** 【股东人数】有限责任公司由一个以上五十个以下股东出资设立。

第四十三条 【设立协议】有限责任公司设立时的股东可以签订设立协议，明确各自在公司设立过程中的权利和义务。

★★ **第四十四条** 【设立责任】有限责任公司设立时的股东为设立公司从事的民事活动，其法律后果由公司承受。

公司未成立的，其法律后果由公司设立时的股东承受；设立时的股东为二人以上的，享有连带债权，承担连带债务。

设立时的股东为设立公司以自己的名义从事民事活动产生的民事责任，第三人有权选择请求公司或者公司设立时的股东承担。

设立时的股东因履行公司设立职责造成他人损害的，公司或者无过错的股东承担赔偿责任后，可以向有过错的股东追偿。

★★ **第四十五条** 【公司章程制定】设立有限责任公司，应当由股东共同制定公司章程。

★ **第四十六条** 【公司章程记载事项】有限责任公司章程应当载明下列事项：
（一）公司名称和住所；
（二）公司经营范围；
（三）公司注册资本；
（四）股东的姓名或者名称；
（五）股东的出资额、出资方式和出资日期；
（六）公司的机构及其产生办法、职权、议事规则；
（七）公司法定代表人的产生、变更办法；
（八）股东会认为需要规定的其他事项。

股东应当在公司章程上签名或者盖章。

★★ **第四十七条** 【注册资本】有限责任公司的注册资本为在公司登记机关登记的全体股东认缴的出资额。全体股东认缴的出资额由股东按照公司章程的规定自公司成立之日起五年内缴足。

法律、行政法规以及国务院决定对有限责任公司注册资本实缴、注册资本最低限额、股东出资期限另有规定的，从其规定。

第四十八条 【出资方式】股东可以用货币出资，也可以用实物、知识产权、土地使用权、股权、债权等可以用货币估价并可以依法转让的非货币财产作价出资；但是，法律、行政法规规定不得作为出资的财产除外。

对作为出资的非货币财产应当评估作价，核实财产，不得高估或者低估作价。法律、行政法规对评估作价有规定的，从其规定。

★ 第四十九条 【股东履行出资义务】股东应当按期足额缴纳公司章程规定的各自所认缴的出资额。

股东以货币出资的，应当将货币出资足额存入有限责任公司在银行开设的账户；以非货币财产出资的，应当依法办理其财产权的转移手续。

股东未按期足额缴纳出资的，除应当向公司足额缴纳外，还应当对给公司造成的损失承担赔偿责任。

★★ 第五十条 【公司设立时股东的资本充实责任】有限责任公司设立时，股东未按照公司章程规定实际缴纳出资，或者实际出资的非货币财产的实际价额显著低于所认缴的出资额的，设立时的其他股东与该股东在出资不足的范围内承担连带责任。

★★ 第五十一条 【董事会催缴出资】有限责任公司成立后，董事会应当对股东的出资情况进行核查，发现股东未按期足额缴纳公司章程规定的出资的，应当由公司向该股东发出书面催缴书，催缴出资。

未及时履行前款规定的义务，给公司造成损失的，负有责任的董事应当承担赔偿责任。

★★ 第五十二条 【股东失权】股东未按照公司章程规定的出资日期缴纳出资，公司依照前条第一款规定发出书面催缴书催缴出资的，可以载明缴纳出资的宽限期；宽限期自公司发出催缴书之日起，不得少于六十日。宽限期届满，股东仍未履行出资义务的，公司经董事会决议可以向该股东发出失权通知，通知应当以书面形式发出。自通知发出之日起，该股东丧失其未缴纳出资的股权。

依照前款规定丧失的股权应当依法转让，或者相应减少注册资本并注销该股权；六个月内未转让或者注销的，由公司其他股东按照其出资比例足额缴纳相应出资。

股东对失权有异议的，应当自接到失权通知之日起三十日内，向人民法院提起诉讼。

★★ 第五十三条 【抽逃出资】公司成立后，股东不得抽逃出资。

违反前款规定的，股东应当返还抽逃的出资；给公司造成损失的，负有责任的董事、监事、高级管理人员应当与该股东承担连带赔偿责任。

★★ 第五十四条 【股东提前缴纳出资】公司不能清偿到期债务的，公司或者已到期债权的债权人有权要求已认缴出资但未届出资期限的股东提前缴纳出资。

第五十五条 【出资证明书】有限责任公司成立后，应当向股东签发出资证明书，记载下列事项：

（一）公司名称；

（二）公司成立日期；

（三）公司注册资本；

（四）股东的姓名或者名称、认缴和实缴的出资额、出资方式和出资日期；

（五）出资证明书的编号和核发日期。

出资证明书由法定代表人签名，并由公司盖章。

★★ 第五十六条 【股东名册】有限责任公司应当置备股东名册，记载下列事项：

（一）股东的姓名或者名称及住所；

（二）股东认缴和实缴的出资额、出资方式和出资日期；

（三）出资证明书编号；

（四）取得和丧失股东资格的日期。

记载于股东名册的股东，可以依股东名册主张行使股东权利。

★★ 第五十七条 【股东查阅权】股东有权查阅、复制公司章程、股东名册、股东会会议记录、董事会会议决议、监事会会议决议和财务会计报告。

股东可以要求查阅公司会计账簿、会计凭证。股东要求查阅公司会计账簿、会计凭证的，应当向公司提出书面请求，说明目的。公司有合理根据认为股东查阅会计账簿、会计凭证有不正当目的，可能损害公司合法利益的，可以拒绝提供查阅，并应当自股东提出书面请求之日起十五日内书面答复股东并说明理由。公司拒绝提供查阅的，股东可以向人民法院提起诉讼。

股东查阅前款规定的材料，可以委托会计师事务所、律师事务所等中介机构进行。

股东及其委托的会计师事务所、律师事务所等中介机构查阅、复制有关材料，应当遵守有关保护国家秘密、商业秘密、个人隐私、个人信息等法律、行政法规的规定。

股东要求查阅、复制公司全资子公司相关材料的，适用前四款的规定。

第二节 组织机构

第五十八条 【股东会的组成和定位】有限责任公司股东会由全体股东组成。股东会是公司的权力机构，依照本法行使职权。

★ 第五十九条 【股东会的职权】股东会行使下列职权：

（一）选举和更换董事、监事，决定有关董事、监事的报酬事项；

（二）审议批准董事会的报告；

（三）审议批准监事会的报告；
（四）审议批准公司的利润分配方案和弥补亏损方案；
（五）对公司增加或者减少注册资本作出决议；
（六）对发行公司债券作出决议；
（七）对公司合并、分立、解散、清算或者变更公司形式作出决议；
（八）修改公司章程；
（九）公司章程规定的其他职权。
股东会可以授权董事会对发行公司债券作出决议。
对本条第一款所列事项股东以书面形式一致表示同意的，可以不召开股东会会议，直接作出决定，并由全体股东在决定文件上签名或者盖章。

★ 第六十条 【一人有限责任公司的股东决定】只有一个股东的有限责任公司不设股东会。股东作出前条第一款所列事项的决定时，应当采用书面形式，并由股东签名或者盖章后置备于公司。

第六十一条 【首次股东会会议】首次股东会会议由出资最多的股东召集和主持，依照本法规定行使职权。

★ 第六十二条 【股东会会议的类型和召开要求】股东会会议分为定期会议和临时会议。
定期会议应当按照公司章程的规定按时召开。代表十分之一以上表决权的股东、三分之一以上的董事或者监事会提议召开临时会议的，应当召开临时会议。

第六十三条 【股东会会议的召集和主持】股东会会议由董事会召集，董事长主持；董事长不能履行职务或者不履行职务的，由副董事长主持；副董事长不能履行职务或者不履行职务的，由过半数的董事共同推举一名董事主持。
董事会不能履行或者不履行召集股东会会议职责的，由监事会召集和主持；监事会不召集和主持的，代表十分之一以上表决权的股东可以自行召集和主持。

第六十四条 【股东会会议的通知和记录】召开股东会会议，应当于会议召开十五日前通知全体股东；但是，公司章程另有规定或者全体股东另有约定的除外。
股东会应当对所议事项的决定作成会议记录，出席会议的股东应当在会议记录上签名或者盖章。

★ 第六十五条 【股东表决权】股东会会议由股东按照出资比例行使表决权；但是，公司章程另有规定的除外。

★★ 第六十六条 【股东会决议通过比例】股东会的议事方式和表决程序，除本法有规定的外，由公司章程规定。
股东会作出决议，应当经代表过半数表决权的股东通过。
股东会作出修改公司章程、增加或者减少注册资本的决议，以及公司合并、分立、解散或者变更公司形式的决议，应当经代表三分之二以上表决权的股东通过。

★ 第六十七条 【董事会的职权】有限责任公司设董事会，本法第七十五条另有规定的除外。
董事会行使下列职权：
（一）召集股东会会议，并向股东会报告工作；
（二）执行股东会的决议；
（三）决定公司的经营计划和投资方案；
（四）制订公司的利润分配方案和弥补亏损方案；
（五）制订公司增加或者减少注册资本以及发行公司债券的方案；
（六）制订公司合并、分立、解散或者变更公司形式的方案；
（七）决定公司内部管理机构的设置；
（八）决定聘任或者解聘公司经理及其报酬事项，并根据经理的提名决定聘任或者解聘公司副经理、财务负责人及其报酬事项；
（九）制定公司的基本管理制度；
（十）公司章程规定或者股东会授予的其他职权。
公司章程对董事会职权的限制不得对抗善意相对人。

第六十八条 【董事会的组成】有限责任公司董事会成员为三人以上，其成员中可以有公司职工代表。职工人数三百人以上的有限责任公司，除依法设监事会并有公司职工代表的外，其董事会成员中应当有公司职工代表。董事会中的职工代表由公司职工通过职工代表大会、职工大会或者其他形式民主选举产生。
董事会设董事长一人，可以设副董事长。董事长、副董事长的产生办法由公司章程规定。

★ 第六十九条 【审计委员会和监事会的选择设置】有限责任公司可以按照公司章程的规定在董事会中设置由董事组成的审计委员会，行使本法规定的监事会的职权，不设监事会或者监事。公司董事会成员中的职工代表可以成为审计委员会成员。

第七十条 【董事的任期和辞任】董事任期由公司章程规定，但每届任期不得超过三年。董事任期届满，连选可以连任。
董事任期届满未及时改选，或者董事在任期内辞任导致董事会成员低于法定人数的，在改选出的董事就任前，原董事仍应当依照法律、行政法规和公司章程的规定，履行董事职务。
董事辞任的，应当以书面形式通知公司，公司收到通知之日辞任生效，但存在前款规定情形的，董事应当继续履行职务。

第七十一条 【董事的解任】股东会可以决议解任董事，决议作出之日解任生效。
无正当理由，在任期届满前解任董事的，该董事可以要求公司予以赔偿。

第七十二条 【董事会会议的召集和主持】董事会会议由董事长召集和主持；董事长不能履行职务或者不

162

履行职务的，由副董事长召集和主持；副董事长不能履行职务或者不履行职务的，由过半数的董事共同推举一名董事召集和主持。

★ **第七十三条　【董事会的议事方式和表决程序】** 董事会的议事方式和表决程序，除本法有规定的外，由公司章程规定。

董事会会议应当有过半数的董事出席方可举行。董事会作出决议，应当经全体董事的过半数通过。

董事会决议的表决，应当一人一票。

董事会应当对所议事项的决定作成会议记录，出席会议的董事应当在会议记录上签名。

★ **第七十四条　【经理及其职权】** 有限责任公司可以设经理，由董事会决定聘任或者解聘。

经理对董事会负责，根据公司章程的规定或者董事会的授权行使职权。经理列席董事会会议。

★ **第七十五条　【不设董事会的董事及其职权】** 规模较小或者股东人数较少的有限责任公司，可以不设董事会，设一名董事，行使本法规定的董事会的职权。该董事可以兼任公司经理。

第七十六条　【监事会的组成、会议召集和主持】 有限责任公司设监事会，本法第六十九条、第八十三条另有规定的除外。

监事会成员为三人以上。监事会成员应当包括股东代表和适当比例的公司职工代表，其中职工代表的比例不得低于三分之一，具体比例由公司章程规定。监事会中的职工代表由公司职工通过职工代表大会、职工大会或者其他形式民主选举产生。

监事会设主席一人，由全体监事过半数选举产生。监事会主席召集和主持监事会会议；监事会主席不能履行职务或者不履行职务的，由过半数的监事共同推举一名监事召集和主持监事会会议。

董事、高级管理人员不得兼任监事。

第七十七条　【监事的任期和辞任】 监事的任期每届为三年。监事任期届满，连选可以连任。

监事任期届满未及时改选，或者监事在任期内辞任导致监事会成员低于法定人数的，在改选出的监事就任前，原监事仍应当依照法律、行政法规和公司章程的规定，履行监事职务。

第七十八条　【监事会的职权】 监事会行使下列职权：

（一）检查公司财务；

（二）对董事、高级管理人员执行职务的行为进行监督，对违反法律、行政法规、公司章程或者股东会决议的董事、高级管理人员提出解任的建议；

（三）当董事、高级管理人员的行为损害公司的利益时，要求董事、高级管理人员予以纠正；

（四）提议召开临时股东会会议，在董事会不履行本法规定的召集和主持股东会会议职责时召集和主持股东会会议；

（五）向股东会会议提出提案；

（六）依照本法第一百八十九条的规定，对董事、高级管理人员提起诉讼；

（七）公司章程规定的其他职权。

第七十九条　【监事的质询建议权和监事会的调查权】 监事可以列席董事会会议，并对董事会决议事项提出质询或者建议。

监事会发现公司经营情况异常，可以进行调查；必要时，可以聘请会计师事务所等协助其工作，费用由公司承担。

第八十条　【董事、高级管理人员配合监事会行使职权】 监事会可以要求董事、高级管理人员提交执行职务的报告。

董事、高级管理人员应当如实向监事会提供有关情况和资料，不得妨碍监事会或者监事行使职权。

第八十一条　【监事会的议事方式和表决程序】 监事会每年度至少召开一次会议，监事可以提议召开临时监事会会议。

监事会的议事方式和表决程序，除本法有规定的外，由公司章程规定。

监事会决议应当经全体监事的过半数通过。

监事会决议的表决，应当一人一票。

监事会应当对所议事项的决定作成会议记录，出席会议的监事应当在会议记录上签名。

第八十二条　【监事会行使职权的费用承担】 监事会行使职权所必需的费用，由公司承担。

★ **第八十三条　【不设监事会的监事及其职权】** 规模较小或者股东人数较少的有限责任公司，可以不设监事会，设一名监事，行使本法规定的监事会的职权；经全体股东一致同意，也可以不设监事。

第四章　有限责任公司的股权转让

★★ **第八十四条　【股权的自愿转让】** 有限责任公司的股东之间可以相互转让其全部或者部分股权。

股东向股东以外的人转让股权的，应当将股权转让的数量、价格、支付方式和期限等事项书面通知其他股东，其他股东在同等条件下有优先购买权。股东自接到书面通知之日起三十日内未答复的，视为放弃优先购买权。两个以上股东行使优先购买权的，协商确定各自的购买比例；协商不成的，按照转让时各自的出资比例行使优先购买权。

公司章程对股权转让另有规定的，从其规定。

★ **第八十五条　【股权的强制转让】** 人民法院依照法律规定的强制执行程序转让股东的股权时，应当通知公司及全体股东，其他股东在同等条件下有优先购买权。其他股东自人民法院通知之日起满二十日不行使优先购买权的，视为放弃优先购买权。

★ **第八十六条** 【股权转让引起的变更股东名册和变更登记】股东转让股权的，应当书面通知公司，请求变更股东名册；需要办理变更登记的，并请求公司向公司登记机关办理变更登记。公司拒绝或者在合理期限内不予答复的，转让人、受让人可以依法向人民法院提起诉讼。

股权转让的，受让人自记载于股东名册时起可以向公司主张行使股东权利。

第八十七条 【公司在股权转让后的义务】依照本法转让股权后，公司应当及时注销原股东的出资证明书，向新股东签发出资证明书，并相应修改公司章程和股东名册中有关股东及其出资额的记载。对公司章程的该项修改不需再由股东会表决。

☆☆ **第八十八条** 【股权转让情形下的出资责任】股东转让已认缴出资但未届出资期限的股权的，由受让人承担缴纳该出资的义务；受让人未按期足额缴纳出资的，转让人对受让人未按期缴纳的出资承担补充责任。

未按照公司章程规定的出资日期缴纳出资或者作为出资的非货币财产的实际价额显著低于所认缴的出资额的股东转让股权的，转让人与受让人在出资不足的范围内承担连带责任；受让人不知道且不应当知道存在上述情形的，由转让人承担责任。

☆☆ **第八十九条** 【股东股权收购请求权】有下列情形之一的，对股东会该项决议投反对票的股东可以请求公司按照合理的价格收购其股权：

（一）公司连续五年不向股东分配利润，而公司该五年连续盈利，并且符合本法规定的分配利润条件；

（二）公司合并、分立、转让主要财产；

（三）公司章程规定的营业期限届满或者章程规定的其他解散事由出现，股东会通过决议修改章程使公司存续。

自股东会决议作出之日起六十日内，股东与公司不能达成股权收购协议的，股东可以自股东会决议作出之日起九十日内向人民法院提起诉讼。

公司的控股股东滥用股东权利，严重损害公司或者其他股东利益的，其他股东有权请求公司按照合理的价格收购其股权。

公司因本条第一款、第三款规定的情形收购的本公司股权，应当在六个月内依法转让或者注销。

★ **第九十条** 【股东资格继承】自然人股东死亡后，其合法继承人可以继承股东资格；但是，公司章程另有规定的除外。

第五章 股份有限公司的设立和组织机构

第一节 设 立

第九十一条 【设立方式】设立股份有限公司，可以采取发起设立或者募集设立的方式。

发起设立，是指由发起人认购设立公司时应发行的全部股份而设立公司。

募集设立，是指由发起人认购设立公司时应发行股份的一部分，其余股份向特定对象募集或者向社会公开募集而设立公司。

★ **第九十二条** 【发起人的人数及住所要求】设立股份有限公司，应当有一人以上二百人以下为发起人，其中应当有半数以上的发起人在中华人民共和国境内有住所。

第九十三条 【发起人筹办公司的义务及发起人协议】股份有限公司发起人承担公司筹办事务。

发起人应当签订发起人协议，明确各自在公司设立过程中的权利和义务。

★ **第九十四条** 【公司章程制订】设立股份有限公司，应当由发起人共同制订公司章程。

★ **第九十五条** 【公司章程记载事项】股份有限公司章程应当载明下列事项：

（一）公司名称和住所；

（二）公司经营范围；

（三）公司设立方式；

（四）公司注册资本、已发行的股份数和设立时发行的股份数，面额股的每股金额；

（五）发行类别股的，每一类别股的股份数及其权利和义务；

（六）发起人的姓名或者名称、认购的股份数、出资方式；

（七）董事会的组成、职权和议事规则；

（八）公司法定代表人的产生、变更办法；

（九）监事会的组成、职权和议事规则；

（十）公司利润分配办法；

（十一）公司的解散事由与清算办法；

（十二）公司的通知和公告办法；

（十三）股东会认为需要规定的其他事项。

★ **第九十六条** 【注册资本】股份有限公司的注册资本为在公司登记机关登记的已发行股份的股本总额。在发起人认购的股份缴足前，不得向他人募集股份。

法律、行政法规以及国务院决定对股份有限公司注册资本最低限额另有规定的，从其规定。

第九十七条 【发起人认购股份】以发起设立方式设立股份有限公司的，发起人应当认足公司章程规定的公司设立时发行的股份。

以募集设立方式设立股份有限公司的，发起人认购的股份不得少于公司章程规定的公司设立时应发行股份总数的百分之三十五；但是，法律、行政法规另有规定的，从其规定。

第九十八条 【发起人履行出资义务】发起人应当在公司成立前按照其认购的股份全额缴纳股款。

发起人的出资，适用本法第四十八条、第四十九条第二款关于有限责任公司股东出资的规定。

★ **第九十九条　【发起人瑕疵出资的违约责任】** 发起人不按照其认购的股份缴纳股款，或者作为出资的非货币财产的实际价额显著低于所认购的股份的，其他发起人与该发起人在出资不足的范围内承担连带责任。

第一百条　【公开募集股份的招股说明书和认股书】 发起人向社会公开募集股份，应当公告招股说明书，并制作认股书。认股书应当载明本法第一百五十四条第二款、第三款所列事项，由认股人填写认购的股份数、金额、住所，并签名或者盖章。认股人应当按照所认购股份足额缴纳股款。

第一百零一条　【公开募集股份的验资】 向社会公开募集股份的股款缴足后，应当经依法设立的验资机构验资并出具证明。

第一百零二条　【股东名册】 股份有限公司应当制作股东名册并置备于公司。股东名册应当记载下列事项：

（一）股东的姓名或者名称及住所；
（二）各股东所认购的股份种类及股份数；
（三）发行纸面形式的股票的，股票的编号；
（四）各股东取得股份的日期。

★ **第一百零三条　【成立大会的召开】** 募集设立股份有限公司的发起人应当自公司设立时应发行股份的股款缴足之日起三十日内召开公司成立大会。发起人应当在成立大会召开十五日前将会议日期通知各认股人或者予以公告。成立大会应当有持有表决权过半数的认股人出席，方可举行。

以发起设立方式设立股份有限公司成立大会的召开和表决程序由公司章程或者发起人协议规定。

★ **第一百零四条　【成立大会的职权】** 公司成立大会行使下列职权：

（一）审议发起人关于公司筹办情况的报告；
（二）通过公司章程；
（三）选举董事、监事；
（四）对公司的设立费用进行审核；
（五）对发起人非货币财产出资的作价进行审核；
（六）发生不可抗力或者经营条件发生重大变化直接影响公司设立的，可以作出不设立公司的决议。

成立大会对前款所列事项作出决议，应当经出席会议的认股人所持表决权过半数通过。

★ **第一百零五条　【股款返还和不得抽回股本】** 公司设立时应发行的股份未募足，或者发行股份的股款缴足后，发起人在三十日内未召开成立大会的，认股人可以按照所缴股款并加算银行同期存款利息，要求发起人返还。

发起人、认股人缴纳股款或者交付非货币财产出资后，除未按期募足股份、发起人未按期召开成立大会或者成立大会决议不设立公司的情形外，不得抽回其股本。

第一百零六条　【董事会授权代表申请设立登记】 董事会应当授权代表，于公司成立大会结束后三十日内向公司登记机关申请设立登记。

第一百零七条　【股东、董事、监事、高级管理人员的设立责任及资本充实责任】 本法第四十四条、第四十九条第三款、第五十一条、第五十二条、第五十三条的规定，适用于股份有限公司。

★ **第一百零八条　【变更公司形式的股本折合及公开发行股份规制】** 有限责任公司变更为股份有限公司时，折合的实收股本总额不得高于公司净资产额。有限责任公司变更为股份有限公司，为增加注册资本公开发行股份时，应当依法办理。

第一百零九条　【公司特定文件材料的置备】 股份有限公司应当将公司章程、股东名册、股东会会议记录、董事会会议记录、监事会会议记录、财务会计报告、债券持有人名册置备于本公司。

★★ **第一百一十条　【股东查阅权】** 股东有权查阅、复制公司章程、股东名册、股东会会议记录、董事会会议决议、监事会会议决议、财务会计报告，对公司的经营提出建议或者质询。

连续一百八十日以上单独或者合计持有公司百分之三以上股份的股东要求查阅公司的会计账簿、会计凭证的，适用本法第五十七条第二款、第三款、第四款的规定。公司章程对持股比例有较低规定的，从其规定。

股东要求查阅、复制公司全资子公司相关材料的，适用前两款的规定。

上市公司股东查阅、复制相关材料的，应当遵守《中华人民共和国证券法》等法律、行政法规的规定。

第二节　股　东　会

第一百一十一条　【股东会的组成和定位】 股份有限公司股东会由全体股东组成。股东会是公司的权力机构，依照本法行使职权。

第一百一十二条　【股东会的职权和一人股份有限公司的股东决定】 本法第五十九条第一款、第二款关于有限责任公司股东会职权的规定，适用于股份有限公司股东会。

本法第六十条关于只有一个股东的有限责任公司不设股东会的规定，适用于只有一个股东的股份有限公司。

★ **第一百一十三条　【股东会会议的类型和召开要求】** 股东会应当每年召开一次年会。有下列情形之一的，应当在两个月内召开临时股东会会议：

（一）董事人数不足本法规定人数或者公司章程所定人数的三分之二时；
（二）公司未弥补的亏损达股本总额三分之一时；

（三）单独或者合计持有公司百分之十以上股份的股东请求时；

（四）董事会认为必要时；

（五）监事会提议召开时；

（六）公司章程规定的其他情形。

★ **第一百一十四条** 【股东会会议的召集和主持】股东会会议由董事会召集，董事长主持；董事长不能履行职务或者不履行职务的，由副董事长主持；副董事长不能履行职务或者不履行职务的，由过半数的董事共同推举一名董事主持。

董事会不能履行或者不履行召集股东会会议职责的，监事会应当及时召集和主持；监事会不召集和主持的，连续九十日以上单独或者合计持有公司百分之十以上股份的股东可以自行召集和主持。

单独或者合计持有公司百分之十以上股份的股东请求召开临时股东会会议的，董事会、监事会应当在收到请求之日起十日内作出是否召开临时股东会会议的决定，并书面答复股东。

第一百一十五条 【股东会会议的通知和股东临时提案权】召开股东会会议，应当将会议召开的时间、地点和审议的事项于会议召开二十日前通知各股东；临时股东会会议应当于会议召开十五日前通知各股东。

单独或者合计持有公司百分之一以上股份的股东，可以在股东会会议召开十日前提出临时提案并书面提交董事会。临时提案应当有明确议题和具体决议事项。董事会应当在收到提案后二日内通知其他股东，并将该临时提案提交股东会审议；但临时提案违反法律、行政法规或者公司章程的规定，或者不属于股东会职权范围的除外。公司不得提高提出临时提案股东的持股比例。

公开发行股份的公司，应当以公告方式作出前两款规定的通知。

股东会不得对通知中未列明的事项作出决议。

★★ **第一百一十六条** 【股东表决权和股东会决议通过比例】股东出席股东会会议，所持每一股份有一表决权，类别股股东除外。公司持有的本公司股份没有表决权。

股东会作出决议，应当经出席会议的股东所持表决权过半数通过。

股东会作出修改公司章程、增加或者减少注册资本的决议，以及公司合并、分立、解散或者变更公司形式的决议，应当经出席会议的股东所持表决权的三分之二以上通过。

第一百一十七条 【累积投票制】股东会选举董事、监事，可以按照公司章程的规定或者股东会的决议，实行累积投票制。

本法所称累积投票制，是指股东会选举董事或者监事时，每一股份拥有与应选董事或者监事人数相同的表决权，股东拥有的表决权可以集中使用。

第一百一十八条 【表决权的代理行使】股东委托代理人出席股东会会议的，应当明确代理人代理的事项、权限和期限；代理人应当向公司提交股东授权委托书，并在授权范围内行使表决权。

第一百一十九条 【股东会会议记录】股东会应当对所议事项的决定作成会议记录，主持人、出席会议的董事应当在会议记录上签名。会议记录应当与出席股东的签名册及代理出席的委托书一并保存。

第三节 董事会、经理

第一百二十条 【董事会的职权和组成、董事的任期及辞任、解任】股份有限公司设董事会，本法第一百二十八条另有规定的除外。

本法第六十七条、第六十八条第一款、第七十条、第七十一条的规定，适用于股份有限公司。

★★ **第一百二十一条** 【审计委员会和监事会的选择设置】股份有限公司可以按照公司章程的规定在董事会中设置由董事组成的审计委员会，行使本法规定的监事会的职权，不设监事会或者监事。

审计委员会成员为三名以上，过半数成员不得在公司担任除董事以外的其他职务，且不得与公司存在任何可能影响其独立客观判断的关系。公司董事会成员中的职工代表可以成为审计委员会成员。

审计委员会作出决议，应当经审计委员会成员的过半数通过。

审计委员会决议的表决，应当一人一票。

审计委员会的议事方式和表决程序，除本法有规定的外，由公司章程规定。

公司可以按照公司章程的规定在董事会中设置其他委员会。

第一百二十二条 【董事长和副董事长的产生办法、董事会会议的召集和主持】董事会设董事长一人，可以设副董事长。董事长和副董事长由董事会以全体董事的过半数选举产生。

董事长召集和主持董事会会议，检查董事会决议的实施情况。副董事长协助董事长工作，董事长不能履行职务或者不履行职务的，由副董事长履行职务；副董事长不能履行职务或者不履行职务的，由过半数的董事共同推举一名董事履行职务。

★ **第一百二十三条** 【董事会会议的类型和召开要求】董事会每年度至少召开两次会议，每次会议应当于会议召开十日前通知全体董事和监事。

代表十分之一以上表决权的股东、三分之一以上董事或者监事会，可以提议召开临时董事会会议。董事长应当自接到提议后十日内，召集和主持董事会会议。

董事会召开临时会议，可以另定召集董事会的通知方式和通知时限。

★ **第一百二十四条** 【董事会的表决程序和会议记录】董事会会议应当有过半数的董事出席方可举行。董事会作出决议，应当经全体董事的过半数通过。

董事会决议的表决，应当一人一票。

董事会应当对所议事项的决定作成会议记录，出席会议的董事应当在会议记录上签名。

第一百二十五条 【董事出席董事会会议及其决议责任】董事会会议，应当由董事本人出席；董事因故不能出席，可以书面委托其他董事代为出席，委托书应当载明授权范围。

董事应当对董事会的决议承担责任。董事会的决议违反法律、行政法规或者公司章程、股东会决议，给公司造成严重损失的，参与决议的董事对公司负赔偿责任；经证明在表决时曾表明异议并记载于会议记录的，该董事可以免除责任。

★ **第一百二十六条** 【经理及其职权】股份有限公司设经理，由董事会决定聘任或者解聘。

经理对董事会负责，根据公司章程的规定或者董事会的授权行使职权。经理列席董事会会议。

第一百二十七条 【董事兼任经理】公司董事会可以决定由董事会成员兼任经理。

★ **第一百二十八条** 【不设董事会的董事及其职权】规模较小或者股东人数较少的股份有限公司，可以不设董事会，设一名董事，行使本法规定的董事会的职权。该董事可以兼任公司经理。

第一百二十九条 【董事、监事、高级管理人员的报酬披露】公司应当定期向股东披露董事、监事、高级管理人员从公司获得报酬的情况。

第四节 监 事 会

第一百三十条 【监事会的组成和监事的任期】股份有限公司设监事会，本法第一百二十一条第一款、第一百三十三条另有规定的除外。

监事会成员为三人以上。监事会成员应当包括股东代表和适当比例的公司职工代表，其中职工代表的比例不得低于三分之一，具体比例由公司章程规定。监事会中的职工代表由公司职工通过职工代表大会、职工大会或者其他形式民主选举产生。

监事会设主席一人，可以设副主席。监事会主席和副主席由全体监事过半数选举产生。监事会主席召集和主持监事会会议；监事会主席不能履行职务或者不履行职务的，由监事会副主席召集和主持监事会会议；监事会副主席不能履行职务或者不履行职务的，由过半数的监事共同推举一名监事召集和主持监事会会议。

董事、高级管理人员不得兼任监事。

本法第七十七条关于有限责任公司监事任期的规定，适用于股份有限公司监事。

第一百三十一条 【监事会的职权及其行使职权的费用承担】本法第七十八条至第八十条的规定，适用于股份有限公司监事会。

监事会行使职权所需的费用，由公司承担。

第一百三十二条 【监事会会议类型、表决程序和会议记录】监事会每六个月至少召开一次会议。监事可以提议召开临时监事会会议。

监事会的议事方式和表决程序，除本法有规定的外，由公司章程规定。

监事会决议应当经全体监事的过半数通过。

监事会决议的表决，应当一人一票。

监事会应当对所议事项的决定作成会议记录，出席会议的监事应当在会议记录上签名。

第一百三十三条 【不设监事会的监事及其职权】规模较小或者股东人数较少的股份有限公司，可以不设监事会，设一名监事，行使本法规定的监事会的职权。

第五节 上市公司组织机构的特别规定

第一百三十四条 【上市公司的定义】本法所称上市公司，是指其股票在证券交易所上市交易的股份有限公司。

★ **第一百三十五条** 【股东会特别决议事项】上市公司在一年内购买、出售重大资产或者向他人提供担保的金额超过公司资产总额百分之三十的，应当由股东会作出决议，并经出席会议的股东所持表决权的三分之二以上通过。

第一百三十六条 【独立董事和章程特别记载事项】上市公司设独立董事，具体管理办法由国务院证券监督管理机构规定。

上市公司的公司章程除载明本法第九十五条规定的事项外，还应当依照法律、行政法规的规定载明董事会专门委员会的组成、职权以及董事、监事、高级管理人员薪酬考核机制等事项。

★ **第一百三十七条** 【董事会审计委员会的职权】上市公司在董事会中设置审计委员会的，董事会对下列事项作出决议前应当经审计委员会全体成员过半数通过：

（一）聘用、解聘承办公司审计业务的会计师事务所；

（二）聘任、解聘财务负责人；

（三）披露财务会计报告；

（四）国务院证券监督管理机构规定的其他事项。

第一百三十八条 【董事会秘书及其职责】上市公司设董事会秘书，负责公司股东会和董事会会议的筹备、文件保管以及公司股东资料的管理，办理信息披露事务等事宜。

第一百三十九条 【有关联关系的董事回避表决】上市公司董事与董事会会议决议事项所涉及的企业或者个人有关联关系的，该董事应当及时向董事会书面报告。有关联关系的董事不得对该项决议行使表决权，也不得代理其他董事行使表决权。该董事会会议由过半数的无关联关系董事出席即可举行，董事会会议所作决议须经无关联关系董事过半数通过。出席董事会会议的无关联关系董事人数不足三人的，应当将该事项提交上市公司股东会审议。

第一百四十条 【披露股东和实际控制人的信息及禁止股票代持】上市公司应当依法披露股东、实际控制人的信息，相关信息应当真实、准确、完整。

禁止违反法律、行政法规的规定代持上市公司股票。

第一百四十一条 【禁止相互持股】上市公司控股子公司不得取得该上市公司的股份。

上市公司控股子公司因公司合并、质权行使等原因持有上市公司股份的，不得行使所持股份对应的表决权，并应当及时处分相关上市公司股份。

第六章 股份有限公司的股份发行和转让

第一节 股份发行

第一百四十二条 【面额股和无面额股】公司的资本划分为股份。公司的全部股份，根据公司章程的规定择一采用面额股或者无面额股。采用面额股的，每一股的金额相等。

公司可以根据公司章程的规定将已发行的面额股全部转换为无面额股或者将无面额股全部转换为面额股。

采用无面额股的，应当将发行股份所得股款的二分之一以上计入注册资本。

第一百四十三条 【股份发行的原则】股份的发行，实行公平、公正的原则，同类别的每一股份应当具有同等权利。

同次发行的同类别股份，每股的发行条件和价格应当相同；认购人所认购的股份，每股应当支付相同价额。

★ 第一百四十四条 【类别股的种类】公司可以按照公司章程的规定发行下列与普通股权利不同的类别股：

（一）优先或者劣后分配利润或者剩余财产的股份；

（二）每一股的表决权数多于或者少于普通股的股份；

（三）转让须经公司同意等转让受限的股份；

（四）国务院规定的其他类别股。

公开发行股份的公司不得发行前款第二项、第三项规定的类别股；公开发行前已发行的除外。

公司发行本条第一款第二项规定的类别股的，对于监事或者审计委员会成员的选举和更换，类别股与普通股每一股的表决权数相同。

第一百四十五条 【发行类别股的公司章程记载事项】发行类别股的公司，应当在公司章程中载明以下事项：

（一）类别股分配利润或者剩余财产的顺序；

（二）类别股的表决权数；

（三）类别股的转让限制；

（四）保护中小股东权益的措施；

（五）股东会认为需要规定的其他事项。

第一百四十六条 【类别股股东会决议】发行类别股的公司，有本法第一百一十六条第三款规定的事项等可能影响类别股股东权利的，除应当依照第一百一十六条第三款的规定经股东会决议外，还应当经出席类别股股东会议的股东所持表决权的三分之二以上通过。

公司章程可以对需经类别股股东会议决议的其他事项作出规定。

第一百四十七条 【股份的形式和记名股票】公司的股份采取股票的形式。股票是公司签发的证明股东所持股份的凭证。

公司发行的股票，应当为记名股票。

★ 第一百四十八条 【面额股股票的发行价格】面额股股票的发行价格可以按票面金额，也可以超过票面金额，但不得低于票面金额。

第一百四十九条 【股票的形式】股票采用纸面形式或者国务院证券监督管理机构规定的其他形式。

股票采用纸面形式的，应当载明下列主要事项：

（一）公司名称；

（二）公司成立日期或者股票发行的时间；

（三）股票种类、票面金额及代表的股份数，发行无面额股的，股票代表的股份数。

股票采用纸面形式的，还应当载明股票的编号，由法定代表人签名，公司盖章。

发起人股票采用纸面形式的，应当标明发起人股票字样。

第一百五十条 【股票交付时间】股份有限公司成立后，即向股东正式交付股票。公司成立前不得向股东交付股票。

第一百五十一条 【公司发行新股的股东会决议】公司发行新股，股东会应当对下列事项作出决议：

（一）新股种类及数额；

（二）新股发行价格；

（三）新股发行的起止日期；

（四）向原有股东发行新股的种类及数额；

（五）发行无面额股的，新股发行所得股款计入注册资本的金额。

公司发行新股，可以根据公司经营情况和财务状况，确定其作价方案。

第一百五十二条 【授权董事会决定发行股份及其限制】公司章程或者股东会可以授权董事会在三年内决定发行不超过已发行股份百分之五十的股份。但以非货币财产作价出资的，应当经股东会决议。

董事会依照前款规定决定发行股份导致公司注册资本、已发行股份数发生变化的，对公司章程该项记载事项的修改不需再由股东会表决。

第一百五十三条 【董事会决定发行新股的决议通过比例】公司章程或者股东会授权董事会决定发行新股的，董事会决议应当经全体董事三分之二以上通过。

第一百五十四条 【公开募集股份的注册和公告招股说明书】公司向社会公开募集股份，应当经国务院证券监督管理机构注册，公告招股说明书。

招股说明书应当附有公司章程，并载明下列事项：

（一）发行的股份总数；

（二）面额股的票面金额和发行价格或者无面额股的发行价格；

（三）募集资金的用途；

（四）认股人的权利和义务；

（五）股份种类及其权利和义务；

（六）本次募股的起止日期及逾期未募足时认股人可以撤回所认股份的说明。

公司设立时发行股份的，还应当载明发起人认购的股份数。

第一百五十五条 【证券承销】公司向社会公开募集股份，应当由依法设立的证券公司承销，签订承销协议。

第一百五十六条 【银行代收股款】公司向社会公开募集股份，应当同银行签订代收股款协议。

代收股款的银行应当按照协议代收和保存股款，向缴纳股款的认股人出具收款单据，并负有向有关部门出具收款证明的义务。

公司发行股份募足股款后，应予公告。

第二节 股份转让

★ **第一百五十七条** 【股份转让自由及其例外】股份有限公司的股东持有的股份可以向其他股东转让，也可以向股东以外的人转让；公司章程对股份转让有限制的，其转让按照公司章程的规定进行。

第一百五十八条 【股份转让的方式】股东转让其股份，应当在依法设立的证券交易场所进行或者按照国务院规定的其他方式进行。

第一百五十九条 【股票转让的方式】股票的转让，由股东以背书方式或者法律、行政法规规定的其他方式进行；转让后由公司将受让人的姓名或者名称及住所记载于股东名册。

股东会会议召开前二十日内或者公司决定分配股利的基准日前五日内，不得变更股东名册。法律、行政法规或者国务院证券监督管理机构对上市公司股东名册变更另有规定的，从其规定。

★★ **第一百六十条** 【股份转让的限制】公司公开发行股份前已发行的股份，自公司股票在证券交易所上市交易之日起一年内不得转让。法律、行政法规或者国务院证券监督管理机构对上市公司的股东、实际控制人转让其所持有的本公司股份另有规定的，从其规定。

公司董事、监事、高级管理人员应当向公司申报所持有的本公司的股份及其变动情况，在就任时确定的任职期间每年转让的股份不得超过其所持有本公司股份总数的百分之二十五；所持本公司股份自公司股票上市交易之日起一年内不得转让。上述人员离职后半年内，不得转让其所持有的本公司股份。公司章程可以对公司董事、监事、高级管理人员转让其所持有的本公司股份作出其他限制性规定。

股份在法律、行政法规规定的限制转让期限内出质的，质权人不得在限制转让期限内行使质权。

★★ **第一百六十一条** 【异议股东股份回购请求权】有下列情形之一的，对股东会该项决议投反对票的股东可以请求公司按照合理的价格收购其股份，公开发行股份的公司除外：

（一）公司连续五年不向股东分配利润，而公司该五年连续盈利，并且符合本法规定的分配利润条件；

（二）公司转让主要财产；

（三）公司章程规定的营业期限届满或者章程规定的其他解散事由出现，股东会通过决议修改章程使公司存续。

自股东会决议作出之日起六十日内，股东与公司不能达成股份收购协议的，股东可以自股东会决议作出之日起九十日内向人民法院提起诉讼。

公司因本条第一款规定的情形收购的本公司股份，应当在六个月内依法转让或者注销。

★★ **第一百六十二条** 【公司不得收购本公司股份及其例外】公司不得收购本公司股份。但是，有下列情形之一的除外：

（一）减少公司注册资本；

（二）与持有本公司股份的其他公司合并；

（三）将股份用于员工持股计划或者股权激励；

（四）股东因对股东会作出的公司合并、分立决议持异议，要求公司收购其股份；

（五）将股份用于转换公司发行的可转换为股票的公司债券；

（六）上市公司为维护公司价值及股东权益所必需。

公司因前款第一项、第二项规定的情形收购本公司股份的，应当经股东会决议；公司因前款第三项、第五项、第六项规定的情形收购本公司股份的，可以按照公司章程或者股东会的授权，经三分之二以上董事出席的董事会会议决议。

公司依照本条第一款规定收购本公司股份后，属于第一项情形的，应当自收购之日起十日内注销；属于第二项、第四项情形的，应当在六个月内转让或者注销；属于第三项、第五项、第六项情形的，公司合计持有的本公司股份数不得超过本公司已发行股份总数的百分之十，并应当在三年内转让或者注销。

上市公司收购本公司股份的，应当依照《中华人民共和国证券法》的规定履行信息披露义务。上市公司因本条第一款第三项、第五项、第六项规定的情形收购本公司股份的，应当通过公开的集中交易方式进行。

公司不得接受本公司的股份作为质权的标的。

★ **第一百六十三条** 【禁止财务资助及其例外】公司

不得为他人取得本公司或者其母公司的股份提供赠与、借款、担保以及其他财务资助。公司实施员工持股计划的除外。

为公司利益，经股东会决议，或者董事会按照公司章程或者股东会的授权作出决议，公司可以为他人取得本公司或者其母公司的股份提供财务资助，但财务资助的累计总额不得超过已发行股本总额的百分之十。董事会作出决议应当经全体董事的三分之二以上通过。

违反前两款规定，给公司造成损失的，负有责任的董事、监事、高级管理人员应当承担赔偿责任。

第一百六十四条 【股票被盗、遗失或者灭失的救济】股票被盗、遗失或者灭失，股东可以依照《中华人民共和国民事诉讼法》规定的公示催告程序，请求人民法院宣告该股票失效。人民法院宣告该股票失效后，股东可以向公司申请补发股票。

第一百六十五条 【上市公司的股票上市交易】上市公司的股票，依照有关法律、行政法规及证券交易所交易规则上市交易。

第一百六十六条 【上市公司信息披露】上市公司应当依照法律、行政法规的规定披露相关信息。

第一百六十七条 【股东资格继承】自然人股东死亡后，其合法继承人可以继承股东资格；但是，股份转让受限的股份有限公司的章程另有规定的除外。

第七章　国家出资公司组织机构的特别规定

第一百六十八条 【国家出资公司组织机构法律适用及其范围】国家出资公司的组织机构，适用本章规定；本章没有规定的，适用本法其他规定。

本法所称国家出资公司，是指国家出资的国有独资公司、国有资本控股公司，包括国家出资的有限责任公司、股份有限公司。

第一百六十九条 【履行出资人职责的机构】国家出资公司，由国务院或者地方人民政府分别代表国家依法履行出资人职责，享有出资人权益。国务院或者地方人民政府可以授权国有资产监督管理机构或者其他部门、机构代表本级人民政府对国家出资公司履行出资人职责。

代表本级人民政府履行出资人职责的机构、部门，以下统称为履行出资人职责的机构。

第一百七十条 【国家出资公司中的党组织】国家出资公司中中国共产党的组织，按照中国共产党章程的规定发挥领导作用，研究讨论公司重大经营管理事项，支持公司的组织机构依法行使职权。

第一百七十一条 【国有独资公司章程制定】国有独资公司章程由履行出资人职责的机构制定。

★ 第一百七十二条 【履行出资人职责的机构行使股东会职权及其授权】国有独资公司不设股东会，由履行出资人职责的机构行使股东会职权。履行出资人职责的机构可以授权公司董事会行使股东会的部分职权，但公司章程的制定和修改、公司的合并、分立、解散、申请破产、增加或者减少注册资本、分配利润，应当由履行出资人职责的机构决定。

第一百七十三条 【国有独资公司董事会的职权和组成及董事长、副董事长的指定】国有独资公司的董事会依照本法规定行使职权。

国有独资公司的董事会成员中，应当过半数为外部董事，并应当有公司职工代表。

董事会成员由履行出资人职责的机构委派；但是，董事会成员中的职工代表由公司职工代表大会选举产生。

董事会设董事长一人，可以设副董事长。董事长、副董事长由履行出资人职责的机构从董事会成员中指定。

第一百七十四条 【国有独资公司经理的聘任及解聘】国有独资公司的经理由董事会聘任或者解聘。

经履行出资人职责的机构同意，董事会成员可以兼任经理。

第一百七十五条 【国有独资公司董事、高级管理人员的兼职限制】国有独资公司的董事、高级管理人员，未经履行出资人职责的机构同意，不得在其他有限责任公司、股份有限公司或者其他经济组织兼职。

第一百七十六条 【国有独资公司审计委员会和监事会的设置模式】国有独资公司在董事会中设置由董事组成的审计委员会行使本法规定的监事会职权的，不设监事会或者监事。

第一百七十七条 【合规管理】国家出资公司应当依法建立健全内部监督管理和风险控制制度，加强内部合规管理。

第八章　公司董事、监事、高级管理人员的资格和义务

★★ 第一百七十八条 【消极资格】有下列情形之一的，不得担任公司的董事、监事、高级管理人员：

（一）无民事行为能力或者限制民事行为能力；

（二）因贪污、贿赂、侵占财产、挪用财产或者破坏社会主义市场经济秩序，被判处刑罚，或者因犯罪被剥夺政治权利，执行期满未逾五年，被宣告缓刑的，自缓刑考验期满之日起未逾二年；

（三）担任破产清算的公司、企业的董事或者厂长、经理，对该公司、企业的破产负有个人责任的，自该公司、企业破产清算完结之日起未逾三年；

（四）担任因违法被吊销营业执照、责令关闭的公司、企业的法定代表人，并负有个人责任的，自该公司、企业被吊销营业执照、责令关闭之日起未逾三年；

（五）个人因所负数额较大债务到期未清偿被人民法院列为失信被执行人。

违反前款规定选举、委派董事、监事或者聘任高级管理人员的，该选举、委派或者聘任无效。

董事、监事、高级管理人员在任职期间出现本条第一款所列情形的，公司应当解除其职务。

第一百七十九条　【守法合章义务】董事、监事、高级管理人员应当遵守法律、行政法规和公司章程。

★ 第一百八十条　【忠实义务和勤勉义务的一般规定】董事、监事、高级管理人员对公司负有忠实义务，应当采取措施避免自身利益与公司利益冲突，不得利用职权牟取不正当利益。

董事、监事、高级管理人员对公司负有勤勉义务，执行职务应当为公司的最大利益尽到管理者通常应有的合理注意。

公司的控股股东、实际控制人不担任公司董事但实际执行公司事务的，适用前两款规定。

第一百八十一条　【违反忠实义务的行为】董事、监事、高级管理人员不得有下列行为：

（一）侵占公司财产、挪用公司资金；

（二）将公司资金以其个人名义或者以其他个人名义开立账户存储；

（三）利用职权贿赂或者收受其他非法收入；

（四）接受他人与公司交易的佣金归为己有；

（五）擅自披露公司秘密；

（六）违反对公司忠实义务的其他行为。

★★ 第一百八十二条　【自我交易和关联交易】董事、监事、高级管理人员，直接或者间接与本公司订立合同或者进行交易，应当就与订立合同或者进行交易有关的事项向董事会或者股东会报告，并按照公司章程的规定经董事会或者股东会决议通过。

董事、监事、高级管理人员的近亲属，董事、监事、高级管理人员或者其近亲属直接或者间接控制的企业，以及与董事、监事、高级管理人员有其他关联关系的关联人，与公司订立合同或者进行交易，适用前款规定。

★ 第一百八十三条　【利用公司商业机会】董事、监事、高级管理人员，不得利用职务便利为自己或者他人谋取属于公司的商业机会。但是，有下列情形之一的除外：

（一）向董事会或者股东会报告，并按照公司章程的规定经董事会或者股东会决议通过；

（二）根据法律、行政法规或者公司章程的规定，公司不能利用该商业机会。

★ 第一百八十四条　【竞业限制】董事、监事、高级管理人员未向董事会或者股东会报告，并按照公司章程的规定经董事会或者股东会决议通过，不得自营或者为他人经营与其任职公司同类的业务。

★ 第一百八十五条　【关联董事回避表决】董事会对本法第一百八十二条至第一百八十四条规定的事项决议时，关联董事不得参与表决，其表决权不计入表决权总数。出席董事会会议的无关联关系董事人数不足三人的，应当将该事项提交股东会审议。

第一百八十六条　【归入权】董事、监事、高级管理人员违反本法第一百八十一条至第一百八十四条规定所得的收入应当归公司所有。

第一百八十七条　【列席股东会会议并接受股东质询】股东会要求董事、监事、高级管理人员列席会议的，董事、监事、高级管理人员应当列席并接受股东的质询。

★ 第一百八十八条　【执行职务给公司造成损失的赔偿责任】董事、监事、高级管理人员执行职务违反法律、行政法规或者公司章程的规定，给公司造成损失的，应当承担赔偿责任。

★★ 第一百八十九条　【股东代表诉讼】董事、高级管理人员有前条规定的情形的，有限责任公司的股东、股份有限公司连续一百八十日以上单独或者合计持有公司百分之一以上股份的股东，可以书面请求监事会向人民法院提起诉讼；监事有前条规定的情形的，前述股东可以书面请求董事会向人民法院提起诉讼。

监事会或者董事会收到前款规定的股东书面请求后拒绝提起诉讼，或者自收到请求之日起三十日内未提起诉讼，或者情况紧急、不立即提起诉讼将会使公司利益受到难以弥补的损害的，前款规定的股东有权为公司利益以自己的名义直接向人民法院提起诉讼。

他人侵犯公司合法权益，给公司造成损失的，本条第一款规定的股东可以依照前两款的规定向人民法院提起诉讼。

公司全资子公司的董事、监事、高级管理人员有前条规定情形，或者他人侵犯公司全资子公司合法权益造成损失的，有限责任公司的股东、股份有限公司连续一百八十日以上单独或者合计持有公司百分之一以上股份的股东，可以依照前三款规定书面请求全资子公司的监事会、董事会向人民法院提起诉讼或者以自己的名义直接向人民法院提起诉讼。

第一百九十条　【股东直接诉讼】董事、高级管理人员违反法律、行政法规或者公司章程的规定，损害股东利益的，股东可以向人民法院提起诉讼。

★ 第一百九十一条　【执行职务给他人造成损害的赔偿责任】董事、高级管理人员执行职务，给他人造成损害的，公司应当承担赔偿责任；董事、高级管理人员存在故意或者重大过失的，也应当承担赔偿责任。

★ 第一百九十二条　【影子董事、影子高级管理人员】公司的控股股东、实际控制人指示董事、高级管理人员从事损害公司或者股东利益的行为的，与该董事、高级管理人员承担连带责任。

第一百九十三条　【董事责任保险】公司可以在董事任职期间为董事因执行公司职务承担的赔偿责任投保责任保险。

公司为董事投保责任保险或者续保后，董事会应当向股东会报告责任保险的投保金额、承保范围及保险费率等内容。

第九章 公司债券

第一百九十四条 【公司债券的定义、发行和交易的一般规定】本法所称公司债券，是指公司发行的约定按期还本付息的有价证券。

公司债券可以公开发行，也可以非公开发行。

公司债券的发行和交易应当符合《中华人民共和国证券法》等法律、行政法规的规定。

第一百九十五条 【公司债券募集办法的公告及记载事项】公开发行公司债券，应当经国务院证券监督管理机构注册，公告公司债券募集办法。

公司债券募集办法应当载明下列主要事项：

（一）公司名称；
（二）债券募集资金的用途；
（三）债券总额和债券的票面金额；
（四）债券利率的确定方式；
（五）还本付息的期限和方式；
（六）债券担保情况；
（七）债券的发行价格、发行的起止日期；
（八）公司净资产额；
（九）已发行的尚未到期的公司债券总额；
（十）公司债券的承销机构。

第一百九十六条 【以纸面形式发行的公司债券的记载事项】公司以纸面形式发行公司债券的，应当在债券上载明公司名称、债券票面金额、利率、偿还期限等事项，并由法定代表人签名，公司盖章。

第一百九十七条 【记名债券】公司债券应当为记名债券。

第一百九十八条 【债券持有人名册】公司发行公司债券应当置备公司债券持有人名册。

发行公司债券的，应当在公司债券持有人名册上载明下列事项：

（一）债券持有人的姓名或者名称及住所；
（二）债券持有人取得债券的日期及债券的编号；
（三）债券总额，债券的票面金额、利率、还本付息的期限和方式；
（四）债券的发行日期。

第一百九十九条 【公司债券的登记结算】公司债券的登记结算机构应当建立债券登记、存管、付息、兑付等相关制度。

第二百条 【公司债券转让自由及其合法性】公司债券可以转让，转让价格由转让人与受让人约定。

公司债券的转让应当符合法律、行政法规的规定。

第二百零一条 【公司债券转让的方式】公司债券由债券持有人以背书方式或者法律、行政法规规定的其他方式转让；转让后由公司将受让人的姓名或者名称及住所记载于公司债券持有人名册。

第二百零二条 【可转换为股票的公司债券的发行】股份有限公司经股东会决议，或者经公司章程、股东会授权由董事会决议，可以发行可转换为股票的公司债券，并规定具体的转换办法。上市公司发行可转换为股票的公司债券，应当经国务院证券监督管理机构注册。

发行可转换为股票的公司债券，应当在债券上标明可转换公司债券字样，并在公司债券持有人名册上载明可转换公司债券的数额。

第二百零三条 【可转换为股票的公司债券的转换】发行可转换为股票的公司债券的，公司应当按照其转换办法向债券持有人换发股票，但债券持有人对转换股票或者不转换股票有选择权。法律、行政法规另有规定的除外。

第二百零四条 【债券持有人会议及其决议】公开发行公司债券的，应当为同期债券持有人设立债券持有人会议，并在债券募集办法中对债券持有人会议的召集程序、会议规则和其他重要事项作出规定。债券持有人会议可以对与债券持有人有利害关系的事项作出决议。

除公司债券募集办法另有约定外，债券持有人会议决议对同期全体债券持有人发生效力。

第二百零五条 【债券受托管理人的聘请及其负责事项】公开发行公司债券的，发行人应当为债券持有人聘请债券受托管理人，由其为债券持有人办理受领清偿、债权保全、与债券相关的诉讼以及参与债务人破产程序等事项。

第二百零六条 【债券受托管理人的职责及责任承担】债券受托管理人应当勤勉尽责，公正履行受托管理职责，不得损害债券持有人利益。

受托管理人与债券持有人存在利益冲突可能损害债券持有人利益的，债券持有人会议可以决议变更债券受托管理人。

债券受托管理人违反法律、行政法规或者债券持有人会议决议，损害债券持有人利益的，应当承担赔偿责任。

第十章 公司财务、会计

第二百零七条 【依法建立财务、会计制度】公司应当依照法律、行政法规和国务院财政部门的规定建立本公司的财务、会计制度。

第二百零八条 【财务会计报告的编制】公司应当在每一会计年度终了时编制财务会计报告，并依法经会计师事务所审计。

财务会计报告应当依照法律、行政法规和国务院财政部门的规定制作。

第二百零九条 【财务会计报告的公布】有限责任

公司应当按照公司章程规定的期限将财务会计报告送交各股东。

股份有限公司的财务会计报告应当在召开股东会年会的二十日前置备于本公司，供股东查阅；公开发行股份的股份有限公司应当公告其财务会计报告。

★★ **第二百一十条** 【公司利润分配】公司分配当年税后利润时，应当提取利润的百分之十列入公司法定公积金。公司法定公积金累计额为公司注册资本的百分之五十以上的，可以不再提取。

公司的法定公积金不足以弥补以前年度亏损的，在依照前款规定提取法定公积金之前，应当先用当年利润弥补亏损。

公司从税后利润中提取法定公积金后，经股东会决议，还可以从税后利润中提取任意公积金。

公司弥补亏损和提取公积金后所余税后利润，有限责任公司按股东实缴的出资比例分配利润，全体股东约定不按照出资比例分配利润的除外；股份有限公司按照股东所持有的股份比例分配利润，公司章程另有规定的除外。

公司持有的本公司股份不得分配利润。

★ **第二百一十一条** 【违法分配利润的后果及责任】公司违反本法规定向股东分配利润的，股东应当将违反规定分配的利润退还公司；给公司造成损失的，股东及负有责任的董事、监事、高级管理人员应当承担赔偿责任。

第二百一十二条 【利润分配的完成期限】股东会作出分配利润的决议的，董事会应当在股东会决议作出之日起六个月内进行分配。

第二百一十三条 【资本公积金的来源】公司以超过股票票面金额的发行价格发行股份所得的溢价款、发行无面额股所得股款未计入注册资本的金额以及国务院财政部门规定列入资本公积金的其他项目，应当列为公司资本公积金。

★★ **第二百一十四条** 【公积金的用途】公司的公积金用于弥补公司的亏损、扩大公司生产经营或者转为增加公司注册资本。

公积金弥补公司亏损，应当先使用任意公积金和法定公积金；仍不能弥补的，可以按照规定使用资本公积金。

法定公积金转为增加注册资本时，所留存的该项公积金不得少于转增前公司注册资本的百分之二十五。

第二百一十五条 【会计师事务所的聘用及解聘】公司聘用、解聘承办公司审计业务的会计师事务所，按照公司章程的规定，由股东会、董事会或者监事会决定。

公司股东会、董事会或者监事会就解聘会计师事务所进行表决时，应当允许会计师事务所陈述意见。

第二百一十六条 【会计资料的提供】公司应向聘用的会计师事务所提供真实、完整的会计凭证、会计账簿、财务会计报告及其他会计资料，不得拒绝、隐匿、谎报。

第二百一十七条 【禁止另立账簿或账户】公司除法定的会计账簿外，不得另立会计账簿。

对公司资金，不得以任何个人名义开立账户存储。

第十一章　公司合并、分立、增资、减资

第二百一十八条 【公司合并方式】公司合并可以采取吸收合并或者新设合并。

一个公司吸收其他公司为吸收合并，被吸收的公司解散。两个以上公司合并设立一个新的公司为新设合并，合并各方解散。

★ **第二百一十九条** 【简易合并】公司与其持股百分之九十以上的公司合并，被合并的公司不需经股东会决议，但应当通知其他股东，其他股东有权请求公司按照合理的价格收购其股权或者股份。

公司合并支付的价款不超过本公司净资产百分之十的，可以不经股东会决议；但是，公司章程另有规定的除外。

公司依照前两款规定合并不经股东会决议的，应当经董事会决议。

★ **第二百二十条** 【公司合并程序】公司合并，应当由合并各方签订合并协议，并编制资产负债表及财产清单。公司应当自作出合并决议之日起十日内通知债权人，并于三十日内在报纸上或者国家企业信用信息公示系统公告。债权人自接到通知之日起三十日内，未接到通知的自公告之日起四十五日内，可以要求公司清偿债务或者提供相应的担保。

★ **第二百二十一条** 【公司合并的债权债务承继】公司合并时，合并各方的债权、债务，应当由合并后存续的公司或者新设的公司承继。

第二百二十二条 【公司分立程序】公司分立，其财产作相应的分割。

公司分立，应当编制资产负债表及财产清单。公司应当自作出分立决议之日起十日内通知债权人，并于三十日内在报纸上或者国家企业信用信息公示系统公告。

★ **第二百二十三条** 【公司分立的债务承担】公司分立前的债务由分立后的公司承担连带责任。但是，公司在分立前与债权人就债务清偿达成的书面协议另有约定的除外。

★★ **第二百二十四条** 【公司减资程序】公司减少注册资本，应当编制资产负债表及财产清单。

公司应当自股东会作出减少注册资本决议之日起十日内通知债权人，并于三十日内在报纸上或者国家企业信用信息公示系统公告。债权人自接到通知之日起三十日内，未接到通知的自公告之日起四十五日内，有权要

求公司清偿债务或者提供相应的担保。

公司减少注册资本，应当按照股东出资或者持有股份的比例相应减少出资额或者股份，法律另有规定、有限责任公司全体股东另有约定或者股份有限公司章程另有规定的除外。

★★ 第二百二十五条　【简易减资】公司依照本法第二百一十四条第二款的规定弥补亏损后，仍有亏损的，可以减少注册资本弥补亏损。减少注册资本弥补亏损的，公司不得向股东分配，也不得免除股东缴纳出资或者股款的义务。

依照前款规定减少注册资本的，不适用前条第二款的规定，但应当自股东会作出减少注册资本决议之日起三十日内在报纸上或者国家企业信用信息公示系统公告。

公司依照前两款的规定减少注册资本后，在法定公积金和任意公积金累计额达到公司注册资本百分之五十前，不得分配利润。

★ 第二百二十六条　【违法减资的后果及责任】违反本法规定减少注册资本的，股东应当退还其收到的资金，减免股东出资的应当恢复原状；给公司造成损失的，股东及负有责任的董事、监事、高级管理人员应当承担赔偿责任。

★★ 第二百二十七条　【增资时股东的优先认缴（购）权】有限责任公司增加注册资本时，股东在同等条件下有权优先按照实缴的出资比例认缴出资。但是，全体股东约定不按照出资比例优先认缴出资的除外。

股份有限公司为增加注册资本发行新股时，股东不享有优先认购权，公司章程另有规定或者股东会决议决定股东享有优先认购权的除外。

★ 第二百二十八条　【增资时缴资或购股适用设立时的相关规定】有限责任公司增加注册资本时，股东认缴新增资本的出资，依照本法设立有限责任公司缴纳出资的有关规定执行。

股份有限公司为增加注册资本发行新股时，股东认购新股，依照本法设立股份有限公司缴纳股款的有关规定执行。

第十二章　公司解散和清算

第二百二十九条　【公司解散事由及其公示】公司因下列原因解散：

（一）公司章程规定的营业期限届满或者公司章程规定的其他解散事由出现；

（二）股东会决议解散；

（三）因公司合并或者分立需要解散；

（四）依法被吊销营业执照、责令关闭或者被撤销；

（五）人民法院依照本法第二百三十一条的规定予以解散。

公司出现前款规定的解散事由，应当在十日内将解散事由通过国家企业信用信息公示系统予以公示。

★ 第二百三十条　【公司出现特定解散事由的存续程序】公司有前条第一款第一项、第二项情形，且尚未向股东分配财产的，可以通过修改公司章程或者经股东会决议而存续。

依照前款规定修改公司章程或者经股东会决议，有限责任公司须经持有三分之二以上表决权的股东通过，股份有限公司须经出席股东会会议的股东所持表决权的三分之二以上通过。

★ 第二百三十一条　【司法解散】公司经营管理发生严重困难，继续存续会使股东利益受到重大损失，通过其他途径不能解决的，持有公司百分之十以上表决权的股东，可以请求人民法院解散公司。

★ 第二百三十二条　【公司自行清算】公司因本法第二百二十九条第一款第一项、第二项、第四项、第五项规定而解散的，应当清算。董事为公司清算义务人，应当在解散事由出现之日起十五日内组成清算组进行清算。

清算组由董事组成，但是公司章程另有规定或者股东会决议另选他人的除外。

清算义务人未及时履行清算义务，给公司或者债权人造成损失的，应当承担赔偿责任。

★ 第二百三十三条　【法院指定清算】公司依照前条第一款的规定应当清算，逾期不成立清算组进行清算或者成立清算组后不清算的，利害关系人可以申请人民法院指定有关人员组成清算组进行清算。人民法院应当受理该申请，并及时组织清算组进行清算。

公司因本法第二百二十九条第一款第四项的规定而解散的，作出吊销营业执照、责令关闭或者撤销决定的部门或者公司登记机关，可以申请人民法院指定有关人员组成清算组进行清算。

第二百三十四条　【清算组的职权】清算组在清算期间行使下列职权：

（一）清理公司财产，分别编制资产负债表和财产清单；

（二）通知、公告债权人；

（三）处理与清算有关的公司未了结的业务；

（四）清缴所欠税款以及清算过程中产生的税款；

（五）清理债权、债务；

（六）分配公司清偿债务后的剩余财产；

（七）代表公司参与民事诉讼活动。

第二百三十五条　【债权申报】清算组应当自成立之日起十日内通知债权人，并于六十日内在报纸上或者国家企业信用信息公示系统公告。债权人应当自接到通知之日起三十日内，未接到通知的自公告之日起四十五日内，向清算组申报其债权。

债权人申报债权，应当说明债权的有关事项，并提供证明材料。清算组应当对债权进行登记。

在申报债权期间，清算组不得对债权人进行清偿。

★ **第二百三十六条** 【制订清算方案和处分公司财产】清算组在清理公司财产、编制资产负债表和财产清单后，应当制订清算方案，并报股东会或者人民法院确认。

<u>公司财产在分别支付清算费用、职工的工资、社会保险费用和法定补偿金，缴纳所欠税款，清偿公司债务后的剩余财产，有限责任公司按照股东的出资比例分配，股份有限公司按照股东持有的股份比例分配。</u>

清算期间，公司存续，但不得开展与清算无关的经营活动。公司财产在未依照前款规定清偿前，不得分配给股东。

第二百三十七条 【破产清算的申请】清算组在清理公司财产、编制资产负债表和财产清单后，发现公司财产不足清偿债务的，应当依法向人民法院申请破产清算。

人民法院受理破产申请后，清算组应当将清算事务移交给人民法院指定的破产管理人。

★ **第二百三十八条** 【清算组成员的忠实义务和勤勉义务】清算组成员履行清算职责，负有忠实义务和勤勉义务。

<u>清算组成员怠于履行清算职责，给公司造成损失的，应当承担赔偿责任；因故意或者重大过失给债权人造成损失的，应当承担赔偿责任。</u>

第二百三十九条 【制作清算报告和申请注销登记】公司清算结束后，清算组应当制作清算报告，报股东会或者人民法院确认，并报送公司登记机关，申请注销公司登记。

★ **第二百四十条** 【简易注销】<u>公司在存续期间未产生债务，或者已清偿全部债务的，经全体股东承诺，可以按照规定通过简易程序注销公司登记。</u>

通过简易程序注销公司登记，应当通过国家企业信用信息公示系统予以公告，<u>公告期限不少于二十日</u>。公告期限届满后，未有异议的，公司可以在<u>二十日</u>内向公司登记机关申请注销公司登记。

公司通过简易程序注销公司登记，股东对本条第一款规定的内容承诺不实的，应当对注销登记前的债务承担连带责任。

第二百四十一条 【强制注销】公司被吊销营业执照、责令关闭或者被撤销，满三年未向公司登记机关申请注销公司登记的，公司登记机关可以通过国家企业信用信息公示系统予以公告，<u>公告期限不少于六十日</u>。公告期限届满后，未有异议的，公司登记机关可以注销公司登记。

依照前款规定注销公司登记的，原公司股东、清算义务人的责任不受影响。

第二百四十二条 【破产清算的法律适用】公司被依法宣告破产的，依照有关企业破产的法律实施破产清算。

第十三章　外国公司的分支机构

第二百四十三条 【外国公司的定义】本法所称外国公司，是指依照外国法律在中华人民共和国境外设立的公司。

第二百四十四条 【外国公司设立分支机构的程序】外国公司在中华人民共和国境内设立分支机构，应当向中国主管机关提出申请，并提交其公司章程、所属国的公司登记证书等有关文件，经批准后，向公司登记机关依法办理登记，领取营业执照。

外国公司分支机构的审批办法由国务院另行规定。

第二百四十五条 【外国公司设立分支机构的条件】外国公司在中华人民共和国境内设立分支机构，应当在中华人民共和国境内指定负责该分支机构的代表人或者代理人，并向该分支机构拨付与其所从事的经营活动相适应的资金。

对外国公司分支机构的经营资金需要规定最低限额的，由国务院另行规定。

第二百四十六条 【名称及公司章程置备】外国公司的分支机构应当在其名称中标明该外国公司的国籍及责任形式。

外国公司的分支机构应当在本机构中置备该外国公司章程。

第二百四十七条 【法律地位】外国公司在中华人民共和国境内设立的分支机构不具有中国法人资格。

外国公司对其分支机构在中华人民共和国境内进行经营活动承担民事责任。

第二百四十八条 【从事业务活动的原则】经批准设立的外国公司分支机构，在中华人民共和国境内从事业务活动，应当遵守中国的法律，不得损害中国的社会公共利益，其合法权益受中国法律保护。

第二百四十九条 【外国公司撤销分支机构的债务清偿】外国公司撤销其在中华人民共和国境内的分支机构时，应当依法清偿债务，依照本法有关公司清算程序的规定进行清算。未清偿债务之前，不得将其分支机构的财产转移至中华人民共和国境外。

第十四章　法　律　责　任

第二百五十条 【欺诈取得公司登记的法律责任】违反本法规定，虚报注册资本、提交虚假材料或者采取其他欺诈手段隐瞒重要事实取得公司登记的，由公司登记机关责令改正，对虚报注册资本的公司，处以虚报注册资本金额百分之五以上百分之十五以下的罚款；对提交虚假材料或者采取其他欺诈手段隐瞒重要事实的公司，处以五万元以上二百万元以下的罚款；情节严重的，吊销营业执照；对直接负责的主管人员和其他直接责任人员处以三万元以上三十万元以下的罚款。

第二百五十一条 【违反信息公示规定的法律责任】公司未依照本法第四十条规定公示有关信息或者不如实公示有关信息的，由公司登记机关责令改正，可以处以一万元以上五万元以下的罚款。情节严重的，处以五万元以上二十万元以下的罚款；对直接负责的主管人员和其他直接责任人员处以一万元以上十万元以下的罚款。

第二百五十二条 【虚假出资或未出资的法律责任】公司的发起人、股东虚假出资，未交付或者未按期交付作为出资的货币或者非货币财产的，由公司登记机关责令改正，可以处以五万元以上二十万元以下的罚款；情节严重的，处以虚假出资或者未出资金额百分之五以上百分之十五以下的罚款；对直接负责的主管人员和其他直接责任人员处以一万元以上十万元以下的罚款。

第二百五十三条 【抽逃出资的法律责任】公司的发起人、股东在公司成立后，抽逃其出资的，由公司登记机关责令改正，处以所抽逃出资金额百分之五以上百分之十五以下的罚款；对直接负责的主管人员和其他直接责任人员处以三万元以上三十万元以下的罚款。

第二百五十四条 【违反财务会计制度的法律责任】有下列行为之一的，由县级以上人民政府财政部门依照《中华人民共和国会计法》等法律、行政法规的规定处罚：

（一）在法定的会计账簿以外另立会计账簿；

（二）提供存在虚假记载或者隐瞒重要事实的财务会计报告。

第二百五十五条 【不依法通知或公告债权人的法律责任】公司在合并、分立、减少注册资本或者进行清算时，不依照本法规定通知或者公告债权人的，由公司登记机关责令改正，对公司处以一万元以上十万元以下的罚款。

第二百五十六条 【妨害清算的法律责任】公司在进行清算时，隐匿财产，对资产负债表或者财产清单作虚假记载，或者在未清偿债务前分配公司财产的，由公司登记机关责令改正，对公司处以隐匿财产或者未清偿债务前分配公司财产金额百分之五以上百分之十以下的罚款；对直接负责的主管人员和其他直接责任人员处以一万元以上十万元以下的罚款。

第二百五十七条 【中介机构违法的法律责任】承担资产评估、验资或者验证的机构提供虚假材料或者提供有重大遗漏的报告的，由有关部门依照《中华人民共和国资产评估法》、《中华人民共和国注册会计师法》等法律、行政法规的规定处罚。

承担资产评估、验资或者验证的机构因其出具的评估结果、验资或者验证证明不实，给公司债权人造成损失的，除能够证明自己没有过错外，在其评估或者证明不实的金额范围内承担赔偿责任。

第二百五十八条 【公司登记机关违法的法律责任】公司登记机关违反法律、行政法规规定未履行职责或者履行职责不当的，对负有责任的领导人员和直接责任人员依法给予政务处分。

第二百五十九条 【冒用公司或分公司名义的法律责任】未依法登记为有限责任公司或者股份有限公司，而冒用有限责任公司或者股份有限公司名义的，或者未依法登记为有限责任公司或者股份有限公司的分公司，而冒用有限责任公司或者股份有限公司的分公司名义的，由公司登记机关责令改正或者予以取缔，可以并处十万元以下的罚款。

第二百六十条 【未依法开业或停业、办理变更登记的法律责任】公司成立后无正当理由超过六个月未开业的，或者开业后自行停业连续六个月以上的，公司登记机关可以吊销营业执照，但公司依法办理歇业的除外。

公司登记事项发生变更时，未依照本法规定办理有关变更登记的，由公司登记机关责令限期登记；逾期不登记的，处以一万元以上十万元以下的罚款。

第二百六十一条 【外国公司违法设立分支机构的法律责任】外国公司违反本法规定，擅自在中华人民共和国境内设立分支机构的，由公司登记机关责令改正或者关闭，可以并处五万元以上二十万元以下的罚款。

第二百六十二条 【利用公司名义从事严重违法行为的法律责任】利用公司名义从事危害国家安全、社会公共利益的严重违法行为的，吊销营业执照。

第二百六十三条 【民事赔偿优先】公司违反本法规定，应当承担民事赔偿责任和缴纳罚款、罚金的，其财产不足以支付时，先承担民事赔偿责任。

第二百六十四条 【刑事责任】违反本法规定，构成犯罪的，依法追究刑事责任。

第十五章 附 则

第二百六十五条 【本法相关用语的含义】本法下列用语的含义：

（一）高级管理人员，是指公司的经理、副经理、财务负责人，上市公司董事会秘书和公司章程规定的其他人员。

（二）控股股东，是指其出资额占有限责任公司资本总额超过百分之五十或者其持有的股份占股份有限公司股本总额超过百分之五十的股东；出资额或者持有股份的比例虽然低于百分之五十，但依其出资额或者持有的股份所享有的表决权已足以对股东会的决议产生重大影响的股东。

（三）实际控制人，是指通过投资关系、协议或者其他安排，能够实际支配公司行为的人。

（四）关联关系，是指公司控股股东、实际控制人、董事、监事、高级管理人员与其直接或者间接控制的企业之间的关系，以及可能导致公司利益转移的其他关系。但是，国家控股的企业之间不仅因为同受国家控股而具有关联关系。

第二百六十六条 【施行日期和过渡调整】本法自2024年7月1日起施行。

本法施行前已登记设立的公司，出资期限超过本法规定的期限的，除法律、行政法规或者国务院另有规定外，应当逐步调整至本法规定的期限以内；对于出资期限、出资额明显异常的，公司登记机关可以依法要求其及时调整。具体实施办法由国务院规定。

经济法

一、大纲对照

◎ 考点变化

章名	章标题	内容变化
第1章	竞争法	无实质变化
第2章	消费者法	修订 1. 经营者的义务 2. 违反消费者权益保护的法律责任之民事责任
第3章	银行业法	无实质变化
第4章	财税法	无实质变化
第5章	土地法和房地产法	无实质变化

◎ 考点详解

▶▶▶ 修订考点1　经营者的义务

一、依法经营和诚信经营义务

经营者向消费者提供商品和服务，应依照法律、法规的规定履行义务。双方有约定的，应按照约定履行义务，但双方的约定不得违法。经营者向消费者提供商品或者服务，应当恪守社会公德，诚信经营，保障消费者的合法权益；不得设定不公平、不合理的交易条件，不得强制交易。在这方面的具体规定有：

1. 禁止强迫销售。经营者不得以暴力、胁迫、限制人身自由等方式或者利用技术手段，强制或者变相强制消费者购买商品或者接受服务，或者排除、限制消费者选择其他经营者提供的商品或者服务。经营者通过搭配、组合等方式提供商品或者服务的，应当以显著方式提请消费者注意。

2. 禁止虚假承诺。经营者以商业宣传、产品推荐、实物展示或者通知、声明、店堂告示等方式提供商品或者服务，对商品或者服务的数量、质量、价格、售后服务、责任承担等作出承诺的，应当向购买商品或者接受服务的消费者履行其所承诺的内容。

3. 禁止信息骚扰。未经消费者同意，经营者不得向消费者发送商业性信息或者拨打商业性电话。消费者同意接收商业性信息或者商业性电话的，经营者应当提供明确、便捷的取消方式。消费者选择取消的，经营者应当立即停止发送商业性信息或者拨打商业性电话。

4. 禁止误导老年人。经营者不得通过虚假或者引人误解的宣传，虚构或者夸大商品或者服务的治疗、保健、养生等功效，诱导老年人等消费者购买明显不符合其实际需求的商品或者服务。

二、接受监督的义务

经营者应当听取消费者对其提供的商品或服务的意见，接受消费者的监督。

三、安全保障义务

经营者应当保证其提供的商品或服务（包括以奖励、赠送、试用等形式向消费者免费提供商品或者服务）符合保障人身、财产安全的要求。经营者应当做到：

1. 对可能危及人身、财产安全的商品和服务，应作出真实说明和明确的警示，标明正确使用及防止危害发生的方法。免费提供的商品或者服务存在瑕疵但不违反法律强制性规定且不影响正常使用性能的，经营者应当在提供前如实告知消费者。

2. 宾馆、商场、餐馆、银行、机场、车站、港口、影剧院等经营场所的经营者，应当对消费者尽到安全保障义务。为此，经营者应当保证其经营场所及设施符合保障人身、财产安全的要求，采取必要的安全防护措施，并设置相应的警示标识。消费者在经营场所遇到危险或者受到侵害时，经营者应当给予及时、必要的救助。

3. 经营者发现其提供的商品或者服务存在缺陷，有危及人身、财产安全危险的，应当立即向有关行政部门报告和告知消费者，并采取停止销售、警示、召回、无害化处理、销毁、停止生产或者服务等措施，且自行承担商品召回的必要费用。

四、提供真实信息的义务

经营者应当采用通俗易懂的方式，真实、全面地向消费者提供商品或者服务相关信息，不得通过虚构经营者资质、资格或者所获荣誉，虚构商品或者服务交易信息、经营数据，篡改、编造、隐匿用户评价等方式，进行虚假或者引人误解的宣传，欺骗、误导消费者。经营者不得在消费者不知情的情况下，对同一商品或者服务在同等交易条件下设置不同的价格或者收费标准。对消费者关于质量、使用方法等问题的询问，经营者应作出明确的、完备的、符合实际的答复。经营者提供商品或者服务应当明码标价。

五、标明真实名称和标记的义务

经营者应当在其经营场所的显著位置标明其真实名称和标记。具体说，经营者租赁他人柜台或者场地提供商品或者服务，或者通过宣讲、抽奖、集中式体验等方式提供商品或者服务的，应当以显著方式标明其真实名称和标记。经营者通过网络、电视、电话、邮购等方式提供商品或者服务的，应当在其首页、视频画面、语音、商品目录等处以显著方式标明或者说明其真实名称和标记。由其他经营者实际提供商品或者服务的，还应当向消费者提供该经营者的名称、经营地址、联系方式等信息。

六、出具凭证或单据的义务

经营者提供商品或者服务，应按照国家规定或商业惯例向消费者出具发票等购货凭证或者服务单据；消费者索要发票等购货凭证或者单据的，经营者必须出具。

七、保证质量的义务

经营者有义务保证商品和服务的质量。该义务体现在以下三个方面：第一，经营者应当保证在正常使用商品或者接受服务的情况下其提供的商品或者服务应当具有的质量、性能、用途和有效期限；但消费者在购买该商品或者接受服务前已经知道其存在瑕疵，且存在该瑕疵不违反法律强制性规定的除外。第二，经营者以广告、产品说明、实物样品或者其他方式表明商品或者服务的质量状况的，应当保证提供的商品或者服务的实际质量与表明的质量状况相符。第三，经营者提供的机动车、计算机、电视机、电冰箱、空调器、洗衣机等耐用商品或者装饰装修等服务，消费者自接受商品或者服务之日起6个月内发现瑕疵，发生争议的，由经营者承担有关瑕疵的举证责任。

八、履行退货、更换、修理的义务

该义务分为两类情形：

1. 对瑕疵履行的补救。在经营者提供的商品或者服务不符合质量要求的情形下，如果有国家规定或者当事人约定，经营者有义务按照消费者的要求办理退货、更换或者修理。如果没有国家规定和当事人约定，消费者自收到商品之日起7日内退货的，经营者有义务办理退货，7日后符合法定解除合同条件的，经营者仍然有退货义务。不符合法定解除合同条件的，经营者应按消费者要求履行更换、修理等义务。经营者与消费者约定承担退货、更换、修理等义务的有效期限不得低于国家有关规定的要求。

2. 无理由退货。无论经营者提供的商品有无质量问题，只要是采用网络、电视、电话、邮购等方式销售的，消费者都有权自收到商品之日起7日内退货，且无须说明理由。但是，以下商品不适用无理由退货的规定：消费者定作的；鲜活易腐的；在线下载或者消费者拆封的音像制品、计算机软件等数字化商品；交付的报纸、期刊；其他根据商品性质并经消费者在购买时确认不宜退货的商品。经营者不得超出此规定擅自扩大不适用无理由退货的商品范围。经营者履行退货义务时，应当按照购货凭证或者服务单据上显示的价格一次性退清相关款项。

九、正确使用格式条款的义务

格式条款是经营者单方拟定的，消费者只能表示接受或不接受，而不能与之协商和改变其内容的交易条件。除书面合同中的格式条款外，经营者以通知、声明、店堂告示等形式单方规定的交易条件，也具有格式条款的性质。在面对众多消费者的情况下，经营者采用格式条款，有简化缔约程序、节省交易成本和保持交易条件统一的优点，这也是有利于消费者的。但是，格式条款也给经营者带来了弱化消费者合同意识、设置不公平条款因而损害消费者权益的机会。为此，法律对经营者使用格式条款规定了两方面的义务：

1. 提示和说明的义务。经营者在经营活动中使用格式条款的，应当以显著方式提请消费者注意商品或者服务的数量和质量、价款或者费用、履行期限和方式、安全注意事项和风险警示、售后服务、民事责任等与消费者有重大利害关系的内容，并按照消费者的要求予以说明。

2. 禁止滥用格式条款的义务。经营者不得以格式条款、通知、声明、店堂告示等方式，作出排除或者限制消费者权利、减轻或者免除经营者责任、加重消费者责任等对消费者不公平、不合理的规定，不得利用格式条款并借助技术手段强制交易；违反此义务的，其条款无效。

十、不得侵犯消费者人格权的义务

经营者不得对消费者进行侮辱、诽谤，不得搜查消费者的身体及其携带的物品，不得侵犯消费者的人身自由。

十一、尊重消费者信息自由的义务

经营者应当依法保护消费者的个人信息。首先，在收集、使用消费者个人信息时，应当遵循合法、正当、必要的原则，明示收集、使用信息的目的、方式和范围，并经消费者同意，不得过度收集消费者个人信息，不得采用一次概括授权、默认授权等方式，强制或者变相强制消费者同意收集、使用与经营活动无直接关系的个人信息。其次，对于已掌握的消费者个人信息，必须严格保密，不得泄露、出售或者非法向他人提供。经营者应采取必要措施确保信息安全，并在信息泄露、丢失时及时加以补救。同时，经营者应避免以商业信息骚扰消费者，即经营者未经消费者同意或者请求，或者消费者明确表示拒绝的，不得向其发送商业性信息。最后，在处理包含消费者的生物识别、宗教信仰、特定身份、医疗健康、金融账户、行踪轨迹等信息以及不满14周岁未成年人的个人信息等敏感个人信息时，应当符合有关法律、行政法规的规定。

十二、特别事项的规定

1. 押金、预付款。经营者提供商品或者服务时收取押金的，应当事先与消费者约定退还押金的方式、程序和时限，不得对退还押金设置不合理条件。经营者以收取预付款方式提供商品或者服务的，应当与消费者订立书面合同，约定商品或者服务的具体内容、价款或者费用、预付款退还方式、违约责任等事项。经营者出现重大经营风险，有可能影响经营者按照合同约定或者交易习惯正常提供商品或者服务的，应当停止收取预付款。消费者要求退还押金、预付款，符合退还条件，的，经营者应当及时退还。经营者决定停业或者迁移服务场所的，应当提前30日在其经营场所、网站、网店首页等的醒目位置公告经营者的有效联系方式等信息，并按消费者要求退还未消费的预付款余额。

2. 网络直播销售。经营者通过网络直播等方式提供商品或者服务的，应当依法履行消费者权益保护相关义务。直播营销平台经营者应当建立健全消费者权益保护制度，明确消费争议解决机制。发生消费争议的，直播营销平台经营者应当根据消费者的要求提供直播间运营者、直播营销人员相关信息以及相关经营活动记录等必要信息。

3. 网络游戏。经营者提供网络游戏服务的，应当符合国家关于网络游戏服务相关时段、时长、功能和内容等方面的规定和标准，针对未成年人设置相应的时间管理、权限管理、消费管理等功能，在注册、登录等环节严格进行用户核验，依法保护未成年人身心健康。

▶▶▶ 修订考点 2　违反消费者权益保护的法律责任之民事责任

经营者提供商品或者服务有下列情形之一的，除消费者权益保护法另有规定外，应当依照其他有关法律、法规的规定，承担民事责任：（1）商品或者服务存在缺陷的；（2）不具备商品应当具备的使用性能而出售时未做说明的；（3）不符合在商品或者其包装上注明采用的商品标准的；（4）不符合商品说明、实物样品等方式表明的质量状况的；（5）生产国家明令淘汰的商品或者销售失效、变质的商品的；（6）销售的商品数量不足的；（7）服务的内容和费用违反约定的；（8）对消费者提出的修理、重作、更换、退货、补足商品数量、退还货款和服务费用或者赔偿损失的要求，故意拖延或者无理拒绝的；（9）法律、法规规定的其他损害消费者权益的情形。

经营者对消费者未尽到安全保障义务，造成消费者损害的，应当承担侵权责任。

当侵犯消费者权益的行为同时符合消费者权益保护法和普通民事法律的民事责任要件时，消费者有权选择适用消费者权益保护法请求保护。

二、法规对照

◎ 法规变化

| 新增 | 中华人民共和国消费者权益保护法实施条例（2024.3.15） |

◎ 法规精读

中华人民共和国消费者权益保护法实施条例

(2024年2月23日国务院第26次常务会议通过 2024年3月15日中华人民共和国国务院令第778号公布 自2024年7月1日起施行)

第一章 总 则

第一条 根据《中华人民共和国消费者权益保护法》(以下简称消费者权益保护法)等法律,制定本条例。

第二条 消费者权益保护工作坚持中国共产党的领导,坚持以人民为中心,遵循合法、公平、高效的原则。

第三条 国家加大消费者合法权益保护力度,建立和完善经营者守法、行业自律、消费者参与、政府监管和社会监督相结合的消费者权益保护共同治理体系。

第四条 国家统筹推进消费环境建设,营造安全放心的消费环境,增强消费对经济发展的基础性作用。

第五条 国家加强消费商品和服务的标准体系建设,鼓励经营者制定实施严于国家标准或者行业标准的企业标准,不断提升商品和服务质量。

第六条 国家倡导文明、健康、绿色的消费理念和消费方式,反对奢侈浪费。

第二章 消费者的权利和经营者的义务

★ **第七条** 消费者在购买商品、使用商品或者接受服务时,依法享有人身和财产安全不受损害的权利。

经营者向消费者提供商品或者服务(包括以奖励、赠送、试用等形式向消费者免费提供商品或者服务),应当保证商品或者服务符合保障人身、财产安全的要求。免费提供的商品或者服务存在瑕疵但不违反法律强制性规定且不影响正常使用性能的,经营者应当在提供商品或者服务前如实告知消费者。

经营者应当保证其经营场所及设施符合保障人身、财产安全的要求,采取必要的安全防护措施,并设置相应的警示标识。消费者在经营场所遇到危险或者受到侵害时,经营者应当给予及时、必要的救助。

★ **第八条** 消费者认为经营者提供的商品或者服务可能存在缺陷,有危及人身、财产安全危险的,可以向经营者或者有关行政部门反映情况或者提出建议。

经营者发现其提供的商品或者服务可能存在缺陷,有危及人身、财产安全危险的,应当依照消费者权益保护法第十九条的规定及时采取相关措施。采取召回措施的,生产或者进口商品的经营者应当制定召回计划,发布召回信息,明确告知消费者享有的相关权利,保存完整的召回记录,并承担消费者因商品被召回所支出的必要费用。商品销售、租赁、修理、零部件生产供应、受委托生产等相关经营者应当依法履行召回相关协助和配合义务。

★★ **第九条** 经营者应当采用通俗易懂的方式,真实、全面地向消费者提供商品或者服务相关信息,不得通过虚构经营者资质、资格或者所获荣誉,虚构商品或者服务交易信息、经营数据,篡改、编造、隐匿用户评价等方式,进行虚假或者引人误解的宣传,欺骗、误导消费者。

经营者不得在消费者不知情的情况下,对同一商品或者服务在同等交易条件下设置不同的价格或者收费标准。

★★ **第十条** 经营者应当按照国家有关规定,以显著方式标明商品的品名、价格和计价单位或者服务的项目、内容、价格和计价方法等信息,做到价签价目齐全、内容真实准确、标识清晰醒目。

经营者采取自动展期、自动续费等方式提供服务的,应当在消费者接受服务前和自动展期、自动续费等日期前,以显著方式提请消费者注意。

第十一条 消费者享有自主选择商品或者服务的权利。经营者不得以暴力、胁迫、限制人身自由等方式或者利用技术手段,强制或者变相强制消费者购买商品或者接受服务,或者排除、限制消费者选择其他经营者提供的商品或者服务。经营者通过搭配、组合等方式提供商品或者服务的,应当以显著方式提请消费者注意。

第十二条 经营者以商业宣传、产品推荐、实物展示或者通知、声明、店堂告示等方式提供商品或者服务,对商品或者服务的数量、质量、价格、售后服务、责任承担等作出承诺的,应当向购买商品或者接受服务的消费者履行其所承诺的内容。

★★ **第十三条** 经营者应当在其经营场所的显著位置标明其真实名称和标记。

经营者通过网络、电视、电话、邮购等方式提供商品或者服务的,应当在其首页、视频画面、语音、商品目录等处以显著方式标明或者说明其真实名称和标记。由其他经营者实际提供商品或者服务的,还应当向消费者提供该经营者的名称、经营地址、联系方式等信息。

经营者租赁他人柜台或者场地提供商品或者服务,或者通过宣讲、抽奖、集中式体验等方式提供商品或者服务的,应当以显著方式标明其真实名称和标记。柜台、场地的出租者应当建立场内经营管理制度,核验、更新、公示经营者的相关信息，供消费者查询。

第十四条 经营者通过网络直播等方式提供商品或者服务的，应当依法履行消费者权益保护相关义务。

直播营销平台经营者应当建立健全消费者权益保护制度，明确消费争议解决机制。发生消费争议的，直播营销平台经营者应当根据消费者的要求提供直播间运营者、直播营销人员相关信息以及相关经营活动记录等必要信息。

直播间运营者、直播营销人员发布的直播内容构成商业广告的，应当依照《中华人民共和国广告法》的有关规定履行广告发布者、广告经营者或者广告代言人的义务。

第十五条 经营者不得通过虚假或者引人误解的宣传，虚构或者夸大商品或者服务的治疗、保健、养生等功效，诱导老年人等消费者购买明显不符合其实际需求的商品或者服务。

☆☆ **第十六条** 经营者提供网络游戏服务的，应当符合国家关于网络游戏服务相关时段、时长、功能和内容等方面的规定和标准，针对未成年人设置相应的时间管理、权限管理、消费管理等功能，在注册、登录等环节严格进行用户核验，依法保护未成年人身心健康。

第十七条 经营者使用格式条款的，应当遵守消费者权益保护法第二十六条的规定。经营者不得利用格式条款不合理地免除或者减轻其责任、加重消费者的责任或者限制消费者依法变更或者解除合同、选择诉讼或者仲裁解决消费争议、选择其他经营者的商品或者服务等权利。

第十八条 经营者与消费者约定承担退货、更换、修理等义务的有效期限不得低于国家有关规定的要求。有效期限自经营者向消费者交付商品或者提供服务完结之日起计算，需要经营者另行安装的商品，有效期限自商品安装完成之日起计算。经营者向消费者履行更换义务后，承担更换、修理等义务的有效期限自更换完成之日起重新计算。经营者修理的时间不计入上述有效期限。

经营者依照国家有关规定或者与消费者约定履行退货义务的，<u>应当按照发票等购货凭证或者服务单据上显示的价格一次性退清相关款项</u>。经营者能够证明消费者实际支付的价格与发票等购货凭证或者服务单据上显示的价格不一致的，按照消费者实际支付的价格退清相关款项。

☆☆ **第十九条** 经营者通过网络、电视、电话、邮购等方式销售商品的，<u>应当遵守消费者权益保护法第二十五条规定，不得擅自扩大不适用无理由退货的商品范围</u>。

经营者应当以<u>显著方式对不适用无理由退货的商品进行标注</u>，提示消费者在购买时进行确认，不得将不适用无理由退货作为消费者默认同意的选项。未经消费者确认，经营者不得拒绝无理由退货。

消费者退货的商品应当完好。消费者基于查验需要打开商品包装，或者为确认商品的品质和功能进行合理调试而不影响商品原有品质、功能和外观的，经营者应当予以退货。

消费者无理由退货应当遵循诚实信用原则，不得利用无理由退货规则损害经营者和其他消费者的合法权益。

[强化自测] 经营者通过网络销售商品的，下列说法正确的有：①

A．经营者应当以显著方式对不适用无理由退货的商品进行标注

B．经营者应当提示消费者在购买时进行确认

C．经营者可以将不适用无理由退货作为消费者默认同意的选项

D．未经消费者确认，经营者也可以拒绝无理由退货

E．消费者不得利用无理由退货规则损害经营者的合法权益

☆☆ **第二十条** 经营者提供商品或者服务时收取押金的，应当事先与消费者约定退还押金的方式、程序和时限，<u>不得对退还押金设置不合理条件</u>。

消费者要求退还押金，符合押金退还条件的，经营者应当及时退还。

[强化自测] 关于经营者收取押金的说法，下列选项错误的是：②

A．应当事先与消费者约定退还押金的方式、程序和时限

B．不得对退还押金设置不合理条件

C．消费者要求退还押金，经营者必须退还

D．消费者要求退还押金，必须符合押金退还条件

第二十一条 经营者决定停业或者迁移服务场所的，应当提前 30 日在其经营场所、网站、网店首页等的醒目位置公告经营者的有效联系方式等信息。

☆☆ **第二十二条** 经营者以收取预付款方式提供商品或者服务的，应当与消费者订立书面合同，<u>约定商品或者服务的具体内容、价款或者费用、预付款退还方式、违约责任</u>等事项。

经营者收取预付款后，应当按照与消费者的约定提供商品或者服务，不得降低商品或者服务质量，不得任意加价。经营者未按照约定提供商品或者服务的，应当按照消费者的要求履行约定或者退还预付款。

经营者出现重大经营风险，有可能影响经营者按照合同约定或者交易习惯正常提供商品或者服务的，应当停止收取预付款。经营者决定停业或者迁移服务场所的，应当提前告知消费者，并履行本条例第二十一条规定的义务。<u>消费者依照国家有关规定或者合同约定，有权要求经营者继续履行提供商品或者服务的义务，或者要求退还未消费的预付款余额</u>。

---

① 答案：ABE。

② 答案：C。

[强化自测] 关于经营者以收取预付款方式提供商品或者服务的说法，下列选项正确的有：①

A. 应当与消费者订立书面合同

B. 应当约定商品或者服务的具体内容、价款、退还方式、违约责任

C. 经营者收取预付款后，应当提供约定的商品或者服务，不得降低质量

D. 经营者未按照约定提供商品或者服务的，消费者有权要求退款

E. 经营者出现重大经营风险，应当停止收取预付款

第二十三条　经营者应当依法保护消费者的个人信息。经营者在提供商品或者服务时，不得过度收集消费者个人信息，不得采用一次概括授权、默认授权等方式，强制或者变相强制消费者同意收集、使用与经营活动无直接关系的个人信息。

经营者处理包含消费者的生物识别、宗教信仰、特定身份、医疗健康、金融账户、行踪轨迹等信息以及不满十四周岁未成年人的个人信息等敏感个人信息的，应当符合有关法律、行政法规的规定。

★ 第二十四条　未经消费者同意，经营者不得向消费者发送商业性信息或者拨打商业性电话。消费者同意接收商业性信息或者商业性电话的，经营者应当提供明确、便捷的取消方式。消费者选择取消的，经营者应当立即停止发送商业性信息或者拨打商业性电话。

第三章　国家对消费者合法权益的保护

第二十五条　各级人民政府应当加强对消费者权益保护工作的指导，组织、协调、督促有关行政部门落实消费者权益保护工作职责，提升消费者权益保护工作的法治化水平。

★★ 第二十六条　消费者与经营者发生消费者权益争议的，可以向市场监督管理部门或者其他有关行政部门投诉。

自然人、法人或者其他组织可以向市场监督管理部门或者其他有关行政部门举报，反映经营者涉嫌违法的线索。

第二十七条　市场监督管理部门或者其他有关行政部门应当畅通和规范消费者投诉、举报渠道，完善投诉、举报处理流程，依法及时受理和处理投诉、举报，加强对投诉、举报信息的分析应用，开展消费预警和风险提示。

投诉、举报应当遵守法律、法规和有关规定，不得利用投诉、举报牟取不正当利益，侵害经营者的合法权益，扰乱市场经济秩序。

第二十八条　市场监督管理部门和其他有关行政部门应当加强消费者权益保护工作的协同配合和信息共享，依照法律、法规的规定，在各自的职责范围内，对经营者提供的商品和服务实施抽查检验等监管措施，及时查处侵害消费者合法权益的行为。

第二十九条　市场监督管理部门和其他有关行政部门应当加强消费领域信用体系建设，依法公示有关行政许可、行政处罚、抽查检验结果、消费投诉等信息，依法对违法失信经营者实施惩戒。

第三十条　有关行政部门应当加强消费知识的宣传普及，倡导文明、健康、绿色消费，提高消费者依法、理性维权的意识和能力；加强对经营者的普法宣传、行政指导和合规指引，提高经营者依法经营的意识。

第三十一条　国家完善绿色消费的标准、认证和信息披露体系，鼓励经营者对商品和服务作出绿色消费方面的信息披露或者承诺，依法查处虚假信息披露和承诺的行为。

第三十二条　行业协会商会等组织应当加强行业自律，引导、督促经营者守法诚信经营，制定的行业规则、自律规则、示范合同和相关标准等应当有利于保护消费者合法权益。

第三十三条　国家鼓励、支持一切组织和个人对损害消费者合法权益的行为进行社会监督。

大众传播媒介应当真实、客观、公正地报道涉及消费者权益的相关事项，加强消费者维权相关知识的宣传普及，对损害消费者合法权益的行为进行舆论监督。

第四章　消费者组织

第三十四条　消费者协会和其他依法成立的消费者组织应当按照消费者权益保护法的规定履行职责。

第三十五条　各级人民政府应当加强消费者协会组织建设，对消费者协会履行职责予以必要的经费等支持。

第三十六条　有关行政部门应当认真听取消费者协会的意见和建议。对于消费者协会向有关行政部门反映的侵害消费者合法权益的问题，有关行政部门应当及时调查处理并予以回复；对于立案查处的案件，有关行政部门应当将处理结果告知消费者协会。

第三十七条　消费者协会应当加强消费普法宣传和消费引导，向消费者提供消费维权服务与支持，提高消费者维护自身合法权益的能力。

消费者协会应当及时总结、推广保护消费者合法权益的典型案例和经验做法，引导、支持经营者依法合规开展经营活动。

第三十八条　消费者协会可以组织开展比较试验、消费调查、消费评议、投诉信息公示、对投诉商品提请鉴定、发布消费提示警示等，反映商品和服务状况、消费者意见和消费维权情况。

第三十九条　消费者协会可以就消费者权益保护事

---

① 答案：ABCDE。

项向有关经营者、行业组织提出改进意见或者进行指导谈话，加强消费者、经营者、行业组织、专业机构、有关行政部门等各相关方的组织协调，推动解决涉及消费者合法权益保护的重要问题。

★★ 第四十条　消费者协会可以就消费者投诉的损害消费者合法权益的行为开展调查，与有关经营者核实情况，约请有关经营者到场陈述事实意见、提供证据资料等。

★ 第四十一条　对侵害众多消费者合法权益的行为，中国消费者协会以及在省、自治区、直辖市设立的消费者协会，可以向人民法院提起诉讼。

第五章　争议的解决

第四十二条　消费者应当文明、理性消费，提高自我保护意识，依法维护自身合法权益，在发生消费争议时依法维权。

第四十三条　各级人民政府市场监督管理部门和其他有关行政部门应当推动、健全消费争议多元化解决机制，引导消费者依法通过协商、调解、投诉、仲裁、诉讼等方式维护自身合法权益。

第四十四条　经营者应当建立便捷、高效的投诉处理机制，及时解决消费争议。

鼓励和引导经营者建立健全首问负责、先行赔付、在线争议解决等制度，及时预防和解决消费争议。

第四十五条　消费者和经营者发生消费争议，请求消费者协会或者依法成立的其他调解组织进行调解的，相关组织应当及时处理。

★★ 第四十六条　消费者和经营者发生消费争议向市场监督管理部门或者其他有关行政部门投诉的，应当提供真实身份信息，有明确的被投诉人、具体的投诉请求和事实依据。

有关行政部门应当自收到投诉之日起7个工作日内，予以处理并告知消费者。对不符合规定的投诉决定不予受理的，应当告知消费者不予受理的理由和其他解决争议的途径。

有关行政部门受理投诉后，消费者和经营者同意调解的，有关行政部门应当依据职责及时调解，并在受理之日起60日内调解完毕；调解不成的应当终止调解。调解过程中需要鉴定、检测的，鉴定、检测时间不计算在60日内。

有关行政部门经消费者和经营者同意，可以依法将投诉委托消费者协会或者依法成立的其他调解组织调解。

第四十七条　因消费争议需要对商品或者服务质量进行鉴定、检测的，消费者和经营者可以协商确定鉴定、检测机构。无法协商一致的，受理消费者投诉的市场监督管理部门或者其他有关行政部门可以指定鉴定、检测机构。

对于重大、复杂、涉及众多消费者合法权益的消费争议，可以由市场监督管理部门或者其他有关行政部门纳入抽查检验程序，委托具备相应资质的机构进行鉴定、检测。

第六章　法律责任

第四十八条　经营者提供商品或者服务，违反消费者权益保护法和本条例有关规定，侵害消费者合法权益的，依法承担民事责任。

★ 第四十九条　经营者提供商品或者服务有欺诈行为的，消费者有权根据消费者权益保护法第五十五条第一款的规定要求经营者予以赔偿。但是，商品或者服务的标签标识、说明书、宣传材料等存在不影响商品或者服务质量且不会对消费者造成误导的瑕疵的除外。

通过夹带、掉包、造假、篡改商品生产日期、捏造事实等方式骗取经营者的赔偿或者对经营者进行敲诈勒索的，不适用消费者权益保护法第五十五条第一款的规定，依照《中华人民共和国治安管理处罚法》等有关法律、法规处理；构成犯罪的，依法追究刑事责任。

★★ 第五十条　经营者违反本条例第十条至第十四条、第十六条、第十七条、第十九条至第二十一条规定，其他有关法律、法规对处罚机关和处罚方式有规定的，依照法律、法规的规定执行；法律、法规未作规定的，由市场监督管理部门或者其他有关行政部门责令改正，可以根据情节单处或者并处警告、没收违法所得、处以违法所得1倍以上5倍以下的罚款，没有违法所得的，处以30万元以下的罚款；情节严重的，责令停业整顿、吊销营业执照。

经营者违反本条例第二十二条规定的，由有关行政部门责令改正，可以根据情节单处或者并处警告、没收违法所得、处以违法所得1倍以上10倍以下的罚款，没有违法所得的，处以50万元以下的罚款；情节严重的，责令停业整顿、吊销营业执照。

经营者违反本条例其他规定的，依照消费者权益保护法第五十六条的规定予以处罚。

第五十一条　经营者主动消除或者减轻违法行为危害后果的，违法行为轻微并及时改正且没有造成危害后果的，或者初次违法且危害后果轻微并及时改正的，依照《中华人民共和国行政处罚法》的规定从轻、减轻或者不予处罚。

第五十二条　有关行政部门工作人员未按照本条例规定履行消费者权益保护职责，玩忽职守或者包庇经营者侵害消费者合法权益的行为的，依法给予处分；构成犯罪的，依法追究刑事责任。

第七章　附　　则

第五十三条　本条例自2024年7月1日起施行。

环境资源法

一、大纲对照

◎ 考点变化

章名	章标题	内容变化
第1章	环境保护法	修订	1. 我国参加的国际法中的环境保护规范 2. 环境民事责任之第三人过错的处理规则、环境服务机构的连带责任、诉讼时效
第2章	自然资源法	无实质变化

◎ 考点详解

▶▶▶ **修订考点1** **我国参加的国际法中的环境保护规范**

我国参加并已对我国生效的一般性国际条约中的环境保护规范和专门性国际环境保护条约中的环境保护规范,包括我国参加或缔结的有关环境资源保护的双边、多边协定和国际条约及履行这些协定和条约的国内法律等,也是我国环境保护法体系的主要组成部分。我国参加的重要的环境保护国际条约有:《联合国海洋法公约》《控制危险废物越境转移及其处置巴塞尔公约》《保护臭氧层维也纳公约》《联合国气候变化框架公约》《联合国生物多样性公约》等。

▶▶▶ **修订考点2** **环境民事责任之第三人过错的处理规则、环境服务机构的连带责任、诉讼时效**

第三人过错的处理规则	1. 因第三人的过错污染环境、破坏生态造成损害的,被侵权人既可以向侵权人请求赔偿,也可以向第三人请求赔偿。侵权人对损害的发生没有过错的,在承担责任后有权向第三人追偿。 2. 排污单位将所属的环保设施委托第三方治理机构运营,或者将污染物交由第三方治理机构集中处置,第三方治理机构在合同履行过程中污染环境造成他人损害的,第三方治理机构应承担侵权责任。 3. 侵权人污染环境、破坏生态造成他人损害,未尽到安全保障义务的经营场所、公共场所的经营者、管理者或者群众性活动的组织者应承担相应补充责任。 4. 依照法律规定应当履行生态环境风险管控和修复义务的民事主体,未履行法定义务造成他人损害的,承担相应的责任。
环境服务机构的连带责任	环境影响评价机构、环境监测机构以及从事环境监测设备和防治污染设施维护、运营的机构存在下列情形之一的,除依照有关法律法规规定予以处罚外,还应当与造成环境污染、生态破坏的其他责任人承担连带责任:(1)故意出具失实评价文件的;(2)隐瞒委托人超过污染物排放标准或者超过重点污染物排放总量控制指标的事实的;(3)故意不运行或者不正常运行环境监测设备或者防治污染设施的;(4)其他根据法律规定应当承担连带责任的情形。

| 诉讼时效 | 《环境保护法》规定，提起环境损害赔偿诉讼的时效期间为3年，从当事人知道或者应当知道其受到损害时起计算。 |

二、法规对照

无实质变化。

劳动与社会保障法

一、大纲对照

◎ 考点变化

章名	章标题	内容变化
第1章	劳动法	无实质变化
第2章	社会保障法	无实质变化

二、法规对照

无实质变化。

国际法

一、大纲对照

◎ 考点变化

章名	章标题	内容变化
第1章	导论	无实质变化
第2章	国际法的主体与国际法律责任	无实质变化
第3章	国际法上的空间划分	无实质变化
第4章	国际法上的个人	无实质变化
第5章	外交关系法与领事关系法	无实质变化
第6章	条约法	无实质变化
第7章	国际争端的和平解决	无实质变化
第8章	战争与武装冲突法	无实质变化

二、法规对照

◎ 法规变化

新增	1. 中华人民共和国对外关系法（2023.6.28）
	2. 中华人民共和国外国国家豁免法（2023.9.1）

◎ 法规精读

中华人民共和国对外关系法

（2023年6月28日第十四届全国人民代表大会常务委员会第三次会议通过　2023年6月28日中华人民共和国主席令第7号公布　自2023年7月1日起施行）

第一章　总　　则

第一条　为了发展对外关系，维护国家主权、安全、发展利益，维护和发展人民利益，建设社会主义现代化强国，实现中华民族伟大复兴，促进世界和平与发展，推动构建人类命运共同体，根据宪法，制定本法。

第二条　中华人民共和国发展同各国的外交关系和经济、文化等各领域的交流与合作，发展同联合国等国际组织的关系，适用本法。

第三条　中华人民共和国坚持以马克思列宁主义、毛泽东思想、邓小平理论、"三个代表"重要思想、科学发展观、习近平新时代中国特色社会主义思想为指导，发展对外关系，促进友好交往。

第四条　中华人民共和国坚持独立自主的和平外交政策，坚持互相尊重主权和领土完整、互不侵犯、互不干涉内政、平等互利、和平共处的五项原则。

中华人民共和国坚持和平发展道路，坚持对外开放基本国策，奉行互利共赢开放战略。

中华人民共和国遵守联合国宪章宗旨和原则，维护世界和平与安全，促进全球共同发展，推动构建新型国际关系；主张以和平方式解决国际争端，反对在国际关系中使用武力或者以武力相威胁，反对霸权主义和强权政治；坚持国家不分大小、强弱、贫富一律平等，尊重各国人民自主选择的发展道路和社会制度。

第五条　中华人民共和国对外工作坚持中国共产党的集中统一领导。

第六条　国家机关和武装力量、各政党和各人民团体、企业事业组织和其他社会组织以及公民，在对外交流合作中有维护国家主权、安全、尊严、荣誉、利益的责任和义务。

第七条　国家鼓励积极开展民间对外友好交流合作。

对在对外交流合作中做出突出贡献者，按照国家有关规定给予表彰和奖励。

第八条　任何组织和个人违反本法和有关法律，在对外交往中从事损害国家利益活动的，依法追究法律责任。

第二章　对外关系的职权

第九条　中央外事工作领导机构负责对外工作的决策和议事协调，研究制定、指导实施国家对外战略和有关重大方针政策，负责对外工作的顶层设计、统筹协调、整体推进、督促落实。

第十条　全国人民代表大会及其常务委员会批准和废除同外国缔结的条约和重要协定，行使宪法和法律规定的对外关系职权。

全国人民代表大会及其常务委员会积极开展对外交往，加强同各国议会、国际和地区议会组织的交流与合作。

第十一条　中华人民共和国主席代表中华人民共和国，进行国事活动，行使宪法和法律规定的对外关系职权。

第十二条　国务院管理对外事务，同外国缔结条约和协定，行使宪法和法律规定的对外关系职权。

第十三条　中央军事委员会组织开展国际军事交流与合作，行使宪法和法律规定的对外关系职权。

第十四条　中华人民共和国外交部依法办理外交事务，承办党和国家领导人同外国领导人的外交往来事务。外交部加强对国家机关各部门、各地区对外交流合作的指导、协调、管理、服务。

中央和国家机关按照职责分工，开展对外交流合作。

第十五条　中华人民共和国驻外国的使馆、领馆以及常驻联合国和其他政府间国际组织的代表团等驻外外交机构对外代表中华人民共和国。

外交部统一领导驻外外交机构的工作。

第十六条　省、自治区、直辖市根据中央授权在特定范围内开展对外交流合作。

省、自治区、直辖市人民政府依职权处理本行政区域的对外交流合作事务。

[强化自测]　关于各机构在对外关系中的职权，下列说法错误的是：①

A. 中央外事工作领导机构负责研究制定、指导实施国家对外战略和有关重大方针政策

B. 全国人民代表大会及其常务委员会批准和废除同外国缔结的条约和重要协定

C. 国务院依法办理外交事务，承办党和国家领导人同外国领导人的外交往来事务

D. 外交部管理对外事务，同外国缔结条约和协定，行使宪法和法律规定的对外关系职权

第三章　发展对外关系的目标任务

第十七条　中华人民共和国发展对外关系，坚持维护中国特色社会主义制度，维护国家主权、统一和领土完整，服务国家经济社会发展。

第十八条　中华人民共和国推动践行全球发展倡议、全球安全倡议、全球文明倡议，推进全方位、多层次、宽领域、立体化的对外工作布局。

中华人民共和国促进大国协调和良性互动，按照亲诚惠容理念和与邻为善、以邻为伴方针发展同周边国家关系，秉持真实亲诚理念和正确义利观同发展中国家团结合作，维护和践行多边主义，参与全球治理体系改革和建设。

第十九条　中华人民共和国维护以联合国为核心的国际体系，维护以国际法为基础的国际秩序，维护以联合国宪章宗旨和原则为基础的国际关系基本准则。

中华人民共和国坚持共商共建共享的全球治理观，参与国际规则制定，推动国际关系民主化，推动经济全球化朝着开放、包容、普惠、平衡、共赢方向发展。

第二十条　中华人民共和国坚持共同、综合、合作、可持续的全球安全观，加强国际安全合作，完善参与全球安全治理机制。

中华人民共和国履行联合国安全理事会常任理事国责任，维护国际和平与安全，维护联合国安全理事会权威与地位。

中华人民共和国支持和参与联合国安全理事会授权的维持和平行动，坚持维持和平行动基本原则，尊重主权国家领土完整与政治独立，保持公平立场。

中华人民共和国维护国际军备控制、裁军与防扩散体系，反对军备竞赛，反对和禁止一切形式的大规模杀

---

① 答案：CD。

伤性武器相关扩散活动，履行相关国际义务，开展防扩散国际合作。

第二十一条 中华人民共和国坚持公平普惠、开放合作、全面协调、创新联动的全球发展观，促进经济、社会、环境协调可持续发展和人的全面发展。

第二十二条 中华人民共和国尊重和保障人权，坚持人权的普遍性原则同本国实际相结合，促进人权全面协调发展，在平等和相互尊重的基础上开展人权领域国际交流与合作，推动国际人权事业健康发展。

第二十三条 中华人民共和国主张世界各国超越国家、民族、文化差异，弘扬和平、发展、公平、正义、民主、自由的全人类共同价值。

第二十四条 中华人民共和国坚持平等、互鉴、对话、包容的文明观，尊重文明多样性，推动不同文明交流对话。

第二十五条 中华人民共和国积极参与全球环境气候治理，加强绿色低碳国际合作，共谋全球生态文明建设，推动构建公平合理、合作共赢的全球环境气候治理体系。

第二十六条 中华人民共和国坚持推进高水平对外开放，发展对外贸易，积极促进和依法保护外商投资，鼓励开展对外投资等对外经济合作，推动共建"一带一路"高质量发展，维护多边贸易体制，反对单边主义和保护主义，推动建设开放型世界经济。

第二十七条 中华人民共和国通过经济、技术、物资、人才、管理等方式开展对外援助，促进发展中国家经济发展和社会进步，增强其自主可持续发展能力，推动国际发展合作。

中华人民共和国开展国际人道主义合作和援助，加强防灾减灾救灾国际合作，协助有关国家应对人道主义紧急状况。

中华人民共和国开展对外援助坚持尊重他国主权，不干涉他国内政，不附加任何政治条件。

第二十八条 中华人民共和国根据发展对外关系的需要，开展教育、科技、文化、卫生、体育、社会、生态、军事、安全、法治等领域交流合作。

第四章　对外关系的制度

第二十九条 国家统筹推进国内法治和涉外法治，加强涉外领域立法，加强涉外法治体系建设。

第三十条 国家依照宪法和法律缔结或者参加条约和协定，善意履行有关条约和协定规定的义务。

国家缔结或者参加的条约和协定不得同宪法相抵触。

第三十一条 国家采取适当措施实施和适用条约和协定。

条约和协定的实施和适用不得损害国家主权、安全和社会公共利益。

第三十二条 国家在遵守国际法基本原则和国际关系基本准则的基础上，加强涉外领域法律法规的实施和适用，并依法采取执法、司法等措施，维护国家主权、安全、发展利益，保护中国公民、组织合法权益。

第三十三条 对于违反国际法和国际关系基本准则，危害中华人民共和国主权、安全、发展利益的行为，中华人民共和国有权采取相应反制和限制措施。

国务院及其部门制定必要的行政法规、部门规章，建立相应工作制度和机制，加强部门协同配合，确定和实施有关反制和限制措施。

依据本条第一款、第二款作出的决定为最终决定。

第三十四条 中华人民共和国在一个中国原则基础上，按照和平共处五项原则同世界各国建立和发展外交关系。

中华人民共和国根据缔结或者参加的条约和协定、国际法基本原则和国际关系基本准则，有权采取变更或者终止外交、领事关系等必要外交行动。

第三十五条 国家采取措施执行联合国安全理事会根据联合国宪章第七章作出的具有约束力的制裁决议和相关措施。

对前款所述制裁决议和措施的执行，由外交部发出通知并予公告。国家有关部门和省、自治区、直辖市人民政府在各自职权范围内采取措施予以执行。

在中国境内的组织和个人应当遵守外交部公告内容和各部门、各地区有关措施，不得从事违反上述制裁决议和措施的行为。

第三十六条 中华人民共和国依据有关法律和缔结或者参加的条约和协定，给予外国外交机构、外国国家官员、国际组织及其官员相应的特权与豁免。

中华人民共和国依据有关法律和缔结或者参加的条约和协定，给予外国国家及其财产豁免。

第三十七条 国家依法采取必要措施，保护中国公民和组织在海外的安全和正当权益，保护国家的海外利益不受威胁和侵害。

国家加强海外利益保护体系、工作机制和能力建设。

第三十八条 中华人民共和国依法保护在中国境内的外国人和外国组织的合法权利和利益。

国家有权准许或者拒绝外国人入境、停留居留，依法对外国组织在境内的活动进行管理。

在中国境内的外国人和外国组织应当遵守中国法律，不得危害中国国家安全、损害社会公共利益、破坏社会公共秩序。

第三十九条 中华人民共和国加强多边双边法治对话，推进对外法治交流合作。

中华人民共和国根据缔结或者参加的条约和协定，或者按照平等互惠原则，同外国、国际组织在执法、司法领域开展国际合作。

国家深化拓展对外执法合作工作机制，完善司法协助体制机制，推进执法、司法领域国际合作。国家加强打击跨国犯罪、反腐败等国际合作。

第五章　发展对外关系的保障

第四十条　国家健全对外工作综合保障体系，增强发展对外关系、维护国家利益的能力。

第四十一条　国家保障对外工作所需经费，建立与发展对外关系需求和国民经济发展水平相适应的经费保障机制。

第四十二条　国家加强对外工作人才队伍建设，采取措施推动做好人才培养、使用、管理、服务、保障等工作。

第四十三条　国家通过多种形式促进社会公众理解和支持对外工作。

第四十四条　国家推进国际传播能力建设，推动世界更好了解和认识中国，促进人类文明交流互鉴。

第六章　附　　则

第四十五条　本法自2023年7月1日起施行。

中华人民共和国外国国家豁免法

（2023年9月1日第十四届全国人民代表大会常务委员会第五次会议通过　2023年9月1日中华人民共和国主席令第10号公布　自2024年1月1日起施行）

第一条　为了健全外国国家豁免制度，明确中华人民共和国的法院对涉及外国国家及其财产民事案件的管辖，保护当事人合法权益，维护国家主权平等，促进对外友好交往，根据宪法，制定本法。

第二条　本法所称的外国国家包括：
（一）外国主权国家；
（二）外国主权国家的国家机关或者组成部分；
（三）外国主权国家授权行使主权权力且基于该项授权从事活动的组织或者个人。

第三条　外国国家及其财产在中华人民共和国的法院享有管辖豁免，本法另有规定的除外。

第四条　外国国家通过下列方式之一明示就特定事项或者案件接受中华人民共和国的法院管辖的，对于就该事项或者案件提起的诉讼，该外国国家在中华人民共和国的法院不享有管辖豁免：
（一）国际条约；
（二）书面协议；
（三）向处理案件的中华人民共和国的法院提交书面文件；
（四）通过外交渠道等方式向中华人民共和国提交书面文件；
（五）其他明示接受中华人民共和国的法院管辖的方式。

第五条　外国国家有下列情形之一的，视为就特定事项或者案件接受中华人民共和国的法院管辖：
（一）作为原告向中华人民共和国的法院提起诉讼；
（二）作为被告参加中华人民共和国的法院受理的诉讼，并就案件实体问题答辩或者提出反诉；
（三）作为第三人参加中华人民共和国的法院受理的诉讼；
（四）在中华人民共和国的法院作为原告提起诉讼或者作为第三人提出诉讼请求时，由于与该起诉或者该诉讼请求相同的法律关系或者事实被提起反诉。

外国国家有前款第二项规定的情形，但能够证明其作出上述答辩之前不可能知道有可主张豁免的事实的，可以在知道或者应当知道该事实后的合理时间内主张管辖豁免。

第六条　外国国家有下列情形之一的，不视为接受中华人民共和国的法院管辖：
（一）仅为主张豁免而应诉答辩；
（二）外国国家的代表在中华人民共和国的法院出庭作证；
（三）同意在特定事项或者案件中适用中华人民共和国的法律。

第七条　外国国家与包括中华人民共和国在内的其他国家的组织或者个人进行的商业活动，在中华人民共和国领域内发生，或者虽然发生在中华人民共和国领域外但在中华人民共和国领域内产生直接影响的，对于该商业活动引起的诉讼，该外国国家在中华人民共和国的法院不享有管辖豁免。

本法所称商业活动是指非行使主权权力的关于货物或者服务的交易、投资、借贷以及其他商业性质的行为。中华人民共和国的法院在认定一项行为是否属于商业活动时，应当综合考虑该行为的性质和目的。

第八条　外国国家为获得个人提供的劳动或者劳务而签订的合同全部或者部分在中华人民共和国领域内履行的，对于因该合同引起的诉讼，该外国国家在中华人民共和国的法院不享有管辖豁免，但有下列情形之一的除外：
（一）获得个人提供的劳动或者劳务是为了履行该外国国家行使主权权力的特定职能；
（二）提供劳动或者劳务的个人是外交代表、领事官员、享有豁免的国际组织驻华代表机构工作人员或者其他享有相关豁免的人员；
（三）提供劳动或者劳务的个人在提起诉讼时具有该外国国家的国籍，并且在中华人民共和国领域内没有经常居所；
（四）该外国国家与中华人民共和国另有协议。

第九条　对于外国国家在中华人民共和国领域内的

相关行为造成人身伤害、死亡或者造成动产、不动产损失引起的赔偿诉讼，该外国国家在中华人民共和国的法院不享有管辖豁免。

第十条 对于下列财产事项的诉讼，外国国家在中华人民共和国的法院不享有管辖豁免：

（一）该外国国家对位于中华人民共和国领域内的不动产的任何权益或者义务；

（二）该外国国家对动产、不动产的赠与、遗赠、继承或者因无人继承而产生的任何权益或者义务；

（三）在管理信托财产、破产财产或者进行法人、非法人组织清算时涉及该外国国家的权益或者义务。

第十一条 对于下列知识产权事项的诉讼，外国国家在中华人民共和国的法院不享有管辖豁免：

（一）确定该外国国家受中华人民共和国法律保护的知识产权归属及相关权益；

（二）该外国国家在中华人民共和国领域内侵害受中华人民共和国法律保护的知识产权及相关权益。

第十二条 外国国家与包括中华人民共和国在内的其他国家的组织或者个人之间的商业活动产生的争议，根据书面协议被提交仲裁的，或者外国国家通过国际投资条约等书面形式同意将其与包括中华人民共和国在内的其他国家的组织或者个人产生的投资争端提交仲裁的，对于需要法院审查的下列事项，该外国国家在中华人民共和国的法院不享有管辖豁免：

（一）仲裁协议的效力；

（二）仲裁裁决的承认和执行；

（三）仲裁裁决的撤销；

（四）法律规定的其他由中华人民共和国的法院对仲裁进行审查的事项。

[强化自测] 下列案件中，外国国家在中华人民共和国的法院享有管辖豁免的是：①

A. 外国国家通过国际条约明示就特定事项或者案件接受中华人民共和国的法院管辖

B. 外国国家作为被告参加中华人民共和国的法院受理的诉讼，并就案件实体问题答辩或者提出反诉

C. 外国国家与包括中华人民共和国在内的其他国家的组织或者个人进行的商业活动，在中华人民共和国领域内发生的案件

D. 外国国家在中华人民共和国领域外的相关行为造成人身伤害、死亡引起的赔偿诉讼

第十三条 外国国家的财产在中华人民共和国的法院享有司法强制措施豁免。

外国国家接受中华人民共和国的法院管辖，不视为放弃司法强制措施豁免。

第十四条 有下列情形之一的，外国国家的财产在中华人民共和国的法院不享有司法强制措施豁免：

（一）外国国家以国际条约、书面协议或者向中华人民共和国的法院提交书面文件等方式明示放弃司法强制措施豁免；

（二）外国国家已经拨出或者专门指定财产用于司法强制措施执行；

（三）为执行中华人民共和国的法院的生效判决、裁定，对外国国家位于中华人民共和国领域内、用于商业活动且与诉讼有联系的财产采取司法强制措施。

第十五条 下列外国国家的财产不视为本法第十四条第三项规定的用于商业活动的财产：

（一）外交代表机构、领事机构、特别使团、驻国际组织代表团或者派往国际会议的代表团用于、意图用于公务的财产，包括银行账户款项；

（二）属于军事性质的财产，或者用于、意图用于军事的财产；

（三）外国和区域经济一体化组织的中央银行或者履行中央银行职能的金融管理机构的财产，包括现金、票据、银行存款、有价证券、外汇储备、黄金储备以及该中央银行或者该履行中央银行职能的金融管理机构的不动产和其他财产；

（四）构成该国文化遗产或者档案的一部分，且非供出售或者意图出售的财产；

（五）用于展览的具有科学、文化、历史价值的物品，且非供出售或者意图出售的财产；

（六）中华人民共和国的法院认为不视为用于商业活动的其他财产。

第十六条 对于外国国家及其财产民事案件的审判和执行程序，本法没有规定的，适用中华人民共和国的民事诉讼法律以及其他相关法律的规定。

第十七条 中华人民共和国的法院向外国国家送达传票或者其他诉讼文书，应当按照下列方式进行：

（一）该外国国家与中华人民共和国缔结或者共同参加的国际条约规定的方式；

（二）该外国国家接受且中华人民共和国法律不禁止的其他方式。

通过前款方式无法完成送达的，可以通过外交照会方式送交该外国国家外交部门，外交照会发出之日视为完成送达。

按照本条第一款、第二款规定的方式进行送达的诉讼文书，应当依照该外国国家与中华人民共和国缔结或者共同参加的国际条约的规定附上有关语言的译本，没有相关国际条约的，附上该外国国家官方语言的译本。

向外国国家送达起诉状副本时，应当一并通知该外国国家在收到起诉状副本后三个月内提出答辩状。

外国国家在对其提起的诉讼中就实体问题答辩后，不得再就诉讼文书的送达方式提出异议。

第十八条 经送达完成，外国国家未在中华人民共和国的法院指定期限内出庭的，法院应当主动查明该外

---

① 答案：D。

国国家是否享有管辖豁免。对于外国国家在中华人民共和国的法院不享有管辖豁免的案件，法院可以缺席判决，但应当在诉讼文书送达之日的六个月以后。

中华人民共和国的法院对外国国家作出的缺席判决，应当按照本法第十七条的规定送达。

外国国家对中华人民共和国的法院缺席判决提起上诉的期限为六个月，从判决书送达之日起计算。

第十九条　中华人民共和国外交部就以下有关国家行为的事实问题出具的证明文件，中华人民共和国的法院应当采信：

（一）案件中的相关国家是否构成本法第二条第一项中的外国主权国家；

（二）本法第十七条规定的外交照会是否送达以及何时送达；

（三）其他有关国家行为的事实问题。

对于前款以外其他涉及外交事务等重大国家利益的问题，中华人民共和国外交部可以向中华人民共和国的法院出具意见。

第二十条　本法规定不影响外国的外交代表机构、领事机构、特别使团、驻国际组织代表团、派往国际会议的代表团及上述机构的相关人员根据中华人民共和国的法律、中华人民共和国缔结或者参加的国际条约享有的特权与豁免。

本法规定不影响外国国家元首、政府首脑、外交部长及其他具有同等身份的官员根据中华人民共和国的法律、中华人民共和国缔结或者参加的国际条约以及国际习惯享有的特权与豁免。

第二十一条　外国给予中华人民共和国国家及其财产的豁免待遇低于本法规定的，中华人民共和国实行对等原则。

第二十二条　中华人民共和国缔结或者参加的国际条约同本法有不同规定的，适用该国际条约的规定，但中华人民共和国声明保留的条款除外。

第二十三条　本法自2024年1月1日起施行。

国际私法

一、大纲对照

◎ 考点变化

章名	章标题	内容变化
第1章	国际私法概述	无实质变化
第2章	国际私法的主体	无实质变化
第3章	国际民商事法律冲突、冲突规范和准据法	无实质变化
第4章	适用冲突规范的制度	无实质变化
第5章	国际民商事关系的法律适用	无实质变化
第6章	国际民商事争议的解决	无实质变化
第7章	区际法律问题	无实质变化

二、法规对照

◎ 法规变化

新增	1. 中华人民共和国对外关系法（2023.6.28）①
	2. 中华人民共和国外国国家豁免法（2023.9.1）②
	3. 最高人民法院关于适用《中华人民共和国涉外民事关系法律适用法》若干问题的解释（二）（2023.11.30）
	4. 最高人民法院关于审理涉外民商事案件适用国际条约和国际惯例若干问题的解释（2023.12.28）
	5. 最高人民法院关于内地与香港特别行政区法院相互认可和执行民商事案件判决的安排（2024.1.25）
修订	最高人民法院关于设立国际商事法庭若干问题的规定（2023.12.18）

---

①② 具体内容参见国际法"法规精读"。

◎ 法规精读

最高人民法院关于适用《中华人民共和国涉外民事关系法律适用法》若干问题的解释（二）

（2023年11月30日 法释〔2023〕12号）

为正确适用《中华人民共和国涉外民事关系法律适用法》，结合审判实践，就人民法院审理涉外民商事案件查明外国法律制定本解释。

第一条 人民法院审理涉外民商事案件适用外国法律的，应当根据涉外民事关系法律适用法第十条第一款的规定查明该国法律。

当事人选择适用外国法律的，应当提供该国法律。

当事人未选择适用外国法律的，由人民法院查明该国法律。

★★ **第二条** 人民法院可以通过下列途径查明外国法律：

（一）由当事人提供；

（二）通过司法协助渠道由对方的中央机关或者主管机关提供；

（三）通过最高人民法院请求我国驻该国使领馆或者该国驻我国使领馆提供；

（四）由最高人民法院建立或者参与的法律查明合作机制参与方提供；

（五）由最高人民法院国际商事专家委员会专家提供；

（六）由法律查明服务机构或者中外法律专家提供；

（七）其他适当途径。

人民法院通过前款规定的其中一项途径无法获得外国法律或者获得的外国法律内容不明确、不充分的，应当通过该款规定的不同途径补充查明。

人民法院依据本条第一款第一项的规定要求当事人协助提供外国法律的，不得仅以当事人未予协助提供为由认定外国法律不能查明。

第三条 当事人提供外国法律的，应当提交该国法律的具体规定并说明获得途径、效力情况、与案件争议的关联性等。外国法律为判例法的，还应当提交判例全文。

[强化自测] 关于当事人提供的外国法律，下列说法错误的是：①

A. 法院要求当事人协助提供外国法律的，当事人未予协助提供的，则应认定该外国法律不能查明

B. 当事人提供外国法律的，应当提交该国法律的具体规定并说明获得途径、效力情况、与案件争议的关联性等

C. 当事人提供的外国法律为判例法的，还应当提交判例全文

D. 当事人提供的外国法律内容不明确、不充分的，可通过不同途径补充查明

第四条 法律查明服务机构、法律专家提供外国法律的，除提交本解释第三条规定的材料外，还应当提交法律查明服务机构的资质证明、法律专家的身份及资历证明，并附与案件无利害关系的书面声明。

第五条 查明的外国法律的相关材料均应当在法庭上出示。人民法院应当听取各方当事人对外国法律的内容及其理解与适用的意见。

第六条 人民法院可以召集庭前会议或者以其他适当方式，确定需要查明的外国法律的范围。

★ **第七条** 人民法院认为有必要的，可以通知提供外国法律的法律查明服务机构或者法律专家出庭接受询问。当事人申请法律查明服务机构或者法律专家出庭，人民法院认为有必要的，可以准许。

法律查明服务机构或者法律专家现场出庭确有困难的，可以在线接受询问，但法律查明服务机构或者法律专家所在国法律对跨国在线参与庭审有禁止性规定的除外。

出庭的法律查明服务机构或者法律专家只围绕外国法律及其理解发表意见，不参与其他法庭审理活动。

★ **第八条** 人民法院对外国法律的内容及其理解与适用，根据以下情形分别作出处理：

（一）当事人对外国法律的内容及其理解与适用均无异议的，人民法院可以予以确认；

（二）当事人对外国法律的内容及其理解与适用有异议的，应当说明理由。人民法院认为有必要的，可以补充查明或者要求当事人补充提供材料。经过补充查明或者补充提供材料，当事人仍有异议的，由人民法院审查认定；

（三）外国法律的内容已为人民法院生效裁判所认定的，人民法院应当予以确认，但有相反证据足以推翻的除外。

第九条 人民法院应当根据外国法律查明办理相关手续等所需时间确定当事人提供外国法律的期限。当事人有具体理由说明无法在人民法院确定的期限内提供外国法律而申请适当延长期限的，人民法院视情可予准许。

当事人选择适用外国法律，其在人民法院确定的期

---

① 答案：A。

限内无正当理由未提供该外国法律的，人民法院可以认定为不能查明外国法律。

第十条 人民法院依法适用外国法律审理案件，应当在裁判文书中载明外国法律的查明过程及外国法律的内容；人民法院认定外国法律不能查明的，应当载明不能查明的理由。

★ **第十一条** 对查明外国法律的费用负担，当事人有约定的，从其约定；没有约定的，人民法院可以根据当事人的诉讼请求和具体案情，在作出裁判时确定上述合理费用的负担。

第十二条 人民法院查明香港特别行政区、澳门特别行政区的法律，可以参照适用本解释。有关法律和司法解释对查明香港特别行政区、澳门特别行政区的法律另有规定的，从其规定。

第十三条 本解释自2024年1月1日起施行。

本解释公布施行后，最高人民法院以前发布的司法解释与本解释不一致的，以本解释为准。

最高人民法院关于审理涉外民商事案件适用国际条约和国际惯例若干问题的解释

（2023年12月28日　法释〔2023〕15号）

为正确审理涉外民商事案件，根据《中华人民共和国对外关系法》、《中华人民共和国涉外民事关系法律适用法》等法律，结合审判实践，制定本解释。

第一条 人民法院审理《中华人民共和国海商法》、《中华人民共和国票据法》、《中华人民共和国民用航空法》、《中华人民共和国海上交通安全法》调整的涉外民商事案件，涉及适用国际条约的，分别按照《中华人民共和国海商法》第二百六十八条、《中华人民共和国票据法》第九十五条、《中华人民共和国民用航空法》第一百八十四条、《中华人民共和国海上交通安全法》第一百二十一条的规定予以适用。

人民法院审理上述法律调整范围之外的其他涉外民商事案件，涉及适用国际条约的，参照上述法律的规定。国际条约与中华人民共和国法律有不同规定的，适用国际条约的规定，但中华人民共和国声明保留的条款除外。

第二条 涉外民商事案件涉及两项或多项国际条约的适用时，人民法院应当根据国际条约中的适用关系条款确定应当适用的国际条约。

第三条 国际条约规定当事人可以约定排除或部分排除国际条约的适用，当事人主张依据其约定排除或部分排除国际条约适用的，人民法院予以支持。国际条约限制当事人排除或部分排除国际条约的适用，当事人主张依据其约定排除或部分排除国际条约适用的，人民法院不予支持。

第四条 当事人在合同中援引尚未对中华人民共和国生效的国际条约的，人民法院可以根据该国际条约的内容确定当事人之间的权利义务，但违反中华人民共和国法律、行政法规强制性规定或者损害中华人民共和国主权、安全和社会公共利益的除外。

第五条 涉外民商事合同当事人明示选择适用国际惯例，当事人主张根据国际惯例确定合同当事人之间的权利义务的，人民法院应予支持。

第六条 中华人民共和国法律和中华人民共和国缔结或者参加的国际条约没有规定的，人民法院可以适用国际惯例。当事人仅以未明示选择为由主张排除适用国际惯例的，人民法院不予支持。

第七条 适用国际条约和国际惯例损害中华人民共和国主权、安全和社会公共利益的，人民法院不予适用。

[**强化自测**] 关于审理涉外民商事案件时对国际条约的适用，下列说法错误的是：①

A. 国际条约与中华人民共和国法律有不同规定的，适用国际条约的规定，但中华人民共和国声明保留的条款除外

B. 涉外民商事案件涉及两项或多项国际条约的适用时，应当根据国际条约中的适用关系条款确定应当适用的国际条约

C. 国际条约规定当事人可以约定排除或部分排除国际条约的适用，当事人有权主张依据其约定排除或部分排除国际条约适用

D. 当事人在合同中援引尚未对中华人民共和国生效的国际条约的，应认定该条约不得适用

第八条 本解释自2024年1月1日起施行。

第九条 最高人民法院以前发布的司法解释与本解释不一致的，以本解释为准。

最高人民法院关于内地与香港特别行政区法院相互认可和执行民商事案件判决的安排

（2024年1月25日　法释〔2024〕2号）

根据《中华人民共和国香港特别行政区基本法》第九十五条的规定，最高人民法院与香港特别行政区政府经协商，现就民商事案件判决的相互认可和执行问题作出如下安排。

第一条 内地与香港特别行政区法院民商事案件生效判决的相互认可和执行，适用本安排。

---

① 答案：D。

刑事案件中有关民事赔偿的生效判决的相互认可和执行,亦适用本安排。

第二条　本安排所称"民商事案件"是指依据内地和香港特别行政区法律均属于民商事性质的案件,不包括香港特别行政区法院审理的司法复核案件以及其他因行使行政权力直接引发的案件。

第三条　本安排暂不适用于就下列民商事案件作出的判决:

（一）内地人民法院审理的赡养、兄弟姐妹之间扶养、解除收养关系、成年人监护权、离婚后损害责任、同居关系析产案件,香港特别行政区法院审理的应否裁判分居的案件;

（二）继承案件、遗产管理或者分配的案件;

（三）内地人民法院审理的有关发明专利、实用新型专利侵权的案件,香港特别行政区法院审理的有关标准专利（包括原授专利）、短期专利侵权的案件,内地与香港特别行政区法院审理的有关确认标准必要专利许可费率的案件,以及有关本安排第五条未规定的知识产权案件;

（四）海洋环境污染、海事索赔责任限制、共同海损、紧急拖航和救助、船舶优先权、海上旅客运输案件;

（五）破产（清盘）案件;

（六）确定选民资格、宣告自然人失踪或者死亡、认定自然人限制或者无民事行为能力的案件;

（七）确认仲裁协议效力、撤销仲裁裁决案件;

（八）认可和执行其他国家和地区判决、仲裁裁决的案件。

★ 第四条　本安排所称"判决",在内地包括判决、裁定、调解书、支付令,不包括保全裁定;在香港特别行政区包括判决、命令、判令、讼费评定证明书,不包括禁诉令、临时济助命令。

本安排所称"生效判决":

（一）在内地,是指第二审判决,依法不准上诉或者超过法定期限没有上诉的第一审判决,以及依照审判监督程序作出的上述判决;

（二）在香港特别行政区,是指终审法院、高等法院上诉法庭及原讼法庭、区域法院以及劳资审裁处、土地审裁处、小额钱债审裁处、竞争事务审裁处作出的已经发生法律效力的判决。

第五条　本安排所称"知识产权"是指《与贸易有关的知识产权协定》第一条第二款规定的知识产权,以及《中华人民共和国民法典》第一百二十三条第二款第七项、香港《植物品种保护条例》规定的权利人就植物新品种享有的知识产权。

第六条　本安排所称"住所地",当事人为自然人的,是指户籍所在地或者永久性居民身份所在地、经常居住地;当事人为法人或者其他组织的,是指注册地或者登记地、主要办事机构所在地、主要营业地、主要管理地。

★ 第七条　申请认可和执行本安排规定的判决:

（一）在内地,向申请人住所地或者被申请人住所地、财产所在地的中级人民法院提出;

（二）在香港特别行政区,向高等法院提出。

申请人应当向符合前款第一项规定的其中一个人民法院提出申请。向两个以上有管辖权的人民法院提出申请的,由最先立案的人民法院管辖。

第八条　申请认可和执行本安排规定的判决,应当提交下列材料:

（一）申请书;

（二）经作出生效判决的法院盖章的判决副本;

（三）作出生效判决的法院出具的证明书,证明该判决属于生效判决,判决有执行内容的,还应当证明在原审法院地可以执行;

（四）判决为缺席判决的,应当提交已经合法传唤当事人的证明文件,但判决已经对此予以明确说明或者缺席方提出认可和执行申请的除外;

（五）身份证明材料:

1. 申请人为自然人的,应当提交身份证件复印件;

2. 申请人为法人或者其他组织的,应当提交注册登记证书的复印件以及法定代表人或者主要负责人的身份证件复印件。

上述身份证明材料,在被请求方境外形成的,应当依据被请求方法律规定办理证明手续。

向内地人民法院提交的文件没有中文文本的,应当提交准确的中文译本。

第九条　申请书应当载明下列事项:

（一）当事人的基本情况:当事人为自然人的,包括姓名、住所、身份证件信息、通讯方式等;当事人为法人或者其他组织的,包括名称、住所及其法定代表人或者主要负责人的姓名、职务、住所、身份证件信息、通讯方式等;

（二）请求事项和理由;申请执行的,还需提供被申请人的财产状况和财产所在地;

（三）判决是否已在其他法院申请执行以及执行情况。

第十条　申请认可和执行判决的期间、程序和方式,应当依据被请求方法律的规定。

[强化自测]　关于内地与香港特别行政区法院相互认可和执行民商事案件判决的要求,下列说法正确的是:①

A. 甲可就内地法院判决的遗产管理案件请求香港法院认可和执行

B. 乙就香港法院作出的判决请求内地法院执行时,应向高级人民法院提出

---

① 答案:D。

C. 丙就香港法院作出的判决请求内地法院执行时，无须提供中文译本

D. 丁就内地法院作出的判决申请香港法院认可和执行时，应提交申请书，载明当事人的基本情况、请求事项和理由以及判决是否已在其他法院申请执行以及执行情况

★ **第十一条** 符合下列情形之一，且依据被请求方法律有关诉讼不属于被请求方法院专属管辖的，被请求方法院应当认定原审法院具有管辖权：

（一）原审法院受理案件时，被告住所地在该方境内；

（二）原审法院受理案件时，被告在该方境内设有代表机构、分支机构、办事处、营业所等不属于独立法人的机构，且诉讼请求是基于该机构的活动；

（三）因合同纠纷提起的诉讼，合同履行地在该方境内；

（四）因侵权行为提起的诉讼，侵权行为实施地在该方境内；

（五）合同纠纷或者其他财产权益纠纷的当事人以书面形式约定由原审法院地管辖，但各方当事人住所地均在被请求方境内的，原审法院地应系合同履行地、合同签订地、标的物所在地等与争议有实际联系地；

（六）当事人未对原审法院提出管辖权异议并应诉答辩，但各方当事人住所地均在被请求方境内的，原审法院地应系合同履行地、合同签订地、标的物所在地等与争议有实际联系地。

前款所称"书面形式"是指合同书、信件和数据电文（包括电报、电传、传真、电子数据交换和电子邮件）等可以有形地表现所载内容的形式。

知识产权侵权纠纷案件以及内地人民法院审理的《中华人民共和国反不正当竞争法》第六条规定的不正当竞争纠纷民事案件、香港特别行政区法院审理的假冒纠纷案件，侵权、不正当竞争、假冒行为实施地在原审法院地境内，且涉案知识产权权利、权益在该方境内依法应予保护的，才应当认定原审法院具有管辖权。

除第一款、第三款规定外，被请求方法院认为原审法院对于有关诉讼的管辖符合被请求方法律规定的，可以认定原审法院具有管辖权。

★ **第十二条** 申请认可和执行的判决，被申请人提供证据证明有下列情形之一的，被请求方法院审查核实后，应当不予认可和执行：

（一）原审法院对有关诉讼的管辖不符合本安排第十一条规定的；

（二）依据原审法院地法律，被申请人未经合法传唤，或者虽经合法传唤但未获得合理的陈述、辩论机会的；

（三）判决是以欺诈方法取得的；

（四）被请求方法院受理相关诉讼后，原审法院又受理就同一争议提起的诉讼并作出判决的；

（五）被请求方法院已经就同一争议作出判决，或者已经认可其他国家和地区就同一争议作出的判决的；

（六）被请求方已经就同一争议作出仲裁裁决，或者已经认可其他国家和地区就同一争议作出的仲裁裁决的。

内地人民法院认为认可和执行香港特别行政区法院判决明显违反内地法律的基本原则或者社会公共利益，香港特别行政区法院认为认可和执行内地人民法院判决明显违反香港特别行政区法律的基本原则或者公共政策的，应当不予认可和执行。

第十三条 申请认可和执行的判决，被申请人提供证据证明在原审法院进行的诉讼违反了当事人就同一争议订立的有效仲裁协议或者管辖协议的，被请求方法院审查核实后，可以不予认可和执行。

第十四条 被请求方法院不能仅因判决的先决问题不属于本安排适用范围，而拒绝认可和执行该判决。

第十五条 对于原审法院就知识产权有效性、是否成立或者存在作出的判项，不予认可和执行，但基于该判项作出的有关责任承担的判项符合本安排规定的，应当认可和执行。

★ **第十六条** 相互认可和执行的判决内容包括金钱判项、非金钱判项。

判决包括惩罚性赔偿的，不予认可和执行惩罚性赔偿部分，但本安排第十七条规定的除外。

第十七条 知识产权侵权纠纷案件以及内地人民法院审理的《中华人民共和国反不正当竞争法》第六条规定的不正当竞争纠纷民事案件、香港特别行政区法院审理的假冒纠纷案件，内地与香港特别行政区法院相互认可和执行判决的，限于根据原审法院地发生的侵权行为所确定的金钱判项，包括惩罚性赔偿部分。

有关商业秘密侵权纠纷案件判决的相互认可和执行，包括金钱判项（含惩罚性赔偿）、非金钱判项。

第十八条 内地与香港特别行政区法院相互认可和执行的财产给付范围，包括判决确定的给付财产和相应的利息、诉讼费、迟延履行金、迟延履行利息，不包括税收、罚款。

前款所称"诉讼费"，在香港特别行政区是指讼费评定证明书核定或者命令支付的费用。

第十九条 被请求方法院不能认可和执行判决全部判项的，可以认可和执行其中的部分判项。

★ **第二十条** 对于香港特别行政区法院作出的判决，一方当事人已经提出上诉，内地人民法院审查核实后，中止认可和执行程序。经上诉，维持全部或者部分原判决的，恢复认可和执行程序；完全改变原判决的，终止认可和执行程序。

内地人民法院就已经作出的判决裁定再审的，香港特别行政区法院审查核实后，中止认可和执行程序。经再审，维持全部或者部分原判决的，恢复认可和执行程

· 198 ·

序；完全改变原判决的，终止认可和执行程序。

第二十一条 被申请人在内地和香港特别行政区均有可供执行财产的，申请人可以分别向两地法院申请执行。

应对方法院要求，两地法院应当相互提供本方执行判决的情况。

两地法院执行财产的总额不得超过判决确定的数额。

第二十二条 在审理民商事案件期间，当事人申请认可和执行另一地法院就同一争议作出的判决的，应当受理。受理后，有关诉讼应当中止，待就认可和执行的申请作出裁定或者命令后，再视情终止或者恢复诉讼。

第二十三条 审查认可和执行判决申请期间，当事人就同一争议提起诉讼的，不予受理；已经受理的，驳回起诉。

判决全部获得认可和执行后，当事人又就同一争议提起诉讼的，不予受理。

判决未获得或者未全部获得认可和执行的，申请人不得再次申请认可和执行，但可以就同一争议向被请求方法院提起诉讼。

第二十四条 申请认可和执行判决的，被请求方法院在受理申请之前或者之后，可以依据被请求方法律规定采取保全或者强制措施。

第二十五条 法院应当尽快审查认可和执行的申请，并作出裁定或者命令。

★ **第二十六条** 被请求方法院就认可和执行的申请作出裁定或者命令后，当事人不服的，在内地可以于裁定送达之日起十日内向上一级人民法院申请复议，在香港特别行政区可以依其法律规定提出上诉。

第二十七条 申请认可和执行判决的，应当依据被请求方有关诉讼收费的法律和规定交纳费用。

第二十八条 本安排签署后，最高人民法院和香港特别行政区政府经协商，可以就第三条所列案件判决的认可和执行以及第四条所涉保全、临时济助的协助问题签署补充文件。

本安排在执行过程中遇有问题或者需要修改的，由最高人民法院和香港特别行政区政府协商解决。

第二十九条 内地与香港特别行政区法院自本安排生效之日起作出的判决，适用本安排。

第三十条 本安排生效之日，《最高人民法院关于内地与香港特别行政区法院相互认可和执行当事人协议管辖的民商事案件判决的安排》同时废止。

本安排生效前，当事人已签署《最高人民法院关于内地与香港特别行政区法院相互认可和执行当事人协议管辖的民商事案件判决的安排》所称"书面管辖协议"的，仍适用该安排。

第三十一条 本安排生效后，《最高人民法院关于内地与香港特别行政区法院相互认可和执行婚姻家庭民事案件判决的安排》继续施行。

第三十二条 本安排自2024年1月29日起施行。

最高人民法院关于设立国际商事法庭若干问题的规定

(2023年12月18日 法释〔2023〕14号)

为依法公正及时审理国际商事案件，平等保护中外当事人合法权益，营造稳定、公平、透明、便捷的法治化国际营商环境，服务和保障"一带一路"建设，依据《中华人民共和国人民法院组织法》《中华人民共和国民事诉讼法》等法律，结合审判工作实际，就设立最高人民法院国际商事法庭相关问题规定如下。

第一条 最高人民法院设立国际商事法庭。国际商事法庭是最高人民法院的常设审判机构。

★ **第二条** 国际商事法庭受理下列案件：

（一）当事人依照民事诉讼法第二百七十七条的规定协议选择最高人民法院管辖且标的额为人民币3亿元以上的第一审国际商事案件；

（二）高级人民法院对其所管辖的第一审国际商事案件，认为需要由最高人民法院审理并获准许的；

（三）在全国有重大影响的第一审国际商事案件；

（四）依照本规定第十四条申请仲裁保全、申请撤销或者执行国际商事仲裁裁决的；

（五）最高人民法院认为应当由国际商事法庭审理的其他国际商事案件。

★ **第三条** 具有下列情形之一的商事案件，可以认定为本规定所称的国际商事案件：

（一）当事人一方或者双方是外国人、无国籍人、外国企业或者组织的；

（二）当事人一方或者双方的经常居所地在中华人民共和国领域外的；

（三）标的物在中华人民共和国领域外的；

（四）产生、变更或者消灭商事关系的法律事实发生在中华人民共和国领域外的。

第四条 国际商事法庭法官由最高人民法院在具有丰富审判工作经验，熟悉国际条约、国际惯例以及国际贸易投资实务，能够同时熟练运用中文和英文作为工作语言的资深法官中选任。

第五条 国际商事法庭审理案件，由三名或者三名以上法官组成合议庭。

合议庭评议案件，实行少数服从多数的原则。少数意见可以在裁判文书中载明。

第六条 国际商事法庭作出的保全裁定，可以指定下级人民法院执行。

第七条 国际商事法庭审理案件，依照《中华人民共和国涉外民事关系法律适用法》的规定确定争议适用的实体法律。

当事人依照法律规定选择适用法律的，应当适用当事人选择的法律。

第八条 国际商事法庭审理案件应当适用域外法律时,可以通过下列途径查明:

(一) 由当事人提供;

(二) 通过司法协助渠道由对方的中央机关或者主管机关提供;

(三) 通过最高人民法院请求我国驻该国使领馆或者该国驻我国使领馆提供;

(四) 由最高人民法院建立或者参与的法律查明合作机制参与方提供;

(五) 由最高人民法院国际商事专家委员会专家提供;

(六) 由法律查明服务机构或者中外法律专家提供;

(七) 其他适当途径。

通过上述途径提供的域外法律资料以及专家意见,应当依照法律规定在法庭上出示,并充分听取各方当事人的意见。

第九条 当事人向国际商事法庭提交的证据材料系在中华人民共和国领域外形成的,<u>不论是否已办理公证、认证或者其他证明手续,均应当在法庭上质证。</u>

当事人提交的证据材料系英文且经对方当事人同意的,可以不提交中文翻译件。

第十条 国际商事法庭调查收集证据以及组织质证,可以采用视听传输技术及其他信息网络方式。

第十一条 最高人民法院组建国际商事专家委员会,并选定符合条件的国际商事调解机构、国际商事仲裁机构与国际商事法庭共同构建调解、仲裁、诉讼有机衔接的纠纷解决平台,形成"一站式"国际商事纠纷解决机制。

国际商事法庭支持当事人通过调解、仲裁、诉讼有机衔接的纠纷解决平台,选择其认为适宜的方式解决国际商事纠纷。

第十二条 国际商事法庭在受理案件后七日内,经当事人同意,可以委托国际商事专家委员会成员或者国际商事调解机构调解。

第十三条 经国际商事专家委员会成员或者国际商事调解机构主持调解,当事人达成调解协议的,国际商事法庭可以依照法律规定制发调解书;当事人要求发给判决书的,可以依协议的内容制作判决书送达当事人。

第十四条 当事人协议选择本规定第十一条第一款规定的国际商事仲裁机构仲裁的,可以在申请仲裁前或者仲裁程序开始后,向国际商事法庭申请证据、财产或者行为保全。

当事人向国际商事法庭申请撤销或者执行本规定第十一条第一款规定的国际商事仲裁机构作出的仲裁裁决的,国际商事法庭依照民事诉讼法等相关法律规定进行审查。

第十五条 国际商事法庭作出的判决、裁定,是发生法律效力的判决、裁定。

国际商事法庭作出的调解书,经双方当事人签收后,即具有与判决同等的法律效力。

第十六条 当事人对国际商事法庭作出的已经发生法律效力的判决、裁定和调解书,可以依照民事诉讼法的规定向最高人民法院本部申请再审。

最高人民法院本部受理前款规定的申请再审案件以及再审案件,均应当另行组成合议庭。

第十七条 国际商事法庭作出的发生法律效力的判决、裁定和调解书,当事人可以向国际商事法庭申请执行。

第十八条 国际商事法庭通过电子诉讼服务平台、审判流程信息公开平台以及其他诉讼服务平台为诉讼参与人提供诉讼便利,并支持通过网络方式立案、缴费、阅卷、证据交换、送达、开庭等。

第十九条 本规定自2018年7月1日起施行。

> **[强化自测]** 关于国际商事法庭,下列说法正确的是:①
>
> A. 当事人协议选择最高人民法院管辖且标的额为人民币1亿元以上的第一审国际商事案件,由国际商事法庭受理
>
> B. 标的物在中华人民共和国领域外的商事案件,属于国际商事案件
>
> C. 国际商事法庭审理案件,由一名法官独任审理
>
> D. 国际商事法庭作出的判决、裁定,可向最高人民法院本部上诉

---

① 答案:B。

国际经济法

一、大纲对照

◎ 考点变化

章名	章标题	内容变化	
第1章	导论	新增	国际经济法领域的新发展（区域经济合作　网络安全与数据跨境流动）
第2章	国际货物买卖	无实质变化	
第3章	国际货物运输与保险	无实质变化	
第4章	国际贸易支付	无实质变化	
第5章	对外贸易管理制度	无实质变化	
第6章	世界贸易组织	无实质变化	
第7章	国际经济法领域的其他法律制度	无实质变化	

◎ 考点详解

▶▶▶ 新增考点　国际经济法领域的新发展

"一带一路"倡议		"一带一路"分别指的是丝绸之路经济带和21世纪海上丝绸之路。
	亚投行	2014年10月《筹建亚洲基础设施投资银行备忘录》决定成立亚投行，旨在建设"一带一路"共建国家基础设施和分散风险。
	涉外法律服务业	2017年1月《关于发展涉外法律服务业的意见》。
人民币加入特别提款权	过程	2015年11月30日，国际货币基金组织宣布批准人民币加入特别提款权（SDR）货币篮子。
		人民币成为继美元、欧元、英镑和日元之后加入SDR货币篮子的第五种货币。
	意义	入篮会降低我国外汇储备的规模，推动人民币资本市场、债券市场产品的国际化，改善中国金融市场环境，提高人民币国际地位。
投资领域的新发展	法律框架	1.《外商投资法》（2019年3月15日） 2.《外商投资法实施条例》（2019年12月26日） 3.《最高人民法院关于适用〈中华人民共和国外商投资法〉若干问题的解释》（2019年12月26日） 4.《外商投资安全审查办法》（2020年12月19日）

续表

《区域全面经济伙伴关系协定》（RCEP）	时间	2020年11月15日签署，2022年1月1日生效。
	特点	1. 该协议为世界上覆盖疆域最广、惠及人口最多、经济体量最大的自贸协定。 2. 秉持包容性开放原则。 3. 唯一一个以发展中经济体为中心的区域贸易协定。
网络安全与数据跨境流动	法律框架	1. 《国家安全法》：确立了总体国家安全观。 2. 《网络安全法》：重点针对网络安全等级保护、关键信息基础设施保护、个人信息保护、网络信息内容管理等进行了规定。 3. 《数据安全法》：重点对各行业各部门各地区职责、数据分类分级保护制度、数据安全审查制度、数据跨境流动评估、数据安全风险评估、安全风险报告、信息共享、监测预警机制、数据安全应急处理机制等方面进行了规定。 4. 《个人信息保护法》：全面、系统规定了个人信息保护的基本原则和制度规则。
	网络安全审查	法律依据：《网络安全审查办法》 网络安全审查重点评估相关对象或者情形的以下国家安全风险因素：（1）产品和服务使用后带来的关键信息基础设施被非法控制、遭受干扰或者破坏的风险；（2）产品和服务供应中断对关键信息基础设施业务连续性的危害；（3）产品和服务的安全性、开放性、透明性、来源的多样性，供应渠道的可靠性以及因为政治、外交、贸易等因素导致供应中断的风险；（4）产品和服务提供者遵守中国法律、行政法规、部门规章情况；（5）核心数据、重要数据或者大量个人信息被窃取、泄露、毁损以及非法利用、非法出境的风险；（6）上市存在关键信息基础设施、核心数据、重要数据或者大量个人信息被外国政府影响、控制、恶意利用的风险，以及网络信息安全风险；（7）其他可能危害关键信息基础设施安全、网络安全和数据安全的因素。
	数据出境	法律依据：《数据出境安全评估办法》 旨在规范数据处理者向境外提供在中华人民共和国境内运营中收集和产生的重要数据和个人信息的安全评估。 数据出境安全评估重点评估数据出境活动可能对国家安全、公共利益、个人或者组织合法权益带来的风险，主要包括以下事项：（1）数据出境的目的、范围、方式等的合法性、正当性、必要性；（2）境外接收方所在国家或者地区的数据安全保护政策法规和网络安全环境对出境数据安全的影响；境外接收方的数据保护水平是否达到中华人民共和国法律、行政法规的规定和强制性国家标准的要求；（3）出境数据的规模、范围、种类、敏感程度，出境中和出境后遭到篡改、破坏、泄露、丢失、转移或者被非法获取、非法利用等的风险；（4）数据安全和个人信息权益是否能够得到充分有效保障；（5）数据处理者与境外接收方拟订立的法律文件中是否充分约定了数据安全保护责任义务；（6）遵守中国法律、行政法规、部门规章情况；（7）国家网信部门认为需要评估的其他事项。

[强化自测] 下列能够反映近年来国际经济法领域的新发展的案例是：①
A. 欧洲复兴开发银行、亚投行等多元化项目融资建设哈萨克斯坦风电项目
B. "章公祖师"肉身坐佛像案开创以国内民事诉讼追索流失海外文物新途径
C. 澳门居民向香港居民借款，并约定因该借款合同引起的任何争议提交深圳前海合作区人民法院管辖
D. 某高校与国外大学开展国际合作研究时，未经许可将部分人类遗传资源信息从网上传递出境受到处罚

二、法规对照

无实质变化。

---

① 答案：AD。

习近平法治思想

一、大纲对照

◎ 考点变化

章名	章标题	内容变化
第1章	习近平法治思想的形成发展及重大意义	无实质变化
第2章	习近平法治思想的核心要义（"十一个坚持"）	无实质变化
第3章	习近平法治思想的实践要求	无实质变化

二、参考文献

无实质变化。

法理学

大纲对照

◎ 考点变化

章名	章标题	内容变化
第1章	法的本体	无实质变化
第2章	法的运行	**新增** 守法义务
第3章	法的演进	无实质变化
第4章	法与社会	无实质变化

◎ 考点详解

▶▶▶ 新增考点　**守法义务**

守法义务是指公民、社会组织和国家机关遵守或服从法律的义务。它不同于特定国家的法律本身所规定的公民、社会组织和国家机关应该负有的义务，即法律义务本身，法律义务是守法义务的对象或主题之一。法律义务来源于特定国家的法律，但守法义务不是来源于法律本身，普遍的观点认为，守法义务来源于道德，或者说，守法义务是道德义务而不是法律义务。由于守法义务是道德义务，法理学对下列问题存在不同的主张：守法义务是否实际存在以及在什么条件下实存？一般来说，自然法学者主张实际存有一个守法义务；但是，有的自然法学者认为守法义务只是一种初始性义务。法实证主义者一般否认守法义务的实存，甚至否认初始性的守法义务的实存。

宪 法

一、大纲对照

◎ 考点变化

章名	章标题	内容变化	
第1章	宪法基本理论	无实质变化	
第2章	国家的基本制度（上）	无实质变化	
第3章	国家的基本制度（下）	无实质变化	
第4章	公民的基本权利与义务	无实质变化	
第5章	国家机构	2023年大纲	2024年大纲
		国务院所属各部、各委员会（国务院所属各部、各委员会的性质和地位　国务院所属各部、各委员会的领导体制　国务院所属各部、各委员会的职权）	国务院所属机构（国务院所属机构的性质和地位　国务院组成部门的领导体制　国务院组成部门的职权）
第6章	宪法的实施与监督	无实质变化	

◎ 考点详解

▶▶▶ 修订考点　国务院所属机构

国务院所属机构的性质和地位	国务院是组织、管理我国政治、经济、文化、教育、科学、技术等各项事业的最高行政机关。按照《宪法》和《国务院组织法》的规定，国务院设有办公厅，部、委员会等组成部门，直属机构以及办事机构。 国务院所属各部、各委员会等组成部门受国务院统一领导。国务院组成部门在工作中的方针、政策、计划和重大行政措施，应向国务院请示报告，由国务院决定。 国务院组成部门的设立、撤销或者合并，经总理提出，由全国人大决定；在全国人大闭会期间，由全国人大常委会决定。《国务院组织法》规定，国务院组成部门设部长（主任、行长、审计长）1人，副部长（副主任、副行长、副审计长）2至4人，委员会可以设委员5至10人。 国务院办公厅由秘书长领导。国务院直属机构是国务院设立的主管各项专门业务的机关。国务院办事机构的主要职能是协助总理办理专门事项。

续表

国务院组成部门的领导体制	国务院组成部门实行部长（主任、行长、审计长）负责制。部长（主任、行长、审计长）领导本部门的工作，召集和主持部务（委务、行务、署务）会议，讨论决定本部门工作的重大问题；签署上报国务院的重要请示报告和发布的命令、指示。副部长（副主任、副行长、副审计长）协助部长（主任、行长、审计长）工作。 部务会议、委务会议、行务会议、署务会议是各组成部门发挥集体作用的组织，其成员包括部长（主任、行长、审计长）、副部长（副主任、副行长、副审计长）和其他成员。
国务院组成部门的职权	各部、各委员会等组成部门是分管某一方面行政事务的职能部门，根据法律和国务院的行政法规、决定、命令，在本部门的权限内，发布命令、指示和制定规章。这包括三层含义：一是它们主要通过发布命令、指示和制定规章来管理本部门的工作；二是它们必须在本部门的权限范围内进行领导、组织和管理；三是它们发布的命令、指示和制定的规章，必须以法律和国务院的行政法规、决定、命令为依据，不得同它们相抵触。 此外，国务院具有行政管理职能的直属机构以及法律规定的机构，可以根据法律和国务院的行政法规、决定、命令，在本部门的权限范围内，制定规章。

二、法规对照

◎ 法规变化

修订	中华人民共和国国务院组织法（2024.3.11）

◎ 法规精读

中华人民共和国国务院组织法

（1982年12月10日第五届全国人民代表大会第五次会议通过并于同日公布施行　2024年3月11日第十四届全国人民代表大会第二次会议修订　2024年3月11日中华人民共和国主席令第21号公布　自公布之日起施行）

第一条　为了健全国务院的组织和工作制度，保障和规范国务院行使职权，根据宪法，制定本法。

★★ **第二条**　中华人民共和国国务院，即中央人民政府，是最高国家权力机关的执行机关，是最高国家行政机关。

第三条　国务院坚持中国共产党的领导，坚持以马克思列宁主义、毛泽东思想、邓小平理论、"三个代表"重要思想、科学发展观、习近平新时代中国特色社会主义思想为指导，坚决维护党中央权威和集中统一领导，坚决贯彻落实党中央决策部署，贯彻新发展理念，坚持依法行政，依照宪法和法律规定，全面正确履行政府职能。

国务院坚持以人民为中心、全心全意为人民服务，坚持和发展全过程人民民主，始终同人民保持密切联系，倾听人民的意见和建议，建设人民满意的法治政府、创新政府、廉洁政府和服务型政府。

第四条　国务院对全国人民代表大会负责并报告工作；在全国人民代表大会闭会期间，对全国人民代表大会常务委员会负责并报告工作。

国务院应当自觉接受全国人民代表大会及其常务委员会的监督。

★★ **第五条**　国务院由总理、副总理、国务委员、各部部长、各委员会主任、中国人民银行行长、审计长、秘书长组成。

国务院实行总理负责制。总理领导国务院的工作。

副总理、国务委员协助总理工作，按照分工负责分管领域工作；受总理委托，负责其他方面的工作或者专项任务；根据统一安排，代表国务院进行外事活动。

第六条　国务院行使宪法和有关法律规定的职权。

★ **第七条**　国务院实行国务院全体会议和国务院常务会议制度。国务院全体会议由国务院全体成员组成。国务院常务会议由总理、副总理、国务委员、秘书长组成。总理召集和主持国务院全体会议和国务院常务会议。国务院工作中的重大问题，必须经国务院常务会议或者国务院全体会议讨论决定。

★ **第八条**　国务院全体会议的主要任务是讨论决定政

府工作报告、国民经济和社会发展规划等国务院工作中的重大事项，部署国务院的重要工作。

国务院常务会议的主要任务是讨论法律草案、审议行政法规草案，讨论、决定、通报国务院工作中的重要事项。

国务院全体会议和国务院常务会议讨论决定的事项，除依法需要保密的外，应当及时公布。

国务院根据需要召开总理办公会议和国务院专题会议。

★★ **第九条** 国务院发布的行政法规、决定、命令，向全国人民代表大会或者全国人民代表大会常务委员会提出的议案，任免人员，由总理签署。

第十条 国务院秘书长在总理领导下，负责处理国务院的日常工作。

国务院设副秘书长若干人，协助秘书长工作。

国务院设立办公厅，由秘书长领导。

第十一条 国务院组成部门的设立、撤销或者合并，经总理提出，由全国人民代表大会决定；在全国人民代表大会闭会期间，由全国人民代表大会常务委员会决定。国务院组成部门确定或者调整后，由全国人民代表大会或者全国人民代表大会常务委员会公布。

第十二条 国务院组成部门设部长（主任、行长、审计长）一人，副部长（副主任、副行长、副审计长）二至四人；委员会可以设委员五至十人。

国务院组成部门实行部长（主任、行长、审计长）负责制。部长（主任、行长、审计长）领导本部门的工作，召集和主持部务（委务、行务、署务）会议，讨论决定本部门工作的重大问题；签署上报国务院的重要请示、报告和发布的命令、指示。副部长（副主任、副行长、副审计长）协助部长（主任、行长、审计长）工作。

国务院副秘书长、各部副部长、各委员会副主任、中国人民银行副行长、副审计长由国务院任免。

[强化自测] 国务院，即中央人民政府，是最高国家权力机关的执行机关、最高国家行政机关。相关法律的规定，下列关于国务院的说法错误的是：①

A. 国务院对全国人民代表大会负责并报告工作；在全国人民代表大会闭会期间，对全国人民代表大会常务委员会负责并报告工作

B. 国务院全体会议的主要任务是讨论决定政府工作报告、国民经济和社会发展规划等国务院工作中的重大事项，部署国务院的重要工作

C. 国务院秘书长在总理领导下，负责处理国务院的日常工作

D. 国务院秘书长、各部部长、各委员会主任、中国人民银行行长、审计长由国务院任免

★ **第十三条** 国务院可以根据工作需要和优化协同高效精简的原则，按照规定程序设立若干直属机构主管各项专门业务，设立若干办事机构协助总理办理专门事项。每个机构设负责人二至五人，由国务院任免。

第十四条 国务院组成部门工作中的方针、政策、计划和重大行政措施，应当向国务院请示报告，由国务院决定。根据法律和国务院的行政法规、决定、命令，主管部门可以在本部门的权限范围内发布命令、指示。

国务院组成部门和具有行政管理职能的直属机构以及法律规定的机构，可以根据法律和国务院的行政法规、决定、命令，在本部门的权限范围内，制定规章。

第十五条 国务院统一领导全国地方各级国家行政机关的工作。

第十六条 国务院坚持科学决策、民主决策、依法决策，健全行政决策制度体系，规范重大行政决策程序，加强行政决策执行和评估，提高决策质量和效率。

第十七条 国务院健全行政监督制度，加强行政复议、备案审查、行政执法监督、政府督查等工作，坚持政务公开，自觉接受各方面监督，强化对行政权力运行的制约和监督。

第十八条 国务院组成人员应当坚决维护党中央权威和集中统一领导，模范遵守宪法和法律，认真履行职责，带头反对形式主义、官僚主义，为民务实，严守纪律，勤勉廉洁。

第十九条 国务院组成部门、直属机构、办事机构应当各司其职、各负其责、加强协调、密切配合，确保党中央、国务院各项工作部署贯彻落实。

第二十条 本法自公布之日起施行。

---

① 答案：D。

中国法律史

大纲对照

◎ 考点变化

章名	章标题	内容变化		
第1章	先秦时期的法律思想与制度	无实质变化		
第2章	秦汉至魏晋南北朝时期的法律思想与制度	无实质变化		
第3章	隋唐宋元时期的法律思想与制度	无实质变化		
第4章	明清时期的法律思想与制度	无实质变化		
第5章	中华民国时期的法律思想与制度	无实质变化		
第6章	新民主主义革命时期民主政权法制	新增	1. 陕甘宁边区高等法院 2. 废除《六法全书》	
^	^		2023年大纲	2024年大纲
^	^		第五节 新民主主义革命时期中国共产党民主政权宪法性文件与审判制度的特点	第六章 新民主主义革命时期民主政权法制

◎ 考点详解

▶▶▶ 新增考点1 陕甘宁边区高等法院

略。

▶▶▶ 新增考点2 废除《六法全书》

略。

司法制度和法律职业道德

一、大纲对照

◎ 考点变化

章名	章标题	内容变化
第1章	中国特色社会主义司法制度	无实质变化
第2章	法官职业道德	无实质变化
第3章	检察官职业道德	无实质变化
第4章	律师职业道德	无实质变化
第5章	公证员职业道德	无实质变化
第6章	其他法律职业人员职业道德	无实质变化

二、法规对照

◎ 法规变化

新增	法律援助法实施工作办法（2023.11.20）
删除	1. 人民法院工作人员处分条例（2009.12.31）
	2. 最高人民法院、最高人民检察院、公安部、司法部关于刑事诉讼法律援助工作的规定（2013.2.4）

◎ 法规精读

法律援助法实施工作办法

（2023年11月20日）

第一条 为规范和促进法律援助工作，保障法律正确实施，根据《中华人民共和国法律援助法》等有关法律规定，制定本办法。

★ **第二条** 法律援助工作坚持中国共产党领导，坚持以人民为中心，尊重和保障人权，遵循公开、公平、公正的原则，实行国家保障与社会参与相结合。

第三条 司法部指导、监督全国的法律援助工作。县级以上司法行政机关指导、监督本行政区域的法律援助工作。

第四条 人民法院、人民检察院、公安机关应当在各自职责范围内保障当事人依法获得法律援助，为法律援助人员开展工作提供便利。

人民法院、人民检察院、公安机关、司法行政机关应当建立健全沟通协调机制，做好权利告知、申请转交、案件办理等方面的衔接工作，保障法律援助工作正常开展。

★ **第五条** 司法行政机关指导、监督法律援助工作，依法履行下列职责：

（一）组织贯彻法律援助法律、法规和规章等，健全法律援助制度，加强信息化建设、人员培训、普法宣传等工作；

（二）指导监督法律援助机构和法律援助工作人员

监督管理法律援助服务质量和经费使用等工作;

（三）协调推进高素质法律援助队伍建设，统筹调配法律服务资源，支持和规范社会力量参与法律援助工作;

（四）对在法律援助工作中做出突出贡献的组织、个人，按照有关规定给予表彰、奖励;

（五）受理和调查处理管辖范围内的法律援助异议、投诉和举报;

（六）建立法律援助信息公开制度，依法向社会公布法律援助相关法律法规、政策公告、案件质量监督管理情况等信息，接受社会监督;

（七）其他依法应当履行的职责。

★★ **第六条** 人民法院、人民检察院、公安机关在办理案件或者相关事务中，依法履行下列职责:

（一）及时告知有关当事人有权依法申请法律援助，转交被羁押的犯罪嫌疑人、被告人提出的法律援助申请;

（二）告知没有委托辩护人，法律援助机构也没有指派律师为其提供辩护的犯罪嫌疑人、被告人有权约见值班律师，保障值班律师依法提供法律帮助;

（三）刑事案件的犯罪嫌疑人、被告人属于《中华人民共和国法律援助法》规定应当通知辩护情形的，通知法律援助机构指派符合条件的律师担任辩护人;

（四）为法律援助人员依法了解案件有关情况、阅卷、会见等提供便利;

（五）其他依法应当履行的职责。

★ **第七条** 看守所、监狱、强制隔离戒毒所等监管场所依法履行下列职责:

（一）转交被羁押的犯罪嫌疑人、被告人、服刑人员，以及强制隔离戒毒人员等提出的法律援助申请;

（二）为法律援助人员依法了解案件有关情况、会见等提供便利;

（三）其他依法应当履行的职责。

★ **第八条** 法律援助机构组织实施法律援助工作，依法履行下列职责:

（一）通过服务窗口、电话、网络等多种方式提供法律咨询服务，提示当事人享有依法申请法律援助的权利，并告知申请法律援助的条件和程序;

（二）受理、审查法律援助申请，及时作出给予或者不给予法律援助的决定;

（三）指派或者安排法律援助人员提供符合标准的法律援助服务;

（四）支付法律援助补贴;

（五）根据工作需要设置法律援助工作站或者联络点;

（六）定期向社会公布法律援助资金使用、案件办理、质量考核工作等信息，接受社会监督;

（七）其他依法应当履行的职责。

★★ **第九条** 人民法院、人民检察院、公安机关依法履行如下告知义务:

（一）公安机关、人民检察院在第一次讯问犯罪嫌疑人或者对犯罪嫌疑人采取强制措施的时候，应当告知犯罪嫌疑人有权委托辩护人，并告知其如果符合法律援助条件，本人及其近亲属可以向法律援助机构申请法律援助;

（二）人民检察院自收到移送审查起诉的案件材料之日起三日内，应当告知犯罪嫌疑人有权委托辩护人，并告知其如果符合法律援助条件，本人及其近亲属可以向法律援助机构申请法律援助，应当告知被害人及其法定代理人或者近亲属有权委托诉讼代理人，并告知其如果符合法律援助条件，可以向法律援助机构申请法律援助;

（三）人民法院自受理案件之日起三日内，应当告知案件当事人及其法定代理人或者近亲属有权依法申请法律援助;

（四）当事人不服司法机关生效裁判或者决定提出申诉或者申请再审，人民法院决定、裁定再审或者人民检察院提出抗诉的，应当自决定、裁定再审或者提出抗诉之日起三日内履行相关告知职责;

（五）犯罪嫌疑人、被告人具有《中华人民共和国法律援助法》第二十五条规定情形的，人民法院、人民检察院、公安机关应当告知其如果不委托辩护人，将依法通知法律援助机构为其指派辩护人。

> **[强化自测]** 下列关于法律援助的说法错误的是:①
>
> A. 司法部指导、监督全国的法律援助工作。县级以上司法行政机关指导、监督本行政区域的法律援助工作
>
> B. 人民法院自受理案件之日起5日内，应当告知案件当事人及其法定代理人或者近亲属有权依法申请法律援助
>
> C. 人民法院、人民检察院、公安机关通知法律援助机构指派律师担任辩护人的，应当将法律援助通知文书、采取强制措施决定书或者起诉意见书、起诉书副本、判决书等文书材料送交法律援助机构
>
> D. 法律援助人员应当遵守有关法律、法规、规章和规定，根据案件情况做好会见、阅卷、调查情况、收集证据、参加庭审、提交书面意见等工作，依法为受援人提供符合标准的法律援助服务

第十条 告知可以采取口头或者书面方式，告知的内容应当易于被告知人理解。当面口头告知的，应当制作笔录，由被告知人签名;电话告知的，应当记录在案;书面告知的，应当将送达回执入卷。对于被告知人当场

---

① 答案：B。

表达申请法律援助意愿的，应当记录在案。

★★ **第十一条** 被羁押的犯罪嫌疑人、被告人、服刑人员，以及强制隔离戒毒人员等提出法律援助申请的，人民法院、人民检察院、公安机关及监管场所应当在收到申请后二十四小时内将申请转交法律援助机构，并于三日内通知申请人的法定代理人、近亲属或者其委托的其他人员协助向法律援助机构提供有关证件、证明等材料。因申请人原因无法通知其法定代理人、近亲属或者其委托的其他人员的，应当在转交申请时一并告知法律援助机构，法律援助机构应当做好记录。

对于犯罪嫌疑人、被告人申请法律援助的案件，法律援助机构可以向人民法院、人民检察院、公安机关了解案件办理过程中掌握的犯罪嫌疑人、被告人是否具有经济困难等法定法律援助申请条件的情况。

★★ **第十二条** 人民法院、人民检察院、公安机关发现犯罪嫌疑人、被告人属于《中华人民共和国法律援助法》规定应当通知辩护情形的，应当自发现之日起三日内，通知法律援助机构指派律师。

人民法院、人民检察院、公安机关通知法律援助机构指派律师担任辩护人的，应当将法律援助通知文书、采取强制措施决定书或者起诉意见书、起诉书副本、判决书等文书材料送交法律援助机构。

法律援助通知文书应当载明犯罪嫌疑人或者被告人的姓名、涉嫌的罪名、羁押场所或者住所、通知辩护的理由和依据、办案机关联系人姓名和联系方式等。

第十三条 人民法院自受理强制医疗申请或者发现被告人符合强制医疗条件之日起三日内，对于被申请人或者被告人没有委托诉讼代理人的，应当向法律援助机构送交法律援助通知文书，通知法律援助机构指派律师担任被申请人或者被告人的诉讼代理人，为其提供法律援助。

人民检察院提出强制医疗申请的，人民法院应当将强制医疗申请书副本一并送交法律援助机构。

法律援助通知文书应当载明被申请人或者被告人的姓名、法定代理人的姓名和联系方式、办案机关及联系人姓名和联系方式。

第十四条 值班律师依法为没有辩护人的犯罪嫌疑人、被告人提供法律咨询、程序选择建议、申请变更强制措施、对案件处理提出意见等法律帮助。

人民法院、人民检察院、公安机关应当在确定的法律帮助日期前三个工作日，将法律帮助通知书送达法律援助机构，或者直接送达现场值班律师。该期间没有安排现场值班律师的，法律援助机构应当自收到法律帮助通知之日起两个工作日内确定值班律师，并通知人民法院、人民检察院、公安机关。

第十五条 当事人以人民法院、人民检察院、公安机关给予国家司法救助的决定或者人民法院给予司法救助的决定为依据，向法律援助机构申请法律援助的，法律援助机构免予核查经济困难状况。

★★ **第十六条** 法律援助机构应当自收到法律援助申请之日起七日内进行审查，作出是否给予法律援助的决定。决定给予法律援助的，应当自作出决定之日起三日内指派法律援助人员为受援人提供法律援助；决定不给予法律援助的，应当书面告知申请人，并说明理由。

法律援助机构应当自收到人民法院、人民检察院、公安机关的法律援助通知文书之日起三日内，指派律师并函告人民法院、人民检察院、公安机关，法律援助公函应当载明承办律师的姓名、所属单位及联系方式。

第十七条 法律援助人员应当遵守有关法律、法规、规章和规定，根据案件情况做好会见、阅卷、调查情况、收集证据、参加庭审、提交书面意见等工作，依法为受援人提供符合标准的法律援助服务。

★★ **第十八条** 人民法院确定案件开庭日期时，应当为法律援助人员出庭预留必要的准备时间，并在开庭三日前通知法律援助人员，但法律另有规定的除外。

人民法院决定变更开庭日期的，应当在开庭三日前通知法律援助人员，但法律另有规定的除外。法律援助人员有正当理由不能按时出庭的，可以申请人民法院延期开庭。人民法院同意延期开庭的，应当及时通知法律援助人员。

第十九条 人民法院、人民检察院、公安机关对犯罪嫌疑人、被告人变更强制措施或者羁押场所的，应当及时告知承办法律援助案件的律师。

第二十条 对于刑事法律援助案件，公安机关在撤销案件或者移送审查起诉后，人民检察院在作出提起公诉、不起诉或者撤销案件决定后，人民法院在终止审理或者作出裁决后，以及公安机关、人民检察院、人民法院将案件移送其他机关办理后，应当在五日内将相关法律文书副本或者复印件送达承办法律援助案件的律师。

公安机关的起诉意见书，人民检察院的起诉书、不起诉决定书，人民法院的判决书、裁定书等法律文书，应当载明作出指派的法律援助机构名称、承办律师姓名以及所属单位等情况。

第二十一条 法律援助人员应当及时接收所承办案件的判决书、裁定书、调解书、仲裁裁决书、行政复议决定书等相关法律文书，并按规定提交结案归档材料。

第二十二条 具有《中华人民共和国法律援助法》第四十八条规定情形之一的，法律援助机构应当作出终止法律援助决定，制作终止法律援助决定书送达受援人，并自作出决定之日起三日内函告人民法院、人民检察院、公安机关。

人民法院、人民检察院、公安机关在案件办理过程中发现有前款规定情形的，应当及时函告法律援助机构。

★★ **第二十三条** 被告人拒绝法律援助机构指派的律师为其辩护，坚持自己行使辩护权，人民法院依法准许的，法律援助机构应当作出终止法律援助的决定。

对于应当通知辩护的案件，犯罪嫌疑人、被告人拒绝指派的律师为其辩护的，人民法院、人民检察院、公安机关应当查明原因。理由正当的，应当准许，但犯罪嫌疑人、被告人应当在五日内另行委托辩护人；犯罪嫌疑人、被告人未另行委托辩护人的，人民法院、人民检察院、公安机关应当在三日内通知法律援助机构另行指派律师为其提供辩护。

第二十四条 法律援助人员的人身安全和职业尊严受法律保护。

对任何干涉法律援助人员履行职责的行为，法律援助人员有权拒绝，并按照规定如实记录和报告。对于侵犯法律援助人员权利的行为，法律援助人员有权提出控告。

法律援助人员因依法履行职责遭受不实举报、诬告陷害、侮辱诽谤，致使名誉受到损害，依法追究相关单位或者个人的责任。

第二十五条 人民法院、人民检察院、公安机关、司法行政机关应当加强信息化建设，建立完善法律援助信息交换平台，实现业务协同、信息互联互通，运用现代信息技术及时准确传输交换有关法律文书，提高法律援助信息化水平，保障法律援助工作有效开展。

第二十六条 法律援助机构应当综合运用庭审旁听、案卷检查、征询司法机关意见和回访受援人等措施，督促法律援助人员提升服务质量。

人民法院、人民检察院、公安机关应当配合司法行政机关、法律援助机构做好法律援助服务质量监督相关工作，协助司法行政机关、法律援助机构调查核实投诉举报情况，回复征询意见。

第二十七条 人民法院、人民检察院、公安机关在案件办理过程中发现法律援助人员有违法违规行为的，应当及时向司法行政机关、法律援助机构通报有关情况，司法行政机关、法律援助机构应当将调查处理结果反馈通报单位。

第二十八条 国家安全机关、军队保卫部门、中国海警局、监狱办理刑事案件，除法律有特别规定的以外，适用本办法中有关公安机关的规定。

第二十九条 本办法所称法律援助人员，是指接受法律援助机构的指派或者安排，依法为经济困难公民和符合法定条件的其他当事人提供法律援助服务的律师、基层法律服务工作者、法律援助志愿者以及法律援助机构中具有律师资格或者法律职业资格的工作人员等。

第三十条 本办法自发布之日起施行。

图书在版编目（CIP）数据

2024 国家统一法律职业资格考试大纲对照·考点详解·法规精读·强化测试／飞跃考试辅导中心编．—北京：中国法制出版社，2024.5

ISBN 978-7-5216-4523-1

Ⅰ.①2… Ⅱ.①飞… Ⅲ.①法律工作者-资格考试-中国-自学参考资料 Ⅳ.①D920.4

中国国家版本馆 CIP 数据核字（2024）第 100456 号

| 责任编辑 | 刘海龙 李连宇 黄丹丹 成知博 耿旭冉 | 封面设计 | 杨泽江 |

2024 国家统一法律职业资格考试大纲对照·考点详解·法规精读·强化测试
2024 GUOJIA TONGYI FALÜ ZHIYE ZIGE KAOSHI DAGANG DUIZHAO · KAODIAN XIANGJIE · FAGUI JINGDU · QIANGHUA CESHI

编者/飞跃考试辅导中心
经销/新华书店
印刷/北京虎彩文化传播有限公司
开本/787 毫米×1092 毫米　16 开　　　　　　　印张/14　字数/376 千
版次/2024 年 5 月第 1 版　　　　　　　　　　　2024 年 5 月第 1 次印刷

中国法制出版社出版

书号 ISBN 978-7-5216-4523-1　　　　　　　　　定价：48.00 元

北京市西城区西便门西里甲 16 号西便门办公区
邮政编码：100053　　　　　　　　　　传真：010-63141600
网址：http：//www.zgfzs.com　　　　　编辑部电话：010-63141814
市场营销部电话：010-63141612　　　　印务部电话：010-63141606

（如有印装质量问题，请与本社印务部联系。）